本书获得

山东省一流学科山东师范大学中国语言文学建设项目

山东省社科规划项目"小微文化企业的创意型人才激励机制研究"（14CWJ33）

山东教育厅人文社科项目"济南市文化产业商业模式研究"（J10WJ60）资助

李　辉◎主　编　王景强◎副主编

文化产业发展模式研究

中国社会科学出版社

图书在版编目（CIP）数据

文化产业发展模式研究/李辉主编 . —北京：中国社会科学出版社，2017.9
ISBN 978 - 7 - 5203 - 1056 - 7

Ⅰ.①文… Ⅱ.①李… Ⅲ.①文化产业—产业发展—发展模式—
研究—中国 Ⅳ.①G124

中国版本图书馆 CIP 数据核字（2017）第 229439 号

出 版 人	赵剑英
责任编辑	郭晓鸿
特约编辑	席建海
责任校对	季　静
责任印制	戴　宽

出　　版	中国社会科学出版社
社　　址	北京鼓楼西大街甲 158 号
邮　　编	100720
网　　址	http://www.csspw.cn
发 行 部	010 - 84083685
门 市 部	010 - 84029450
经　　销	新华书店及其他书店

印　　刷	北京明恒达印务有限公司
装　　订	廊坊市广阳区广增装订厂
版　　次	2017 年 9 月第 1 版
印　　次	2017 年 9 月第 1 次印刷

开　　本	710×1000　1/16
印　　张	27.5
插　　页	2
字　　数	333 千字
定　　价	108.00 元

凡购买中国社会科学出版社图书，如有质量问题请与本社营销中心联系调换
电话：010 - 84083683

探寻文化 + 图景下的价值逻辑

（序言）

对于文化产业而言，这是一个瞬息万变、沧海桑田的巨大变革时代。2002 年"文化产业"概念进入党的十六大报告，2011 年党的十七届六中全会进一步做出推动"文化大发展大繁荣"、建设"社会主义文化强国"的战略部署，文化产业蓬勃发展。近年来，随着社会发展、技术变革和国家经济转型升级、文化强国建设的强烈政策召唤，文化产业进入了转型升级并向其他领域全面渗透、融合的"文化 +"时代，给文化产业的运营管理和理论的研究阐发带来了新的机遇、新的挑战。这一切考验着我们的智慧，检试着我们的价值。

文化是维系、推动共同体发展的整体性建构、结构性力量。文化的核心价值体系包括理念、精神、思维方式和行为模式等，是文化滋长发育、实现共同体整合的内在符码。因而，价值是文化研究包括文化产业研究的重要起点，早期的文化产业研究如法兰克福学派、伯明翰学派均注重从社会制度、社会结构和人的解放的角度入手，具有强烈的价值关怀。中国的文化产业研究，在由批判性话语向建设性话语的转向中，对文化产业采取了"窄化"的处理，将其纳入"一种经济形态"的理论框架中进行叙述，更多地从经济学、管理学的学科、从经济价值的创造实现进行研究，这固然有利于产业和理论的合法化，也有利于实践中的操作，但也限制了理论的想象空间，不能适应文化产业自身的特性，不能适应文化产业全面向其他产业、其他领域渗透扩展的现实。实践的发展，要求我们从一种更宽广的视野，从文化产业作为"现代社会构成的重要组织形态和文明方式"的"社会文明形态"视点，去探寻"文化＋"时代的文化产业价值选择、创造、衍生、发展的逻辑。

本书收录的文章、论文虽然论题多样，研究理论与方法也不尽相同，但总体上显现了这样一种研究旨趣和价值关怀。

我们关注"文化＋"时代的产业伦理和价值选择。文化产业自身是一个价值聚合体，产业选择不仅要考虑经济价值，更要考量道德价值、社会价值、生态价值、审美价值，等等。特别是各类文化遗产的发展，要将保护文化生态多样性和文明传承的价值作为开发的前提。文化产业还要以合乎伦理的法则发展，着力解决涉黄涉毒、造谣诈骗、盗版侵权、新闻腐败、侵犯隐私等失德、失信、失范乃至犯罪问题，推动产业的健康持续发展。文化产业的发展更要坚持主体性的原则，充分彰显人的主体性，推动人的自由发展，充分彰显国家和民族的主体性，提升中华文化的软实力。

我们关注"文化＋"时代的流动图景和价值逻辑。文化作为社会的结构性力量，始终是人类文明不断创新发展的旺盛动力。如果说在传统时代，文化对社会的整合、文明的传承更多的是通过精神文化的滋养实现的，那么在现代，文化产业以其基于市场秩序的强大内生力和对社会生产生活的广泛渗透力，当仁不让地承担起顶梁柱的责任。"文化＋"既是文化核心价值的注入，也是文化特色属性如历史人文、风土人情等的植入，多要素、立体化的融合，使得"文化＋"成为一个多维度的价值创造网络。

首先是文化产业内部要素的价值聚变，包括文化与科技、人才、信息、金融、品牌等要素的价值聚合，其中与信息科技如互联网、大数据、云计算等的聚合，已经诞生了以 BAT 为代表的新一代互联网文化企业，深刻地改变了文化产业的运营基础、管理方式和商业模式，并正在催生数字创意产业，这一产业已经与新一代信息技术、高端制造、生物、绿色低碳等产业一起，被纳入《"十三五"国家战略性新兴产业发展规划》中，预计到 2020 年，我国数字创意产业等相关行业的产值规模将达到 10 万亿元级。而文化与金融的结合，已经涵盖了众筹、PPP、产业基金、股权投资等众多方式，不仅为文化产业的发展注入了丰沛的血液，也成为资本市场的新亮点，推动了金融业的发展。

其次是文化产业与文化事业的价值融通。市场经济条件下，文化产业与文化事业原本没有泾渭分明的界限。文化事业体制的改革不断向市场输送新的经营主体。不断加大的公共文化事业建设，既为文化产业的发展创造了良好的基础，也可以通过政府购买服务等方式助推产业的发展。如文化部将"有序推动文化文物单位文化创意产品开发"列为 2017 年年度重点工作，着力加强传统文化资源的数字化和创造性转化，让收藏在禁宫里的文物、陈列在广阔大地上的遗产和书写在古籍里的文字都"活"起来。故宫的"卖萌"将不再是孤例。北京等 26 个试点城市的文化消费促进举措，已经在实践中显现出对产业发展的拉动作用。

最后是文化产业与其他产业的价值链整合。第三产业中，文化与旅游、体育、健康、养老的链接聚合趋势日益鲜明，这些产业既是代表着产业升级的新兴产业，也是代表着消费升级的"幸福产业"。在工业领域，国家工信部、财政部联合下发了《关于推进工业文化发展的指导意见》，推动工业设计创新发展，促进工艺美术特色化和品牌化发展，推动工业遗产保护和利用，大力发展工业旅游，支持工业文化新生态发展。工业文化将在从"中国制造"向"中国智造"的跨越中发挥关键作用。

更深层的是文化向社会其他系统的价值延展。"文化＋乡村"，让民众"看得见山，望得见水，记得住乡愁"；"文化＋城市"，让城市生活更美好；"文化＋'一带一路'"，让中国的全球化更公正、更普惠、更包容；"文化＋治理现代化"，支撑起民族复兴的"中国梦"。

面对着如此气象万千的"文化＋"图景，我们努力通过深描诠释的学术实践，努力通过文化学、经济学、管理学、传播学、营销学等多学科的交叉综合，梳理文化产业的发展脉络，探寻文化产业的价值逻辑，提供关于这一生机勃发的产业发展和宏大社会实践的接合知识。这是文化产业研究者的幸运，也是责任。虽不能至，心向往之。

目　　录

第一章
小微文化企业发展模式

进入 21 世纪，世界各国和地区开始大力倡导发展文化产业并取得了一定成效。自 2006 年开始，中国政府日益重视文化产业，之后，文化产业的发展势头良好。无论是增长的速度，还是在 GDP 中所占的份额及吸纳的就业人数，文化产业在所有产业中都令人刮目相看。尽管中国文化产业在近年获得了前所未有的发展，但是其在发展过程中也暴露出一些问题，如果我们对这些问题置之不理，它们将会朝严重化方向发展，最终成为"拦路虎"，抑制文化产业内部活力的充分迸发，妨碍文化产业的健康发展。

目前，中国文化企业在发展过程中暴露出的一个突出问题是文化企业的规模结构不合理，小微文化企业对社会的贡献率偏低，企业竞争力偏弱，没有能够做出其在中国文化产业发展中应有的贡献。

2014 年 8 月 19 日，中国文化部、工业和信息化部、财政部制定发布了《关于大力支持小微文化企业发展的实施意见》，在文件中首次对中国的小微文化企业进行了明确界定：小微文化企业"是指演艺业、娱乐业、动漫业、游戏业、文化旅游业、艺术品业、工艺美术业、文化会展业、创意设计业、网络文化业、数字文化服务业等行业及从事非物质文化遗产生产性保护的企业中符合《中小企业划型标准规定》

（工信部联企业〔2011〕300 号）的小型和微型企业"，① 其中，从业人员数量为 10—100 人的属于小型文化企业，从业人数小于 10 人的属于微型文化企业。

目前，我国学术界对于小微文化企业的研究还处于起步阶段，缺乏深入的、有针对性的研究，对于小微文化企业发展模式的研究更是少之又少。从总体上看，这是一个新的研究领域，对该领域的研究具有重大的理论意义：

第一，该研究有利于文化产业理论与企业管理理论的交叉融合。进入 21 世纪以来，学科之间的界限逐渐变得模糊，在各个学科课题研究过程中理论交叉的现象不断增多。本章在研究过程中，将会运用文化消费、文化产业的品牌建设与企业文化、中小企业管理的核心专长和长尾理论等相关理论来探讨企业发展的各种问题。具体说来，基于长远发展眼光，小微文化企业就必须针对文化产品的市场环境、消费者的精神文化需求来进行生产，这就要运用文化消费、消费心理的理论进行说明阐释；小微文化企业是文化产业的一部分，它可以是影视公司、出版公司抑或文化网络公司，这就与文化产业中的影视产业、图书报刊出版产业、新媒体网络产业相关联，所以势必要用到文化产业的相关理论来进行探讨；小微文化企业也是企业的一部分，本书虽然是对其发展模式进行研究，但考虑到小型、微型文化企业的特殊性，所以也会运用企业管理的理论来阐释。综上，文化产业理论和企业管理理论会在本选题研究过程中交叉使用，共同探讨小微文化企业的发展模式问题。

第二，该研究有利于继续深化文化产业发展理论。从目前来看，

---

① 《关于大力支持小微文化企业发展的实施意见》，2014 年 8 月 20 日，http://www.qstheory.cn/culture/2014 - 08/20/c_ 1112155866. htm，2015 年 7 月 29 日。

文化产业理论基本上分为三类：第一类是从总体上概述文化产业的概念、范围、特征等问题，包括对文化产业的政策法规、所有权、组织、国际化等延续变迁问题进行讨论；第二类是将文化产业分为影视传媒产业、图书报刊出版产业、旅游产业、时尚产业、新媒体网络产业等几类，对不同产业进行分类式阐述；第三类是具体到文化产业的案例分析上，对现今已有的成功产业案例来进行分析。但无论是对于文化产业的总体概述，还是分类式的产业描述，抑或已有的案例分析，学术界大多将目光集中在大型的文化企业上，而对小微文化企业关注不够。小微文化企业与大型文化企业存在许多不同之处，它有着自身的优势与劣势，它在文化产业中处在何种地位？它自身有何特点？它对于文化生产发挥着什么作用？它面临的外部宏观环境是怎样的？它的发展模式如何？它的发展模式对整个文化产业发展有何意义？对这些问题的论述都会进一步深化文化产业的相关理论。

第一节　小微文化企业的发展状况

虽然人们对"小微文化企业"这个名词还稍感陌生，但是在日常生活中，大众已经享受到了小微文化企业提供的各类文化产品和文化服务：一款风靡中国的手机游戏 APP 可能就是几个志同道合的年轻人创意灵感迸发的杰作，一件令人爱不释手的工艺品也许是由一位文化底蕴深厚、制作技法娴熟的老艺术家一手创作出来的，一家十余人的文化策划公司就可以为大众组织和呈现一场别开生面的文化盛会……而在这些文化产品和文化服务背后，正是一家家小微文化企业，它们几乎渗透于文化产业领域的每一个细节中，改变着人们的生活，为大众的精神文化生活注入勃勃生机。

一　小微文化企业的总体发展情况

中国文化产业的发展归根结底离不开文化企业的发展壮大。2014年8月，时任中国文化部部长蔡武认为：中国的文化企业发展既要"顶天立地"，又要"铺天盖地"，文化产业的发展不仅需要一批具有较大知名度和影响力的"顶天立地"的骨干大中型文化企业，而且更需要一批"铺天盖地"的小微文化企业，"小微文化企业是实现中国文化产业蓬勃发展的重要力量"。[①]

2011年6月18日，工信部、国家统计局、国家发展和改革委员会、财政部联合出台了新的《中小企业划型标准规定》，将企业规模类型分为大、中、小、微四种类型，首次将微型企业列入企业划型标准，并明确指出小型和微型企业将成为今后政策扶持的重点。

表1-1　　　　大中小微型企业2011年部分行业划分标准

行业名称	指标名称	大型	中型	小型	微型
零售业	从业人员（人）	300及以上	50—300	10—50	10以下
	营业收入（万元）	20000及以上	500—20000	100—500	100以下
住宿业餐饮业	从业人员（人）	300及以上	100—300	10—100	10以下
	营业收入（万元）	10000及以上	2000—10000	100—2000	100以下

[①]　周玮：《文化部：小微文化企业占八成　保持中国文化多样性》，2014年8月19日，http://news.xinhuanet.com/politics/2014-08/19/c_1112144388.htm，2015年5月8日。

续表

行业名称	指标名称	大型	中型	小型	微型
软件和信息技术服务业	从业人员（人）	300 及以上	100—300	10—100	10 以下
	营业收入（万元）	10000 及以上	1000—10000	50—1000	50 以下
租赁和商务服务业	从业人员（人）	300 及以上	100—300	10—100	10 以下
	资产总额（万元）	120000 及以上	8000—120000	100—8000	100 以下
其他未列明行业	从业人员（人）	300 及以上	100—300	10—100	10 以下

注：其他未列明行业包括科学技术服务、社会工作、文化、体育、娱乐业等行业。

资料来源：国家统计局。

文化企业是生产、经营和销售文化产品和服务的企业。文化企业具备以下三个要素，即以文化创意人才资源为核心、以现代科技为手段、以创新产品和服务来盈利。这三个必要因素互为补充、相辅相成、缺一不可。

小微文化企业既要符合小型、微型企业的标准，又要具有文化企业的核心要素。那我们参照文化部、工业和信息化部、财政部制定发布的《关于大力支持小微文化企业发展的实施意见》文件中对小微文化企业的论述〔即指演艺业、娱乐业、动漫业、游戏业、文化旅游业、艺术品业、工艺美术业、文化会展业、创意设计业、网络文化业、数字文化服务业等行业及从事非物质文化遗产生产性保护的企业中符合《中小企业划型标准规定》（工信部联企业〔2011〕300 号）的小型和微型企业，即企业员工人数在 100 人以下的企业〕来概括本书关于小微文化企业的界定。笔者认为，小微文化企业是指雇员人数在 100 人以下，并且该企业以文化、创意、人才等智力资源为根本，辅之相应的科技手段，通过创新开发、销售文化产品或服务来盈利的经营性组织。

在第三次全国经济普查中，国家统计局对小微文化企业发展的相关情况进行了详细统计。从数量上看，"截至 2013 年年底，全国共有小微文化企业 77.3 万个，占全部文化企业的 98.5%"，① 这大大高于之前 80% 的预计比例。由此可以看出，小微文化企业这种企业类型早在正式定名之前就已经出现并获得了初步发展。它们广泛地分布于中国文化产业的各个领域内，成为中国文化企业的主体。从行业分布的角度来看，"小微文化企业广泛分布在文化产品与文化服务所涉及的文化制造业、文化批零业、文化服务业 3 个大类 120 个行业小类中，其中文化服务业小微文化企业 47.8 万个，占全部小微文化企业的 61.8%，资产总计达 28773.5 亿元。文化制造业小微文化企业中的从业人员数量最多，达到 474.7 万人，其创造出的营业收入也高达 20329.8 亿元。中国内资小微文化企业有 75.9 万个，占全部小微文化企业的 98.2%"。② 从分布区域来看，文化产业属于第三产业，小微文化企业较集中地分布在经济社会发展情况较好的地区，东部地区优势明显，"2013 年，东部地区的小微文化企业的数量达 51.1 万个，占总数的 66.1%"，③ 中西部及东北地区的小微文化企业的数量比较少，以上的分布情况与我国当前的区域经济发展水平和人才的分布状况相一致。

---

① 中华人民共和国国家统计局：《按行业分组的法人单位数》，http：//data. stats. gov. cn/ifnormal. htm？u =/files/html/quickSearch/pc/pcpczx01. html&h =760&currentName =，2015 年 6 月 22 日。

② 同上。

③ 同上。

虽然小微文化企业在总体数量上占据优势，但是其经营能力比较弱，实力有待提高，"占全国文化企业总数98.5%的小微文化企业的营业总收入为38306.8亿元，仅为全国文化企业营业收入的45.7%；小微文化企业平均营业收入495.3万元，不足全国平均水平1066万元的一半。在吸纳人才就业方面，2013年小微文化企业的从业人员达979.9万人，占文化企业全部就业人口的63.3%，而小微文化企业平均每亿元资产吸纳从业人员196人，这远远高于大中型企业125人的平均水平"，[①] 这一数据在体现出小微文化企业强大的吸纳就业能力之余，也从一个侧面反映出小微文化企业在创造经济价值方面仍处于弱势地位，单位就业人员创造的经济价值尚待提高。

二　小微文化企业的特征

除了上述统计数据反映出的一些定量属性之外，小微文化企业在其发展过程中还表现出以下特征。

（1）以文化、创意为发展核心，追求较高的文化和创意附加值。

小微文化企业的发展可能会遇到很多问题，如对市场行情了解不深入、缺乏启动资金、缺少销售渠道等，但是文化和创意是小微文化企业兴起和发展的根本。文化产品和服务背后的文化内涵与创意创新是文化企业的内因，也是它区别于其他性质企业的本质属性。小微文化企业的兴起往往是从一个创意、一种文化、一次灵感火花的碰撞开始，可以说它是凭借创意和文化逐渐兴起并发展起来的。小微文化企业的人才，尤其是创意型人才，通过对知识的有效运用和对个人创造

---

① 中华人民共和国国家统计局：《按行业分组的法人单位数》http：//data. stats. gov. cn/ifnormal. htm? u = /files/html/quickSearch/pc/pcpczx01. html&h = 760&currentName = ，2015年6月22日。

力的充分发挥，构成企业的核心竞争力。对小微文化企业而言，文化和创意不仅是其发展的起点和中心，而且也是企业利润的主要来源。文化企业表面上出售的是产品和服务，实际上出售的是文化、是点子、是创意，最重要的也是这些深层次的内涵。中国台北故宫康熙朱批"朕知道了"纸胶带三小卷的售价是 200 元新台币（约合 40 元人民币），按照一般思路，花 40 元买三卷纸胶带是难以想象的，可是故宫推出的这类文创产品就是能受到大众的热烈追捧，让海内外游客纷纷购买，甚至一度成为畅销和脱销产品。当然这其中的奥秘，也即文化产品中最值钱的就是凝结在文创产品中的创意和它带给人们的生活乐趣。较高的文化和创意附加值同样也是小微文化企业追求的目标。又如，济南葫芦工坊文化创意有限公司的创始人徐浩然将传统的葫芦与现代美术工艺相结合，制作出各种葫芦工艺品和实用器件，与其说他出售的是葫芦，不如说他的葫芦里出售的是文化和创意，可谓"他的葫芦不卖药，绘乾坤容万物"：葫芦因与"福禄"发音相似而被视为中国最原始的吉祥物之一，其中寄托了人们的美好祝愿；大漆葫芦、工笔画葫芦、墨刻葫芦等将中国传统造型艺术、绘画和书法借葫芦这种特殊的载体表现出来；葫芦茶叶罐、葫芦酒容器、葫芦小夜灯等不仅是实用品还是精美的工艺摆件。经过葫芦工坊的精心打造，一件普通葫芦工艺品的价格达到数百元，有的甚至会达到数千元，这极大地提高了葫芦的"身价"，体现出较高的文化和创意附加值。

（2）业务专一，特点鲜明，专业化程度比较高。

相较大中型文化企业，小微文化企业多处于发展的初始阶段，自身实力弱小，发展中可能会遇到资金、人才、政策等诸多方面的困难且应对危机、化解危机的经验不足，能力不强。为了充分利用现有条件，节约有限资源，小微文化企业大多选择单种经营的发展路线，即确定一种细分业务类型，集中人力物力进行发展。在笔者调研的多家小微文化企业中，每一家都有自己明确且集中的发展方向：如济南葫芦工坊文化创意有限公司聚焦葫芦艺术品的生产加工，济南问鼎手游公司专注进行手机游戏的设计开发服务，杭州田字格文化创意有限公司以平面和空间艺术设计为主要业务内容等。选择以某个小领域为切口开展业务能够使企业把有限的资源用在某个最擅长的细分领域进行"深耕"，这不仅有利于小微文化企业迅速开展业务，而且也易于做出特色、做出成绩，继而提高其在某个领域的专业化程度，以求在市场上迅速找准自己的位置。

以某一个极小领域为切口开展业务是小微文化企业成立初期的必然选择，而随着发展，小微文化企业也会对业务范围进行适当延展。如鸿景影视在发展初期以影视后期制作为主要业务，经过近十年的发展，公司业务逐步涉及影视前期创作和拍摄，目前已经形成从剧本创意、拍摄到节目制作与发行较广泛的业务范围序列。又如济南泉韵历山文化传播有限公司，其定位从十多年前的设计公司（山东泉韵艺术公司）到2008年主营设计与策划的泉韵广告有限公司，再到2009年开始涉足文创特许产品的设计策划，现在已经成为一家以品牌整合策划与创意设计见长的专业文化传播机构。小微文化企业对某个领域的业务范围进行扩大并不是盲目无序的，小微文化企业也不可能像一些大型文化企业那样成为"文化巨无霸"，其延展业务范围的前提是做好单一业务，这种延展也在一定程度上体现出小微文化企业的发展和成长。

（3）企业规模有限，组织结构简单，多实行经营权与所有权合一，能够及时有效地做出经营决策。

根据中国对企业规模的界定，小型企业的从业人员不超过100人，微型企业的从业人员不超过10人，这种人员数量就决定了小微文化企业内部的组织结构比较简洁，从领导人到一般企业员工，小微文化企业一般只有两层或三层。笔者调研的全部小微文化企业均采用经营权和所有权合一的方式进行经营运作，企业的负责人有的是相关领域内的专家，有的则单纯进行管理工作，他们既享有企业发展带来的利润，又实际参与本企业的管理活动。小微文化企业中人员精悍、组织结构简单的特点，能够有效地使其避免在大中型企业管理中经常出现的组织机构重复和人员冗余问题，每位工作人员都对应着自己的工作职责。另外，由于有的企业领导人是本行业的"行家里手"，对本企业开展的主体业务非常熟悉且有专长，因而也会投入文化产品的实际生产环节——出现"自雇佣"的情况，由此能够更好地随时把握行业和企业的发展动态并及时做出符合实际的经营决策。比如在鸿景影视的经营管理中，艺术总监马和平先生既是公司的创始人之一（现持有公司49.5%的股份），又是本公司的艺术总监，因此其负责统筹安排公司整体的艺术创作，对公司其他人员的影视创作及后期制作进行专业指导，这样的设置能够在很大程度上提高公司的专业化水平。通过经营权与所有权的结合，兼具专业能力和管理权力的企业领导人能够对公司的实际经营情况有真实且及时的了解，迅速有效地做出经营决策，对公司未来发展的指导也更具实际意义和科学性保障。

（4）经营灵活，反应敏捷，贴近并满足市场的多元需求。

小微文化企业发展规模有限，组织结构简单及所有权、经营权合一的特点使得其发展机制比较灵活，受内部管理制度的束缚比较少，因此小微文化企业不仅可以对文化市场和需求的变化灵敏感知，而且能够做出相应的业务调整，具有"船小好掉头"的优势。

当下"80后""90后"甚至"00后"逐渐成为文化消费的主力军，他们对多样化、个性化的文化产品和服务的需求日益增强且需求偏好的更迭频率加快，大中型文化企业虽然具备雄厚实力和规模经济效益，但是由于其内部管理层级数量多、结构复杂、决策周期长，因此对市场变化的反应速度比较慢，从感知市场变化到做出应变决策再到投入创作生产所耗费的时间也较长。小微文化企业组织结构简洁且经营权、所有权合一，在决策效率方面占据优势，"小企业经营灵活、高效的特点，把科学技术转化为现实的生产力所耗费的时间和所经历的环节也大为减少"。① 除此之外，随着时间推移，大中型文化企业沉淀成本逐渐上升，产品种类转变更新的速度比较慢，转移代价高，而小微文化企业却可以用较小的代价迅速完成文化产品和服务侧重点的转移，因此在文化产品和服务的灵活性上更胜一筹。

三 小微文化企业发展的意义

小微文化企业作为一种尚处于发展初期的企业样态，在社会和经济发展中扮演着重要角色，对社会各个方面有独特的作用，其意义不容小觑。

（1）小微文化企业是中国文化产业领域崛起的新生力量，能够推动经济结构调整，有力地促进经济发展。

过去提及中国的文化产业，人们往往会想起一些比较知名的大型文化产业项目或品牌，而对小微文化企业关注比较少。其实，小微文化企业与人们的日常生活密切相关。人们经常使用的文化产品、享受的文化服务中很多都是由小微文化企业提供的，只是由于各种原因，其相应的社会认知程度还有待于进一步提升。随着 2014 年 8 月 19 日三部门联合下发《关于大力支持小微文化企业发展的实施意见》，小

---

① 钱明霞：《小型企业管理》，上海人民出版社 2002 年版，第 34 页。

微文化企业作为文化产业领域的新生力量正式登上历史舞台，因而人们对小微文化企业发展的关注上升到了一个新阶段。小微文化企业在中国文化产业发展中占有数量优势，已经成为当前和未来中国文化产业领域崛起的新生力量，对中国文化产业发展队伍的壮大和中国文化产业发展潜力的深度挖掘有着重要意义。

从世界（特别是欧美等发达国家）的整体情况来看，文化产业一直被视为第三产业的重要组成部分，并有"无烟产业""朝阳产业"的美称，然而目前中国的文化产业发展情况与其他发达国家相比还有很大差距。国家统计局公布的相关数据显示，"2010 年中国国内文化产业占国内生产总值比重为 2.75%，2011 年首次超过 3%，2012 年所占比重为 3.48%"。① 按照国际惯例，支柱产业占 GDP 的比重需达到5% 以上。2012 年美国的文化产业产值占到 GDP 的 24%，发达国家文化产业占 GDP 的比重平均在 10% 左右，这说明中国的文化产业发展与先进国家相比还有一定差距。"小企业作为市场竞争机制的真正参与者和体现者，在很大程度上可以说是经济发展的基本动力"，② 小微文化企业的崛起和发展必然会壮大中国文化产业的发展力量，从而增强第三产业的整体实力并增加其在国民经济中所占的比重，推动经济结构优化和调整，这在当下中国大力倡导促转型和优化发展方式的社会大背景下具有重要意义。

（2）作为文化创意和创新的重要领地，小微文化企业能够带动形成利于创新的发展环境。

时下，我们正处于一个新鲜事物不断涌现、发展水平日新月异的

① 中华人民共和国国家统计局：《按行业分组的法人单位》http：//data. stats. gov. cn/ifnormal. htm？u ＝/files/html/quickSearch/pc/pcpczx01. html&h ＝ 760&currentName，2015 年 3 月 23 日。

② 钱明霞：《小型企业管理》，上海人民出版社 2002 年版，第 34 页。

时代，"现代化市场竞争非常激烈，任何一种成功的技术、工艺和商业模式都可能在很短的时间内被竞争对手知晓与模仿，要想始终领先对手，唯一的方法就是创新"，① 因此，有很多学者将我们身处的时代称作"创意经济时代"。

小微文化企业与创意创新的关系非常密切。一方面，从小微文化企业自身发展的角度来看，上文已经提及小微文化企业的发展以文化和创意为核心，求新求变、创意创新是小微文化企业发展的重要内容和不断获得发展的动力源泉。另一方面，从社会整体发展的角度来看，小微文化企业主要集中于文化创意和创新领域，具有较强的创新意识和创新能力，是全社会文化创意和创新的重要源泉，能够对整个社会的发展产生"鲇鱼效应"，即通过自身积极的创意创新行为"搅动"相对保守、消极、滞后的大环境，从而带动整个社会的创意创新热情，形成有利于创意发展的环境。尤其是在当前中国大力倡导"大众创业，万众创新"，鼓励"创客"不断涌现的时代背景下，小微文化企业作为这场创业革命的先锋力量，会带动更多的人加入创业创新的时代潮流，从而在全社会形成崇尚创意、锐意创新、积极创业的风气。

（3）小微文化企业能够提供较多的就业机会，拉动社会就业。

如果单从企业规模的角度进行考虑，小微企业能够吸纳的劳动力的绝对数量并不比其他类型的企业多，"但是从企业的资本和技术构成来看，小企业'消化'劳动力的能力又比大企业要强。再把小企业数量上的绝对优势考虑进来，小企业就成为解决就业问题的主要场所"。② 结合小微文化企业的性质，从本质上来说，文化产业属于知识

---

① 廖灿：《创意中国》，中国经济出版社 2008 年版，第 6 页。
② 钱明霞：《小型企业管理》，上海人民出版社 2002 年版，第 35 页。

密集型、人才密集型产业，对人才和知识的要求比较高且需求旺盛。而具体到小微文化企业，以创意和文化为发展核心的特征决定了人力资源是企业内部最重要的资源之一。近些年，就业问题已经演变为一个比较棘手的社会问题：每年都有大量毕业生涌入社会寻找工作，"就业难"问题困扰着毕业生、学校及社会各方。小微文化企业的特点和发展路径决定了其能够为社会提供大量的就业机会，根据国家统计局的相关调查，"截至 2013 年底，小微文化企业中的从业人员达 979.9 万人"，① 由此可见小微文化企业展现出了极强的吸纳劳动力就业的能力。

小微文化企业在解决高校毕业生就业问题方面表现尤为突出。一方面，大学毕业生可以根据自身条件选择到适合的小微文化企业中工作；另一方面，小微文化企业的创业门槛低、限制条件少，心怀创意的大学毕业生甚至可以与志同道合的伙伴合伙创办属于自己的小微文化企业，成为一名"创客"。在很多西方发达国家，"就业"的含义本身就包括自主创业，而且自主创业是一种受到社会和毕业生广泛推崇的方式。无论是选择就业还是创业，小微文化企业的特点都恰好与大学毕业生的就业需求倾向具有契合点：现在的毕业生都愿意当"白领"，不愿意当"蓝领"，大多数小微文化企业属于高端的第三产业，这恰好能够为毕业生们提供心仪的工作机会，从而在一定程度上帮助他们解决棘手的就业问题。由此可见，大力促进小微文化企业的发展能够提供更多的就业机会，在一定程度上缓解就业形势和解决高校毕业生"就业难"的社会问题。

---

① 中华人民共和国国家统计局：《按行业分组的法人单位数》，http：//data. stats. gov. cn/ifnormal. htm？u ＝/files/html/quickSearch/pc/pcpczx01. html&h ＝ 760&currentName ＝，2015 年 6 月 22 日。

（4）关注"长尾"，提供多样的文化产品和服务，满足并拓展消费者的多元文化需求。

随着经济发展和物质生活水平的不断提高，人们的精神文化需求出现了两个新变化。首先，在基本的物质生活需求得以满足后，精神文化需求逐渐成为人们的另一主要需求且需求量与日俱增，中国居民在网络、图书、影视等方面的文化消费支出也的确呈现逐年递增的趋势。其次，精神文化需求的种类和层次的多样化趋势明显，文化消费的主力军发生代际转换，其文化消费转向个性化和多样化。当前，"75后""80后""90后"成为文化消费的主力军，他们追求变化、喜欢时尚、崇尚个性、注重体验性的个性特征必然会反映在其对文化消费的内容偏好方面，微信、微博、手机等造就了新的消费方式，形成了新的消费习惯。从一定意义上说，文化企业的存在和发展为满足人们的精神文化需求提供了潜在可能性。小微文化企业的兴起和发展既为社会提供了大量的文化产品和服务，又为满足一些个性化的文化需求提供了潜在机会。一般类型的文化企业为社会提供大量的文化产品，满足大多数人的需求或者人们的主要需求，而小微文化企业的生产能力恰好对应着需求曲线的"长尾"部分，从而能够满足消费者零散的、少量的多元需求。小微文化企业的发展满足了人们的精神文化需求，也挖掘、拓展、提升着人们对精神文化的需求。人们的精神文化需求越是丰富多样，小微文化企业的发展就越具有深厚的社会基础和广阔的市场发展空间。

（5）保持和发展中华文化的多样性。

中国是拥有漫长历史的文明古国，在发展过程中逐渐形成了历史悠久、丰富多样的中华文化，中华文化的多样性是中国发展文化产业的先天优势和潜在资源。在现代，我国面临着如何保持中华文化的多样性并使其在当代重新焕发生机的严峻问题，要想解决好这个难题，仅仅凭几个大中型的文化企业和文化产业项目是远远不够的，零散的小微文化企业造就了文化的多样性。反过来说，中国的文化多样性也为小微文化企业的差异化发展提供了肥沃的土壤，每个小微文化企业都有一片属于自己的发展天地。

（6）成功发展为文化领头企业，发挥文化辐射作用。

企业发展有其自身的规律和过程，世界上很多大企业都是由成长快、适应性强、发展前景好的小企业逐步成长起来的。虽然从现在的发展情况来看，小微文化企业还属于"弱势群体"，在诸多方面尚有较大的提升空间，但是随着小微文化企业自身的不断努力和国家各项辅助政策措施的落地实施，小微文化企业的发展前景还是十分广阔的。有的微型文化企业经过几年的发展成为小型文化企业，还有一些小微文化企业甚至成长为文化领头企业。如今很多文化产业领域内的领头羊也是从不起眼的小微文化企业逐步成长起来的：如世界文化产业的巨无霸华特·迪士尼公司就是从一家1923年创办的迪士尼兄弟工作室一步步发展起来的，现在它已经成为全世界文化企业的成功典范，对于美国乃至全球文化产业的整体带动作用不言而喻。注册成立于1998年的北京光线电视策划研究中心（今光线传媒有限公司）经过近二十年的不懈追求，已经发展为中国最大的民营传媒娱乐集团，主营业务涉及电视节目制作与发行、电影投资、艺人经纪等近十个领域。又如2006年在重庆上清寺的一个旧居民楼里诞生的猪八戒网，它曾经是一家只有6名员工的名不见经传的小公司，而经过近十年的发展，曾经不起眼的猪八戒网已成为中国领先的众包服务平台和最大的文化创意威客线上交易平台。如今的猪八戒网不仅成就了自身，而且通过搭建文化服务平台，一大批威客实现了就业，带动了文化类产品交流与服务的蓬勃发展。

小微文化企业凭借自身努力成功发展为文化领头企业，不仅壮大了力量实现企业的发展目标，而且还能够发挥辐射带头作用，带动相关产业和部门的发展，在成就自身的同时也成就了相关合作、参与者，实现双赢甚至多赢。

第二节　小微文化企业的模式状况

由于企业发展模式是对企业发展历史或发展路径的总结，也是后来企业学习的榜样或参照的标准。本章"小微文化企业发展模式"的研究重点就是符合小微文化企业概念界定的企业战略、经营和管理等方面，尤其是战略制定和实施过程中产生的模式规则、特征、技巧等。这些都属于发展模式的研究范畴。因此，"小微文化企业的发展模式"的研究对象要涵盖三个要点：第一，企业一定是演艺业、娱乐业、动漫业、游戏业、文化旅游业、艺术品业、工艺美术业、文化会展业、创意设计业、网络文化业、数字文化服务业等行业及从事非物质文化遗产生产性保护的企业；第二，雇员人数在100人以下，并且该企业以文化、创意、人才等智力资源为根本，辅之相应的科技手段，通过创新开发、销售文化产品或服务来盈利；第三，选出其中有代表性的成功企业，对其在成长过程中表现出的管理、运营、创新等方面的特征进行概括和总结，进而得出其模式。

　　小微文化企业面临着诸多发展问题，其中涉及资金、创新、人才、市场竞争等方面；而小微文化企业的发展模式同样存在发展误区。

一　小微文化企业发展模式的误区

　　发展模式对于小微文化企业而言是至关重要的，选择合适的、恰当的发展模式是小微文化企业能够迅速发展、成长的关键。但是从目前情况来看，小微文化企业发展模式也存在一些误区：

　　误区一，对外部宏观环境理解、把控不足，发展模式没有充分利用政策、市场、社会、技术环境提供的发展机遇。作为小微文化企业，其自身的优势是"机动灵活"，劣势是"规模小、竞争力不足"，如何能够扬长避短、促进小微文化企业发展是值得注意的问题。它的"机动灵活"体现在可以随时根据宏观环境变化调整发展方向，这就为小微文化企业对宏观环境的敏锐程度提出了较高的要求。小微文化企业必须要做宏观环境的"洞察者""狙击手"，一旦出现变化，果断调整、毫不犹豫。另外，机遇对于企业发展来说更是可遇而不可求。现如今，国家为小微文化企业在各方面开设"绿色通道"，在资金、技术、政策等方面大力扶持小微文化企业的发展；文化市场广阔、存在市场空白、居民文化消费需求旺盛且文化多样化需求突出，这为小微文化企业能够争取更多的市场份额提供了诸多机遇；当前"80后""90后"文化创意类人才追求职业自由度的现实状况与小微文化企业"求贤若渴"相契合，双方共同建立新型合作关系，这不仅为文创类人才实现其个人价值提供了平台，也为企业发展提供了智力支持；新媒体、大数据、网络平台的发展日新月异，小微文化企业要放弃"酒香不怕巷子深""闭门造车"的传统观念，充分利用网络推广，提升本企业品牌的市场影响力。目前仍有部分小微文化企业没有重视外部环境的变化，没有充分整合、利用发展机遇，从而导致发展模式不精确、不适应当今文化市场的需要。

误区二，对企业自身优势领域认识不足、发掘不充分，企业发展模式与核心专长没有完美契合。小微文化企业要在充分认识外部发展环境、利用发展机遇的前提下，结合自身企业的优势领域来进行发展模式的选择。小微文化企业应该有自己的核心专长，这种核心专长具有以下几个特点：第一，独特性。无论是文化产品的开发还是渠道的拓展，该专长的本质必须是独一无二、别人无法模仿的，这才能够保证企业持续的竞争能力。第二，拓展性。核心专长能够为小微文化企业开发多种产品和服务、市场拓展提供支持，小微文化企业的核心专长并不是在某一个产品上获得优势，而是在相关市场、相关领域的系列产品和服务上取得优势地位。而目前，许多小微文化企业并没有将企业的发展模式与核心专长相契合，并没有充分利用、发掘企业的核心专长。这就是企业要改变的地方，一定要以企业的核心专长为中心进行发展模式的构建，否则该企业无法在文化市场上站稳脚跟，企业的竞争力就更没有了。

二　小微文化企业与协同进化

当前小微文化企业面临许多发展困境，小微文化企业的发展模式又存在诸多误区。此时，小微文化企业应当适时地调整发展思路，走一条与生态系统协同进化的路子。那么，小微文化企业如何与生态系统协同进化呢？

其实，协同进化本是指生物与环境的交互关系，一种协同关系也可以表述为有机体与生存相关者在生存的竞争中相互协调适应，使得生存系统达到有序改进的活动。对于企业的协同进化，早在 1999 年，国际著名学术杂志《组织科学》专门在第 5 期发表了企业协同进化方面的 10 篇论文，其中卢因和沃博达所著的《协同进化宣言：一个战略和新组织模式研究的框架》对企业协同进化方法的产生背景、特征、使命、挑战和研究进展作了全面阐述，标志着企业协同进化理论范式的诞生。那么，企业协同进化是指企业一方面在适应其生存环境的反应性活动进化，另一方面这种进化又促进了环境因子的进化，而后者的进化又促使前者随之进化，企业的成长就是企业与环境因子的相互进化及相互制约，在互相影响中使能力、结构、规模、文化和水平等方面共同进步。[①] 小微文化企业与生态系统的协同进化，就是说小微文化企业通过选择适合自身的发展模式来适应整个文化产业的环境状况，并且通过自身企业发展能够让整个宏观环境逐渐优化、整个产业变得更加优良，而整个环境的进化又促使小微文化企业随之进化，双方呈现出一种既相互适应又共同成长进化的现象。要想达到小微文化企业与生态系统协同进化的效果，我们首先要运用 PEST 分析模型来分析外部的宏观环境机遇，主要从政治、经济、社会、技术四个方面来分析总结。然后，不同类型的小微文化企业根据其外部宏观环境因素机遇，得出应当选择执行的发展模式。只有这样，才能既可以为企业找到最为合适的发展模式，又能满足行业需求、促进整个行业发展，达到两者协同进化的最终目的。

---

① 胡伟：《企业发展模式：协同进化观点》，经济管理出版社 2011 年版，第 43 页。

第三节 小微文化企业的宏观环境机遇分析

　　结合当前发展实际来看，小微文化企业要想在文化市场上站稳脚跟，就必须对其所处的宏观环境有较为清晰的认识，尤其对外部宏观环境提供的发展机遇应极为敏感、能够善于捕捉和利用发展机遇，这对小微文化企业探索适合自身的发展模式最为重要。所谓宏观环境，是指企业及其行业环境各因素具有较大影响力的客户因素的总体。[①]对于小微文化企业的宏观环境机遇分析，我们采用 PEST 分析法。小微文化企业与有利的宏观环境关系如图 1-1 所示。

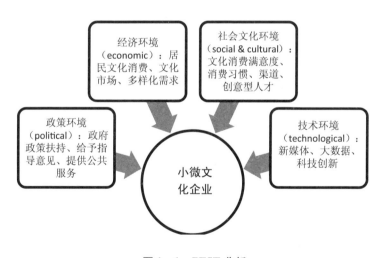

图 1-1　PEST 分析

---

① 张明玉、张文松：《企业战略理论与实践》，科学出版社 2005 年版，第 65 页。

一 小微文化企业发展的政策环境机遇

对于小微文化企业而言，它发展的外部政策环境机遇主要指的是我国政府对其出台的相关支持性产业政策。近年来，我国陆续出台一系列关于小微企业、文化企业的扶持政策，特别是 2014 年 8 月 19 日，文化部、工业和信息化部、财政部联合发布的《关于大力支持小微文化企业发展的实施意见》文件。这些政策主要为小微文化企业提供创业兴业指导意见、财政支持、金融服务、公共服务等有利的因素，小微文化企业发展的宏观政策环境可谓是一片光明，形势大好。

表 1 - 2　　2011—2015 年小微企业、文化企业扶持政策一览

政策 年份	综合性政策 （公共服务）	金融政策	财税政策	其他政策
2011	《"十二五"中小企业成长规划》			
	新"国九条"			
2012	《关于进一步支持小型微型企业健康发展的意见》	《关于国有企业改制重组中积极引入民间投资的指导意见》	修改《中小企业发展专项资金管理办法》	
	《关于大力支持小型微型企业创业兴业的实施意见》	《鼓励和引导民间投资健康发展的税收政策》	修改《中小企业信用担保资金管理办法》	

续表

政策 年份	综合性政策 （公共服务）	金融政策	财税政策	其他政策
2013	《关于促进中小企业"专精特新"发展的指导意见》	《国务院办公厅关于金融支持小微企业发展的实施意见》	《财政部国家税务总局关于暂免征收部分小微企业增值税和营业税的通知》	《加强中小企业公共服务平台网络建设》
	扶助小微企业专项行动	《全国中小企业股份转让系统有限责任公司管理暂行办法》	《地方特色产业中小企业发展资金管理办法》	
	《关于强化企业技术创新主体地位全面提升企业创新能力的意见》	《国家发展改革委关于加强小微企业融资服务支持小微企业发展的指导意见》	《关于做好2013年国家中小企业服务体系发展专项资金项目申报工作的通知》	
2014	《关于推进文化创意和设计服务与相关产业融合发展的若干意见》	《关于深入推进文化金融合作的意见》	《文化体制改革中经营性文化事业单位转制为企业的规定》指出，转制后，免征企业所得税	《关于加快发展对外文化贸易的意见》
	《关于大力支持小微文化企业发展的实施意见》		《进一步支持文化企业发展的规定》提出，对国家重点鼓励的文化产品、文化服务出口分别实行增值税零税率、营业税免税	

续表

政策 年份	综合性政策 （公共服务）	金融政策	财税政策	其他政策
2015	《关于支持开展小微企业创业创新基地城市示范工作的通知》		2015 年文化产业发展专项资金开启申报，小微企业将不再受限	
	《2015 年扶持成长型小微文化企业工作方案》			

从表 1-2 中我们可以清晰地看出，政府的相关扶持政策涵盖了企业创业兴业、资金、税收、公共服务、企业成长等多个方面的内容。由此，我们可以归纳得出，小微文化企业发展的政策环境机遇主要包括以下三个方面。

（1）政府支持小微文化企业创业兴业，对其成长规划给予指导意见。

对于企业老板来说，创办企业首先是注册、选址，然后才是培育开拓市场，促进企业成长。而现在，政府在出台的政策中明确指出：对于小微文化企业要便捷市场主体准入，要放宽对其经营场所的限制，要进一步优化工商注册登记程序。即凡是符合法律规定的各类成员在申请创办小微文化企业时，其经营场所、经营项目符合相关规章制度，工商管理部门会开通注册登记"绿色通道"，及时高效地办理企业注册登记。这就在很大程度上缩短了企业创办的时间跨度，不仅促使企业提前迈入文化市场，及时感受市场变幻，而且也在无形中为企业主节约了创办成本。另外，在政府采购过程中，各级文化行政部门对小微文化企业及小微文化企业份额达到 30% 的联合体有自主知识产权的投标产品和服务，可在价格扣除优惠政策规定范围内按较高标准执行。这为小微文化企业带来源源不断的订单，促进其长远发展。除此之外，政府的扶持政策中对小微文化企业成长、发展提出了许多具体性的指导意见，这些意见涵盖了企业的管理方式、经营能力、品牌塑造营销、市场开拓等方面，促进小微文化企业向着"专精特新"的方向发展。这主要包括：第一，指导企业建立科学合理的管理体制，加强企业的基础管理，强化战略、品牌、营销、财务、人力、企业文化的管理，使之符合自身企业实际；第二，鼓励企业主参加有关经营管理和品牌营销的培训，组织金融、财会、管理、法律、营销等方面专家和文化企业家、投资人等为小微文化企业和文化领域创业者提供政策解读、企业诊断、管理提升、品牌塑造、市场推广等方面的咨询和辅导服务；① 第三，支持小微文化企业参加各种形式的国际性和国内的展览会或展销活动，并且重点展示其文化产品或服务，帮助小微文化企业扩大影响力，推进企业之间的交流与合作，开拓国内外文化市场。所以，无论是企业主创业还是企业成长，政府都提供了许多便捷的措施和指导意见，小微文化企业主完全可以根据自身发展实际，有选择地利用这些有利条件，以此来促进企业发展，增强产业活力。

（2）帮扶小微文化企业走出资金短缺的发展困境。

小微文化企业由于其有形资产少、未来的发展前景和收益不确定、回收成本时间跨度大、品牌形象等无形资产评估难度大等因素，一直面临着融资困难、资金链紧缺的发展困境，严重制约着企业的创新与

---

① 文化部、工业和信息化部、财政部：《关于大力支持小微文化企业发展的实施意见》，文产发〔2014〕27 号。

发展。而政府面对这一难题，出台了一系列相关政策，无论是综合性的政策还是专门性的金融财税政策，都明确了要确保小微文化企业资金链运转正常这一关键性的环节。第一，深入推进文化金融合作。政府通过鼓励金融机构建立专门服务文化产业的专营机构、特色支行和文化金融专业服务团队、建立完善文化的金融中介服务体系、搭建文化金融服务平台等方式来丰富文化企业和金融行业的合作方式，引导金融机构不断提升对小微文化企业金融服务的便捷化、规模化、个性化水平，促进小微文化企业和金融行业的全面对接。第二，拓宽小微文化企业融资渠道，探索构建服务于小微文化企业的多层次融资体系。大力推广小微文化企业集合债券、集合信托、短期融资债券和行业集优债券等；支持小额贷款公司等机构为小微文化企业融资提供相关服务；鼓励符合条件的小微文化企业通过在全国中小企业股份转让系统和区域性股权交易市场进行股权融资；积极引导各类型私募股权投资基金、创业投资企业投资小微文化企业；支持有条件的地方依托文化金融服务中心为小微文化企业提供中介服务。① 第三，加大财政支持力度，落实税费优惠政策。一方面，加大政府对于小微文化企业专项资金支持力度，完善和落实项目补助、贷款贴息、保费补贴等优惠措施，实现财政政策、产业政策与企业需求的有机衔接。另一方面，落实提高增值税和营业税起征点、暂免征收部分小微文化企业增值税和营业税，以及免征部分小微文化企业文化事业建设费、部分艺术品进口关税减免等各项已出台的税费优惠政策。对于小微文化企业而言，完整的资金链供应确实是其在竞争激烈的文化市场上站稳脚跟、发展壮大的基本条件。

---

① 文化部、工业和信息化部、财政部：《关于大力支持小微文化企业发展的实施意见》，文产发〔2014〕27号。

（3）为小微文化企业提供多种公共服务。

小微文化企业除了提高自身的经营能力、管理能力和产品创新能力以外，外部力量（配套设施、网络平台、社会组织、舆论环境）的倾斜也会为小微文化企业的发展提供便利。第一，构建了小微文化企业公共服务平台网络。政府正在逐步完善网络平台的前沿政策查询、文创人才培训、企业融资指导、企业或产品信息发布等服务内容，同时提供政策分析指导、项目与产品查询、企业产品信息交流、市场动态分析等公共服务，切实为小微文化企业提供便利。第二，引导、促进各级社会组织与小微文化企业合作对接。充分发挥行业协会、商会在规范市场秩序、开展行业自律、制定行业标准、调解贸易纠纷等方面的积极作用，切实维护小微文化企业权益；支持行业协会、商会与各类小微文化企业载体在发展规划、信息交流、市场推介、创意转化、投资融资、人才培训等方面开展合作，加强对小微文化企业创业发展的指导和服务，最终实现互利共赢。① 第三，强化对小微文化企业的协调指导、统计监测。充分发挥各地区促进中小企业、小微企业发展工作领导小组作用，将文化行政部门纳入领导小组，做好小微文化企业发展的指导协调工作，形成政策叠加优势；加强对小微文化企业发展的调查研究，逐步建立起对小微文化企业发展情况定期抽样调查和常态化监测分析机制，在不涉及商业机密的前提下进行公开展示，为小微文化企业的发展提供相关经验。第四，实现校企合作，强化知识产权，鼓励创新。政府大力推动小微文化企业与高校、研究所进行合作创新，双方共同致力于项目或产品的开发、策划、制作、推广等环节，实现人才的交流与培养；对于研发成果必须维护其知识产权，强

---

① 文化部、工业和信息化部、财政部：《关于大力支持小微文化企业发展的实施意见》，文产发〔2014〕27号。

化注册商标、申报知识产权的意识，维护企业、高校的正当利益。所以，政府构建的一系列公共服务平台绝对不是形同虚设，它切实为小微文化企业的起步、发展带来不少的好处。

二 小微文化企业发展的经济环境机遇

小微文化企业的经济环境机遇，主要指经济发展形势、发展趋势以及企业所面临的市场环境和文化产业环境。我们在这里主要强调经济环境中"市场"这一重要部分。做好文化企业，特别是小微文化企业，除了要考虑企业自身的发展特性和发展方向以外，还要考察经济市场环境的变化。洞察文化市场环境，有效及时地捕捉市场发展机遇，有利于小微文化企业发展模式的构建，也能反过来使企业更好地适应发展环境。

如今，文化市场竞争十分激烈，文化产品类型数不胜数，小微文化企业发展的经济环境机遇主要有哪些呢？

近些年来，文化消费环境和文化消费水平提升明显，而文化消费满意度不升反降，这说明文化产品的质量有待提高。我国的东部地区文化消费整体上要优于中西部地区；在文化消费水平和消费能力两方面，东部地区的优势也较为突出。我国的城镇居民文化消费水平要远远高于农村居民，但我国的农村居民文化消费意愿较为强烈。我国东西部、城乡之间文化消费存在较大差异，西部、农村文化消费市场空间大。我国文化消费缺口巨大，居民的文化消费支出比重占可支配收入较少。这说明我国居民的潜在文化需求还没有得到充分的满足，我国文化消费领域存在着巨大的市场空间。

我国文化消费缺口大、文化消费的满意度低，导致这种现象的原因有两个：从地域上看，中西部地区、农村地区的文化市场被忽视；从产品上看，当前文化市场上的文化产品质量不高、功能不全，文化产品种类不能够满足人们的精神文化需求。所以小微文化企业发展的经济环境机遇主要有以下几点。

（1）寻找文化市场空白，因地制宜，创新开发新产品，抢占市场。

小微文化企业由于资源有限，做一个市场空白的填补者，可以有效地避免与文化行业中的大企业产生正面交锋，在一定程度上能够避免被淘汰出局的危险。再加上小微文化企业机动灵活、适应性较强的优点，企业决策快、执行快，能够及时、迅速地调整企业发展方向，填补市场空白。在我国，东西部省市的经济、文化发展极不均衡，城乡居民的收入水平也较悬殊，所以中西部省市及乡村的文化消费情况值得小微文化企业关注。在中西部地区，小微文化企业的数量也远远少于东部地区，文化产品或服务无论是数量上还是质量上都无法与东部发达地区相比，中西部地区居民的文化需求在很大程度上也得不到满足。一方面，小微文化企业应当结合中西部地区的文化资源优势，在调查研究当地居民文化需求的基础上，面向中西部地区推出合适的文化产品或服务，如将西安的大秦帝国、大唐盛世的历史文化与文创产品相结合，既有当地的历史积淀又有文化创意；还可以将敦煌壁画、沙漠风情做成动画动漫及其周边产品等。另一方面，小微文化企业可以将东部地区的文化产品或服务推向中西部地区，既能满足当地居民对东部沿海文化的需求，又可获得一定的文化市场份额。这样一来，小微文化企业既能迎合当地居民的文化消费需求，又能满足其对外来文化（特别是东部文化）的好奇心，对于小微文化企业来说是十分利好的市场发展机遇。另外，随着社会主义新农村建设的逐步推进，农村地区的经济发展水平和农民的生活水平显著提高，农村居民的文化消费意愿在2014年首次高于城镇居民，这说明农村居民具备文化消费的能力和拥有日益高涨的消费热情，但是当前市场上的文化产品或服务对于农村居民的针对性还不够，居民的文化需求无法得到满足。小微文化企业应当及时填补农村文化市场的空白，在做好农村文化市场调研的基础上，推陈出新，选择符合农村居民消费需求的文化产品或服务。例如，在农村就地取材的"葫芦"，风干去瓤之后通过外表绘画做成寓意不同的工艺品，也可以通过内置瓶胆做成类型多样的实用品；拍摄农村题材的纪录片、情景剧等。如果当地居民对城市文化产品感兴趣，小微文化企业当然可以直接将原本已有的文化产品或服务投向农村市场。总之，小微文化企业如果能够迅速对中西部地区、农村地区的文化市场进行填补，就可以有效地抓住发展契机，促进企业可持续发展。

（2）定位目标，细分市场，瞄准"长尾"，精准出击。

小微文化企业的产品优势在于能比别人先生产出产品，或生产别人没有的产品。由于小微文化企业的人才、技术、资金等资源的有限性及消费者文化需求的差异性，为了进行有效的市场竞争，小微文化企业必须进行市场细分，从中选择有利可图的目标细分市场，集中企业各项资源，制定有针对性的竞争策略，以此来维持企业的可持续发展。那么，企业该如何进行市场细分、选择目标细分市场呢？第一步，要确定产品市场范围，即小微文化企业应当明确在文化产品行业中的市场范围，选择与自身企业一致或相近的产品作为开拓市场的依据；第二步，列举潜在消费者的文化消费需求，即小微文化企业可以从人口、环境、心理等方面列出消费者有明显倾向的文化需求；第三步，分析归纳消费者的文化需求，形成细分市场，确定目标市场，即小微文化企业对不同的潜在顾客进行抽样调查，并对所列出的需求变数进行评估，找出顾客需求的差异性，再根据差异性需求细分市场，并对每个细分市场进行调查、分析、评估，最终确定可进入的目标细分市场。基于文化需求的多样性而进行市场细分，对每一个小微文化企业的发展都极为有利，既可以将企业的优势资源集中到一处，又可以开拓新市场，维持企业创新活力。

小微文化企业应当看到文化市场的"长尾"，如果可以把足够多的冷门文化产品放在一起，实际上就可以形成一个与热销品市场相抗衡的大市场。我们从"长尾理论"的角度来分析文化市场"长尾"如何为小微文化企业带来发展机遇。"长尾理论"是由美国人克里斯·安德森提出的一种新理论，它是指只要产品的存储和流通的渠道足够大，需求不旺或销量不佳的产品所共同占据的市场份额可以和那些少数热销产品所占据的市场份额相匹敌甚至更大，即众多小市场汇聚成可产生与主流市场相匹敌的市场能量。①

小微文化企业生产的产品或服务可以不再是需求曲线上那个代表"畅销商品"的"头部"，而是那条代表"冷门商品"的"长尾"。所以多样化、小众化的文化需求为小微文化企业带来了发展机遇，因为这条"长尾"足够长，也就是说需求多样、种类多，那么，供小微文化企业选择的也就多，这就为小微文化企业提供了一个巨大的市场，而且这个市场是有需求的市场，企业只要进行一定的调研和考察后，便可以有选择地、有效地开发这条"长尾"，从而获得经济效益。例如，天翼图书公司除了开展传统的图书出版、发行等业务外，还推出了"私人定制"业务，即公司可以根据消费者的具体要求、提供的素材来专门为其策划、出版书籍；青岛礼品定制公司也是根据消费者的喜好、要求来预约定制各种礼品。现如今，个性化、定制型的文化消费需求屡见不鲜，并且呈现出越来越旺盛的发展趋势，这种避开"热

---

① 参见［美］克里斯·安德森《长尾理论2.0》，乔江涛、石晓燕译，中信出版社2009年版，第14页。

门"而选择"冷门"的做法，不仅避免了与大企业产生正面交锋所带来的风险，而且也为企业开拓了新市场，有利于企业的进一步发展。

三 小微文化企业发展的社会文化环境机遇

如今的社会是一个多元化发展的社会，高雅文化、大众文化、个性文化等各种文化类型全都交织在一起，共同刺激着人们的文化消费。对于小微文化企业发展而言，居民的文化消费需求大但文化消费满意度低、居民原有的文化消费习惯与新型的消费观念的碰撞、作为创意型中坚力量的"80后""90后"所追求的职业自由度等，这些都为小微文化企业的发展带来新的而且是源源不断的发展机遇。

（1）提升文化产品质量，扭转需求大、满意度低的局面，培养和发展客户源。

如今，随着居民生活消费水平的提高，居民对于文化产品或服务的要求也越来越高，但是在2014年发布的"中国文化消费指数"中首次出现居民文化消费满意度下降的现象，导致这种现象的一个重要原因就是目前文化市场上的文化产品或服务质量不高、功能不全，无法满足当代居民多样化的精神文化需求。小微文化企业应当看到这个重要的发展契机，通过科技、创新等手段，将原本已经在销售的文化产品或服务进行改良，使产品功能更好地满足用户需要，使本企业产品的竞争力迅速提高，由此来吸引客户、抢占份额。但是在这里就出现了一个问题，那就是现如今文化产品或服务有很多，到底该怎样去选择？笔者认为应当坚持"三步筛选战略"：

第一步，深入调研，了解居民文化消费习惯，筛选质量、功能有待提高的文化产品或服务。小微文化企业有时会忽略调研这一重要环节，其实企业必须对当前文化市场的产品或服务的销售种类、销售状况、价格等因素及社会居民的消费倾向、消费能力、消费方式进行广泛的调研，并且依据调研数据准确判断，根据得出的判断来筛选文化产品或服务的种类。

第二步，对于已经筛选出来的文化产品或服务，从中再挑选与自身企业发展方向、市场投放领域相契合的产品、服务。在这个环节，小微文化企业应当注重的是要以上一步调研数据、自身企业所涉及的文化市场领域作为依据，来进一步缩小文化产品或服务的范围。正确地筛选已经具备一定规模、功能的文化产品或服务，可以拓宽企业的业务领域，有助于培育新的客户源。

第三步，结合企业自身能力，再选择发展潜力大、成本可控制、利润空间大、操作性较强的文化产品或服务。这是筛选的最后一步，也是最为关键性的一步。小微文化企业的企业主十分清楚自己企业的实力，知道哪些产品有能力做、哪些不能做。在此基础上，要看筛选的文化产品或服务对消费者是否有吸引力，是否能够为企业创造收益。值得注意的是，在对这些文化产品或服务的质量、功能进行提升的时候，要看是否符合时间短、成本低、工艺可操作、见效快的标准。否则，不仅长期占用企业有限的资源，而且也无法在短时间内提升企业市场占有率，是得不偿失的。

小微文化企业将这些高标准、高质量的文化产品或服务重新推向文化市场的时候，必定会引起消费者的极大兴趣，在为企业创造不菲利润的同时，良好的市场反馈也提升了企业知名度，保障了企业的可持续性发展。

（2）将居民原有文化消费习惯、新型消费观念与创新文化产品相融合。

由于地域、年龄、性别、生活水平等因素的影响，居民保留着一定的文化消费习惯，而小微文化企业需要做的就是看到这些文化消费习惯，将这一因素考虑进自己的文化产品或服务的研发中，如果企业有能力，完全可以利用居民的文化消费习惯，创新出居民喜闻乐见的文化产品或服务；如果企业能力有限，则可以选择放弃，但至少不能让居民的消费习惯这一因素成为企业的发展障碍，这已是最基本的要求。例如，中国人自古至今对于"福禄"美好寓意的追求乐此不疲，在文化消费中也是如此，特别是在文化工艺品方面，有时寓意比实物更为重要，济南葫芦工坊的徐浩然便提出了"中国葫芦、福禄中国"的发展理念，将葫芦与"福禄"相结合，这不仅满足了中国人祈求"福禄降临"的文化需求，也在一定程度上吸引了外国消费者对"葫芦"及"福禄"的追求。

由于受到传统文化、时尚文化、外来文化等多元文化的影响，再加上移动互联网的广泛应用，人们的消费观念发生了新的变化，绿色文化消费、文化体验消费、时尚文化消费、休闲文化消费、文化定制消费已成为人们竞相追逐的焦点。对于小微文化企业而言，要想在当前的文化市场大环境中生存下来，甚至是发展壮大，就必须善于捕捉这些新的消费观念，顺势创新推出文化产品或服务，抢占市场份额。我们以最为突出的体验消费为例，即根据马斯洛人类需求层次理论来说，除了单纯的生理需求之外，社交需求、成就需求、求知需求和审美需求都涉及心理需求，这些需求都可以通过体验来满足。① 如今是一个物质产品极其丰富的社会，体验需求已上升为人们的基本需求，凡是能够给人们带来心灵安慰、缓解人们精神压力、能够给人们带来刺激感受的文化产品或服务，都会让人们产生消费、体验的欲望。而

---

① 周本存：《文化与市场营销》，合肥工业大学出版社 2005 年版，第 306 页。

小微文化企业可以通过科技创新、产品研发，将体验式思维融入文化产品或服务中。例如，济南馨漫园动漫文化发展有限公司在全国首创动漫玩家体验店，是专门量身打造、特色经营的动漫玩家体验店，在这里，消费者可以看到高达、桌游、图书、动漫 DIY、Cosplay、服装兵器等多种动漫类型产品，消费者、玩家可以在体验店中对各种产品或服务进行体验，这不仅满足了消费者的体验需求，也为企业带来不菲的收益。其实，无论是多种类型的文化消费观念，还是其他类型的文化消费习惯、消费风尚潮流，都为小微文化企业提供了很大的发展契机。

（3）创意型人才的职业自由度与新型平台合作伙伴关系。

文化创意人才主要分两种，一种是资深的、大师级的文创人才，另一种是高校毕业的文创从业者。现如今，资深的、大师级的文创人才大都在大型的文化企业或重点专业高校工作，而很多的高校都已开设了文化产业、创意产业、艺术设计等相关专业，每年都有大批的文化产业人才毕业，其中创意型人才占一定的比重。由于文化创意产业行业的特殊性，从高校毕业的"80 后""90 后"文化创意产业从业者需要一个平台来展示自己的才华、实现自己的价值，而大公司、大企业对于创意型人才的要求较多、束缚太紧，"80 后""90 后"又渴望追求职业自由，这就为小微文化企业发展提供了机遇。一方面，小微文化企业是一个平台，它可以为文化创意产业从业者提供机会，让刚刚踏入社会的年轻人有展示才华、实现价值的机会；另一方面，小微文化企业由于自身情况特殊，没有实力长期聘用资深级或大师级的文创人才，也没有能力为很多员工发工资、缴纳各种保险，所以与文化创意人才建立起一种新型的合作伙伴关系。

所谓新型的平台合作伙伴关系，是以合约为主要形式实现的。小微文化企业自身规模小、资金少，就以签订合约的形式来与两种文化创意产业人才实现合作。对于资深级、大师级的文化创意产业人才来说，是以项目制来合作的，即公司的每个项目交给这个领域最为合适、最为擅长的文创人才，以单个项目来结算报酬。由于小微文化企业具有敏锐的市场洞察能力，看到市场机遇便果断出击，所以公司的业务范围可能会较广，那么，为公司不同类型的项目选择最为合适的负责人便成为企业成功运行的关键。对于高校毕业的文创人才来说，是以年限来签订合约的，即每年完成多少个项目或每年交付给公司多少个可市场化的文化创意，按为公司贡献的经济效益分成。这样一来，在创造出保质保量的文化产品或服务的同时，既可以为公司减少开支、节约资金，又满足了文化创意型人才的工作自由度，可谓是一举多得。济南泉润历山文化以合约、项目制的形式来与文创人才建立起一种新型的合作伙伴关系，这里的文创人才不仅包括高校教授、知名品牌策划专家、资深广告人、著名画家等，也包括"80 后""90 后"的年轻文创人才，领域不同，合作方式不同，但最终的目的都是为小微文化企业创收。

总而言之，小微文化企业应当在综合考虑自身企业实力、企业业务领域的基础上，善于利用社会文化大环境所提供的发展机遇，果断出击，抢占文化市场，在实现自身企业发展的同时，也促进整个文化产业大环境的优化升级。

四　小微文化企业发展的技术环境机遇

如今，科学技术日新月异，技术进步让我们的生活变得更加便捷。对于小微文化企业来说，虽然技术进步能够促进文化产品或服务的创新，但是这一点在小微文化企业中实现的难度较大。这是由于小微文化企业力量小、资金少等自身先天不足所造成的。而互联网技术、新媒体平台、大数据资源的优势特性，对于小微文化企业的发展就显得那么恰如其分。那么，小微文化企业该如何利用这些技术并且将其转化为发展机遇呢？

（一）新媒体拓宽文化产品或服务的营销渠道

所谓新媒体，是指以计算机为技术支持，以互联网为传播载体的媒介组织或媒介组织形态。[①] 新媒体的特性可以概括为"三性"，即开放性、互动性和虚拟性，由于这些基本特性从而形成了区别于传统媒体的新媒介形态，而这媒介形态呈现出三大特征，即碎片化、聚合化和智能化。[②] 基于新媒体的种种特性，小微文化企业可以在微博、微信、网站、博客等媒体上发布关于某种文化产品或服务的讨论话题，充分发挥新媒体的互动性优势和人是媒体的角色作用，激发用户们的讨论、热议，这不仅扩大了该企业想要推广的主题或产品的影响范围，而且还可以根据用户讨论的碎片化信息整合出对企业文化产品开发、优化的新思路及该产品在文化市场上的受欢迎程度，为企业的下一步发展提供参考。

小微文化企业利用新媒体的广泛传播效应，完成文化产品或服务的市场营销。新媒体营销是基于特定产品的概念诉求与问题分析，对消费者进行针对性心理引导的一种营销模式，从本质上说，它是企业软性渗透的商业策略在新媒体形式上的实现，通常借助媒体表达与舆论传播使消费者认同某种概念、观点和分析思路，从而达到企业品牌

---

① 参见谭天《新媒体新论》，暨南大学出版社 2013 年版，第 5 页。
② 同上书，第 14 页。

宣传和产品销售的目的。① 现如今，小微文化企业由于自身先天不足，大规模地在电视、广播、报纸、互联网上发布硬性广告不太现实，投入较大且短期回报无法预估，所以新媒体便是小微文化企业用来宣传品牌、产品营销的最佳选择。小微文化企业进行新媒体营销时应当在内容、互动、整合等方面规划好，只有这样才能为企业文化产品或服务拓宽营销渠道、做好品牌推广。

1. 做好内容策略

内容策略是指导企业如何通过发布合适的内容实现营销目标的策略。② 小微文化企业在进行新媒体营销时要注意内容的"3I 原则"——interesting（有趣）、interest（利益）、individuality（个性）。③ 如果是单纯地发布产品信息难免会让用户觉得生硬甚至产生抵触情绪，所以企业在发布内容时应当注重言辞的表达，最好能将产品信息融入有趣味性的图片、软文、视频之中，从而达到良好的宣传效果。而利益原则是指发布的内容信息要有实用性，始终将用户利益和企业利益放在重要位置，特别是在宣布企业重大决定、发布新产品信息时要显得正式、权威，增强用户对企业的信任感。个性原则是穿插在全过程之中的，个性原则既要求内容有企业一贯的风格，又要求与其他企业相区别，有自己的内容发布体系。由此，小微文化企业可以采用植入广告营销，即小微文化企业在企业 APP、微信公众账号、微博话题讨论、用户体验网站上发布关于文化产品服务、企业文化的软文、故事性图片、片段式视频、互动小游戏等，慢慢培养用户的兴趣，同时也为自己的产品培养了目标客户群。

---

① 参见谭天《新媒体新论》，暨南大学出版社 2013 年版，第 112 页。
② 李琼：《文化企业微营销的影响机理研究》，硕士学位论文，上海师范大学，2015 年。
③ 章凌骁：《企业微博营销初探》，硕士学位论文，浙江大学，2012 年。

2. 注重互动传播

在 Web 3.0 环境下，小微文化企业注重互动传播显得尤为重要，互动性将直接影响小微文化企业文化产品或服务的营销效果。企业新媒体营销中的互动主要包括四个方面：一是企业利用奖品来吸引消费者的注意，提高其评论、转发积极性；二是企业利用其品牌影响力来带动忠实拥护者对某个主题的积极参与，从而引发更广泛的讨论；三是企业就某个问题同用户进行深入的访谈和讨论；四是企业就某个问题向广大的微博用户征集意见和方案。① 在这里，小微文化企业其实就充当了紧跟需求、制作需求并满足需求的角色，在观察目标受众或网友兴趣点的基础上，可以采用社交媒体的沟通式营销，即在微博、微信、博客、论坛等社交平台上发布一些有趣的、形式简单的话题或事件，激发用户的好奇心，进而展开充分讨论、沟通，并继续保持用户的持续关注度，以期在沟通、互动的过程中寻求营销机会；小微文化企业还可以采用"先发布虚拟产品后生产"的方式，即将企业设计好的文化产品或服务的图像、功能、寓意等发布在微博、微信等社交平台上，征集用户或感兴趣网友的意见，根据意见反馈及时修改产品方案，再投入生产、投放市场。

3. 打造渠道整合营销

如今的小微文化企业可能无法达到全方位的整合营销，这里的整合策略则是强调营销渠道的整合，即线上线下相结合、站内站外相结合。② 线上线下的结合可以最大限度地调动产品用户进行线下体验和

---

① 参见胡卫夕、宋逸《微博营销：把企业搬到微博上》，机械工业出版社 2011 年版，第 66 页。

② 参见李琼《文化企业微营销的影响机理研究》，硕士学位论文，上海师范大学，2015 年。

线上交流，提高新媒体营销的效果。站内站外相结合的方式是企业可以利用官方微博或微信与网站相结合的方式宣传本企业产品或服务。一方面，小微文化企业将线上传播和线下体验相结合，即用户在线下充分体验文化产品或服务，而企业则利用用户口碑传播的原理，引导用户将文化产品或服务的体验、反馈意见在互联网上自行发布、转发，使得关于该文化产品或服务的信息像病毒一样迅速蔓延，从而成为一种高效的传播方式，由此引发大批消费者购买、体验、分享。另一方面，将企业网站和微博、微信相结合，充分发挥"互联网 + 小微文化企业"的模式，先用微博、微信引起关注，进而吸引用户关注企业的文化产品或服务的展示网站，原本在微博、微信上已经产生兴趣、好感的用户就可以在网站上直接咨询、直接购买，以此达到品牌传播、营销的目的。

其实，小微文化企业运用新媒体营销传播是站在社会化客户关系培养的层面上来进行的，已然将关系营销贯彻到营销策略之中并且得到充分发挥，要想与其他类型的企业进行竞争就必须做好以上三种策略，与此同时，更应注重与用户培养"感情"，"感情"培养得越好，文化产品或服务的消费者就越多，企业发展则越顺畅。

（二）大数据资源为业务选择、精准营销提供重要依据

在大数据时代，数据等于样本，通过云计算对大数据进行分析、预测，会使得人们的决策更加精准，从而释放出更多数据的隐藏价值。[①] 大数据资源以其体量大、速度快、真实性、多样性等特质在近两年受到各类企业的追捧，纷纷利用大数据资源为自己企业"出谋划

---

① 参见［英］维克托·迈尔－舍恩伯格、肯尼思·库克耶《大数据时代》，盛杨燕、周涛译，浙江人民出版社 2010 年版，第 20 页。

策"，数据已然成为各类企业的又一重要资产。大数据是一种泛互联网，它的显著特征为门户化、碎片化、平台化和海量多样化。我们以社交平台为例，我们个人在社交平台上发布一张图片或一段视频、写一段话、转发一个链接、写一个评论，这些都被数字化了并且记录在后台，通过云计算，这些都被计算、分析成为对企业有利的数据。那么，小微文化企业完全可以利用这些大数据资源，分析出消费者对于哪类文化产品或服务有偏好，并以此为依据进行产品研发，从而达到占领文化市场的目的。小微文化企业利用大数据资源进行营销可以分为以下几步。

步骤一，针对某种文化产品进行用户识别和特征分析。小微文化企业利用第三方平台记录的数据，根据文化产品或服务的类型、用途、文化内涵等要素来筛选该文化产品的目标用户或潜在消费者，并且进一步分析目标用户或潜在消费者，对他们的喜好和购买习惯进行分类，努力做到比用户还了解用户。

步骤二，精准投送营销信息，引导产品生产和营销活动"投其所好"。小微文化企业由于自身资金有限、竞争能力比大中型文化企业弱等缺点，那么，企业在进行文化产品生产之前，可以从目标用户或潜在消费者的分析中得出他们对某种文化产品的期待，使企业生产出来的文化产品与用户期待相一致；在营销过程中可以根据用户的喜好和偏爱来选择相应的营销方式，进而达到可预见的营销效果。

步骤三，根据反馈的体验数据改善产品或发现新的市场机会。小微文化企业将文化产品推向市场之后要密切关注用户的反馈意见，根据意见来提高、改善文化产品，以此来保持文化产品的持续吸引力和竞争力；此外，小微文化企业也许会在反馈数据中分析得出用户新的需求，从而发现新的市场机会，不仅拓宽了企业的业务范围，还提高了市场占有率，可谓一举多得。

其实，大数据对于小微文化企业的好处还不仅限于此，小微文化企业还可以利用大数据分析出竞争对手的动态。小微文化企业不如大型的文化企业具有一定的竞争力和正面对抗的实力，所以对于竞争对手的分析就显得尤为必要。小微文化企业可以监测竞争对手所采取的市场战略、营销方式，从而分析出产品的类型、受众等，通过技术创新进一步降低自身企业的同类型文化产品的成本，通过创意创新开发出利基产品，走出一条差别化发展道路，以便更好地应对来自同行业的市场竞争。总而言之，精准传播、大规模的个性化营销就是大数据营销的核心竞争力。小微文化企业可以利用大数据资源作为企业决策、研发文化产品、销售渠道选择的重要参考依据，不仅使企业降低了各种市场风险，也拓宽了企业产品的开发领域和营销渠道。

无论是新媒体还是大数据，对于小微文化企业发展来说都是重要的技术机遇。自进入媒介融合时代以后，新媒体平台、大数据资源为小微文化企业的发展扮演着"综合服务提供商"的角色，提供意义服务，产生意义经济。其实，文化产品或服务，很大程度上是一种意义的消费，产品或服务本身就已经包含着某种意义，它在文化市场、媒介平台上首先是引起消费者兴趣进而产生体验该意义的欲望，从而做出购买行为，形成了意义经济。所以说，小微文化企业务必要充分利用新媒体平台，发挥大数据的作用，为自身企业发展增添羽翼。

第四节　小微文化企业的发展模式类型分析

基于小微文化企业所处宏观环境提供的种种发展机遇，再加上小微文化企业自身的优势，为了达到小微文化企业与产业环境协同进化的效果，不同类型的小微文化企业应当选择、利用不同的发展机遇来发展企业。有的小微文化企业偏重于满足市场需求多样化，有的将私人定制作为企业发展重点，有的利用产品专利来减少市场竞争，有的选择互联网思维来运作企业，还有的企业将渠道列为发展关键。那么，下面我们就来归纳总结目前小微文化企业的五种较为典型的发展模式类型。

一　定制模式

在这个"注意力经济"时代，多样化、个性化的文化消费需求正逐步改变着当前的文化市场环境。其中有些小微文化企业，正是看到了外部宏观环境的发展机遇，如居民收入增加、文化消费水平提高、科技进步、文化产品市场竞争激烈、消费者个性化需求旺盛且文化消费满意度降低等，选择将定制模式作为企业发展的模式类型。

首先，现代消费者的独特个性需求是企业发展定制模式的市场基础。个性化需求的增强和居民收入水平的提高，决定了消费者乐意并且有能力为满足自身文化需求来做出购买行为，这就使该类型的小微文化企业不仅能够通过满足多样的个性需求来占领文化市场，而且还能获得良好的收益。其次，科技进步为定制模式奠定了技术基础。由于文化产品或服务本身的价格就略高，再加上私人定制的因素，使得产品的价格继续上升，而现今的计算机辅助设计、人工智能等技术使得小微文化企业具备了高效率、低成本、多种类、小批量的生产和制作能力，这促使文化产品或服务的价格降低，从而可以有效地应对文化市场上的价格竞争。再次，由于当前文化市场竞争异常激烈，大多数的小微文化企业无法与大中型的文化企业正面抗衡，而选择定制模式的小微文化企业可以针对消费者的不同需求来定制生产文化产品或服务，使企业成为文化市场中的"唯一企业"。这不仅避开了同类型、同质产品的价格竞争，而且还培养了新的客户群，有利于企业的持久发展。最后，居民文化消费满意度低的一个重要原因就是目前文化市场上的文化商品或服务无法满足居民的文化需求，解决这个问题的最好的方法就是根据其个性需求进行私人定制，这样生产出来的文化产品或服务"数量少、质量高、个性特征明显"，如此一来，小微文化企业不仅可以提升居民的文化消费满意度，而且还促进了企业发展。正是基于以上几个环境机遇，才促进了定制模式类型小微文化企业的产生。

所谓定制模式，就是小微文化企业以量身定做的方式，根据文化消费者的个性需求特征为消费者设计、制造文化产品或服务，并以此作为企业的核心专长来应对激烈的市场竞争、抢占市场份额的发展模式类型。小微文化企业的发展模式——定制模式，具有以下三个特点。

（1）满足客户个性文化需求。

这是发展定制模式的起始阶段，作为小微文化企业，有需求才会有市场，有需求企业才会有发展，而顾客的个性需求在文化行业里更是种类繁多，类似于"长尾"远远没有尽头。这是由于目前同质化产品泛滥、客户消费心理变化和消费行为升级而共同诱发的。只有根据客户个性化的需求为基准进行文化产品的开发与制作，才能做到令客户满意。

小微文化企业的定制模式就是要将满足顾客的个性文化需求作为企业发展的业务重点，既避免了竞争又培育了顾客群。在这里，"客户的个性文化需求定制"其实可以分为两种类型：适应型定制和消费型定制。① 第一种适应型定制，这是小微文化企业根据客户明确的文化需求和产品要求来定制，是"先有需求后有生产"的定制类型，这种"轻公司"的发展理念对当前环境下发展的小微文化企业特别实用，既降低了文化产品库存积压的风险，又加快了企业资金回流，促进了企业发展。第二种消费型定制，这是小微文化企业通过市场调研、大数据分析来把握客户的文化个性与偏好，然后在分析其是否具有市场发展前景的基础上来设计、生产文化产品或服务。虽然客户在这种定制类型中的参与程度较低、存在一定的市场风险，但客户的消费行为较易识别，因此是值得企业选择的定制模式。而同样是根据客户个性文化需求来定制的文化产品或服务也不尽相同，这是因为客户个性文化需求包括两个层面的含义：第一层，是指单个消费者的文化个性需求，即文化企业对客户个人的模式（一对一模式），小微文化企业要针对该种需求进行独一无二的个人定制。这种定制较为简单，文化企业在设计、制作产品时需要考量的因素不多，只需要满足客户的需求和要求即可。第二层，是指某个组织、企业、群体的文化需求，即文化企业对需求企业的订单定制模式（一对多模式），小微文化企业根据总体要求进行批量、系列化的团体定制，此时小微文化企业除了要考虑需求方的总体要求以外，在设计出产品图纸之后需要与需求企业

---

① 参见周本存《文化与市场营销》，合肥工业大学出版社 2005 年版，第 336 页。

进行沟通，待其认可之后再投入下一步的生产制作程序。其实无论是哪一种客户的个性需求，小微文化企业需要做的都是建立和完善与顾客之间的信息沟通系统，进行有效的沟通，以保证企业对顾客需求的理解准确到位。

（2）创新定制产品开发。

这是定制文化产品或服务的成型阶段，也是小微文化企业定制模式的重要阶段。从客户的角度来说，他已经将自己的需求明确地告诉企业方了，从这一阶段起，小微文化企业开始正式进入产品或服务的制作阶段。创新开发是小微文化企业进行产品定制时应当遵循的法则，因为客户之所以选择"私人定制"，就是想要文化产品或服务烙上自己的印记，以此彰显与众不同。

由此，从小微文化企业角度来说，根据顾客的需求来创新开发应当满足以下几点：第一，文化产品或服务符合顾客的个性文化要求。这应该是创新定制开发的基本要求，小微文化企业应当与客户建立广泛而深入的沟通体系，做到能够充分把握客户的个性化需求，并且将此需求融入设计的文化产品或服务之中。第二，文化产品或服务的功能趋于完善并且能够满足顾客的实用或精神心理需求。作为文化产品或服务，除了具备文化属性之外，还应当具备一定的实用功能，因此小微文化企业的创新定制在满足客户精神文化需求的同时，还要考虑产品的实用性，无论是文化产品的文化功能还是其实用功能都应纳入创新开发的考量之中。第三，文化产品或服务在内容、外观、寓意等方面真正做到与众不同。这就要求小微文化企业能够坚持"内容为王"的理念，所谓的"内容为王"是一个通俗的说法，指创意、信息、故事、活动安排等构成了文化产业的核心，决定着产品和服务的高附加值，这里说的内容，其基础是创意，对创意加以丰满和完善，形成各种内容形式。① 据此，小微文化企业要坚持以创意开发为本，真正做到文化产品或服务本身具有特色、具有与众不同的特质。第四，文化产品或服务的市场前景可观。这对适应型定制和消费型定制同等适用，特别是消费型定制。因为消费型定制是在分析用户的喜好和偏爱的基础上进行文化产品开发，就必须将市场前景纳入分析的范围，包括产品的目标客户、价格幅度、竞争优势及同类型产品的情况等。只有做到以上几点，小微文化企业的文化产品或服务才能慢慢做出口碑、做出品牌，才能为企业下一步的精准定制营销产品奠定良好的基础。

（3）精准定制营销产品。

这是文化产品或服务推向市场、面对顾客的关键阶段。由于小微文化企业的模式是定制型，那么，它的营销便是一对一的精准营销。所谓一对一的营销，简单地说，就是小微文化企业把每个单独的客户或企业都视为一个独立的细分市场，通过与客户或目标企业之间的互动，为其制定独特的营销策略。② 也就是说，客户所接收的营销方式和营销策略都是独一无二的，都是符合其私人定制需求的。

在这个过程中，小微文化企业需要注意的要点有：第一，识别目标顾客或企业，投其所好。依据自身企业的产品类型或服务类型，选定适合自身企业发展的目标客户，并且搜集关于目标顾客或企业的资料，或者根据定制的产品类型来判断其需求特性，以此作为制定营销策略的基础。第二，目标顾客或企业差异化营销。进行私人定制文化产品或服务的顾客或企业一般都有较高的文化水平和生活品位，他们寄希望于定制的文化产品或服务能够彰显自身品位，由此小微文化企

---

① 陈少峰、张立波：《文化产业商业模式》，北京大学出版社 2011 年版，第 105 页。
② 周本存：《文化与市场营销》，合肥工业大学出版社 2005 年版，第 337 页。

业需要根据目标客户的文化个性需求、个人喜好来进行区别化、差异化营销，如此才能真正地打动他们的内心，进而产生定制购买行为。第三，建立和完善客户与企业之间的双向信息沟通系统。定制营销得以实现的最基本也是最重要的一个条件就是客户与企业之间的良好沟通。只有双方信息通畅，在进行定制营销的过程中，小微文化企业中的设计、生产、销售和服务等部门和人员才能获得确定的、全面的信息，并且充分理解顾客的心理期待，以此进行有效的精准营销。第四，企业内部各部门之间的完美配合。客户在通过定制获得优质的个性化产品和服务的同时，更希望企业提供的产品和服务精准、快捷，以减少其购买决策的不确定性，降低购买决策的风险。这就要求小微文化企业内部各部门协调一致、配合完美，在最短的时间内满足客户需求并且提供客户所需要的产品或服务，以此获得时间竞争优势。只有这样，定制生产出来的文化产品或服务才能真正经得住文化市场的考验，定制类型的小微文化企业才能在激烈的市场竞争中站稳脚跟。

接下来，我们就以山东济南葫芦工坊文化创意有限公司、广州佛山畅想文化传播有限公司为例，具体地分析定制类型的小微文化企业是如何运作的。

山东济南葫芦工坊文化创意有限公司是一家集葫芦种植、设计、加工和科研为一体的文化传播公司，公司秉承"绿色、健康、低碳、可持续"的经营理念，以葫芦为载体、以传播传统文化为基础来创作新产品。目前，公司葫芦产品主要分为葫芦艺术品和葫芦工艺品两大类，均可以根据客户需求实现葫芦产品定制。葫芦定制主要分为两大类：第一大类是针对顾客个人定制的艺术品或工艺品。顾客对公司提出具体的产品要求或是大致描述一个轮廓，公司会按照相应的项目流程来进行该产品的设计制作。第一步，公司的设计人员会根据顾客的要求给出产品图纸草样，它包括产品的大致价格区间、外表的图案、着色、雕刻工艺或漆画工艺、是否有内置物等；第二步，与顾客沟通交流，若顾客满意，则确定产品图纸交付生产制作，若不满意则根据顾客意见修改，再交付制作；第三步，根据具体的葫芦产品进行简单的修饰，将其美好寓意精确地融入顾客的产品之中。第二大类是针对企业或团体定制的产品外观包装或纪念品。在这里，我们以葫芦工坊制作过的酒的外包装为例来分析它的定制模式。第一步，酒厂向企业提出外包装的要求，包括外观葫芦完整不破、要有酒厂的 logo、图案寓意为"福禄"、内置瓶胆的规格大小等，以此来制作一个系列的外包装；第二步，企业根据酒厂的要求设计图纸，设计出一个系列的图纸并且与酒厂进行沟通，直到满意后交付生产。据"葫芦工坊"的创始人徐浩然透露，这次的酒瓶设计不仅为酒厂带来了巨大经济效益，还让葫芦工坊在文化设计类市场上引起了轰动，促进了企业的发展。

广州佛山畅想文化传播有限公司是一家集创意编剧拍摄、公关活动策划、企业形象包装为一体的文化传播公司。该企业首创"定制节目 + 剧场式表演"的企业品牌软公关解决方案，塑造阳光式的企业软文化形象，打造鲜活的企业 BI 系统。该公司的模式是：第一步，客户可通过网络客服、电话联系向公司陈述品牌形象包装诉求；第二步，公司创意人员与客户进行深度沟通，包客户需求和特性文化；第三步，公司输出定制式的企业形象包装方案（宣传品、节目表演等形式）；第四步，公司成立专项小组，对该项目进行操作、执行定制方案，在执行过程中有专业人士进行监控评估，并配合网络推广，增强品牌宣传效果。到目前为止，该公司已经通过定制的方式为广州上百家有需求的公司完成了企业形象制作、品牌开发提升等项目，不仅为需求企业带来经济效益，也为自己在品牌、形象策划事业开创出一片天地。

　　小微文化企业将定制模式作为企业的发展模式，在紧跟客户的个性需求的基础上进行创意开发，发挥自身优势特色来征服客户。定制模式不仅可以最大限度地满足消费者的文化需求，而且还能通过"以销定产"的方式极大降低小微文化企业的生产成本和运营风险，实现了利润最大化，有利于企业的长久发展。

二　渠道对接经营模式

　　如今，一种"先有渠道，后有生产"的新型"轻公司"发展理念在小微文化企业中越来越被认可，而渠道对接模式便是对这种企业发展方式最好的解读。对于小微文化企业生产制造出来的文化产品或服务来说，不积压库存就意味着不占公司周转资金，也就是"零负担"，那么，想要达到这种理想效果，最好的方法便是根据不同的市场需求、销售渠道有针对性地生产文化产品或服务，即选择渠道对接经营模式。那么，选择这种发展模式的小微文化企业是在怎样的行业大环境下产生的呢？

　　首先，广阔的文化市场为渠道对接的选择提供了重要前提。日益繁荣的文化市场为小微文化企业提供了诸多发展机会，市场广阔、文化产业繁荣的前提便是文化产品或服务的销售渠道多，小微文化企业可以根据定位的渠道来差别化生产、经营，这既保证了文化产品或服务的顺利出售，在一定程度上又降低了与同类型企业竞争的风险。其次，文化需求多样化是企业选择渠道对接模式的强大动因。随着居民文化消费水平的提高以及居民在受教育程度、地域差异、文化差异、消费习惯等因素的影响下，居民会产生不同的文化消费偏好，偏好即代表着差别。文化消费差别，从消费者的角度来说代表着消费者不同的文化消费需求，从小微文化企业的角度看则意味着不同文化产品的销售渠道，这为小微文化企业的渠道对接带来新的发展机遇。最后，文化产品或服务的创新设计、差别化生产、营销为渠道对接模式的形成提供了可能。激烈的文化市场竞争环境，要求小微文化企业能够及时、敏锐地抓住市场多样化需求这一发展机遇，结合自身企业的经营特色和销售渠道来有针对性地生产文化产品和服务，总结起来则是平台渠道不同，产品类别也就不同。面临这样的文化产业大环境，小微文化企业选择渠道对接模式来发展企业，要逐步提高企业自身捕捉市场机遇的能力，并在此基础上将生产与销售渠道相契合的文化产品或服务作为企业发展理念，打造实至名归的"轻公司"。

渠道对接经营模式，是指小微文化企业根据销售渠道、销售平台的不同对文化产品或服务进行差别化生产，即渠道影响文化产品生产的发展模式。小微文化企业的这种发展模式有以下几个特点。

（1）渠道是重点。

文化市场渠道，是指文化生产者将文化商品或文化服务转移给文化消费者所采用的方式，即产品从生产者送达消费者所经历的各个环节连接起来所形成的通道。[①] 在文化产业中，作为小微文化企业，尤其是将渠道对接模式作为发展模式的小微文化企业，文化产品或服务的市场销售渠道无疑是最为重要的一个环节。对自身文化企业的定位、对产品销售渠道的分析选择是小微文化企业顺利实现渠道对接发展模式的基础。

其实小微文化企业的销售渠道分为三种：第一种是企业自己设立销售终端。小微文化企业的销售终端包括销售店、体验店、主题店、

---

① 赵玉忠：《文化市场学》，中国时代经济出版社2010年版，第247页。

会员俱乐部等多种类型。在这里，我们着重介绍体验店和会员俱乐部两种较为新颖的销售终端。体验店，是小微文化企业为了满足消费者的体验需求，以文化产品或服务为主题，通过情景模拟、氛围营造、实体摆放、比赛活动等形式，让消费者在感官、情感、思维、行为等方面获得体验，进而产生购买行为。而会员俱乐部，它是企业针对忠实用户或会员专门开设的，在这里，用户会员可以体验新产品、参与活动交流，在潜移默化中激发用户的购买欲望。例如，济南馨漫园动漫公司在体验店中利用动漫原型、动漫场景模拟等形式打造动漫体验店，吸引众多动漫迷前来体验；该公司还为动漫迷们设置了俱乐部，在俱乐部内，动漫爱好者们可以进行角色扮演、动漫产品创新比赛、高达拼装、桌游竞赛等活动，在宣传动漫品牌的同时也获得了极大的经济效益。第二种是加盟店，即招纳有意愿出售该文化产品或服务的社会各界人士加盟本品牌，该企业的文化商品或服务通过加盟商再出售给消费者，企业对加盟店的店铺地址选择、装修设计、销售模式、产品进货等均有指导。通过招商、特许加盟的方式，不仅可以保证小微文化企业的文化产品或服务有一定的市场覆盖率，也为企业节约了宣传推广资金，可谓一举两得。济南馨漫园动漫公司即是如此，虽然公司总部只有几十人，但其加盟商却覆盖全国27个省份，共有1300多家加盟店，为企业的动漫品牌传播和动漫产品的销售打下坚实基础。第三种是为目标顾客企业、群体出售文化产品或服务，这种销售渠道一般多为"量身打造"类型，该类型是目标渠道（顾客企业、群体）需要什么样、适合什么样的文化产品，小微文化企业就针对提出的要求进行产品制作，并且再将文化产品或服务放到该销售渠道之中，极大降低了文化产品市场销售的风险。其实这种类型成功的关键在于企业对渠道的分析选择及产品的设计制作能否满足该销售渠道的要求，如果这两方面能够做好，那企业与渠道的对接便能够达成。在这三种销售渠道中，第一种虽有但数量不多，因为企业自己设立销售终端虽然有产品销售受控制、价格低等优点，但也可能存在企业资金压力较大、产品或服务的辐射范围小等缺点；第二种和第三种较为常见，通过特许加盟和目标销售渠道，企业既能扩大产品的销售范围，又可以促进文化品牌传播。所以，渠道对接模式的第一步就是渠道，小微文化企业一定要根据自身发展需求选择适合的销售渠道。

（2）产品创新、差别化营销定位，完成与销售渠道的对接。

这一过程是完成渠道对接模式的关键阶段。小微文化企业要想让自己的文化产品与销售渠道对应，必须要对渠道进行调查、分析，选择适合自身企业特点的渠道，在此基础上进行产品的创新开发，形成"先发制人"的优势，再根据渠道、产品确定不同的营销方案。具体说来，有以下三步：

首先，调查、分析多种销售渠道，并且进行选择。因为渠道对接模式是一种"先渠道，后生产"的发展理念，所以小微文化企业必须要分析每种渠道的销售特点、用户需求、渠道竞争等因素，从中选出与本企业发展相契合的一个或几个销售渠道，适合本企业的销售渠道越多则意味着企业能够生产的文化产品种类就越多，这样一来，企业产品的市场覆盖率就越高。其次，根据销售渠道的特点、用户需求来创新生产文化产品或服务，使不同类型的文化产品或服务契合不同的销售渠道，即产品不同、销售平台不同。由此，我们看出创新对这一环节的重要性，文化产品的特色创新是指运用技术发明、艺术创作或科学普及等手段生产创新产品。其实，从发现文化产品的市场机会渠道开始，到产品的研发、制造、销售及运送到消费者手中的整个过程，都取决于产品创新的快速推进。① 小微文化企业进行产品创新时，可以依据销售渠道的特点和用户需求来设计出全新产品，也可以对原有的文化产品进行改良设计，若反响良好还可以推出相关延伸产品，增长产业链条，促进企业受益。最后，差异性市场营销定位很重要。差别是文化产品最初的个性，所谓差异性市场营销定位，就是企业面对两个以上的细分市场，分别设计不同的产品和营销方案来占领这些细分市场的营销策略。② 小微文化企业的差异性营销定位，是从产品的质量、功能、样式、风格等方面实现产品差异之后，再依据文化产品的陌生化、差异化卖点、销售渠道特点和用户需求制订相应的营销方案，提高产品的竞争力。经历了这三个过程，小微文化企业的文化产品就完成了与企业销售渠道的对接，有渠道就不愁文化产品的销售，有销售就代表企业有市场竞争力，这将会大大促进企业的持久发展。

因此，熟悉渠道对接经营模式的小微文化企业，有针对性地生产文化产品或服务，对内则解决了企业产品积压的情况，保证了企业资金链的正常运转；对外则更多地抢占文化市场份额，提高了企业竞争力。下面我们结合山东济南鸿景文化产业有限公司这一实例，来具体分析渠道对接经营模式的运作。

山东济南鸿景文化产业有限公司（以下简称鸿景影视）是位于山东济南文化创意基地的一家民营、小型的文化影视制作公司。目前，公司人员有 50 人左右，主要从事经营电影、电视剧、纪录片、宣传片的制作与发行业务。鸿景影视的发展方式是对"渠道对接经营模式"最好的例证。该公司渠道经营呈现多样化，其发展理念则是"力求寻找作品题材合适的播出平台"。在电影方面，目前与鸿景影视合作的有

① 蔡嘉清：《文化产业营销》，清华大学出版社 2013 年版，第 200 页。
② 孙安民：《营销文化》，北京出版社 2007 年版，第 128 页。

中央电视台电影频道、网络视频网站、武警、总政、农村院线等，播出平台不同，适合它的题材也就不同。如果有合适题材的作品，鸿景影视还会将影视作品销往海外，如公司制作的《俺的闺女俺的儿》就出售给了海外的社会主义国家。除此之外，鸿景影视还将电影的复映权出售给各大影院的点播厅，并且与影院签署复映的年限、地域等，以此获得部分收入。在电视剧上，公司则是采取"题材平台相对应＋专属版权＋分轮放映"的方式。"题材平台相对应"指的是电视剧的题材类型要与其播出平台相吻合，如 24 集连续剧《宣言》是专门为中国建党 90 周年献礼的新剧。"专属版权"是指这部电视剧的版权永远属于公司，公司与电视台、网络视频网站等签署的仅仅是放映权，其中还要与电视台标明电视剧的放映次数，与网络视频网站签订放映年限。而"分轮放映"则是一部电视剧针对省级卫视、地市级、县级电视台的不同而采取首轮、第二轮、第三轮播出的方式，费用则是由首轮到第二轮、第三轮逐步递减。在纪录片方面，公司始终坚持打造"精品"，大部分的纪录片是与中央电视台记录频道、科教频道合作，根据中央电视台的要求（包括主题、拍摄方式、讲述方式等）来进行纪录片的拍摄，如公司制作的大型纪录片《泉城》，这部片子是与原国家广电总局合作而且面向全球发行的。由此，我们可以清晰地看到，鸿景影视始终将"渠道决定影视作品类型"的路子作为企业发展的核心理念，不断地拓宽公司影视作品的播出渠道，渠道越多，适合的影视作品也就越多，企业的经济效益就越好、知名度就越高，如此循环往复，促进了公司的可持续发展。

所以，渠道对接经营模式看重的是渠道与文化产品之间的关系，通过先有渠道后有生产的发展模式，小微文化企业可以在提高自身文化产品市场竞争力的同时，降低企业运营风险，促进企业文化品牌的传播，可谓一举多得。其实渠道影响文化产品也好，抑或文化产品寻找合适的销售渠道也罢，都是为了小微文化企业更好地发展。

三 威客模式

近年来，由于电子商务蓬勃发展，从而引发了全民网购的热潮。严格说来，电子商务分为两种：传统实物模式电子商务和威客模式网站。而威客模式网站又分为知道型威客网、悬赏型和招标型威客网。初期的猪八戒网、威客中国、任务中国的发展模式即为悬赏型和招标型共存的威客模式。那么，该类型的发展模式是在什么样的环境下催生出来的呢？

首先，步入发展新时期的互联网技术为悬赏型和招标型威客模式的产生奠定基础。由于威客模式要求小微文化企业提供网站平台，威客与卖家在此平台上达成交易，所以日益成熟的互联网技术成为该模式能够运行的关键因素；互联网发展到今天已经度过了信息免费、全部共享的萌芽时期，互联网上的任何信息包括知识、智慧、经验、技能等也具有了商业价值，都成了明码标价的商品并且可以出售。其次，市场广阔、客户需求特别是创意需求旺盛且形式多样，这是悬赏型和招标型威客模式能够成功运行的强大动因。文化市场广阔，顾客、企业、群体就会有各类不同的文化消费需求、文化创意需求，他们迫切希望自己的需求迅速得到满足，而该模式的小微文化企业通过网络平台发布任务并且能够在短时间内提供优秀作品以供卖家选择，这就意味着需求方以最低的成本就可以激发威客们的创意服务，从而获得满意的创意方案，这是该类型小微文化企业能够长久发展的一大优势。最后，知识型、文创型人才的积极参与是悬赏型、招标型威客模式成功的重要因素。现如今，知识、创意、设计等都已成为商品可以出售，再加上知识型、文创型人才越来越追求高度的职业自由度，而威客模式的小微文化企业恰恰是凭借工作时间自由、地点自由、任务量自由吸引了大量各类人才成为网站威客，为该模式的产生提供了智力支持。其实威客的本质就是基于互联网的创意长尾，它是一个长尾"集合器"，集合的是创意和创意人的长尾，它能够将分散化的需求和集中化的供给连接起来并且实现最大程度的匹配，进而达到成本最小化。①所以，悬赏型、招标型威客模式已成为众多小微文化企业网站的选择，它既不需要过多的员工，又不需要过大的办公地点，只需要提供虚拟的互联网平台，并且促进需求方和任务方达成线上交易，便可令企业获得不菲的收益。

悬赏型、招标型威客模式是悬赏和招标的合成，是企业创建、提供网络交易平台从中收取服务费的发展模式。具体说来，悬赏型威客模式是指需求方在该平台上向网站支付担保金后就可发布任务，并且通过悬赏获得威客们提供的众多方案，需求方选择满意作品后向威客支付赏金，而网站从威客收入中抽取平台服务费来获利的发展模式；招标型威客模式是指需求方在网站上发布任务，有兴趣的威客（个人、工作室、企业）提交任务方案，需求方根据提交的方案选择最合适的威客，双方进一步协商并达成一致签订合同，威客按照合同提交最终作品，需求方满意后支付款项，之后双方可互相评价。从这种类型中我们可以清晰地看到，对于需求方来说，可以用最低的成本在最短的时间内获得最佳的任务解决方案；对于服务方威客来说，可以不受时间、地域、学历、工作环境等诸多因素的限制，自由地选择工作任务，挣得真金白银。而我们着重站在选择该类型发展模式的企业角度上看，

---

① 李燕、陈晓华：《中国式众包：威客智慧的商业价值》，科学出版社 2011 年版，第 160 页。

有平台、有需求、有威客，就会为企业带来收益。那么，我们来总结一下在小微文化企业中选择悬赏型、招标型威客发展模式的特征。

（1）互联网思维，互联网平台。

互联网平台即网站，是该类型的小微文化企业建立的一个需求方与威客基于创意任务进行沟通交易的平台。其实，对于悬赏型、招标型威客发展模式的企业来说，互联网思维与互联网平台是相互连接的，要想让两者互相促进、共同为企业增添动力，就必须做好以下两个方面：

其一，通过细分用户、社区互动来增强用户体验效果。细分用户是指，在这里用户可以分为需求方和威客方两部分，对于需求方来说，网站企业将根据需求方近期发布任务的内容、频率、奖金及中标方案等相关内容进行分析归类并且纳入网站后台数据库，待其再次发布任务时有针对性地为其提供网站服务；对于威客方来说，网站企业则是根据其身份信息、作品证明、中标方案记录、活跃程度等将众多威客划分为会员或非会员，会员又按能力细分为铜牌、银牌、金牌三种，并且在享有特权、优先显示、推荐任务等方面均有所差别。该类型的网站企业通过细分需求方和细分威客方，在为二者提供不同的用户体验的基础上达成任务的最佳匹配。社区互动是指，网站企业建立以创意交易为基础的威客社区，借助 SNS 理念来维系和推进网站用户的社会关系。SNS（Social Networking Service）是指帮助人们建立、维系和发展社会性网络的互联网应用服务，其显著特征之一是用户黏性强。[①]由于威客网站最大的特点就是用户流量大，那么，该类型的网站企业可以利用这一优势建立一个基于创意产品交易的平台，在该平台上，

---

① 李燕、陈晓华：《中国式众包：威客智慧的商业价值》，科学出版社 2011 年版，第 42 页。

需求方和威客方可以进行查询各种状态信息、任务投标、作品分享交流等活动，增强双方的用户体验。

其二，注重整合营销传播，推广网站平台。该类型的企业要想吸引用户、获得注意力资源和用户资源，必须运用互联网思维进行整合式营销传播。整合营销传播是指为达到品牌塑造目的进行沟通的所有传播元素的整合以及建立与消费者、利益相关者、内部员工乃至社会受众互利关系的全过程。[①] 企业可以联合使用网络线上软性广告（小视频、软文、漫画）和线下传统广告（电视、报纸、广播）两种，推进网站品牌的传播；还可以在威客网络社区、家园、微博、微信等发布有关企业网站话题讨论的口碑营销，增强本企业品牌的关注度；还可以通过参与公益事业、社会热点事件及举办线下交流活动等形式营销本企业的品牌形象，扩大社会影响力。通过以上几种营销传播活动的密切配合，该类型的企业收获的不仅仅是更多的网站用户，还有良好的市场发展前景。

（2）线上交易，收取佣金。

该类型的小微文化企业是采用网站互动、线上交易的方式来运作。这一方式的成功运行要依靠越来越成熟的互联网支付手段的丰富与发展。作为悬赏型和招标型共有的威客网站，虽然同是在网站上进行发布任务、提交作品、收取佣金，但在细节之处还是存在差别的。我们接下来就分别论述。

在威客网站上，悬赏型威客模式比较适合简单的策划、威客营销等工作任务，它的交易过程是：需求方发布任务，然后感兴趣的网站威客向需求方提交解决方案，需求方在提交的众多解决方案中挑选满

---

① 蔡嘉清：《文化产业营销》，清华大学出版社 2013 年版，第 319 页。

意的作品并且支付赏金，而网站则在威客赏金中抽取平台服务费。这种模式的特点就在于由发布方也就是需求方定价，网站从中提取佣金；但也存在缺点，由于最终中标获得奖金的方案只有一家或几家，这就在一定程度上造成了创意资源的浪费。针对这种缺点，威客网站的另一种模式有效地解决了这一问题。招标型威客模式比较适合大型的、含金量较高、周期较长的任务，它的交易过程是：首先是需求方发布任务，并且向网站支付少量定金或不支付定金，接下来是经威客网站确认的高水平威客报名参加，之后再由需求方选择合适的威客并且双方进行协商达成一致后签订合同，威客方依据合同开始工作，根据工作进度由需求方或威客网站向威客支付酬劳，在需求方确认作品满意后支付全部款项，双方可互动评价。这一模式的特点在于由承包方也就是威客定价，在起初提交的也仅仅是任务方案，并不是最终的任务作品，而且网站企业在这种招标模式抽取佣金的比例比悬赏型略少。这两种工作交易流程是在文创类人才集聚、互联网支付手段多样化、平台沟通无障碍的前提下才能得以实现。它不仅扩大了网站影响力，也为公司赚取了利润，可谓一举两得。

我们从以上两个模式特征来看悬赏型、招标型威客模式的运行方式，作为小微文化企业，网站式的运行不仅为公司节约了运营成本，而且借助网络传播使得公司在文化市场上的品牌效应显著。接下来，我们以朱明跃创办的猪八戒网为例来论证该类型的小微文化企业的发展。

猪八戒网是目前全国最大的服务类电子商务交易平台，由原《重庆晚报》首席记者朱明跃创办于 2006 年。成立之初，公司员工只有六人，是一家名副其实的小微文化企业。如今已经发展成为一家涵盖创意设计、网站建设、网络营销、文案策划、生活服务等多种行业，并且为企业、公共机构和个人提供定制化的解决方案的成功企业。那么，它是怎么通过运用悬赏型威客发展模式让企业一步一步发展壮大的呢？猪八戒网最关键的两大板块就是服务商库和需求大厅，在服务商库中的威客们有的是个人也有的是企业，在服务商库中它会显示该威客的近三月收入、成交数量、服务类型、联系方式等；在需求大厅中又分成了所有需求、国际需求、大客户专区、语音需求等以及按照需求类型分成了 Logo/VI 设计、网站建设、推广营销、文案写作、影音创作等。由此，需求方向猪八戒网缴纳担保金后，便可以根据相关信息来选择服务商库中的一家威客来做任务，任务完成后支付赏金；也可以是需求方在需求大厅中悬赏发布任务，标明任务的各项具体要求，由威客们自行递交作品或方案，需求方挑选满意的方案之后向中标威客支付赏金，猪八戒网收取 20% 的佣金；需求方也可以像"招标"那样发布任务需求，感兴趣的威客便可以提交方案，需求方从中选择一家威客进行细致的协商，之后再交由威客具体操作，直至需求方满意验收为止，猪八戒网收取 8%—10% 的佣金。我们以"九华山佛文化产品项目系列策划设计"这个任务为例来说明，雇主将托管赏金放到猪八戒网上，然后将具体任务〔包括经营主题项目策划设计、佛文化特色礼品策划设计、九华山风景区特色旅游纪念品策划设计和九华大愿文化机构（公司）VI 优化完善等〕发布在需求大厅，有 29 个服务商接受任务并且提交了文案稿件，最终"六锐视觉"这家服务商中标并且得到赏金 3500 元，而猪八戒网则收取了 5%—20% 的平台服务费。这仅仅是小的任务订单，大到几万元、几十万元的任务订单在猪八戒网上也随时出现并且顺利完成，而猪八戒网只是提供了一个网络平台而已，需求方和服务商在此交易，交易成功后收取平台服务费。正是由于这种威客发展模式，使得猪八戒网由最初的小微文化企业发展壮大，成为目前国内最为著名的招标型威客网站企业。

互联网缩短了需求方与服务商之间的距离，任何需求、任何创意、任何设计都可以利用互联网来传输，再加上电子支付手段的普及，有平台、有需求、有威客的该类型小微文化企业运用互联网思维将威客发展模式进行到底，便可以在文化电子商务市场上站稳脚跟，形成较大的竞争优势。

四 网状模式

在文化市场竞争日益激烈的大环境下，在文化创意型人才追求职业自由度的背景下，小微文化企业要想突出重围，在文化市场上占据一席之地，就必须在切实衡量自身企业能力的基础上扬长避短、推陈出新，选择网状发展模式来提升企业竞争力。那么，网状发展模式产生的大背景是什么呢？

首先，文化市场残酷的价格竞争为网状发展模式的产生提供了前提条件。小微文化企业在产品生产技术方面无法与大中型文化企业相比，企业要想从容地应对文化市场上的价格竞争，就要在人才、管理、销售等方面采取"网"式管理才能够有效地节约成本、提高效率。这样一来，企业就扩大了文化产品成本与市场价格的差值，为突如其来的市场变化打下良好基础。其次，文化创意型人才的职业自由度特性是网状发展模式得以成形的重要动因。如今，文化创意型人才本身职业性质就比较特殊，他们不愿意受到工作时间、地点的约束，一个好的创意、策划也不是非得在办公室内才能完成，而小微文化企业本身也不需要文化创意型人才天天来公司坐班，由此，小微文化企业与文创人才之间形成了一种新型网状的合作伙伴关系：合约制、项目制，即与资深文创人才以项目的方式合作，与普通文创人才以年为单位签订合约并且规定有效创意数量等，既满足了文创型人才对职业自由的渴望，又为企业节省了人力管理成本。最后，小微文化企业自身的"先天不足"是网状发展模式得以产生的根本原因。由于小微文化企业在资金、业务范围、员工吸引力及发展前景、市场开拓、产品销售等方面均落后于大型文化企业，而网状发展模式能够有效地解决小微文化企业对文创人才引进困难、产品成本较高、市场销售乏力等诸多重要问题。"网"式管理比较适合小微文化企业的原因有两个：一是企业规模类型比较小，这张无形的"网"能够对企业的人才、管理、产品销售进行有效控制；二是它能够有效地将企业的"先天不足"转变成"后天优势"，由此提高企业在文化市场上的竞争力。基于以上几个关键因素，有许多的小微文化企业选择网状发展模式。

所谓网状发展模式，是指小微文化企业在文创人才、企业管理、文化产品开发、文化市场销售等方面用一张无形的"网"来进行约束，将"网状轻公司"的发展理念贯穿在企业的各个层面，以此来提升企业自身能力，使其能够从容地应对市场变化。小微文化企业的发展模式——网状模式，它具有以下几个特点。

（1）多种方式网罗各类人才。

就目前情况来看，如何吸引人才、挖掘人才是小微文化企业当前面临的重要问题。人才是小微文化企业较为核心的部分，也是企业长久发展的保证。小微文化企业的人才主要包括文化创意人才、企业运营人才和产品销售人才三大类，其中文化创意人才又分成两种：第一种是为项目出点子、出主意、做策划的人，第二种则是将点子、主意、策划付诸实践并成功转换为文化产品或服务的人。因此"网罗人才"对于小微文化企业而言就显得十分重要，这主要体现在小微文化企业对各类人才的吸引、发掘方面：第一，小微文化企业用未来的生活愿景来网罗文创人才。这是以文创人才大都具有独特的艺术追求、浪漫的生活态度及向往自由的职业方式等特点为基础的，企业主通过描述企业独有的企业文化并且运用情感激励的方法来吸引各类文创人才。第二，小微文化企业用新型的合作方式来网罗文创人才和销售人才。这种新型的合作方式是在实现公司利益最大化的基础上给予文创人才和销售人才最大的职业自由度，只要员工能够为企业创收，企业绝对不会规定、约束其工作的时间、地点、方法、过程等，任其自由工作。第三，小微文化企业用精神激励和薪酬激励两种方式来网罗各类人才。其实新型合作方式和人才激励也属于企业管理的重要部分，将会在下一个特点中详细说明。因此，小微文化企业必须在克服自身短板的基础上最大限度地网罗人才，在人才储备上做好与其他同类型文化企业竞争的准备。

（2）以人为本，坚持网状管理。

网状管理主要是指企业对人才的管理。其实，对于企业来说，管理人才最基本的是要坚持以人为本的思想，管理"以人为本"是指在管理活动中坚持一切从人的需要出发，以调动和激发人的积极性和创造性为根本手段，以达到提高效率和人的不断发展为目的。[①] 该类型的文化企业在分析各种人才不同的特点的基础上再采用"轻公司"的"网状"管理思路，满足不同人才的心理需求并给予其最大的工作自由。网状管理的方式有两种：第一种，小微文化企业与文创人才之间用网状合作关系来维持。也就是说，两者之间是以项目制、合约制等方式来完成合作的，文化企业在项目组划定文创人才需要完成的工作范围和职责，或者在合约中说明文创人才在一定时间范围内需要完成的有效工作量。这样一来，文化创意型人才就可以不必天天到公司上

---

① 陈祖鹤：《文化产业发展方略》，社会科学文献出版社 2006 年版，第 162 页。

班，他可以在任何场所、任何时间完成他的有效创意策划任务。这种网状合作关系的报酬支付分为两种：一是小微文化企业按照他在一个项目中的任务量来支付报酬，二是按照他所设计的文化产品或服务在市场销售额中提取分成。第二种，成立工作室。小微文化企业可以为资深的、有能力的艺术设计人才在其所在地区设立独立工作室，至于这家工作室如何经营则完全由该设计人才决定，而该设计人才仅需要按照原本签订的合约完成创意量或项目量即可。这种合作方式既解决了艺术设计人才不愿意离开家乡的困境，又为企业输送了源源不断的创意设计，一举两得。所以说，网状管理看上去没有束缚，实际上是利用一张无形的"网"将各类人才与小微文化企业及企业的领导者紧密地联系起来，这种管理方式做到了以人为本，充分考虑并且满足了人才各种心理需求、精神需求，也保证了企业文化产品的创意设计量，同时为企业节约了经营成本，从而能更好地应对市场竞争。

（3）网式销售，占领市场。

销售环节对于任何一家企业来说都至关重要，它同样关系到小微文化企业发展的成败，因为企业之前付出的努力都要接受销售环节的检验，就算生产出来的文化产品或服务质量再好、文化内涵再丰富，假如不能在销售环节上表现良好，也是徒劳。而网式销售则是"轻公司"的另一种表现形式，它的优点在于能够最大限度地调动销售员工的积极性，并且持续地为企业创造效益，有利于小微文化企业的长久发展。该发展模式的网式销售可以分为两种类型：第一种是设立直营店。小微文化企业在文化产品或服务销售的目标重点区域设立直营店，通过店面直观展示文化产品或服务体验来进行产品或服务的销售；第二种则是设立战略合作单位，即与其他类型的互补产品放在一起销售，既为小微文化企业节省了部分店面成本，又给文化产品或服务带来一定的销售机会，一举多得。总之，在"网式销售"中，无论是设置直营店还是与其他产品进行战略合作，都会以此为中心辐射到周边其他区域，这样便为小微文化企业铺开了一张巨大的、无形的销售网络，在一定程度上保证了企业文化产品的市场覆盖率。因此，小微文化企业选择网式销售不仅扩大了自身企业的品牌影响力，而且还将文化产品或服务迅速转化为利润，而利润又继续投入产品的研发、人才的引进中，由此便形成了良好的循环效应，有利于小微文化企业的持久发展。

以上三个特点是对小微文化企业网状发展模式的具体阐述，但值得注意的是，该类型的小微文化企业并不都具备这三个特征。作为企业，尤其是小微文化企业，都是根据自身企业特征，有选择地、重点地发展某一领域。那么，下面我们就以山东泉韵历山文化传播有限公司和山东葫芦工坊文化创意有限公司为例，来阐述该类型的小微文化企业具体怎样运作。

山东泉韵历山文化传播有限公司是一家以品牌整合策划与创意设计见长的专业文化传播机构。泉韵历山将"文化，韵生活"作为企业文化，并深刻融入企业发展、人才管理、品牌产品设计当中。该公司的发展模式即为网状发展模式，泉韵历山用一张无形的"网"将企业与人才、人才与项目紧密地连接起来，努力实现公司利益最大化。泉韵历山目前拥有一支由来自台湾、上海、北京等地的策划创意设计专家及山东本土优秀设计师组成的核心团队，而这些优秀的设计师并不隶属于公司，公司与设计师之间是项目制的网状合作方式。例如，公司接到"聊城城市品牌设计"的项目，那么，公司首先需要做的就是在自己庞大的设计师合作网中找出在该领域擅长的人，由他担任项目负责人并且在本公司内挑选合适人才组成项目组，共同完成聊城品牌形象 logo、品牌含义、品牌标语、品牌城市覆盖等任务，最后按项目分成结算给设计师、按任务量给其他组内成员报酬。其实在泉韵历山，网状的发展模式只是用于人才的管理上，它不仅为公司节省了开支，也拓宽了与全国各地优秀设计师合作的方式，对公司长久发展极为有利。

济南葫芦工坊在艺术人才的管理、产品的设计制作与市场互动等方面通过一张巨大的"网"连接起来，形成了小微文化企业典型的网状发展模式。首先，在艺术人才的管理上，葫芦工坊采取一种称为"轻公司"的"网"式管理思路：在工作中赋予艺术人才较大的自由空间，对艺术家的要求比较少，只是用合约来牵制，葫芦工坊还为三名艺术家分别在北京、上海、武汉设立了工作室，艺术家只需要完成合约的任务量即可，工作室的经营和管理则完全由葫芦工坊负责。其次，在产品制作与市场销售互动方面，艺术家创作出来的作品能否作为一种商品在市场上出售，这完全由市场来决定，如果该作品推向市场后反响良好，则会交付工厂进行生产，然后正式面向市场进行销售；反之，则会终止该作品的生产和销售。最后，在销售渠道上，由领导者首先对渠道进行开拓，尤其是重点行业领域，再交由每个地区的负责人进行渠道的维护，此时葫芦工坊的领导者便形成了一张由自己总体控制、各个地区负责人维护的销售网络，这为企业产品的市场营销奠定了坚实基础。由此一来，葫芦工坊内部员工工作积极性高涨，产品设计精良，再加上销售渠道的拓展，企业成长极为迅速。

总而言之，网状发展模式克服了小微文化企业的短板，实现了对小微文化企业的"减负"，真正以一种"轻公司"的发展理念指导小微文化企业的发展，轻公司的网状发展模式从覆盖到人才吸引、艺术家文创人才管理、产品销售等较为关键性的环节，的确给小微文化企业带来不小的"实惠"。

五 专利发展模式

如今的时代是注重版权、注重专利的时代，专利、版权是企业的一种无形资产，假如这一小微文化企业拥有别人无法拥有的"专利"，这便是特色和优势，是企业的核心专长，是提高本企业行业竞争力的有效砝码。那么，小微文化企业专利发展模式有怎样的机遇、环境呢？

首先，文化市场行业竞争加剧催促着专利发展模式的产生。随着居民文化消费水平的提高，越来越多的企业主瞄准发展机遇进军文化产业，这将导致文化市场行业的竞争异常激烈，而小微文化企业由于自身先天不足，无法与大中型文化企业进行资金、人才等方面的竞争，从而选择专利发展模式，凭借本企业的文化专利来进行产品开发或专利使用权转让，这样一来，不仅能有效地避免被大中型文化企业吞噬的风险，也为本企业发展开辟了市场道路。其次，大量的文化市场空白为专利发展模式提供了广阔的开拓空间。虽然目前文化市场竞争异常激烈，但同样存在着待开发、待拓展的文化市场空白。从 2015 年最新发布的"中国文化消费指数"可以看出，中国居民的文化消费满意度首次出现下降的现象，这说明如今文化产品无法满足居民多样的消费需求。与此同时，大量的中国传统文化、东方文化尚未被开发，而现代文化、时尚文化、外来文化开发的力度须调节、方向须调整。在这样的大环境下，小微文化企业与其正面和大型文化企业交锋，不如走一条特色专利发展道路，开辟出一条只属于自己的市场发展道路。最后，科技进步是专利发展模式的强大动力。科技与文化相融合已成为当今文化产业发展的主流趋势，信息技术、互联网技术为文化产品专利的研发提供强大的信息来源，先进的科技制作工艺为文化专利产品成功推向市场提供了可能，小微文化企业通过科学技术、创意设计来推进文化专利的研发及文化产品的开发，实为明智之举。以上三个发展机遇促进了小微文化企业专利发展模式的产生，而这些发展机遇的有效利用都必须基于一个重要的前提——小微文化企业的企业主有专利发展的意识。有了这个意识，该类型的小微文化企业便会利用一切可以利用的发展机遇朝着专利特色发展模式前进，培育自身企业的核心专长，以此提升企业的市场竞争力。

所谓专利发展模式，就是指小微文化企业以先进的科技和工艺为支撑，围绕某一文化主题或企业优势研发出具有特色的文化产品专利，并且以该专利为中心进行周边特色产品的系列开发和出售文化专利使用权，由此而实现盈利的发展模式。小微文化企业的专利特色就是该企业的核心专长，因为有的学者将核心专长定义为以知识、技术为基础的综合能力，是支持企业赖以生存和稳定发展的根基，它是通过企业的产品和服务体现出来的。[①] 小微文化企业的专利发展模式正是根据文化、知识、基础来进行专利研发，并且通过文化产品表现出来的。那么，该类型的发展模式有以下几个因素。

（1）创新研发、注册或申请专利。

这是小微文化企业采取专利发展模式的最初阶段，但在这一阶段，企业的人力物力投入较大、研发时间较长，也最为关键。对于小微文化企业而言，申请专利可能不像科技型企业那样艰难，在这里，也许一个卡通形象、一个文化商标、一个传统文化系列、一个创意都可以成为该企业的"特色专利"。那么，我们以动漫类小微文

---

① 林汉川、刘平青、邱红：《中小企业管理》，高等教育出版社 2011 年版，第 279 页。

化企业为例，讨论它该如何做：第一，寻找、分析动漫文化市场空白，果断出击。动漫类企业应当密切关注动漫文化市场上的各种商业信息并且判断是否有发展前景，如企业如果察觉到"传统经典文化"这一市场空白，应当认真分析经典文化在动漫行业中是否有市场潜力，若有市场潜力则迅速集中企业各类资源进行动漫形象或产品的设计，并且将初步设计的形象进行注册，以此保证后续工作的顺利开展。第二，结合企业自身优势与发展现状决定是否进行产品研发、链条销售等环节。对于小微文化企业来说，并不是发现了市场空白就必须进入产品开发、系列营销等阶段，而是根据自身企业的具体情况来决定是否有能力进行开发，如果有能力开发则更好，通过产品开发形成专利特色优势；如果能力一般，与其产品开发不完美，还不如直接出手转让，更能保证企业的盈利。因为，在文化行业内，一旦某个形象、文字、商标被抢注或申请专利，别家的文化企业就无法再涉足该领域，由此对小微文化企业的企业主或市场开发人员的市场敏感度提出了较高的要求，这也成为近年来小微文化企业面对同行业竞争的一大"利器"。

（2）开发周边产品，延伸产业链条。

这是小微文化企业专利发展模式较为成熟的阶段，它能够得以实现的重要前提是"特色专利"的研发顺利、市场反响热烈。只有当企业成功地开发出文化产品，并且将文化产品推向市场受到众多文化消费者的欢迎后，才可以进入周边产品开发、延伸完善产业链条的阶段。所谓产业链条是指企业依托"文化创意"核心，形成一个"开发—生产—发行—衍生品开发—销售"的完整过程，在整个链条中其产品（包括主产品、衍生品）可获得多次、多地域的综合性永久回报，也就是说整个产业链的营销周期拉长，利润回报丰厚。① 不过小微文化企业当然想完善整个产品链条，通过整个产业链来占据文化市场并实现企业增收的目的，但由于自身实力较为薄弱，小微文化企业无法保证自己的特色专利能够在文化市场上维持长久的火热状态，也无力投入、承担相关产品的制作费用，所以在这一阶段，大多数专利发展模式的小微文化企业都会选择"创意设计＋制作外包"的方式，即企业将自己的"特色专利"与其他类型的产品制作分开进行的方式。我们以动漫公司为例，动漫类的小微文化企业只出创意设计即动漫形象，而关于动漫形象的周边产品则有很多，如贴纸、文具、图书、微电影、游戏等，小微文化企业不可能"面面俱到"，所以将这些衍生品的生产制作交予专业的制作公司来生产，二者形成合作，最后按销量分成。这样既做到了为企业延伸产业链条的愿景，又降低了企业运营的成本和风险，是较为明智的选择。

（3）全部转让或出售使用权。

关于特色专利的转让，可能会发生在小微文化企业运营的不同阶段。第一种，它可以是在企业发现市场机遇并设计出专利后觉得自身企业的开发能力不够，进而将专利全部转让，使企业获利；第二种，小微文化企业看到该专利的市场前景有萎缩的趋势，进而转让专利；第三种，当企业看到新的市场发展机遇并且这一机遇适合本企业的发展类型时，那么，企业就会转让该专利，从而将公司业务重点投向别处。这些做法在小微文化企业中较为常见，它不仅为公司节省了部分资金，为新的业务领域提供资金保障，而且还避免了市场萎缩带来的风险，有利于企业长久发展。另外，也有些小微文化企业会选择出售"特色专利"使用权的方式来为企业增收，这

---

① 蔡嘉清：《文化产业营销》，清华大学出版社2013年版，第89页。

种情况是企业主在经营销售该文化专利产品的同时，将专利的使用权出售给其他企业，它一般是以年限为单位来签订合同（注明专利使用的产品范围）并且收取使用费。这种方式其实是一场双赢的合作，既帮助小微文化企业扩大了"特色专利"的市场影响力，又促进了获取使用权这一方的发展。

以上是小微文化企业专利发展模式的三个因素，但是值得注意的是，同样是专利特色发展模式，同样是小微文化企业，也许各有各的发展特色，模式只是寻求共同点，每个小微文化企业都会进行不同程度的改造来适应本企业的发展需要。下面以北京三浦灵狐动画设计公司为例，来具体讨论专利特色发展模式的运行。

北京三浦灵狐动画设计有限公司（以下简称三浦灵狐）位于北京数字娱乐产业基地动画动漫中心，主要从事影视动画与网络动画并努力开发动画衍生产品，如图书、玩具、文具及各类相关的轻工产品。企业采用专利特色发展模式：第一，每创造一个动画形象就同时推出一个品牌，用形象品牌开发衍生产品；第二，将设计的动画形象出售给别的企业进行使用，按照使用年限收取相关费用。例如，三浦灵狐设计的动漫产品有《极光侠》《大嘴鸟讲故事》《小马过河》等，2005年由"极光侠"的造型而衍生的玩具产品由三浦灵狐的股东单位在广东省汕头市进行生产销售，当年创下了两亿元港币销售总额；"大嘴鸟讲故事"系列动画片是公司在2004年5月创作的一部面向儿童的系列动画片，该品牌已授权艺丰进出口贸易有限公司使用，进行"大嘴鸟"玩具的开发销售，期限一年，该玩具一度掀起狂热的购买风潮；"小马过河"系列形象授权唐山蓝猫饮品集团有限公司，开发出一系列果蔬乳、果酸乳和AD钙奶等畅销乳饮，同样受到市场好评。由此可以看出，三浦灵狐更倾向于商标、动漫形象的注册，并以此来开发周边产品和出售使用权来实现盈利，其实这也是专利特色发展模式中运用最为普遍的一种。

总体来说，专利特色发展模式无论是作为小微文化企业自身进行产品开发也好，还是将版权、使用权出售或转让也好，目的都是让小微文化企业在化解同行业竞争风险的同时保持长久发展。

结　　语

当前，小微文化企业是我国文化产业发展的主力军，随着我国《关于大力支持小微文化企业发展的实施意见》《2015年扶持成长型小微文化企业工作方案》等政策的出台，我国的小微文化企业正式迎来改革发展的"春天"。尽管如此，小微文化企业由于自身资金力量薄弱、人才储备不足、科学技术落后等原因，在文化市场上一直处于"数量多、市场占有率低"的尴尬境地，所以本章作为小微文化企业发展模式的研究，具有一定的现实指导意义。如今学术界对小微文化企业的探讨还处于初级阶段，对其发展模式的研究较少，几乎可说是一片空白，因此本研究也具有理论意义。

目前，小微文化企业要想摆脱"数量多、市场占有率低"的局面，要想提升企业在文化市场上的竞争实力，就必须充分利用发展机遇，并且结合自身企业发展类型选择发展模式，在这里值得小微文化企业领导者注意的是，无论是定制模式、渠道对接模式，还是威客模式、网状模式、专利模式，本章所论述的仅仅是通用的、概括性的特点和运作方式，领导者在选定好发展模式之后，一定要根据企业实际对模式进行调整，使之更加符合企业的发展。笔者相信，小微文化企业只要充分利用好发展机遇、选择正确的发展模式，在未来一定会提升企业的竞争实力，在文化市场上占据一席之地。

第二章
小微文化企业的创意型人才激励机制

中国的小微文化企业对提高就业率，实现文化的多样化，满足消费者个性化的需求中起到了重要作用。然而，目前中国的小微文化企业实力与竞争力不够强，应有的社会贡献没有完全体现出来。

小微文化企业自身实力的增强需要依靠人才的聪明智慧。小微文化企业因创意人才而起，因创意人才而兴，又因创意人才而强。创意型人才在一定程度上决定了小微文化企业的兴衰成败乃至生死存亡，因此，"应当如何有效地激励小微文化企业中的创意型人才"便成为一个值得深入探讨的重要问题。从当前世界范围内各类公司的管理实践中可以看出，激发企业员工的工作积极性是企业成功发展的有效保证，而激发员工的积极性最主要的手段就是激励。由此，制定出更符合小微文化企业的发展现状和文化创意型人才自身需要的更有效率的人才激励机制，就成为小微文化企业在发展中需要特别关注的内容。这是促进文化企业长久发展和激发文化产业内部活力的重要方式，也是本章意欲着重进行探讨的问题。

本章通过对小微文化企业及创意型人才的研究分析，结合当前小微文化企业的管理和激励现状，构建和制定针对小微文化企业创意型人才的激励模型和激励策略。

第一节　激励理论的相关研究

鉴于激励对个体及组织所具有的价值，激励问题已经成为管理学界研究的一项重要课题。自 20 世纪初期，西方学术界就开始对激励问题进行关注，很多管理学家、行为科学家乃至心理学家都从不同的角度对激励问题表达了自己的看法，形成不同派别的激励理论。

一　传统激励理论

传统激励理论可以大致划分为内容型激励理论和过程型激励理论。

（一）内容型激励理论

内容型激励理论以人类的需求为激励的出发点。此类型理论认为满足需求是激励的关键点和突破点，管理者只有在充分了解员工自身的需求之后，进而在员工的需求点用力才能获得较好的效果。由于内容型激励理论主要是对人的需要进行研究，因此这类激励理论又被称为"需要理论"。

1. 马斯洛的需求层次论

美国心理学家亚伯拉罕·哈罗德·马斯洛在其著作《人类动机论》和《动机与人格》中提出的"需求层次论"是最有名的激励理论之一。该理论对人类的需求进行了层次划分，按照从低级向高级的顺序排列，人类具有的五种需求，生理需求、安全需求、社会需求、尊重需求和自我实现需求，它们共同构成了一个金字塔结构。其中对较低层次的需求（即生理需求和安全需求）的满足能够从外部使人获得满足和激励，它们对人类的基本生存起保障作用。社会需求、尊重需求和自我实现需求是较高级的需求，对它们的满足从内部使人获得激励。一般而言，在较低层次的需求得到满足之后，人们就会追求高一层次的需求，而且在一段时间内会有一个占主导地位的需求，此时其他需求则处于相对从属地位。根据马斯洛的需求层次论，企业管理者可以根据不同员工在不同时间所处的不同发展阶段，在了解其主导型需求的基础上，有针对性地采取激励措施以谋求较好的激励效果。

2. 赫兹伯格的激励—保健双因素理论

双因素理论是由美国心理学家弗雷德里克·赫兹伯格在《工作的激励因素》一书中提出的。赫兹伯格首先反驳了人们的传统观念："满意"的对立面是"不满意"。他认为与"满意"相对的是"没有满意"，而"不满意"的对立面是"没有不满意"，而且使人获得满意与不满意的因素属于两个截然不同的分支。由此，赫氏认为影响激励的因素包括"激励因素"和"保健因素"两个部分，"激励因素"对应的是"满意"，它一般与工作本身密切相关，包括工作本身所具有的吸引力、通过工作获得的成就感、在工作中获得的进步成长等，解决好"激励因素"能够使人获得满意、受到激励；"保健因素"对应的是"没有不满意"，它与工作的外部因素有关，如工作环境、管理方式、人际关系等，保健因素解决好了只会让人不感到不满意，却不能够获得满意，从而无法使人得到充分有效的激励。根据双因素理论，管理者若想在实际工作中使员工获得激励，一方面，需要有效地保持保健因素，获得"没有不满意"；另一方面，还要积极利用激励因素争取获得"满意"，以实现对人才的激励。

3. 阿尔德佛的"ERG 理论"

美国行为组织学家克雷顿·阿尔德佛在已有研究和试验的基础上，于《人类需求新理论的经验测试》一文中提出了"ERG 理论"，他认为人的需求主要有三种：生存需求、相互关系的需求及成长需求。与马斯洛的"需求层次论"不同，"ERG 理论"并不认为人类的各级需求是截然分开、不可逆向的，而是认为三种需求可以同时起作用，并且没有明确的等级界限。"ERG 理论"甚至认为，当某个人在较高一级的需求层次上受到挫败时，作为对这种挫败的代替和补偿，某种较低层次的需求可能会有所增加。根据"ERG 理论"，人的需求不仅具有"满足—前进"的内在逻辑，而且还具有"受挫—倒退"的特点，各种需求在一定程度上可以相互替代补充，因此在企业管理中，管理者可以灵活地采取多种手段，它们都能够达到激励目的。

4. 麦克利兰的成就需求理论

美国心理学家戴维·麦克利兰在与温特合著的《激励经济成就》中提出，在人的基本生存需求得到满足之后，人的较高层次的需求主要分为三种：权力需求、成就需求及归属需求。权力需求主要表现为影响和控制他人的欲望，具有高权力需求的人往往勇于承担责任，重视自身在团队中的威望，希望自己能够对他人施加一定影响；归属需求表现为乐于从融洽的人际交往氛围中获得快乐和满足，享受亲密无间的和谐人际关系；成就需求的主要表现是喜欢接受有挑战性的工作，有强烈的追求成功的意愿，通过展现出更高的工作效率来彰显自身价值。每个人在权力、成就及归属方面的需求程度各不相同，针对麦克利兰提出的理论，企业在激励员工时应考虑到不同员工的特点及其需求强烈程度的差异，采取有针对性的激励措施，以求实现最佳激励效果。

（二）过程型激励理论

与内容型激励理论不同，过程型激励理论关注的重点是激励过程，"着重研究需要—动机—行为的整个心理过程。在此过程中，分析人们对于各种影响因素的认知状况，以达到激励的目的。"① 过程型激励理论主要包括弗鲁姆的期望理论、亚当斯的公平理论及洛克的目标设置理论。

1. 弗鲁姆的期望理论

美国心理学家弗鲁姆1964年在《工作与激励》一书中提出的期望理论可以用一个公式来表示：激励强度＝效价×期望值。激励强度就是指某一事物对个体起到的激励程度的大小；效价是指个体对某一个结果进行评价所采取的尺度或是对某一结果预期价值的评估，它既可以是积极正向的又可以是消极负向的，这取决于个体对事件结果的感知判断；期望值则是指个体对某个目标能否实现的概率的估计。通过这个公式可以看出：激励强度是效价与期望值共同作用的结果，要想使个体获得的激励强度实现最大化，就应当使员工的效价和期望值均达到最大值。弗鲁姆的期望理论为组织提高其对员工的激励程度提供了两个明确的方向。

2. 亚当斯的公平理论

公平理论最初是由美国社会心理学家亚当斯在《奖酬不公平时对工作质量的影响》《工人关于工资不公平的内心冲突同其生产率的关系》及《社会交换中的不公平》等著作中提出的，该理论在比较中探讨个人做出的贡献与他所得报酬量之间的平衡关系，实质上是研究比

---

① 黄维德、刘燕、徐群：《组织行为学》，清华大学出版社2005年版，第62页。

值概念。公平理论认为，在激励过程中影响最大的要素是员工在工作环境中感到公平或者不公平的程度，即人们通常会把自己与他人投入和产出的比例进行比较，当两者的比率是相等的或者大致相等时便感到公平，如果两个比率相差悬殊则会有不公平感，进而影响到激励的效果。值得注意的是，无论是对自身还是他人情况的判定都只是源自个体的知觉，而个人的感知并不具有客观性和准确性，不同人针对同一对象感知到的内容可能相差甚远，因此在准确性方面存在问题。随着公平理论的发展，后来的公平理论从单纯的分配公平扩展到程序公平，内容也更加丰富完善。公平理论表明：对员工而言，受激励的程度不仅取决于绝对报酬的水平，它还会受相对报酬情况的影响，因此，在激励行为实施之前，确定公平公正且规范透明的制度能够增强员工的公平感，提升员工的受激励水平。

3. 洛克的目标设置理论

美国马里兰大学管理学兼心理学教授洛克在《管理的实践》中指出，合理的目标设定也应当是一种激励因素。该理论主要包括以下内容：具体明确的目标能够提高人们的工作效率；比较具有挑战性的目标一旦被人们认可，其产生的激励作用更大；相比于没有反馈的目标，那些能够得到及时反馈的目标更具有激励作用。洛克的目标设置理论一方面要求人们要提出合理的科学的目标，并对目标的完成情况进行及时反馈；另一方面，还要充分意识和利用目标的导引激励作用，把组织目标与个体需要、个体认知结合起来，以求产生更好的激励效果。

二 知识型人才的激励理论

近年来，世界经济向知识经济方向转变。随着知识型员工群体的逐渐壮大及知识型员工在经济社会发展中地位的提升，针对知识型人才激励问题的研究也逐渐增多并取得了一定成果。

舒尔茨认为，当今时代的人力资本是最重要的经济发展贡献因素，而人力资本主要依附于知识型员工，因此，在当下，知识型员工具有重要意义。著名的管理大师彼得·德鲁克不仅首先提出了"知识型员工"这一概念，而且认为"要发挥生产率，对知识工作者必须以'资产'来看待"，[①] 组织与知识工作者之间形成的是"一个共生、共存、彼此互相需要的平等关系"，[②] 对他们的激励应该注重提供学习创新的机会，使其成为企业的主人。一方面，知识型员工与一般员工存在共性，上述一般激励理论对其同样适用；另一方面，知识型人才作为新出现的群体也有其特点，这决定了知识型人才激励机制的特殊性。

知识型员工的特点决定了他们更希望在工作中不断获得挑战和成长，对工作自主性及从中获得的成就感也有一定要求，如果能够把握知识型员工的特点有针对性地进行激励，激励效果会更加显著。与此同时，处于不同发展阶段的知识型员工的需求也会有所不同。一般而言，工作初期的知识型员工比较关注薪酬的获得和财富的积累，因此，工资金钱等物质因素是其最看重的，随着工作时间的增加，知识型员工更希望在工作中充分施展自身才华获得成就感。由此看出，知识型员工是一个需求相对复杂的群体，对他们的激励首先应当对不同个体进行具体分析，根据不同对象的不同需求有侧重点地展开，以提高激励效果。

安盛咨询公司花费三年时间对美国、日本、澳大利亚等国的知识型员工进行调研，结果显示，对知识型员工而言排在前五位的激励因

---

① ［美］彼得·德鲁克：《21 世纪的管理挑战》，刘毓玲等译，生活·读书·新知三联书店 2003 年版，第 191 页。

② 同上。

素分别是：报酬、工作的性质、提升、与同事的关系、影响决策。这五个方面为激励知识型员工提供了比较明确的方向。

有关人才激励问题的研究已经取得了一定的成果，多年来，不同专家学者基于各自学科背景，采用不同的研究方法，提出了不同的激励理论。此外，随世界知识经济时代的到来而出现的知识型人才在激励方面具有特殊性，不同类别的人才受激励因素的影响程度有很大差别，要想建立起切实有效的激励机制，就必须对企业及人才的类型特点有清晰的认识。

第二节　小微文化企业的创意型人才及其特征

由于本章主要研究对小微文化企业中的创意型人才进行高效激励的相关问题，因此需要对研究对象有清晰的认识。本节将对小微文化企业的创意型人才的定义和特征进行界定与分析。

一　什么是创意型人才

在汉语中，"创意"作为名词，意为具有创造性的想法和构思等。"在文化产业的意义上，文化创意是指以文化生产和文化服务为专门对象的思维创新和观念创新活动。"[1] 因此顾名思义，创意型人才就是指在创造性的想法和构思方面具有特长的人才，他们通过思维创新和观念创新为文化生产和服务带来新鲜的元素。

---

[1]　欧阳友权：《文化产业通论》，湖南人民出版社 2006 年版，第 122 页。

（一）创意型人才与创意阶层

文化创意贯穿文化产业发展的全过程，无论是文化项目的开发、文化活动的构想，还是文化产品的设计都离不开创意。在文化资源一定的情况下，创意既是文化产业的先导，也是文化产业发展的动力，它使文化产业迸发出源源不断的活力。西方国家较早地意识到了创意的巨大意义，甚至将"创意产业"作为一种单独的产业类型提出来。1998 年，英国从国家产业政策的战略高度首先提出了"创意产业"并在《英国创意产业路径文件》中对创意产业进行了界定：

> 创意产业是指那些以个人的创造力、技能和天赋为基础的产业类型，与此同时，它们通过发展知识产权具有创造财富与工作机会的潜力。[1]

通过以上定义可以看出：创意产业是以个人创造力、能力和天赋为依托的产业类型，通过开发知识产权的方式具有创造财富和就业机会的潜力。而美国学者理查德·佛罗里达曾说过，"创意在当代经济中的异军突起实质上表明了一个职业阶层的崛起"。[2] 所谓创意阶层就是指所有需要创意的职业，包括科学家和工程师、诗人、艺术家、设计师、卫生及法律从业者、高科技和知识密集型行业的从业者等。佛罗里达把创意阶层又进一步分为"具有特别创造力的核心"和"创造性的专门职业人员"：前者包括科学家、大学教授、诗人、小说家、艺术家、演员、设计师、建筑师、引导当代社会潮流的小说家、编辑、文

---

① http://www.culture.gov.uk/what_we_do/creative_industries/default.aspx，2015 年 4 月 2 日。——笔者译

② ［美］理查德·佛罗里达：《创意阶层的崛起》，司徒爱勤译，中信出版社 2010 年版，第 141 页。

化人士、咨询公司研究人员及其他对社会舆论具有影响力的各行各业人士；后者包括高科技、金融、法律及其他各种知识密集型行业的专门职业人员。可以看出，佛罗里达是从全社会职业分布的角度对创意阶层进行界定和区分的，认为凡是从事"创造新观念、新技术和新的创造性内容"① 工作的人都属于创意阶层，以上所指覆盖的领域极其广泛，包含的人员数量比较多，本章的研究对象——小微文化企业的创意型人才显然包含于佛罗里达提出的创意阶层之中。

（二）创意型人才与知识型人才

自 20 世纪 90 年代以来，知识经济大行其道。经济形态的转变必然带来主要劳动力的变化，"知识型人才"成为推动经济发展的新生力量。知识型人才运用符号和概念，创造知识和思想，以自己的创意给产品带来了新的价值。进入 21 世纪，世界经济继续沿知识经济的道路向前发展，与此同时，也出现了新趋势：文化创意和创新的重要性不断显现，成为知识经济的主要内容和发展重心。文化创意的主体是人才，各个国家也纷纷意识到，长期经济优势的获得仰仗其吸引和留住人才的能力，而不再是纯粹的商品、服务和资本的力量，因而创意型人才便成为这个时代的宝贵资源。从本质上讲，创意型人才属于知识型人才，两者之间存在诸多共同点，而创意型人才又不仅仅是知识型人才，他们是具有艺术家气质的知识型人才，所以创意型人才的创新意识和创新能力更加突出。

本书认为，小微文化企业的创意型人才属于创意阶层，位于文化产业的产业链上端，是具有创新意识、创意性思维和一定专业技术水

---

① ［美］理查德·佛罗里达：《创意阶层的崛起》，司徒爱勤译，中信出版社 2010 年版，第 148 页。

平的创意的生产者和执行者，是具有艺术家气质的知识型人才，其产品和服务应当具有较高的创意附加值和市场认可度。

二　创意型人才的特点

创意型人才在诸多方面具有突出特点，这主要表现在以下几点。

1. 头脑灵活，富于想象力

创意型人才从事的是创造性工作，因此他们绝不允许自己循规蹈矩、墨守成规、落入俗套，而总是对这个世界充满了好奇，乐于打破思维定式，敢于探索，勇于开拓，将自己丰富的想象力赋予事物。好奇是一扇门，推开这扇门便进入了一个新的世界。例如，《哈利·波特》系列小说的作者 J. K. 罗琳在前往伦敦的途中碰到了一个身材瘦弱、戴着圆形眼镜的黑发小男孩，这次偶然的相遇和早年欧洲巫术文化对罗琳的影响使她一下子就萌生了创作《哈利·波特》的想法：她要把这个小巫师带到人间，推向世界。不久之后，一个个头不高、身材瘦弱，有着绿色眼睛，戴着圆框眼镜，头上还有一道细长闪电形刀疤的小巫师形象诞生了，天马行空的想象带给罗琳无尽的创作激情，她先后写作了《哈利·波特与密室》《哈利·波特与阿兹卡班的囚徒》《哈利·波特与火焰杯》等多部作品，一个名叫哈利·波特的小男孩迅速成为广大读者熟悉的小说主人公。与此同时，该系列图书也创造了出版界的一个奇迹，为罗琳和出版商带来了巨大的经济效益。轰动世界的《哈利·波特》中饱满生动的人物形象和惊险奇妙的故事情节就是通过作者 J. K. 罗琳天马行空的想象得以展现的，而这一切的触发点仅仅是一次偶然的遇见。创意型人才总是不满足于事物的表面现象，而是能够在现有事物的基础上多想一步，善于展开丰富的联想，这种孩童般的天真、灵活的头脑、天马行空的想象不仅为他们的生活增添了乐趣，也为其创意性活动的开展提供了必不可少的素材。

2. 非凡的创新意识和能力

《礼记·大学》云："苟日新，日日新，又日新"，这早已被历代知识阶层奉为圭臬，时下创新又被看作一个民族进步的灵魂、一个国家兴旺发达的不竭动力和中华民族最鲜明的民族禀赋，"创新"乃是整个人类文明进步的关键词之一。具体到创意型人才，创新能力是创意型人才一切智慧和能力的集中体现，是创意型人才的根本素质，也是创意型人才的生命力所在。

如今的迪士尼已经发展成为世界上最著名的娱乐产业典范，而正像其创始人沃尔特·迪士尼曾经说的那样，"一切都源于一只老鼠"。在沃尔特辛苦作画的时候，经常有一只小老鼠在其左右，这只小老鼠淘气又温驯，有时候还会冲着沃尔特撒娇，沃尔特也很喜欢观察它的每一个动作，久而久之，沃尔特和小老鼠结下了深厚情谊，后来他筹办自己的动画公司后，首先就以这只小老鼠为原型创造了米老鼠的形象。米老鼠的形象既保留了小老鼠的神态和特点，又结合了人类的一些特征，不仅不会令人害怕和生厌，反而非常讨人喜欢。在这之后，沃尔特和他的伙伴们又创造了唐老鸭、白雪公主、维尼小熊等一系列动画形象，凭借非凡的创新能力，沃尔特为迪士尼带来了成功。

创意型人才从事的具体工作各不相同，但是他们共有的一个显著能力就是非凡的创新能力。他们解放思想、敢于突破，在普通的生活中打破常规思维定式，破除窠臼，提出新方法，开拓新意境，进行各种新鲜尝试。

3. 一定的创意市场转化能力

创意型人才具备这样一种能力：在自己的创意与市场之间搭建起一座桥，并让这座桥上车水马龙、熙熙攘攘。

文化产业的发展需兼顾文化效益与经济效益,这就要求创意型人才不仅要具备非凡的创新能力,能够充分发挥出自己的创意才情,而且要了解受众的审美文化需求,熟悉消费者的心理,具有一定的市场意识和市场敏感度,并使其作品具有良好的市场适应性,将文化创意转化为市场收益。在文化产业领域,大众对某类文化产品或服务的接受度、喜爱度就代表了其市场价值,一名优秀的创意型人才必须具备准确把握大众文化需求偏好的能力。在某种程度上说,合格的创意型人才是处于纯粹艺术家与大众之间的"中间人",纯粹的艺术家太执着于自我意识及情感的表达,无暇或者不屑于顾及大众对艺术行为和艺术品的接受程度;大众囿于自身能力,无法与艺术家实现艺术上的有效沟通,导致艺术家的艺术价值无法转化成市场价值,而"中间人""为消解横亘在大众文化与高雅精英文化之间的旧的差异与符号等级,提供了有效的帮助"。[①] 尽管大众对《小时代》系列电影的评价呈现出严重的两极化态势,但不容否定的是,连续四部的《小时代》系列电影创造了极佳的票房收入,甚至创生出一种新的电影类型——"粉丝电影"。由此可见,在文化创意产业化的大背景下,创意的市场转化能力是创意型人才必须具备的一种能力。

4. 娴熟的技术能力

上述非凡的创新能力和一定的创意市场转化能力是创意型人才具备的两种非常重要的能力,然而,再好的创意都需要借助一定的载体再变为现实。创意型人才的任务不仅仅是"创意"或"想"这么简单,其中还应当包括"实现"。创意"实现"的过程离不开创意型人

---

① ［英］迈克·费瑟斯通:《消费主义与后现代文化》,刘精明译,译林出版社2000年版,第48页。

才掌握的专业技术，因此，合格的创意型人才还需具有娴熟的技术能力。如一名游戏动画师要懂美学、通绘画，能够运用多媒体技术和专业的制作软件，借此将丰满独特的人物形象和引人入胜的游戏情节表现出来。又如一位时尚设计师需要用画笔或者专业的电脑绘图软件将自己的设计图展示出来。以上皆说明：借助娴熟的技术和高超的水平，创意型人才才能将头脑中的创意变成现实。

5. 持续学习的能力

"终身学习"是这个时代对人才提出的一项重要要求。在如今知识水平高度发展、信息更新换代速度不断加快的时代背景下，唯有具备良好的学习能力并不断学习，才能使自身紧跟发展趋势，在竞争中立于不败之地。从客观环境来看，创意产业属于知识密集型产业，知识技术的更新频率快，这对创意型人才的学习能力提出了要求。创意型人才对知识的尊重，对专业的喜爱以及对事业的追求都使他们以开放的态度对待已掌握的知识和技能，而"干中学"是创意型人才普遍的学习状态。一名符合要求的创意型人才是在不断学习中成长的，持续学习的能力是创意型人才使自身获得成长的关键能力之一。

除了上述突出特征之外，大部分创意型人才还具有以下特征：崇尚自由，自信独立；多以团队形式进行工作，而在团队归属方面具有较强的不稳定性；具有相对全面的知识文化素养，属于兼具广博的知识面与深入的专门知识的"T形人"等。

三 创意型人才工作的特点

1. 工作对象的挑战性

创意性工作的最大特点就是求新。创意型人才面对的工作对象不是一成不变的，他们所进行的也不是单一重复的机械劳动，恰恰相反，这种工作是多变的、不确定的、复杂的，充满了挑战。通常而言，创意型人才的工作与市场的关联紧密，市场偏好瞬息万变，需求的变化会给其工作带来直接的影响，而且相关工作也大多以项目的形式呈现，鉴于每个项目的工作要求有较大区别，即使同一个项目中的各个子项目也往往各具特点，这使其每一次面对的实际工作都不相同。创意型人才面对崭新的工作对象还要做出新意、做出创意，其工作具有极大的挑战性。

2. 工作过程的自主性

创意型人才以自我的创造性思维为依托，借助各种技术形式进行创意相关工作。创意灵感的不可预期性及人才崇尚自由、渴望独立的个性特征使他们倾向于在自主的环境中工作，不受时间、空间的限制及他人的约束，所以他们更强调工作中的自我引导，在运用个人专业知识和经验进行创造的过程中体现出强烈的自主性。由于创意型人才对自主工作的强烈需求，他们甚至改变了传统意义上工作与生活相对分割的状态，创造出一种将工作和生活融合在一起的新的生活方式。比如，著名的谷歌公司不仅是员工工作的场所，也是其生活的乐园，员工可以带宠物上班，上班时间可以健身、聊天、吃饭，公司还为员工提供免费的洗衣、汽车维修保养等服务，只要能够保质保量地完成工作任务，员工完全可以自行安排工作时间，实行自我管理和自我引导，不必受考勤制度的约束。谷歌公司的员工在工作过程中体现出极强的自主性。

3. 工作成果的难衡量性

创意型人才从事的是创意性产品和服务的生产工作，其与一般的劳动生产者有很大不同，创意性产品也与一般产品和服务有很大区别：一般劳动产品，通过计件的方式可以比较准确地计算出劳动生产者的工作效率，对于一般服务通常也可以采取计时方式进行测算；而在创意性产品和服务中，最宝贵的元素是凝结在其中的创意和智力贡献，"首先要着重在获得最佳品质，甚至是最了不起的品质，而不只是起码的品质。只有在获得最佳品质时，我们问'这些工作的产出是多少'才有意义"。[①] 一方面，单纯的计数计量方式难以对创意产品和服务中的创意与智力因素进行精确考量，有些产品甚至在进入市场很长一段时间之后才会得到市场的反馈。另一方面，复杂的创意性产品和服务需要群策群力，其中凝结着的是整个团队的共同努力和集体的智慧，我们很难将个人的工作成果与团队的成果分开，难以对每个人的贡献进行准确分割和计算。

第三节　小微文化企业的创意型人才激励模型

一　小微文化企业的创意型人才需求分析

需求是促使人类进行某种行为的原因，也是激励目标得以达成的起点和基础。本节拟研究小微文化企业的创意型人才激励模型，首先要对能够达成激励目的产生激励效果的因素——小微文化企业创意型人才的需求进行分析。

---

① ［美］彼得·德鲁克：《21世纪的管理挑战》，刘毓玲译，生活·读书·新知三联书店2003年版，第186页。

（一）生活保障需求

从维持基本生活的角度来看，生活保障需求是人类最先予以关注的需求类型，它是全人类对获得最基本的生理满足和安全庇护的共同的需求，分别对应着马斯洛"需求层次论"中的生理需求、安全需求及阿尔德佛"ERG 理论"中的生存需求。虽然我们认为创意型人才的需求呈现出高端化、复杂化的特点，但是这并不意味着其不存在像生活保障这样的较低级的需求。相反，生活保障需求是人与生俱来的最基本的需求，对人类的生存发展起到基础性作用。对人类而言，当基本的生活保障需求得不到满足，其他一切相对高级的需求就如海市蜃楼般没有任何实际意义。一般情况下，生活保障需求的满足主要需借助外力。

（二）个体发展需求

在基本生活有所保障后，其他各种较高级的需求逐渐显现出来。个体发展需求则是一种要求进一步提升自我的内在欲望，它对应着阿尔德佛"ERG 理论"中的成长需求及马斯洛"需求层次论"中尊重需求和自我实现需求的部分内容。

小微文化企业中的创意型人才具有强烈的个体发展需求。从外部环境来看，当下是一个信息与知识大爆炸的时代，科学技术发展水平日新月异，世界范围内知识交流空前活跃，这些都为创意型人才不断发展自身提出了客观要求。尤其对创意型人才这样的知识型人才而言，知识更新换代速度绝不允许其止步不前、完全停留在过去的知识技能水平上。若想要在高速的知识更新和激烈的人才竞争中占有一席之地，创意型人才就必须不断发展自身，跟上时代前进的步伐。从内部条件来看，一方面，创意型人才队伍年龄大多集中在 35 岁以下，比较年轻，多数从业人员具有大学本科学历，具有持续学习的意识和继续学习的能力，表现出较强的自我学习不断增值的意愿，有不断发展自己、完善自身的需求。另一方面，创意型人才以发展的眼光看待自己所从事的工作，对自己的职业生涯有所规划，不愿长期从事重复性的简单工作，而是希望随着工作年限的增长和经验的丰富，自己能够在职业上有所发展。除此之外，创意型人才表现出较强的流动性也与其不甘于固守一份工作，渴望具有更大的个人发展空间的需求有关。

（三）群体交往需求

从本质上说，人类是一种社会动物，具有与他人建立友好而亲密的人际关系的意愿。群体交往需求也就是马斯洛"需求层次理论"中的"社交需求"、阿尔德佛"ERG 理论"中的"关系需求"及麦克利兰理论体系中的"归属需求"。

首先，群体交往需求是"人之常情"，每个人都需要与他人进行交往，都渴望被他人接受，从友爱和谐的人际交往关系中获得欢乐和满足，并与他人保持融洽的关系，也就是说人们普遍具有"合群"和社交的需要。其次，从小微文化企业中的创意型人才从事工作的角度来看，较为复杂且具有挑战性的创造性工作需要以各类人员充分沟通为前提：其与客户的沟通能够保证制作出符合客户要求的作品；与市场营销者的沟通能够及时把握市场动向，不断优化产品，提升产品的市场表现；与其他创意人员的沟通，如经常采取的"头脑风暴法"和创意讨论会等能够激发创意灵感，从而不断完善作品。而且，鉴于创意性工作的复杂性，其通常组成小组，以团队的形式完成工作。因此，对创意型人才而言，无论是在生活中还是在工作中，个体交往需求都是其主要需求之一。与他人保持融洽的关系，才能够展开切实有效的沟通交流，才能够在一个和谐的氛围中工作和生活，这些都体现了创意型人才的群体交往需求。

（四）自我实现需求

在现代社会，人才很重视自我价值的实现。自我实现需求是一种比较高级的需求，它对应着马斯洛"需求层次论"中最高级的"自我实现需求"及麦克利兰理论中的"成就需求"，其中还涉及对拥有较高社会地位及获得他人尊重的需求。对创意型人才而言，强烈的自我实现需求是其重要特点之一，工作是一种获取报酬、维持生活的手段，但这些并不是工作的全部意义，自我价值的实现也是创意型人才的主要工作目标。

创意型人才普遍具有强烈的自我实现需求。创意型人才渴望有挑战性和创造性的工作，而这类工作的一个突出特征就是人才能够在工作中充分施展个人才华。创意的过程也在一定程度上被视为自我表达、自我实现的过程，创意型人才在产品和服务中寄托了自己的情感、精神甚至理想，从中折射出个人价值，这是其艺术气质的一种表现。其实人人都希望能够实现自我，但是与其他类型的人才相比，创意型人才格外注重这种通过文化产品或服务体现个人意义、实现自我价值的满足感。

（五）对适宜环境的需求

小微文化企业的创意型人才除了具有生活保障、个人发展、群体交往、自我实现等方面的需求，对自身的发展环境也有一定要求。总体而言，小微文化企业的创意型人才对适宜环境的需求可以分为宏观和微观两个层面。

1. 宏观层面

宏观层面的适宜环境主要是指社会大环境。首先，创意型人才"喜欢聚集在一种能够提供他们之间相互促进、研讨和交流的营地中，因此，'集群'对他们来说具有很大的吸引力"。[①] 各类文化产业园区的建立在为创意型人才的工作提供良好的物质环境的同时，也为创意型人才的聚集提供了便利条件。城市中相对完善和便利的基础设施建设和服务能够为其解除后顾之忧。其次，国家政策历来对整个产业的发展起重要的指导规划作用，尤其在中国，国家政策对产业发展的影响十分明显。在小微文化企业内工作的相关人才的地位和作用依托文化企业与文化产业的发展而提高，因此，他们希望政府能够加大对相关产业的扶持力度，从而获得更好的发展环境。在这方面，如"北京市政府就曾经明确表示欢迎'艺术北漂'带着自己的灵感和创意来北京发展，北京的文化创意产业将会提供给他们很大的发展空间"。[②] 这即是值得十分重视和效仿的实例。最后，创意型人才主要从事的是创造性工作，从某种角度讲，创新的过程同样是"试错"的过程，熊彼特曾说："创新就是创造性地破坏。"根据佛罗里达的"3T"理论：包容性会直接影响一个国家和地区的创意能力和创意人才的竞争力，而一个国家和地区越是包容开放，它对于创意型人才的吸引力就越大。国际上创意型人才聚集的纽约、伦敦等城市无一不具有复合包容、多元开放的特色，由此可见，创意型人才更渴望在多元包容的城市或地区工作和生活。

---

① 厉无畏：《创意改变生活》，新华出版社 2009 年版，第 309 页。
② 丁俊杰、李怀亮、闫玉刚：《创意学概论》，首都经济贸易大学出版社 2011 年版，第 156 页。

2. 微观层面

微观层面的适宜环境即指企业内部的环境。正如上文所言，创意型人才具有崇尚自由、富于想象力的特点，且其工作具有较强的自主性和挑战性，因此，适宜环境中的相关条件都应当以符合创意型人才的个性特征和有利于创意型人才发挥创意才情为宗旨。从软环境方面来看，创意型工作的特点决定了创意型人才倾向于在宽松的氛围中工作与思考，采用弹性工作制，自主安排工作时间，较少受来自外界的拘束和限制，对其工作进行考评的指标要体现出长期发展的思路，对企业内部出现的不和谐问题能够及时解决，营造和谐融洽的工作氛围。在硬环境方面，创意型人才则倾向于在空间开阔、明亮整洁且设施完善的工作环境中工作，创意才华的充分发挥需要生态化、多元化的办公环境，创意型人才喜欢有艺术感、层次感且人性化的内部空间设计，除了基本的办公设施之外，他们还需要企业提供相对完善的内部服务设施，如咖啡吧、休闲角落及一些小型的运动娱乐设施等，在工作的间歇期，借助这些服务设施使自我得到休息放松。

综上所述，创意型人才具有生活保障需求、个体发展需求、群体交往需求、自我实现需求和对适宜环境的需求，对小微文化企业的创意型人才进行激励应以创意型人才的需求为出发点。

二　小微文化企业的创意型人才激励模型

目前，学者们对"报酬"的意义取得了较一致的看法：将其看作一个企业组织对自己员工为企业付出劳动的一种回报。这种回报应当是多方面、全方位的。基于以上对小微文化企业及其创意型人才各项特征的分析，本书认为，对小微文化企业的创意型人才在进行激励时应遵循如图 2 - 1 所示的模型。

图 2 - 1 小微文化企业的创意型人才激励模型

（一）工资激励

在各种激励方式中，工资激励处于基础地位。对企业员工而言，工资与金钱之间有直接必然的联系，在现代社会物价水平不断提高、生活成本大幅增加的客观环境下，它与人们最基本的衣食住行等生活保障需求密切相关。对企业而言，工资激励比较容易定性、衡量并在不同个人、工种及组织之间进行比较，是企业对员工付出的劳动和所创造业绩的最直接承认，也是企业最经常采取的激励手段，因而在很长一段时间内被认为是效果最好的激励手段。在现阶段，工资激励依然作为激励体的重要组成部分，受到企业和员工双方的密切关注。

结合小微文化企业和创意型人才的特点与现状，工资激励主要包括基本工资和项目工资两部分。

1. 基本工资

基本工资是企业根据员工承担或完成工作的情况向员工支付的基本报酬。一般而言，基本工资以月为发放周期，员工所承担的工作的复杂程度、重要性及员工本身的职位和能力都会影响其基本工资水平，而基本工资一旦确定就会在一段时间内保持相对稳定。在小微文化企业中，基本工资是较低而平均的，作为保证员工工作稳定性的基础，它能够保障员工的最低生活需求得到满足，是取平均形式的最低需求率。对创意型人才而言，虽然基本工资金额不多，且在其总体工资中所占的比例不高，但是它具有稳定性，能够满足人才最基本的需求，为他们带来生活和工作上的安全感，因而也受到广泛的重视。

2. 项目工资

在小微文化企业中，创意型人才的工作任务通常以项目的形式呈现，项目工资也是其物质激励的重要方式之一，且在物质激励中占有较高的比例。从一般意义上讲，项目工资是企业根据员工完成某项工作的情况而进行的奖励，企业管理者根据员工在本项目中的职责、具体工作表现、产品或服务的市场接受程度等标准进行划定，具有较大的浮动性，项目工资应当明显地体现出员工的贡献率与所得报酬的正比例关系，多劳多得是其本质特征，具有明确的针对性和短期刺激性，因此激励效果比较明显。另外，因受项目周期的影响，项目工资一般以项目的进展阶段为节点进行计算和发放。

（二）分享激励

分享激励是一种通过给员工分配企业的利润所有权，将员工与企业紧密联系，共同分享利益并共同承担风险，从而使员工受到鼓舞的激励手段。目前，市场上真正优秀的创意型人才供不应求，他们是各类文化企业竞相争抢的对象，要想吸引并且留住这些人才，企业仅仅采取基本工资、项目工资及福利手段进行激励是远远不够的，还必须引入与企业发展现状相匹配的长期分享激励手段。

小微文化企业在发展初期，资金、设备、实力等方面都有所欠缺。在这种情况下，可以采取虚拟股权的方式对员工进行激励。首先，小微文化企业应当选择成本较低的长期分享激励手段，而虚拟股权的方式适应其发展初期实力弱小、今后发展潜力巨大的发展规律，利于企业在不支付现金的条件下实现低成本的激励，兼顾了企业的激励成本和员工的激励需求。其次，小微文化企业的创意型人才具有年轻、渴望挑战、工作流动意愿和实际流动率较高的特点，分享激励是一种长期的激励方式，员工参与企业利润的分享相当于给其拴上了一条"金锁链"，采用这种方式再配合具体的实施方案，获得相应权利的员工（一般是对企业发展非常重要的核心创意型人才）对本企业的忠诚度会有所提高，在一定程度上减少甚至避免人才流失的情况；由于创意型人才与小微文化企业成为利益的共同体，这种方式更有利于激发人才的工作积极性，避免短视行为。最后，分享激励重在提高企业利润与员工的关联度，将企业的一部分利润与员工共享，但是这并不意味着将公司的利润平均分配在每个员工的身上，而只是将利润与那些对企业发展意义重大的关键人才分享，因此，能够获得分享的机会本身对员工而言就是一种激励，体现出企业对该员工的重视和肯定。

（三）授权激励

所谓授权就是指上级将一定的权力或责任授予某位具有相当水平和能力的部属负担，使其在一定范围内独立自主地处理管理性或事务性的工作。西方的"参与式管理理论"和"员工卷入理论"认为，让员工参与管理过程能够进一步提高其工作积极性和创造力，亦能对员工产生激励作用，因此，应当对员工实施授权激励。

授权激励从本质上讲是以能力和信任为基础的激励方式。上级将一定的权力授予某位员工意味着上级对其工作能力的肯定和信任，这种源自情感的认可与支持本身就具有激励作用。授权激励能够充分发挥出员工的工作潜能，使其产生更强的工作责任感，促进其个人发展。在对企业中具有较强工作能力的员工进行适当授权之后，这些员工能够在较大的空间内施展自身才华，这有利于培养他们的工作能力，激发其工作热情和创造力，提升其责任感，使其在工作岗位上取得更大的成绩，从而推动整个企业的发展。除此之外，与上文提及的各种激励要素相比，授权激励具有物质激励和精神激励的复合性：对被授权者来说，被授权之后的工作任务和责任均有所增加，而按照责、权、利三者平衡的管理原则，被授权者的薪酬也会有所提高，从而发挥物质激励的作用。

授权激励对于小微文化企业中创意型人才的激励作用尤其明显。创意型人才崇尚自由的个性特征和具有相当自主性的工作特点使他们渴望减少拘束，通过授权激励使其获得一定的自主权，这有利于他们充分展现个人价值，增强效能感，提升工作积极性。鉴于创意型人才从事的创意生产工作几乎不具有可视性，因此，管理者难以对其工作过程进行监督控制，再加上很多管理者并不具备文化创意方面的专业知识，从"外行管内行"的角度来看，管理人员也应当给创意型人才较大程度的信任和支持，充分授权，使员工在工作过程中实现自我监督和自我控制，由过程与结果的双重控制转化为目标控制。与此同时，实施授权激励也在一定程度上节省了管理者的精力，提高管理人员的工作效率，让他们有更多的时间思考公司运营方面的事务，保障整个企业的顺利发展。

（四）福利激励

福利也是对创意型人才进行物质激励的手段之一，福利是一种补充性报酬，可以分为国家法定福利和企业福利两部分。国家法定福利是中国政府通过法律规定的福利措施，主要是指"五险一金"，是国家强制企业必须提供给员工的福利。企业福利是企业自行采取的福利措施，具有较强的灵活性，主要为了更好地服务员工，从而达到吸引、激励、稳定员工的目的。由于企业福利具有较强的自主性和灵活性，小微文化企业可以根据自身情况，在综合考虑福利成本与员工需求偏好的基础上，向员工提供相应的、具有特色的福利措施，以体现出小微文化企业的人文关怀，员工也可以根据需求，有选择地享受这些福利。由于企业福利更具个性化、更贴近员工的实际需求，因此具有较好的激励效果。

（五）发展激励

小微文化企业中的创意型人才具有强烈的个体发展需求。他们非常看重自己的职业发展情况，渴望得到发展的机会，希望完善自身，从而不断进步。鉴于创意型人才的以上特征，光明的发展前景、明确的发展规划、切实可行的发展路径能够对其产生激励作用。

首先，光明的发展前景能够对创意型人才产生激励作用。文化产业被誉为"朝阳产业"，是世界各国都在大力发展的产业类型，而且它与满足人们的较高级的精神文化需求息息相关，属于颇具未来发展潜力的产业类型。小微文化企业是我国文化产业的有机组成部分，是国家重点发展的文化企业类型，由此可见，创意型人才身处的小微文化企业与文化产业是具有广阔发展前景的领域。随着国家对文化产业和小微文化企业重视程度的不断提高，在其中担当重任的创意型人才也必将受到更多的关注，其社会地位、薪资水平等方面将有所提高，这有助于鼓励创意型人才在本领域内积极进取，争取获得更大发展。

其次，明确的未来职业发展规划能够对创意型人才产生激励作用。从总体上说，创意型人才渴望挑战，追求进步和发展，人员的流动性比较大，留住人才是很多小微文化企业管理中的重点问题，而对员工进行职业发展规划，关注其未来发展并提供发展机会可以较为有效地留住人才。在企业与员工充分了解沟通的基础上使其认识到自身的价值、优势及不足，然后设计出适合员工自身的职业发展规划，这有利于增加创意型人才对企业的满意感和忠诚度，激发其工作热情，从而充分发挥人才潜能，促进员工的发展。除此之外，还应当强调员工个人职业生涯与企业未来发展方向的匹配，因为组织的发展与员工个人的发展应呈现出相辅相成的关系。

最后，切实可行的发展路径能够对创意型人才产生激励作用。光明的发展前景和明确的未来职业发展规划分别为创意型人才的发展提供了发展环境和方向，要想真正获得发展还必须有切实可行的方法。员工的成长与发展必须要以能力的提高为基础。彼得·德鲁克认为，对员工的培训与教育是使员工不断成长的动力和源泉，如果只是让员工凭着感觉在摸索中进步，见效非常缓慢，而且企业与员工难以在短时间内达到良好的契合，因此，最主要的发展路径就是各种形式的学习机会。"激烈的竞争、迅猛的技术变革、员工对未来发展的预期都要求管理者增加培训投资。"① 在当今这个知识迅速"折旧"的时代，也唯有不断地学习才能跟上时代前进的步伐。创意型人才在"干中学"，资深优秀人员的"传帮带"，参加各种教育辅导乃至与其他人的深入交流等都是获得进步的方式，企业提供的这些学习机会为人才的发展奠定了坚实基础。

对创意型人才进行发展激励，一方面，能够为企业留住关键人才，减少因核心人才流失带来的损失；另一方面，能够满足创意型人才自身发展进步的潜在需求，增加员工对工作、企业的满意度，在员工获得进步的同时也使企业获得发展，实现"双赢"。因而，发展激励不仅寄托了创意型人才对未来发展的期许，也在一定程度上增强了企业未来发展的潜力，描绘出企业发展的蓝图。

（六）企业文化激励

与一般企业相类似，小微文化企业也应适时建立起自身的企业文化，并且企业文化也应当被看作一种激励方式。

1. 文化热爱激励

小微文化企业为社会提供文化产品和文化服务，说到底是在做"文化"生意，而文化产业化的前提是只有文化本身具有极大精神价值且受到大众的喜爱与追捧，才能够实现文化价值向经济价值的转变。文化自身不仅会吸引消费者，而且也会对真正热爱文化的文化生产者产生吸引力。盛田绍夫从对索尼公司的管理实践中得出经验：如果员

---

① 马作宽：《组织激励》，中国经济出版社 2009 年版，第88页。

工可以选择做自己喜欢做的事情，他就会精神振奋，加倍投入。一群热爱文化，掌握了一定文化创意专业知识且具有专业水准的创意型人才通过工作将自己的思想和情感表达出来、传递给大众，工作内容和工作方式本身就会对文化企业的员工产生潜在的激励作用，这种源于文化自身的魅力对文化企业员工产生的激励即可称为文化热爱激励。文化热爱激励能够调动小微文化企业中创意型人才内心对创意和文化活动的热爱，充分发挥出工作本身内在激励的效用，实现在工作中激励，在激励中工作。

2. 文化使命激励

除了文化热爱激励，对文化的使命感也会对创意型人才产生激励效果。源远流长且丰富多样的中华文化是中国乃至世界的瑰宝，而在现实中，很多文化类型由于受到各种条件的制约，在发展中出现中断甚至逐渐走向衰亡的迹象，小微文化企业的创意型人才有机会和能力为挽救这些文化和保持中华文化的多样性贡献自己的力量。在实际经营活动中，很多小微文化企业的发展就是以某个文化物件、文化现象或者文化遗产为起点的，对于这样的企业，文化不仅是企业的安身立命之本，也是历史和这个时代赋予的使命。小微文化企业的创意型人才在工作中能够切身感受历史的厚重感和使命感，这也会对其产生激励作用。

3. 荣誉激励

人人都有获得肯定、争取荣誉的潜在需求，人们对于荣誉的渴望是马斯洛"需求层次论"中"尊重需求""自我实现需求"及麦克利兰"成就需求"的现实表现。荣誉是群体或者组织对个人的高度评价，从企业人力资源管理的角度来看，这首先意味着企业关注个体员工的工作表现，是对其付出的辛勤劳动的重视和尊重。其次，从更高层次来看，荣誉代表着企业对员工过去和当前工作的肯定与认可，是对员工贡献的赞扬和表彰。荣誉激励就是通过将一系列荣誉赋予先进员工从而达到激励效果的一种激励手段，其具有双重激励作用：一方面，能够对先进员工产生激励作用，用一定的名号或头衔以及具体的激励方式鼓励他们保持良好的工作状态，并在未来做出更多工作业绩；另一方面，荣誉激励对于其他人也会产生激励效果，"榜样的力量是无穷的"，大多数员工都是力求上进、不甘落后的，通过对先进员工进行荣誉激励为其他员工树立榜样，激发他们从榜样的身上得到力量，以期"后来者居上"。由此可见，荣誉激励具有极大的感染力和带动性，可以激发整个团队的工作积极性。

小微文化企业的创意型人才有强烈的自我实现和受到尊重与肯定的个性需求，而且创意型人才的数量较少，便于有针对性地开展荣誉激励，再辅以恰当的激励方法，能够有效提高创意型人才的工作积极性。

（七）环境激励

环境激励是指合适的环境能够激发创意型人才的工作积极性与创造力，使其更好地从事创意性工作。"环境激励"中的"环境"是指企业内部的环境，它包含多个方面，因此，这里的环境激励包含以下两个层次：

一是适宜的工作环境对小微文化企业的创意型人才产生激励作用。这里"适宜的工作环境"主要是指硬环境，小微文化企业是创意型人才工作的地方，也是绝大多数创意产品和创意服务的"生产车间"，因此，企业应当为创意型人才提供利于创意的办公环境。除此之外，小微文化企业还可以借鉴西方企业人性化管理中的"咖啡机效应"，提供较为完善的工作辅助设施，这有利于保持员工的工作积极性并提高其创造力。比如，美国皮克斯动画的办公室被各种新奇的玩具充溢，允许员工在上班时间吃零食、玩游戏，这些硬件设施不仅激发了员工的工作热情和创意激情，还保持了员工的童心，"这使他们创作出来的动画片大大缩小了与少年儿童观众的心理距离"。[①]

二是宽松的工作氛围对小微文化企业的创意型人才产生激励作用。创意型人才的个性特征及创意性工作的特点也决定了他们对宽松友好的工作氛围有较为强烈的需求。一方面，在保证员工具有一定工作自觉性的前提下，企业管理者应当将对其的管理逐渐由过程与结果兼顾的模式转向以结果管理为主，给予其较大的工作自主度，创意型人才能够根据自身情况采取弹性工作时间，不受一般员工"朝九晚五"固定工作时间的束缚。另一方面，在融洽和谐的氛围中进行工作能够提高其工作效率，舒畅的心情和顺畅的沟通是其做好创意性工作必不可少的条件。

根据以上各激励因素的不同侧重点，可以将它们大致分为物质性的激励要素和精神性的激励要素。按照赫兹伯格的双因素理论，物质属于保健因素：企业在物质方面支付不足是破坏员工积极性和创造性的强有力的因素，但是物质性激励的效果是有限的，单纯实行物质性激励并不能最有效地调动员工的积极性和创造性，因为激励与创意动力之间还存在如图 2-2 所示的关系。

---

① 孙慰川、丁磊：《美国的皮克斯动画工作室》，《南京师范大学文学院学报》2010年第 4 期。

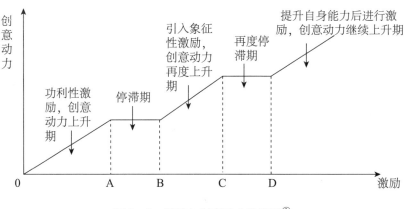

图 2 – 2 激励与创意动力的关系①

由图 2 – 2 可知,在进行激励的初始阶段,企业对创意型人才进行功利性激励(即物质性激励),创意动力会随激励水平的提高呈现出明显上升期。当功利性激励到达一定阶段,即图中的 A 之后,随着激励力度的持续加大,创意动力并没有变化,进入第一个停滞期。此时,企业改变激励策略,引入象征性激励(精神性激励),采用两种方式共同对创意型人才进行激励,如图中 BC 之间线段所示,创意动力再度明显上升期。然而,随着激励过程的推进,这种方式也会带来创意动力停滞不前的问题,进入第二个停滞期。此时,企业通过提升激励对象的自身能力,再度丰富激励手段,从而形成功利性激励、象征性激励与提升自身能力的后进行激励综合协同使用,随着激励水平的提升,创意动力不断获得提升。

多方面、全方位的激励模型既包括物质性的激励手段,又包括精神性的激励手段。在以上七种激励要素中,物质性手段与精神性手段存在彼此交融、相互配合的关系。一方面,物质性手段能够为员工带

---

① 李元元、曾兴雯、王林雪:《基于创意人才需求偏好的激励模型研究》,《科技进步与对策》2011 年第 12 期。

来切实利益，激励员工再接再厉努力工作；另一方面，因为充裕的物质通常是员工优秀表现的象征，所以它也在一定程度上反映出员工的个人价值，体现出企业和社会对员工工作能力的认可，是其晋升和成功的标志。企业给予员工充分的物质性激励，其潜在的意义对员工而言也是一种隐形的精神激励。精神性的激励有时也需要借助物质性的手段表现出来：如授权激励中责、权、利三者相融合，离不开对物质性激励手段的使用；又如环境激励中适宜的工作环境主要指的就是物质性的环境等。

第四节　小微文化企业的创意型人才激励现状

鉴于企业规模、发展方向及创意型人才的自身特点等因素，小微文化企业在对创意型人才进行激励的过程中天然存在优势与劣势，以下我们将对其进行简要分析。

一　小微文化企业对创意型人才进行激励的优势

（1）小微文化企业对创意型人才进行激励更易于贴近人才的个体需求。

小微文化企业的发展规模有限，对作为企业发展核心的创意型人才的安排设置大多遵循少而精的原则，这使企业对每一位创意型人才进行比较深入的了解具备现实可能性，在劳资双方充分沟通的前提下，根据创意型人才的个性特征、成长阶段、需求特点等，针对不同的激励对象采取不同的激励组合手段，谋求最佳激励效果。比如，对处于职业萌芽期且比较有发展潜力的创意型人才，企业管理者首先要运用基本工资和项目工资等物质激励的方式解决创意型人才的基本生活问题，保障其最基本的生活需求得到满足。其次，要运用多种精神激励手段将其稳定在企业内工作：适当使用文化激励保持甚至不断提升其对文化创意活动的热爱度和忠诚度；充分运用发展激励帮助和鼓励这些文化创意的"明日之星"迅速成长、成熟；在工作管理活动中贯穿企业文化激励和环境激励，尽可能为创意型人才创造舒心的工作过程。最后，管理者还可以恰当使用分享激励将小微文化企业的发展与个别人才的发展紧密联系，促使其留在本企业内长期工作。在资源相对有限的情况下对人才实行个性化激励，这是小微文化企业对创意型人才进行激励的优势之一。

（2）小微文化企业具有内部激励相容优势，有利于提高整体的物质激励水平。

由于小微文化企业大多实行所有权与管理权合一的经营方式，因此能够实现内部激励相容，减少或避免委托和代理问题发生的概率，提高企业的经营管理效率，提升整体的物质激励水平。在诸多大中型企业的经营活动中，企业的管理权和所有权是分离的，企业所有者是委托人，经营者是代理人，委托人对代理人的经营活动进行监督。在此关系中，"委托人和代理人的目标是实现各自效用的最大化"，[①] 而当两者利益出现不一致时就有可能会产生委托和代理问题，即一方有可能为了使自身获得最大利益而损害另一方的利益。内部激励相容是指企业经营者和所有者追求利益最大化的总体目标是一致的、相吻合的，小微文化企业经营权与管理权合一的现状具备产生内部激励相容的条件，能有效避免委托人与经营者的利益分歧，从整体上提高员工

---

① 张淑敏：《激励契约不完备性与组织文化》，东北财经大学出版社 2008 年版，第34页。

的物质激励和精神激励水平。

（3）小微文化企业的人员少，有利于创造和谐友好的工作氛围。

小微文化企业的创意型人才对创意环境有相应要求，适宜的创意环境包括了和谐友好的企业内部工作氛围。在实际工作中，一些小摩擦和小隔阂不可避免，但是这些企业内部的不和谐却会对内部员工的工作积极性与合作精神产生较大的负面影响。由于小微文化企业发展规模有限，员工数量较少，因此企业内的人事关系相对简单，这样的企业内部结构更易于营造融洽的团队氛围，使员工专心工作，充分发挥软环境的激励作用。在现实中还有一些小微文化企业甚至就是几个志趣相投的朋友为了共同的目标聚在一起创立起来的"合伙人"公司，企业内不存在明确的等级关系，每个人的地位几乎是平等的，大家共同探讨、各尽其能，平等友爱、和谐融洽的工作氛围乃是企业成立、成长的基石。

（4）有利于构建认同度高的企业文化，提高企业文化激励的效果。

大中型企业由于员工人数比较多，从一定意义上说，企业文化就是领导人文化，企业领导对企业文化的树立和普及主要采取对领导人意识进行集中宣传、贯彻的方式，形式和内容欠缺感染力，员工的认同度低，激励的效果尚待提高。由于小微文化企业的员工人数少，所以每位员工都有机会参与企业文化的创建过程，员工对亲自参与构建的企业文化的认同度比较高，即使是对原有企业文化的宣扬传播，也可以通过重组内容、创新形式的方式提高其感染力，由此提升员工对企业文化的接受度和认同度。总之，小微文化企业的性质和人员组成方式易于切实有效地对员工开展企业文化激励，获得较好的激励效果。

二　小微文化企业对创意型人才进行激励的劣势

（1）小微文化企业发展稳定性差，此现状影响整体激励水平和持续性。

中国的小微文化企业的整体发展尚处于起步阶段，企业规模小，自身实力也相对薄弱，所以企业的经营状况受到外部市场环境的直接影响，抵御风险、化解危机的能力有待提高，企业自身发展具有较大的不稳定性。良好的企业经营状况是实现充分激励的前提条件和物质基础，因而经营状况的不确定性就会直接反映到激励的水平上，甚至导致在小微文化企业中工作的创意型人才受激励的水平比较低，持续性和稳定性也不足，激励效果有待提高。除此之外，上述问题也会影响员工的工作状态，造成创意型人才对工作的不安全感，为本企业内人才的高流动性埋下隐患。

（2）小微文化企业资金有限，与物质有关的激励不足。

小微文化企业大多处于起步阶段，发展规模小，实力有限，物质基础比较薄弱，资金相对匮乏，因此在激励尤其是物质激励的过程中受条件限制，物质激励不足的现象比较普遍；还有一些激励手段虽然属于精神激励的范畴，但仍然需要以坚实的物质基础为实施前提，受企业物质条件所限，这一部分精神激励也会存在激励不足的问题。小微文化企业物质基础相对薄弱、资金有限的现状束缚着企业激励水平的提高，尤其对于刚刚工作、对物质有较大需求的创意型人才而言，激励不足容易导致人才流失的严重后果，物质激励不足也是很多在小微文化企业中工作的创意型人才后来选择跳槽进入大中型文化企业的重要原因之一。

通过以上分析可以看出，小微文化企业在对创意型人才进行激励方面存在优势和劣势，这是由企业自身的特征和社会时代背景共同决定的，这在现阶段现实条件下是难以改变的，因而在对小微文化企业的创意型人才进行激励时，相关从业者应当做到充分发扬优势，改进或者规避劣势。

三 小微文化企业的创意型人才激励现状

为了对小微文化企业的创意型人才激励现状有真实深入的了解，我们实地调研了多家小微文化企业并与企业负责人和部分创意型人才就此问题进行座谈。经过调研，我们发现，几乎所有企业的负责人都已经逐渐意识到了创意对文化产业发展的重要性，承认创意型人才在该企业兴起发展中起到的核心作用，认同对创意型人才进行重点激励、提高激励水平、创新激励形式的必要性，然而在实际的经营管理中，相关企业对创意型人才的激励情况并不乐观：缺乏针对创意型人才的激励手段，激励方式单一，激励效果有待提高。问题具体表现在以下几个方面：

（1）人力资源管理制度不完善，激励体系不完整。

小微文化企业囿于发展初期各类资源条件有限且大多数资源投入文化产品和文化服务的生产经营活动中，因此在人力资源管理和激励方面普遍存在问题。

很多小微文化企业在人力资源管理方面存在严重缺失，主要表现为内部没有专门的人力资源管理部门或者专业的人力资源管理人员，进行人力资源管理主要依靠非专业的企业领导，企业尚未形成比较科学和确定的人力资源管理制度，具有较大的随意性，因此无法做到有章可循地进行人力资源管理和人才激励。

目前，大部分小微文化企业还没有形成针对其创意型人才的完整的、确定的激励体系，较强的随意性导致不公平的现象时有发生，创意型人才对激励的总体满意度低。激励形式单一，以物质激励为主，精神激励较少且具有偶然性，小微文化企业的管理人员对能够对员工产生激励作用的激励因素认识不够清晰，常常是误打误撞，整体激励效果有待提高。

（2）整体工资水平较低，工资差距悬殊，工资结构单一。

从整体工资水平来看，在中国文化企业中的创意型人才的工资水平相较于其他行业从业人员并没有竞争力。许多小微文化企业由于物质资源有限，创意型人才工资水平较低的现象尤其明显。与此同时，相关人员的收入差距较大，创意设计与文案人员的收入仅为创意总监的五分之一到四分之一。而过大的收入差距会给激励效果带来负面影响。

从工资结构的角度来看，表面上创意型人才的工资普遍采取"基本工资＋绩效"的方式，而在实际操作过程中，企业管理人员并没有对上述两个部分进行明确的规定和区分：企业没有明确告知员工基本工资的数额、绩效情况及绩效工资的计算方式，通常是向员工发放一个总数额。奖金、提成等浮动工资所占比例偏低，甚至出现相关从业人员吃"大锅饭"的现象，这大大挫伤了优秀创意型人才的工作积极性，因而难以实现有效激励的目标。

（3）创意型人才的激励与自己的工作成绩和企业总体利润关联度低。

目前，对创意型人才进行物质激励采取的主要还是"一刀切"的激励方式，即相关人才没有参与与自己的工作成绩和企业总体利润相关的分配活动，企业在对人才进行长期激励方面存在缺失。

某公司聘请知名编剧高满堂担任剧本编剧，在剧本创作完成并通过质量验收后，企业采用一次性购买的方式支付了一笔不菲的编剧费用，从此切断了剧本编剧与今后作品市场反响及企业利润的联系。这种方式增加了企业负担，使之在短期内支出大量资金，不利于其他经营活动的正常开展，企业在无形中承受了较大的先期投资风险。从对创意型人才进行激励的角度来看，一次性买断的方式所产生的激励效果也比较有限，因为创意型人才的工作成果与所得报酬之间更多的是一种相对固定的"交换"关系。这种做法使创意型人才停留在"保守创作"的阶段，不利于激发其工作积极性，积极进行作品构思，大胆创新突破自我，充分发挥创意才情。除此之外，这种一次性买断的方式还不利于构建创意型人才与企业之间的紧密联系，无法增强创意型人才对企业的忠诚度和归属感，难以使创意型人才产生与企业"一荣俱荣，一损俱损"的使命感。

通过调研发现，创意型人才的激励与工作成绩和企业总体利润关联度低的现象存在于大量小微文化企业中，这使员工对待工作的态度还停留在"完成工作"的阶段，而不是在此基础上谋求突破创新，因而这种现状间接地妨碍了更多创新想法的涌现，制约了文化创意活动的开展。

（4）培训激励形式单一，内容针对性弱，效果欠佳。

培训既是提高小微文化企业中创意型人才的专业水平，促进企业获得进一步发展的有效方式，又是进行人才激励的重要手段之一。

目前，一些小微文化企业和创意型人才都已经意识到进行培训的重要性和必要性，但是在培训激励方面还存在很大问题，主要体现在以下几个方面。

首先，个别企业的培训激励还停留在计划阶段。虽然企业已经认识到出于自身未来发展和创意型人才胜任工作的双重需要，有必要对创意型人才进行培训激励，而且为此设计出的培训方案内容丰富实用，形式多样高效，但是在实际工作中，这些培训活动却迟迟得不到落实。这种只存在于计划中的激励不仅不能产生任何效果，而且还会使员工感到企业缺乏信誉、没有诚意，不利于企业在员工心目中树立良好的形象。

其次，培训形式单一。小微文化企业最经常采取的培训途径是内训和工作实践，对其他培训方法应用得比较少或者基本没有涉及，其培训方式主要是授课和开会，这种枯燥单一的培训方式难以调动被培训者的积极性。

最后，培训的内容质量欠佳且没有针对性。创意型人才是文化企业中具有创意思维和技术专长的高端知识型人才，他们的个性特点、能力特征及工作特点决定了只有对其进行高质量的、有针对性的培训，才能切实发挥培训的效果并达到有效激励的目的，而有些培训的内容本身质量就不高，因而不能向创意型人才传递有效的文化发展资讯并指导创意型人才的工作。另外，企业的领导人在企业培训时经常采取全员培训、全体开会的方式，涉及的内容多而杂，与创意型人才的工作关联度比较有限，浪费创意型人才的时间，妨碍其进行相关工作；或者不能根据创意型人才所处的成长阶段进行有效培训，如对处于成熟期的人才依然向其进行创意策划设计工作的入门培训，不仅不会产生效果，还浪费了员工的宝贵时间；或者对刚刚进入公司的创意型人才"拔苗助长"，进行较高层次的培训，导致其对一些基本问题的理解不够深入，未来持续发展的基础不牢固。

小微文化企业对创意型人才进行的不合理的培训活动不仅不能够

起到激励员工充分发挥主观能动性，提高个人工作能力，促进文化企业发展壮大的效用，反而还会浪费员工的宝贵时间，妨碍其正常工作的开展，阻碍企业的发展。

（5）企业工作环境压抑，不利于创意。

通过对多家小微文化企业的实地调研，我们发现个别小微文化企业存在工作环境压抑，工作压力过大，工作时间过长的问题。这些问题严重地影响创意型人才的工作热情和积极性，不利于创意性工作的顺利开展。

在调研中我们发现，在某家以电子游戏开发与制作为主营业务的小微文化企业的办公场所，一间不足50平方米的房间内摆放着近20张带隔断的办公桌，一张办公桌、一台电脑、一把椅子，这些就构成了每位创意型员工的基本工作环境，而房间内的采光照明一般，只有电脑屏幕比较亮，有的员工的办公桌上还有吃过的食品和包装袋，整个房间拥挤凌乱，使人不自觉地产生压抑感。由于这家公司的业务量和工作压力比较大，因此普遍存在员工长时间在电脑前工作而没有时间放松休闲、每日工作时间过长、节假日不能正常休息的现象，加班的情况也大量存在。这样的工作条件会让人产生一种不愿意走进工作场所的感觉，更不用说在其中长时间从事创意工作。可以想象，在这样的工作环境中长期工作，创意型人才工作时的心情和工作积极性有多差，他们创作出的文化创意产品或服务的质量也难以保证。《中国人才发展报告（NO.4）》中一项针对创意人才的实证调查显示，"在'您所青睐的办公环境'选项中，被调查者选择宽松自由的比例最高，达64.6%"，[①] 紧随其后的是干净整洁，达到了23.8%，可见，目前很

---

① 潘晨光：《中国人才发展报告》，社会科学文献出版社2011年版，第158页。

多创意型人才还不能够在一种宽松自由、干净整洁、具有生态美感的理想环境中进行工作，而这类环境会让创意型人才感到舒适放松，有利于发挥他们自身的创意才情。根据智联招聘发布的《2015 年白领 8 小时生存质量调查》，"90 后"找工作最看重的就是工作环境，企业的工作环境在未来也必将受到越来越多职场人的关注和重视。当前，加班已经成为职场工作的常态，创意性工作对脑力和体力两者的要求都比较高，长期"疲劳战术"势必会影响从业人员的精神状态、对工作的投入度和创意才能的发挥，妨碍其创意才华的施展和工作效率的提高。

（6）文化激励欠缺，对内在激励的重视程度比较低。

文化激励效果的达成源于小微文化企业的特殊性质和创意型人才的自身属性，是一种具有独特性和针对性的激励方式。我们通过调研发现，小微文化企业在对创意型人才进行激励的同时却忽略了一个重要方面，即文化本身的魅力也能够产生激励效果，在激励的过程中普遍存在文化激励欠缺的问题：有的企业还没有意识到进行文化激励的必要性，有的企业虽然对此有一定认识却没有相应的配套激励措施，文化激励依旧停留在相关人员自我激励的阶段，企业的领导人对创意型人才的文化热爱度和文化使命感持顺其自然的态度。这种现状就会造成随着文化创意工作的开展，创意型人才对文化创意工作的好感度没有提升，工作动力不足，缺少创意激情，甚至由于工作压力、薪资待遇等多方面的不满对文化的喜爱度降低或者对创意工作感到厌烦的现象，这从根本上挫伤了其创意积极性，不利于创意活动的开展。

内在激励源自工作本身的挑战性、在工作中体会到的责任感和成就感及自身价值等。内在激励不需要企业的管理人员拿出专门的资源进行激励，却需要管理者对创意型人才的特征进行深入了解，并据此对其工作进行精心安排。目前，小微文化企业对内在激励的意义和作用的相关认识不足，重视程度较低，在对创意型人才进行激励时往往直接采取奖金、晋升等外在激励手段，没有意识到根据员工的特点和兴趣安排工作，使工作内容丰富化和具有趣味性所能产生的激励效果。企业的管理人员往往只负责下达工作任务，忽略了对工作内容和工作流程的合理安排与适当管理，对内在激励的认识不深入，运用内在激励的能力有待提高。

第五节　小微文化企业的创意型人才激励原则与问题的解决路径

一　小微文化企业的创意型人才激励原则

小微文化企业的创意型人才的激励问题是一个比较复杂的问题，在现实中，企业进行激励时应注重把握以下激励原则：物质激励与精神激励相结合、短期激励与长期激励相结合、个体激励与团队激励相结合、内在激励与外在激励相结合，做到兼顾效率与公平。

（1）物质激励与精神激励相结合。

物质激励与精神激励作为两种不同的激励手段，是紧密联系在一起的，两者在激励效用方面各有侧重点：物质激励重在满足创意型人才的基本物质生活需求；精神激励重在满足创意型人才较高级的精神文化需求。单纯的物质激励的效果有限且存在边际递减效应，单纯的精神激励则如同海市蜃楼般没有根基。在对小微文化企业的创意型人才进行激励前，应当设计出科学的激励组合机制，将物质激励与精神激励彼此结合，互相配合，谋求最佳效果。

（2）短期激励与长期激励相结合。

在对小微文化企业的创意型人才进行激励的过程中要兼顾短期激励与长期激励，两种激励方式配合使用才能达到较好的激励效果。短期激励能够在较短的时间内对员工产生激励效果，它具有周期短、频率高的特点，可以在短时间内满足员工的需求（特别是物质方面的需求），尤其针对初入职场的创意型人才，短期激励在保障其基本生活、稳定工作情绪、减少过于频繁的人员流动等方面具有重要作用，然而短期激励也可能导致员工的短期化行为：为了当前利润牺牲企业的长远利益。为了避免此类行为的发生，企业应适当引入长期激励手段，如企业年终利润分享、企业元老福利大礼包等，通过给予较丰厚的长期激励内容将员工的激励情况与企业的长远发展结合起来。总之，对小微文化企业的创意型人才进行激励应当把握短期激励与长期激励的互补性，充分发挥出各自的长处，还要设计搭配好运用短期激励与长期激励的比例关系。

（3）个体激励与团队激励相结合。

由于小微文化企业中的创意性工作具有极大的挑战性和复杂性，因而团队工作的形式在小微文化企业中非常普遍，因此，在实际激励中要坚持个体激励与团队激励相结合的原则。

团队是由多个个体乃至群体成员组成的，团队拥有比个体更多的信息来源和创意思路，通过成员之间的交流可以加深对某一问题的认识，从而更好地完成创意工作，以团队形式进行工作也是小微文化企业的创意型人才在工作中经常采取的形式。如果一个团队没有获得有效激励，其业绩的最好情况就是团队整体业绩与个人业绩之和相等，而当个体以团队的形式组合起来并获得适当的团队激励时，其整体业绩将大于个体业绩之和，从而更好更快地完成组织目标。增强团队凝聚力，创造良好的合作氛围，可以提高整个团队的工作能力。与此同时，单纯的团队激励也有可能带来"搭便车"行为和整体效率低下等负面效应，因此，个体激励同样必不可少。个体是团队中的个体，团队项目的完成离不开每一个个体的付出，对个体进行激励的针对性更强，也代表着对个体的认可与肯定，体现出对效率和个人突出能力的尊重。需要注意的是，在进行团队激励和个体激励时都应当将多种激励手法灵活搭配，整合运用。

（4）效率与公平相结合。

在对小微文化企业的创意型人才进行激励的过程中还应当兼顾效率与公平。尊重效率表现为对不同的创意型人才实行以工作效果为衡量标准的差别化激励，这一点可以体现在项目工资、分享激励及权利荣誉等诸多方面。在激励过程中重视效率体现出对能力的尊重，体现出能者多劳、多劳多得的市场化原则。"公平"是一个相对复杂的问题，首先，亚当斯的公平理论认为，人们不仅会关注自己的努力与所获得回报的绝对数量，而且会进行多向度比较，即对比自己与他人获得回报的相对数量，对比自己与他人付出努力的情况，对比自己不同时期付出与回报的比例等。如果人们在这种对比中产生了严重的不公平感，那么其工作积极性就会受到损害，因此，企业在对人才进行激励的过程中应当坚持规则、制度和标准的公平，为相关人员的发展提供一个公正平等的大环境。其次，在对小微文化企业的创意型人才进行激励时要合理控制激励差距，尤其是在物质激励方面。单方面注重效率会造成一些初级创意型人才的薪酬水平过低，企业内部的薪酬差距过大，这不利于小微文化企业留住人才并激发其创意的积极性，应适当提高初级人才的工资待遇。效率与公平从表面上来看是一对互相矛盾的概念，然而在对创意型人才进行激励的过程中，我们应当也必须将两者有效结合，找准平衡点，以实现较好的激励效果。

（5）内在激励与外在激励相结合。

如果从激励形式的角度进行划分，我们可以将激励分为内在激励和外在激励。外在的激励以工资、奖金、福利待遇等物质激励为主，同时采用表扬、荣誉等方式。根据赫兹伯格的双因素理论，这些外部激励都属于保健因素，它对人产生的激励效果是有限的。与外在激励相对应，内在激励是人在工作中所得到的兴趣、满足、成就及个人价值的实现等。这种激励源自工作本身，对人有更直接的激励作用。内在激励使员工从工作本身获得满足感，从中感受到自身的价值和意义，这其中承载了个体的发展需求和自我实现愿望。鉴于此，我们应该将内在激励与外在激励有机结合起来，一方面，注重发挥各种外在激励因素的效用；另一方面，尽可能使工作丰富化、具有趣味性，提高工作本身的魅力，充分进行内在激励。将内在激励与外在激励结合起来，激励就不仅是一个结果，更是贯穿并渗透在创意型人才工作的全过程中。

二　小微文化企业的创意型人才激励问题的解决路径

（1）通过人力资源外包等方式完善企业人力资源管理制度，建立相对完整的激励体系。

随着世界经济发展水平的不断提高和人才重要性的不断显现，人们已经逐渐意识到人力资源是企业经营中的最宝贵资源。进行有效的人力资源管理是企业管理的重要组成部分，这一点对处于发展初期的小微文化企业也同样适用。通过调研，我们发现，小微文化企业在人力资源管理方面普遍存在缺陷：缺少正规的、科学的人力资源管理制度，激励体系尚不完善，缺乏掌握专业人力资源管理知识的人才，因而难以对企业内的创意型人才进行有效激励，激励水平一直处于低位。然而，从另一个角度来看，这种缺陷在小微文化企业的实际经营过程中又是难以避免的：小微文化企业处于发展初期，规模较小、实力有限、内部资源不足的现状决定了在企业内部设置专门的部门或者配备专职人员进行系统的人力资源管理有现实困难。因此，寻找到一种既符合其现状，又能够切实完善企业人力资源管理制度和提高创意型人才激励水平的方式至关重要，实行人力资源的外包是解决上述问题的合理途径之一。

在人力资源外包中，企业将部分职能转让给专业性的服务机构来承担。人力资源的外包管理组织通过与企业管理者、员工的访谈交流和实地调研，在对企业人力资源的基本情况进行了解后，运用自身的专业知识设计出适合该企业的人力资源管理制度，其中就包括有效的、较完善的激励体系，然后，企业将这些成果运用于其日常运营活动中。采用人力资源外包的方式，一方面，可以提高企业在人力资源管理方面的专业化、科学化程度，充分发挥企业中人力资源的巨大作用，切实达到对企业中创意型人才进行有效激励的目的，激发创意型人才的工作热情与活力；另一方面，采用人力资源外包的方式也可以减轻企业负担，减少企业在人力资源管理方面的开支，提高小微文化企业的资源利用效率。应当注意的是，企业的人力资源情况并不是固定的、一成不变的，尤其是创意型人才，其具有极强的流动性，因此，人力资源的外包管理组织应当与该小微文化企业保持密切联系，定期了解企业内的人力资源情况变化，与企业领导人充分沟通，以求制定出的人力资源管理制度和相关激励政策能够最大限度地符合企业的实际需求和现实能力。

（2）适当提高工资水平，丰富物质激励手段，提升创意型人才激励与企业发展的关联度。

目前，在文化企业中工作的创意型人才的专业层次存在比较严重的两极分化现象，一种是处于高端的核心创意型人才，另一种是比较初级的创意型人才。很多小微文化企业的兴起与成长主要依赖的是前者，与之相对应，在获得激励方面，高端的核心创意型人才获得的激励水平比较高，但激励方式相对单一，且主要采取物质激励手段，从长期发展的角度来看，激励效果欠佳。初级创意型人才受物质激励的水平普遍比较低，其工资甚至低于其他行业普通职工的平均工资水平，此现状造成这一部分员工的基本生活保障度偏低，再加上企业基本没有提供其他形式的激励手段，因此，出现很多初级员工纷纷离开小微文化企业甚至文化创意产业领域的现象，造成人才流失。针对第一种核心创意型人才，相关企业在进行激励时应当采取丰富多样的物质激励手段，将对此类创意型人才的激励与企业产权和剩余索取权联系在一起。与高端创意型人才进行合作需要支付的薪酬水平比较高，这对于小微文化企业而言无疑是比较沉重的负担，而采取一次性付清的方式对创意型人才也无法产生更好的激励效果，不利于激发这部分人才的工作积极性。将对核心创意型人才的激励结果与文化产品或服务的市场反响相联系，一方面，能够部分转嫁企业承担的风险；另一方面，也会提醒创意型人才更多地从市场反响的角度考虑其产品和服务的质量，激励他们创造出更符合市场规律的创意产品。针对初级创意型人才，由于其比较年轻且刚刚工作，物质激励及薪酬激励对他们的激励效果明显，因而首先要保证这部分员工的薪酬水平在整体就业人员平均水平之上，这不仅能够保障其基本生活，为文化产业的发展提供源源不断的新生力量，而且通过肯定其自身价值，增强这部分人才的被认同感，从而为企业发展留住人才。除此之外，对于初级创意型人才，企业在保证其获得薪酬激励的前提下，也应当适当运用创意入股、创意成果产权共享等激励手段。创意入股是指创意型人才凭借自己的创意所有权在整个小微文化企业中占有一定的股份，参与企业的利润分配，员工与创意型人才本身结成利益共同体，两者的发展相辅相成，互相促进。创意成果产权共享是指创意型人才拥有对自己的创意产品收益进行分享的权利。比如，在葫芦工坊，每卖出一个创意葫芦，创意型人才就可以获得其售价40%的收益，以这种方式激励创意型人才制作出更加精美的创意葫芦产品。

同样是物质激励、薪酬激励，薪酬的内在结构不同，员工获得的激励效果也不相同。小微文化企业应当立足自身条件，在对创意型人才进行充分了解分析之后，设计出最适宜的物质激励方式，以提高激励的效果，最大限度地调动其生产积极性，创造出更具有市场发展潜力的产品与服务。

（3）完善培训体系，规划职业前景。

培训是提高小微文化企业创意型人才工作能力和水平的一种重要方式，也是企业不断成长壮大、获得发展的必由之路，培训激励是对创意型人才进行激励的重要方式，是成长激励的一种具体表现形式。首先，小微文化企业应该充分认识到对创意型人才进行培训的多重意义，将培训激励引入企业的多元激励体系中来，并在企业发展过程中，特别是在进行激励时切实加以运用，而非将其束之高阁，只是停留在计划的层面。其次，采用灵活多样的培训形式。企业内训、工作实践、讲座、外部培训、考察及脱产学习等都是比较常见的培训方式，很多企业在进行培训时往往采取对企业而言最方便节省的方式，殊不知传统的企业内训和开会等培训从形式上就令员工感到不满意，难以调动其参与培训的热情，甚至会产生"副作用"。小微文化企业应通过变换培训的方式以提高员工积极性，这有利于提升培训的效果。比如，葫芦工坊的企业领导采用外出旅游考察的方式对企业内的创意型人才进行培训。葫芦工坊出售的不仅仅是有漂亮图案的葫芦，更多的是一种以中国传统器物为依托的艺术美感和情怀，这就要求创意型人才在具有扎实的创作技法功底的同时还应拥有相当的文化积累、敏锐的艺术感知力及新颖独特的创作灵感，而与企业的领导人一同出游实际上也是一次艺术采风活动、一种培训方式，创意型人才借此开阔视野，从所见景致中汲取更多灵感，激发创作热情，提高创意水平，同时这也是创意型人才与领导人彼此之间深入交流的机会，有助于建立和谐健康的企业氛围。最后，增强企业培训内容的针对性。培训内容的选择以企业和创意型人才的实际需要为标准，培训不应流于形式而是要对创意性工作具有实际指导价值，根据相关人员的实际情况和发展阶段给予不同的培训，真正发挥出小微文化企业能够对创意型人才进行个性化激励的优势。

（4）塑造适宜的创意环境，打造和谐的创意氛围。

小微文化企业的创意型人才是具有较高素质、从事创意型工作的员工，是小微文化企业中最重要的人力资源之一。在现实生活中，很多小微文化企业不能为创意型人才提供适宜宽松的创意环境，阻碍了其创意才能的发挥。鉴于此，我们应针对这种情况采取一些措施加以改变。第一，打造适宜的创意环境。根据调查显示，创意型人才对办公环境的基本要求是宽松自由且干净整洁，这也是一般员工对工作环境的基本要求，考虑到创意型人才群体的个性特征和工作特征，在办公室的设计布置上还可以突破传统格局限制，突出本企业的发展特征和文化品位，如泉韵历山将偌大的办公空间极富艺术感地分隔成多个区域，既具有实用性又具有艺术性，体现出企业的审美文化品位。另外，小微文化企业创意环境的打造应建立在"以人为本"的基础上，以最大限度地满足创意人才的需求为本，甚至可以征求员工对办公环境改进的意见，力求营造出一个整洁舒适、令员工满意且能够承载无限创意热情的办公环境。第二，打造和谐的创意氛围。创意型人才比一般员工更需要在办公环境中进行充分且有建设性的沟通，因此，创造良好的沟通环境、打造和谐的团队氛围也至关重要。一方面，现代社会生活节奏加快，人们的工作压力普遍较大，而创意型人才自由的个性及创意性工作的特征都显示出创意灵感的重要性，领导者对创意型人才的管理在一定程度上应有别于对一般工人劳动过程与劳动结果兼顾的管理模式，而是要以结果导向管理为主，给予其较大的工作自主空间和宽松的创意氛围，摒弃"事事管、时时管"的全方位管理方式。另一方面，市场反响良好的创意产品和服务是营销人员与创意型人才之间多方沟通的结果，而且其工作多以团队合作的形式展开，因此，在企业内部建立和谐的合作氛围是非常必要的。现在有些小微文化企业内工作氛围的营造还停留在顺其自然的阶段，管理者对企业内部工作氛围的干预比较少，相关理念的引进、配套措施的落实还有进一步努力的空间。和谐的合作氛围能够使员工心情舒畅，畅所欲言，充分发挥出自己的创意才能，并更好地推动企业发展。

（5）加强文化激励，通过完善工作设计，提高内在激励水平。

文化激励是文化企业独有的一种激励手段，小微文化企业在对创意型人才进行激励的过程中应加强文化激励。首先，小微文化企业的管理人员应当意识到：在企业内聚集了一批热爱文化且具有一定文化产品和服务生产能力的创意型人才，提高其对文化的兴趣度和热爱度能够产生激励效果。文化激励是一个相辅相成的可循环系统：一方面，小微文化企业的创意型人才因为感受到文化的吸引力和对文化的热爱而投入文化创意相关工作中；另一方面，其在工作中对文化的热爱度和使命感有所提升，从而激发工作的主动性和创造性，更加努力地投入工作中，如此形成良性循环。这个循环的顺利运转需要小微文化企业管理人员介入其中并采取相应措施。其次，相关的管理人员还应采取多种手段加强文化激励，如定期组织文化沙龙，让创意型人才接触最前沿的文化艺术信息；与优秀的从业者进行交流，拓展视野丰富阅历；参观相关的文博机构以对中华文化深入了解，并以此作为工作创意的有效来源，增强民族自豪感和传承发扬中华文化的使命感等。最后，文化激励还应当渗透在小微文化企业管理过程的细节中，它可以在每个细节滋养创意型人才，激发创意型人才的创意才情。

从激励来源的角度来看，激励可以划分为内在激励和外在激励，外在激励是基于"经济人"和"社会人"的假设理论对员工进行的激励，主要采取工资、奖金、上级表扬等外在激励手段，它的逻辑是"付出劳动，换取报酬"的被动方式；而内在激励是指某些工作对工作者的激励作用与完成工作所产生的激励作用的总和，它与工作本身紧密相关，主要满足人们的内在需求：兴趣、爱好、成就感等，是一种主动的激励方式。在对小微文化企业的创意型人才进行激励的过程中应当加大对内在激励的重视力度，提高其水平和效用。首先，将工作内容与创意型人才的个人兴趣相结合。小微文化企业的管理人员在对创意型人才进行充分了解的基础上，尽可能为他们安排与其兴趣爱好相吻合的工作内容，这种工作内容对创意型人才具有天然的吸引力。其次，使工作丰富化，增加趣味性。小微文化企业的管理人员可以通过允许在一定范围内进行轮岗的方式，鼓励创意型人才根据自身条件尝试多种工作，对工作内容进行重新搭配，增加工作的新鲜感和趣味性。最后，与文化激励类似，内在激励强调在工作过程中进行激励，在工作前或工作中的一个小改变就可以改变创意型人才的工作状态，从而运用工作本身使创意型人才获得发自内心的激励。与其他激励手段相比，内在激励的激励成本比较低且容易使创意型人才产生被重视被尊重的感觉，有利于在无形中提高其工作热情和积极性，是今后进行激励时应当重点关注和加强的激励方式。

结　　语

小微文化企业是在全球文化创意经济的活力不断迸发、中国文化产业发展日渐成熟的大背景下新兴的企业类型，其在拉动中国经济持续快速增长，推动经济结构优化升级调整，在全社会倡导创意创新的风气乃至促进社会就业等方面都发挥着独特作用，是中国文化产业获得进一步发展不可缺少的重要力量之一，其作用和意义正逐渐为全社会所认可。

从小微文化企业自身发展的角度来看，其运营思路和现实资源情况决定了创意型人才是企业的核心推动力量和最宝贵的资源。小微文化企业因创意型人才而起、而兴、而强，要想使小微文化企业的潜力充分发挥，就必须激发创意型人才工作的积极性、主动性和创造性，让他们更多地贡献出自己的智慧和才华。从世界各类公司对人才管理的实践中得出经验：卓有成效的激励机制是鼓励员工积极进取、充分发挥主观能动性的主要方式，也是吸引员工和稳定员工的重要途径。上述方法对小微文化企业的创意型人才同样适用，关于激励的相关理论及知识型人才激励的既有研究成果对本研究具有相当的借鉴意义。

对小微文化企业的创意型人才激励机制进行研究，要以小微文化企业的发展情况、创意型人才的个性和工作特征及创意型人才的需求为基础，在综合考虑上述各因素的前提下设计出具有针对性的激励模型。小微文化企业的创意型人才激励模型包括工资激励、分享激励、发展激励等多个方面。囿于先天条件和现实情况，当下一些小微文化企业在对创意型人才进行激励方面还存在诸多不足，如激励体系不完整，激励情况与企业经营情况关联度低，培训激励不合理等，相关企业应当在考虑自身现状的基础上，参考激励模型和遵照激励原则进行有针对性的改进和提升，这有利于提高本企业创意型人才的激励水平和工作效率，有利于促进小微文化企业和文化产业的发展。

第三章
非物质文化遗产的产业化开发模式

　　中华文化历史悠久，源远流长，古代文明为子孙后代留下了宝贵的文化遗产。我国历来重视文化遗产保护工作，从古代起就有文化遗产的保护意识，尤其是改革开放以来，在国际影响下，公众对"非遗"的保护意识也越发浓厚，我国的非物质文化遗产（以下简称为"非遗"）保护工作也在国人的共同努力下取得了显著成效。

　　由于我国在经历工业化、城市化进程后，社会环境发生巨大改变，原来"非遗"的生存环境在一定程度上遭到破坏，同时，"非遗"的无形性又使其本身比较脆弱，"非遗"的保护显得更加困难。虽然政府采取了一系列的措施对"非遗"进行保护，甚至还设立了各级"非遗"保护名录，但是在狂热追逐经济利益的现代社会大潮中，中国"非遗"在现代化、城市化的进程中仍然面临着很大的冲击。加之在与国外文化交流的过程中缺乏"非遗"保护的法律法规，使一些处于弱势地位的"非遗"资源遭到破坏，甚至有些"非遗"资源被国外肆意利用，致使我国许多宝贵的"非遗"资源面临销声匿迹的困境，"非遗"保护现状不容乐观。

　　面对"非遗"越保护越消失的现象，一部分专家学者提出转变传统思路，用产业化的方式对"非遗"进行保护和传承。这种新方式也在一定程度上得到社会各界诸多民众的支持与拥护。在保护和传承"非遗"的前提下进行的产业化可以将那些有较大市场潜力、具有潜在经济价值的"非遗"资源进行开发和挖掘，将其潜在的经济价值转化为现实价值，在为"非遗"资源的保护和传承提供更多的资金支持的同时，将其最为核心的精神内涵保护和传承下去。

鉴于此，本章在阐述我国"非遗"产业化的发展历程和不同类别"非遗"产业化路径的基础上，总结出六种"非遗"产业化的开发模式，以此证明对于那些具有较大经济潜力和开发价值的"非遗"资源，可以通过科学的产业化途径进行开发，这不仅可以激发"非遗"保护的活力，创造经济价值，而且也能有效保护和传承"非遗"；同时也为此后"非遗"的产业化提供有效的借鉴，促进"非遗"产业化健康有序发展。

第一节　我国"非遗"产业化的实践及面临的主要问题

对于"非遗"的产业化，目前学术界尚存在一些争执和不同的观点，有些学者主张"非遗"应该进行产业化，认为这是保护和传承"非遗"的一条途径；有些学者则认为"非遗"产业化会破坏其原真性，此方法不可取；还有一部分学者认为对此应保持谨慎，产业化是一把"双刃剑"。到底"非遗"应不应该进行产业化呢？本节在"非遗"产业化问题的基础上，着重围绕"非遗"保护与产业化的发展历程、"非遗"产业化发展的支撑性因素、产业化取得的成绩及存在的问题等几个方面进行探讨。

一　我国"非遗"保护传承与产业化的发展历程

五千年的中华文明之所以能世代延绵、薪火相传，其中一个重要的原因是我国自古便有保护和传承精神文明的传统。"非遗"作为我国宝贵文化遗产的重要组成部分，自古便受到重视。我国古代对"非遗"的保护和传承主要集中于收集、整理方面，这其中有官方的保护措施，也有文人学者的个人贡献。

（一）"非遗"的生产性保护

随着我国与国际的交流合作的增多及参与国际"非遗"保护工作的增加，我们对"非遗"的认知更加深入，保护和传承"非遗"的意识也随之变得愈加强烈。2001 年，国家对"非遗"的保护更是加倍重视，开始从法规建设、保护工程等方面对"非遗"进行保护，昆曲艺术、古琴艺术等被列入"非遗"名录。2005 年，国务院办公厅正式提出"保护为主，抢救第一，合理利用，传承发展"的工作方针，以政策法规的形式明确提出对"非遗"进行保护。2007 年，文化部、商务部联合发布了《关于加强老字号非物质文化遗产保护工作的通知》。虽然在这些措施的保护之下，我国"非遗"保护与传承取得了显著的成绩，但是也出现了一些问题，尤其是越保护越消失的现象更是令人费解。由于我们对"非遗"一直以来采取的基本都是静态保护的方法，政府和社会各方力量加大资金的投入，想方设法将"非遗"更好地保护起来，但是都将"非遗"当作标本来保护，它们不能实现自身的价值，缺乏生机和活力，导致有些"非遗"在加强保护的情况下失去了自身的活力，反而消失得更快。

面对仅靠静态保护不能解决我国丰富多样的"非遗"保护与传承

问题的困境，"生产性保护"方式应运而生。2006 年，王文章依据我国"非遗"保护的方针政策首先提出这一概念；2009 年，由文化部等部门举办的"中国非物质文化遗产传统技艺大展"系列活动使得"生产性保护"成为讨论的焦点。2009 年 9 月，"第三届苏州论坛"举办后，"非遗"生产性保护的重要性得到充分肯定，随后颁布的《中华人民共和国非物质文化遗产法》为"非遗"保护提供了法律保障。2010 年，国家决定建立国家级"非遗"生产性保护示范基地。

（二）"非遗"的产业化保护与传承

国家和社会的重视及相关法律法规的颁布使得"生产性保护"的理念逐渐被熟知，"非遗"的保护环境也在一定程度上得到优化。一直以来，政府和社会各界始终将"非遗"的保护视为一种消费性事业，"非遗"的保护一直靠政府的财政支持进行，这在一定程度上造成了"非遗"保护投入与产出不成正比的现象。

2011 年，第一批国家级"非遗"生产性保护示范基地名单公布，41 个项目企业或单位、39 项国家级名录项目入选。2014 年，第二批名单中，57 个项目企业或单位入选。这些示范基地的企业或单位，对"非遗"的生产性保护已经运用大机器，逐渐形成规模化。同时，在我国文化产业迅速发展的背景下，"非遗"资源作为文化产业的一部分，那些有较大经济价值和市场前景的"非遗"开始逐步与文化创意产业、旅游业等相结合，追求低成本、高效率的产出。生产性保护基地的建设和"非遗"与文化产业的结合，推动"非遗"的保护走向低投入、高产出的道路，在政府财政支持有限的情况下，逐渐实现滚动发展，有些甚至走向集团化发展的道路。这不仅有利于带动无烟产业的发展，减少能源消耗，而且可以提升第三产业的附加值，"非遗"

产业化保护与传承由此逐渐发展壮大起来。可以说，"非遗"的产业化是生产性保护的一部分，生产性保护要想持续发展、扩大保护规模，必须走产业化发展的道路。

二　"非遗"产业化的基础及取得的成绩

纵观"非遗"产业化的发展历程，我们可以清晰地看到前人对保护和传承"非遗"做出的不懈努力和巨大贡献，这些努力和贡献为现在"非遗"的产业化奠定了基础。之所以说一部分"非遗"是适合进行产业化的，一方面，由于其具备一定的客观基础；另一方面，还因为在产业化过程中也取得了很多成绩。

（一）"非遗"产业化的客观基础

1. 丰富的"非遗"资源

我国非物质文化遗产资源丰富，作为唯一一个历史不间断的文明古国，在悠远漫长的历史中逐渐形成了56个民族不同的文化形态，同时也留存下了异常丰富的非物质文化遗产。我国的"非遗"种类繁多、样式齐全，不仅有音乐、舞蹈、戏曲、杂技等表演艺术类，而且有中医中药技术、制陶技艺、酿酒技艺、造纸技艺等手工技艺类，还有节庆、礼仪、民风、民俗等多种多样的民族仪式，这些丰富多彩的"非遗"都是劳动人民在生产生活中逐渐形成并流传下来的宝贵的精神财富。文化资源成为文化资本，"非遗"作为一种文化资源，为产业化提供了稳定的依托，奠定了雄厚的基础，如果能将其进行产业化，势必会带动社会发展、进一步满足人民日益增长的精神文化需求。

2. 日益发达的现代科技

将"非遗"进行产业化，要想得到消费者的认可，其中必须满足的一个条件就是价格要在消费者能接受的范围之内，这就要求"非遗"产业化要降低成本、提高生产效率，进行适度的规模生产，而产业化要形成一定的规模，必须以现代科学技术为支撑。过去由于受技术的制约，"非遗"类产品难以进行规模化生产，即使生产出一定的产品进入市场，也会因价格过高、消费者难以支付而失去市场。到了现代，科学技术发展迅速，各种高精尖技术层出不穷，为"非遗"产业化提供了强大的技术支持。通过新技术、新设备的应用，可以将"非遗"资源与现代科技有效结合，使得规模化、效率化成为可能，不仅攻克了长期以来的技术难关，而且更有利于对"非遗"进行自主创新，便于消费者接受。另外，在信息时代，网络已经将世界变成了小小的"地球村"，形式各异的信息传播渠道应有尽有，互联网、多媒体、传媒等各种不同的传播形式为"非遗"知名度的提升拓宽了渠道，可以使"非遗"在更大范围内传播，让更多的人认识和了解"非遗"，为其进入市场做了良好的铺垫。可以说，科学技术是"非遗"产业化的动力所在，科学有效地利用现代科技便于推动"非遗"更好地产业化。

3. 逐步增长的市场需求

"非遗"进行产业化的前提是有市场需求，只有消费者有需求，"非遗"进入市场后才能迅速被接受。在我国，"非遗"适合进行产业化，主要因为有强大的市场需求潜力，这种需求潜力主要受以下几方面的因素影响：

第一，收入的增加。自改革开放以来，我国国民经济发展发生了翻天覆地的变化，居民收入亦随之增加。按照马斯洛的"需求层次理论"来说，满足需求的顺序由低级到高级，只有低层次的需求得到部分满足后才有追求更高层次需求的动力。人的食品需求是最基本的需求，但是这种需求受到生理条件的制约，增长到一定程度后会逐渐趋向饱和。伴随着居民收入水平的提高和食品需求的逐渐饱和，伙食费开支占家庭收入的比例逐渐缩小，恩格尔系数随之降低，居民可用于享受和发展的资金越来越多，开始追求精神需求的满足，由此对精神文化产品的需求增加。可见，文化消费需求的增长是社会发展的必然趋势。

第二，闲暇时间的增多。一方面，机器大工业生产时代的到来，极大地提高了工作效率，逐渐解放了劳动者的双手，使得劳动者的工作时间大大减少，闲暇时间随之增加；随着居民收入水平的提高，较低层次的生活需求得到满足，日常生活得到保障，人们不必再为了生计而日夜奔波。另一方面，相较于消费物质产品需要一定的金钱而言，消费文化产品更需要的是大量的闲暇时间，如果没有闲暇时间，即使收入水平很高，人们也无暇消费这些文化产品。在人们有越来越多闲暇时间需要消遣的情况下，受众对需要占用大量闲暇时间的文化消费的需求也会大量增加，由此催生了巨大的文化消费市场，促进文化产业的进一步发展，文艺表演服务、艺术展览服务、电影电视产品等文化产品便被广泛接受。此时，"非遗"产业化所形成的精神文化活动或文化产品在消费者闲暇时间充足的条件下进入市场，可以有效填充消费者需要消遣的闲暇时间，则恰好迎合了受众的心理需求，更容易被消费者接受和认同。

第三，人民素质的提高。随着教育的普及，民众受教育程度较之以前有了大幅度的提升，人们的知识水平和欣赏能力也有所提高，原有的精神文化产品已经远远不能满足旺盛的市场需求，为了满足消费者迅速增长的消费需求，文化的生产需要走组织化、产业化的道路。

居民生活水平和文化素质的提高及闲暇时间的增多，对高质量的精神文化产品的需求日益增加，面对如此巨大的消费潜力和消费市场，对于"非遗"产业化来说是千载难逢的机遇，因此，"非遗"产业化有广阔的市场，有众多的消费群体。

4. 国家和社会的高度重视

当今社会，文化越来越成为综合国力的象征，成为"软实力"的代名词。为了将我国建设为文化强国，增强国家的竞争力，从中央到地方都对文化产业的发展给予高度重视，纷纷出台了有利于文化产业发展的政策、法规，努力构建从中央到地方的文化产业政策体系，创造促进文化产业发展的大环境。2009 年 7 月，国务院常务会议通过了《文化产业振兴规划》，明确提出将文化创意产业和影视、动漫、游戏等产业置于同等重要的地位。

2001 年，在昆曲艺术被纳入第一批"非遗"榜单后，国家加大了对"非遗"的保护及重视力度，逐步出台保护和传承"非遗"的政策及法规。2005 年，我国国务院下发《关于加强文化遗产保护工作的通知》，对"非遗"进行定义。

国家出台诸如此类的政策和法规，表现出对发展文化产业的关注和大力支持，同时也为"非遗"产业化营造了良好的社会氛围，增加了不同主体对"非遗"产业化的兴趣和积极性，是"非遗"产业化的重要契机。

（二）"非遗"产业化取得的成绩

在"非遗"产业化的探索过程中，经过社会各界的共同努力和企业的坚持，"非遗"产业化取得了一些骄人的成绩，不仅使一些产业化的"非遗"焕发了活力、扩大了知名度，使社会大众加深了认识和了解，而且也为企业带来了良好的经济效益，带动了当地经济的发展。

1. 提升了"非遗"知名度

物质文化遗产具有物质性，是看得见、摸得着的，一处古建筑、一座历史遗迹等都是物质文化遗产，它以具体的物质形态呈现在世人眼前。而非物质文化遗产具有无形性，是不能被触摸感知的，这一特性决定了认知和了解"非遗"的难度。"非遗"的无形性使其自身变得比较抽象，使大众难以了解和认识，而将"非遗"产业化则有利于提升其知名度，可以使消费者通过有形的"非遗"物质载体来更多地了解认识并探究其中蕴含的文化内涵。

例如，东阿阿胶制作技艺，在产业化之前大众可能只知道阿胶可以益气补血，知道它对身体有好处，但不了解阿胶背后的制作技艺和文化内涵。通过产业化以后，消费者通过阿胶文化节和东阿阿胶股份有限公司建立的阿胶文化苑、阿胶博物馆等深入地了解东阿阿胶，观看阿胶制作过程、咨询不同阿胶的功效使消费者对东阿阿胶的了解加深，对东阿阿胶制作技艺这项"非遗"也产生了浓厚的兴趣。潍坊风筝制作技艺亦是如此，通过潍坊国际风筝节，潍坊风筝不再仅限于当地人知道，它的名气已经传到国外，每年有数量巨大的风筝出口国外。伴随着风筝的出口，潍坊风筝制作技艺这项"非遗"也为更多的人所知晓。产业化使"非遗"附着在其物质表现形式上，消费者通过有形的物质直观地了解"非遗"，从而对其产生兴趣并进一步深入了解和探索"非遗"的文化内涵，增加了"非遗"的知名度，让"非遗"被更多的社会大众所认知，这对于"非遗"的保护和传承都是非常有利的。

2. 焕发了"非遗"活力

原有的"非遗"保护与传承大多都采用静态保护模式，将"非遗"作为标本，让它们静静地躺在博物馆供人观赏，使"非遗"显得毫无生机。"非遗"的类别如此之多，难以用一种固有的模式对所有类别进行保护与传承，我们应该针对不同类别的"非遗"区别对待，为其量身打造合适而有效的传承方式。有些"非遗"本身潜在的经济价值较小，不适合投入市场，对于这类"非遗"可以采用静态保护的方法，将其完整地保存下来，传承给后代。但是还有一部分"非遗"，本身具有较大的潜在经济价值和市场开发潜力，对于这类"非遗"，如果也采用静态保护或者仅仅靠传承人以小作坊生产的方式进行保护与传承，则会使其失去活力，文化内涵得不到深入挖掘，不能有效地保护和传承其文化内涵。其实东阿阿胶制作技艺、潍坊风筝制作技艺等在产业化之前也曾面临重重困境，在技艺保护与传承方面也曾不知所措。当老一辈胶工退休后，东阿阿胶也为如何验证古药方迷茫过，加之制作原料驴皮日益减少，"非遗"影响力一度下降，面临消失的险境。但是，通过产业化运作，"非遗"的文化内涵得到深入挖掘，其产品投放市场后不仅得到消费者的喜爱，而且也增加了受众对"非遗"的关注。这些"非遗"通过产业化的途径焕发了自身的活力，使文化内涵得到深度挖掘，"非遗"得到有效保护和传承。可以说，产业化可以使这部分"非遗"得到更好的保护和传承。

3. 带动了经济的发展

成功的"非遗"产业化不仅可以有效地保护和传承"非遗"，而且可以为产业化企业带来巨大的经济效益，带动当地其他产业的发展，促进当地经济的繁荣。在"非遗"产业化过程中，许多成功案例已经向我们证明了这一点。东阿阿胶股份有限公司已成为全国最大的阿胶系列产品生产企业，在全国各地设立了20多个养驴基地，积极为农民开拓致富门路，增加经济收入，带动地区经济的发展。贵州茅台酒厂有限责任公司同样通过对茅台酒酿制技艺的产业化取得了良好的经济效益，截至 2014 年年末，公司总资产超过 600 亿元，年营业收入有 300 多亿元。潍坊风筝在风筝会的成功举办和产业化后，产品销量一路飙升。

从这些具体的数据中，我们可以清晰地看到，"非遗"产业化不仅为企业带来了可观的经济效益，而且也带动了地区其他产业的发展，为促进当地经济的繁荣发展做出了应有的贡献。可以说，"非遗"产业化也是促进经济发展的一条有效途径。

三　"非遗"产业化存在的问题

客观而言，我国的"非遗"产业化目前尚处于探索阶段，在探索的过程中一部分"非遗"通过产业化取得了不少成绩，积攒了丰富的经验，一方面，使"非遗"得到有效保护，促进社会效益的产生；另一方面，企业也取得了良好的经济效益，迅速发展壮大。但是，产业化在探索过程中也出现了一些问题，这些问题对"非遗"的保护和传承是不利的，甚至对其造成一定的破坏。我们需要及时发现并解决它们，为以后的产业化减少阻碍，加快发展进程。

（1）方向定位错误。

很多人认为"非遗"产业化就是将"非遗"资源投放市场进行商业化运作，认为产业化就是全面的市场化。其实不然，虽然产业化与市场化有着密切的联系，但绝不能将二者等同。"非遗"市场化是指将"非遗"资源完全按照市场运作机制进行经营，以获取经济利润为最终目的。而"非遗"产业化则是指将"非遗"资源以产业化运作模式物化为产品或服务投放市场，以实现经济效益与社会效益良性互动为终极目的。并且市场机制并不是万能的，它本身具有盲目性和短期性等缺陷，如果一味地将"非遗"资源市场化，则会使其沦为企业追逐利润的工具，其本真性将会彻底丧失，保护和传承"非遗"则无从谈起。

因此，需要客观全面地对产业化进行定位，不可将产业化与市场化等同。我们不能因为产业化过程中出现了一些过度市场化的问题就全盘否定产业化对"非遗"保护与传承的重要作用，也不能因为赞同"非遗"产业化就盲目支持"非遗"市场化，使其沦为赚钱的工具，从而使内在的文化内涵遭到破坏。

（2）传承与发展方面出现程式化、庸俗化、碎片化和"山寨"化，过度开发。

第一是程式化。"非遗"产业化的最终目的不是获得经济效益，而是通过产业化使"非遗"资源以不同的形式表现出来，让消费者更多地了解"非遗"、喜爱"非遗"，最终达到保护和传承"非遗"的目的。但是一些地区出现了程式化表演的现象，如"一些少数民族的原生态歌舞、戏曲等，原本只是在特定的节日和场合才出现的，但是为了吸引游客，让游客领略当地的民族风情，这些表演打破传统的限制，每天都在进行重复的表演"。[①] 原本的民族风情演变成了走形式、走过场的表演，原汁原味的当地民俗已经不见踪影。例如泼水节。泼水节是傣族的传统节日，相当于汉族的新年。每年泼水节傣族都要举行盛大的活动，载歌载舞，用纯净的清水互相泼洒表示祝福。但是现在，很多旅游景点为了吸引游客，表演者们随时随地换上傣族服装举行泼水节，原来的节日气氛已经消失不见，只剩下程式化的泼水，其中蕴含的精神内涵也随着泼出去的水被冲刷得一干二净。这种程式化的表演不仅没有实现"非遗"的有效传承，相反却对其造成了严重的破

---

① 桑圣毅、肖庆华：《论非物质民族民间文化的学校保护路径》，《贵州民族研究》2011年第6期。

坏，使其中的精神内涵消失殆尽。

第二是庸俗化。"非遗"资源是我们的先人在生产生活中创造出来的，历经几代人的传承得以保存，具有极高的历史价值，是中华民族深厚文化底蕴的一种表现形式。我们主张对"非遗"进行一定的创新和改造，但是这种创新以保持"非遗"原真性为前提，并不是将其变得庸俗化。许多地区在产业化的过程中由于未能真正了解"非遗"产业化的真正目的或被利益驱使等原因，将"非遗"进行所谓的创新，结果使其变得面目全非、庸俗不堪。有些地区的原生态歌舞表演即是如此。一些原生态民间歌舞表演为了吸引消费者的眼球，将表演内容改头换面，加入一些庸俗、不健康的内容。这些行为表面上看是为了保护和传承"非遗"，实质上却是另一种破坏。与其打着产业化的旗号将"非遗"变得庸俗不堪，不如保持它的原真性和完整性，起码子孙后代还能看到"非遗"的真面目。

第三是碎片化。每项"非遗"都是一个完整的整体，但是在产业化的过程中，为了追求经济价值，许多"非遗"被肢解和分化。那些具有较大经济潜力的部分被产业化，进入市场，被消费者所了解和熟知，而那些不具备经济价值或者经济价值较小的部分往往被舍弃和忽略。原本完整的一项"非遗"经过产业化后被肢解得四分五裂，完全看不到原来的模样。例如中国传统武术。中国传统武术是我国宝贵的文化遗产，原本是一种用于制止侵袭、维护和平的技艺，讲求"形神兼备"。随着西方竞技体育思想的传入，传统武术逐渐分化，分化出一种用于比赛和观赏性较强的竞技武术。竞技武术在外在动作表现上难度更高，表现得更加炫酷，更能吸引观赏者的眼球，这些特点使其在开拓市场方面具有独特的优势。而传统武术更加注重"形神兼备"，强调内在的修炼，在动作表现上则显得较单纯、枯燥。相较于竞技武术，传统武术的外在表现性略显逊色，关注度也随之降低。

第四是"山寨"化。许多"非遗"产品投入市场后受到消费者的青睐，使得一些企业发现其中的"商机"，他们为获取较高的投资回报率而大量制作粗糙、高仿的"非遗"产品，并且打着"非遗"的旗号到处招摇撞骗，谋取利益。这对"非遗"品质造成了极大的破坏，严重侵蚀了其文化内涵。例如景泰蓝。景泰蓝制作技艺是我国的国家级非物质文化遗产，其产业化后生产的景泰蓝产品制作精美，常用来作为国礼赠送。但是在潘家园古玩市场上，许多景泰蓝的仿制品却明目张胆地摆在显眼的位置上，假借景泰蓝制作技艺的名号牟利，大大破坏了此种制作技艺的形象，使其精神内涵遭到破坏。诸如此类的现象已经屡见不鲜，严重扰乱了"非遗"的市场秩序，不利于"非遗"产业化进程的发展。

第五是过度开发。在利益的驱使下，一部分商家打着保护"非遗"的幌子大肆获益，甚至为了追求经济利益，不惜破坏"非遗"，使得产业化有违初衷。这些不当的做法主要表现为两个方面，一是过度开发追求经济效益，二是产业化经营缺少反哺机制。

过度开发追求经济效益主要表现为一些企业看到对"非遗"进行产业化存在巨大的商机，纷纷加入"非遗"产业化的大潮中，但是自身对"非遗"的精神内涵知之甚少，盲目地将其投入市场。由于不了解"非遗"本身蕴含的精神内涵，盲目开发，使得投入市场的产品显得空洞化，并且在利益的驱使下他们肆意篡改，将"非遗"变得面目全非。这种过度开发的行为不仅没有有效地保护和传承"非遗"，反而在产业化的过程中对其造成了严重的破坏，适得其反。

产业化经营缺少反哺机制主要表现为在对"非遗"进行产业化经营后，一部分企业利用"非遗"资源获得可观的经济效益，未对"非遗"资源的保护和传承做出应有的贡献，在保护和传承"非遗"方面未投入相应的精力和给予一定的资金支持。企业利用"非遗"资源，对其进行产业化经营，获得一定的经济效益，可以说"非遗"资源是其获得经济效益的"源头"，企业作为受益者也理应承担相应的责任，对其进行相应的宣传，提供相应的资金支持，为"非遗"保护和传承做出应有的贡献。

另外，"非遗"之所以能传承下来，与"非遗"传承人所做的贡献是密不可分的，企业也应对传承人进行适当的反哺。但是，现状是，企业在获得经济效益后未对"非遗"传承人给予相应的支持和帮助，减少其在保护和传承"非遗"方面的困境。这严重打击了传承人的积极性，使其缺乏继续传承"非遗"的动力。这些重经济效益、轻社会效益、忽视反哺等问题对于"非遗"的传承和保护有百害而无一利，严重违背了"非遗"产业化保护和传承的初衷。

（3）融资困难。

资金不足是世界各国产业化进程中普遍面临的难题，我国作为一个发展中国家，资金瓶颈问题尤为突出。虽然每年中央和地方财政都会拨款支持文化产业的发展，甚至 2008 年中央财政还专门设立了"文化产业发展专项资金"，但与一些发达国家对文化产业的财政支持力度相比，政府的这些经费支持对于文化产业的发展可谓杯水车薪，是远远不够的。在这种情况下，作为文化产业一部分的"非遗"产业，其发展同样也面临着资金不足的现状。

面对资金不足的情况，仅仅依靠政府的财政支持不能解决问题，我们需要寻找一些"活水"注入，而积极调动社会资本的参与是缓解困境的有效途径之一。但是，社会资本的调动受到以下几方面的限制：第一，就国情来讲，长期以来我国文化产业的发展都是以国有企业为主导的，市场开放程度相对较低，加之受政策性壁垒的限制，社会资本很难进入该领域。这些限制条件虽然对包括"非遗"产业在内的文化产业起到了一定的保护作用，但是，同时也限制了其融资渠道的拓展。第二，就产业化发展主体来讲，我国"非遗"产业化的主体以中小企业居多，这些企业大多具有规模小、盈利前景不明朗、运作和管理处于摸索中前进状态的特点，并且它们拥有的多是知识产权等无形资产，在固定资产方面相对匮乏，目前正处于起步发展的进程中的中小企业发展尚不稳定。第三，就银行来讲，银行向来钟爱稳健型的融资，并且这些融资需要以资产抵押做担保。"由于缺少土地、房产等能有效抵押的不动产，银行对这些企业的贷款融资都是持谨慎态度的，许多文化企业难以从银行获得融资。"① 这些问题使得"非遗"在产业化过程中面临资金不足的困境，致使其产业化发展速度缓慢，难以发展壮大。

（4）人才匮乏。

人才的积蓄和培育是文化产业发展的关键。我国虽然人口众多，但存在着文化产业人才偏少、精英人才匮乏、综合型人才不足等问题，这严重制约着我国文化产业的发展。"非遗"产业作为文化产业的一个重要组成部分，也面临着同样的困境。

一方面，由于文化产业起步较晚，一部分高校虽然开设了相关专业，但是对它的发展尚处于不断摸索的过程中，对于文化产业的教育，培养模式、课程体系等均未形成统一标准，大部分高校将其放在文学院、公共管理学院等院系，所学课程更是五花八门，导致文化产业人才精英匮乏。"非遗"产业化更是近几年才发展起来的，人才匮乏，

---

① 郭钇杉：《文化产业发展需突破三大瓶颈》，《中华工商时报》2011 年 12 月 13 日第 1 版。

文化产业方面也没有相应的人才补给，再加上大多数"非遗"传承人文化水平较低，对产业化方面的相关知识知之甚少，缺乏将二者有机结合起来的综合型人才。这种人才的匮乏在一定程度上导致了"非遗"产业化过程中出现一系列的错误做法，对"非遗"造成一定程度的破坏。

另一方面，"非遗"产业化在人才方面还面临"非遗"传承后继无人的困境。经统计发现，"六十岁以上传承人占了绝大多数，其中第一批为91%，第二批约占71%，第三批约占78%，最高年龄102岁。在这些传承人中，目前已经有超过100位老人去世。文化部评出的民族地区民间文学国家级传承人平均年龄达68.4岁。锡伯族民间故事传承人何钧佑被公示为国家级传承人时已经88岁，两个月后就去世了"。① 这些传承人的老龄化和去世，对"非遗"的传承造成了严重的威胁，再加上许多"非遗"都没有传承人，老一辈传承人去世就意味着这项"非遗"的消失。之所以出现"非遗"传承后继无人的状况，一方面，是由于老一辈传承人受传统思想的桎梏，坚持"非遗"不外传、传男不传女等思想，没有符合条件的传承人，他们宁愿做"非遗"的"终结者"也不愿意将其传授给外人。另一方面，由于"非遗"传承人基本上都固守传统，为保持"非遗"原真性，他们基本上采用小作坊生产的形式，带来的经济效益不足以解决传承人的生活问题，许多"非遗"传承人生活拮据，想收徒弟也有心无力。再加上年轻人很少对"非遗"的传承感兴趣，没有人愿意在如此艰苦的条件下默默承担起传承"非遗"的重任，这些因素导致"非遗"传承后继无人。

---

① 陈彬斌：《坚持多样性才能持久发展——听朝戈金谈少数民族非物质文化遗产保护》，《中华文化报》2010年1月7日第6版。

"非遗"在产业化的过程中虽然出现了诸多问题，但是瑕不掩瑜，产业化也取得了许多令人欣喜的成绩，加之产业化发展本身就有一定的基础和支撑性因素，相信只要我们坚持保护"非遗"的原真性，以保护和传承"非遗"精神文化内涵为核心，以获取经济效益和社会效益的有效结合为追求，产业化可以成为发展和传承"非遗"的一条有效途径。

第二节　"非遗"产业化的方向及路径选择

"非遗"的类别多种多样，对于多样化的"非遗"产业化，我们不能"一刀切"地认为所有的"非遗"都适合进行产业化，不加选择地"一窝蜂"式对所有"非遗"都实行产业化运作；也不能对其全盘否定，认为所有的"非遗"都不适合进行产业化。面对多种多样的"非遗"资源，我们需要有选择性地进行产业化，根据不同类别"非遗"的特点进行选择。本节将着重针对"非遗"产业化的目标方向、门类选择及产业化路径几个问题展开论述。

一　"非遗"产业化的目标方向

面对"非遗"产业化有功有过的现状，专家学者们对"非遗"实行产业化保护与传承方式开始出现不同的观点和态度，目前，对于是否应该实行产业化这一问题，学术界尚且存在一定的争议。

由于我国"非遗"种类是多种多样的，不可能有一种万能的方式可以解决"非遗"保护和传承面临的所有问题，也不是所有的"非遗"都适合产业化。"非遗"产业化的目标方向的选择，首先要保持"非遗"的原真性与整体性，实现有序传承，其次还要实现经济效益的获取，最后需要对传统文化进行弘扬。只有这样才能达到"非遗"产业化的经济效益与文化效益、社会效益的有机结合。

（一）保持原真性和完整性

保持"非遗"的原真性主要是指在产业化过程中要保持其精神内涵不变，使"非遗"原汁原味的精神内涵通过产业化的途径保护和传承下来。由于"非遗"资源是历经千百年历代传承下来的宝贵的精神文化遗产，是我们的祖先根据当时的生活经验发明和创造的，可能其形式不能适应现代社会的发展，不易被现代人所接受，我们不能为了迎合现代大众的口味和喜好而破坏"非遗"的原真性。

保持"非遗"的完整性是指在产业化的过程中不能肆意将"非遗"进行分解、割裂，要保持其完整。可能一项"非遗"并不是其所有的组成部分都适合进行产业化，但是我们不能为了产业化而人为地将其拆解，使其碎片化，不能将适合产业化的部分进行产业化后推向市场，而对产业化潜力较小的部分置之不理，这是不可取的，这种产业化的"非遗"也是不完整的。面对这种情况，我们应该尽可能地想办法将产业化潜力较小的那部分"非遗"转变呈现方式，加强创新，增加消费者的认可程度，在保证"非遗"资源完整的前提下进行产业化。

（二）实现有序传承

"非遗"产业化是保护和传承"非遗"的一条有效途径，其最终目的是保护和传承"非遗"，因此，在产业化的过程中我们始终要把保护和传承"非遗"放在首要位置。我们之所以现在还能看到几百年甚至几千年前祖先留下来的宝贵的精神文化遗产，就是因为世世代代的前人不断对"非遗"进行保护和传承，使其能够久经时间的洗礼，呈现在后人面前。我们现在对"非遗"进行产业化，也是为了能够更好地保护和传承"非遗"，将其传承给后人。所以，产业化是否成功，首先要看它是否有效地保护和传承"非遗"。如果现在的产业化一味地追求经济效益而不顾"非遗"的保护和传承，那么，即使获得了经济效益，"非遗"也不能传承给后代，达不到保护和传承的效果，这违背了对"非遗"进行产业化的初衷。

其次，"非遗"之所以能完整地保护和传承下来，传承人所做的贡献可谓功不可没，这些传承人默默地承担着传承责任，在经济困难的情况下依然保持"非遗"的原真性。在日本，"非遗"传承人被称为"人间国宝"，足以见得其重要性和做出的巨大贡献。正是"非遗"传承人所做的保护和传承工作，才使得企业有了产业化的"非遗"资源，并从中获取经济效益。因此，成功的"非遗"产业化，在利用"非遗"资源取得经济效益后，有义务对"非遗"传承人进行经济上的资助，一定程度上解决其生活上的困难和带徒学艺所需的开销。这既是对传承人的一种回报，又是为保护和传承"非遗"做贡献。

（三）获取经济效益

"非遗"产业化的主体大多是企业，企业要想生存、发展壮大，必须要有良好的经济效益，企业之所以对"非遗"进行产业化，一个很大的原因是看到了"非遗"产业化的巨大商机，对其进行产业化可以为企业带来经济效益。从这个角度来说，"非遗"产业化取得经济效益是为了鼓励企业等主体进行"非遗"保护与传承。从另一个角度讲，如果"非遗"产业化不能获取一定的经济效益，说明其产业化的产品及表现形式难以获得消费者青睐、没有良好的市场前景，那么，对"非遗"进行产业化也就不能达到有效保护和传承的目的。

（四）弘扬传统文化

"非遗"作为世代传承下来的宝贵精神文化遗产，蕴含着丰厚的精神内涵和传统文化的精髓，可以说这是无形的文化资产，是需要弘扬的传统文化。"非遗"的产业化在获取经济效益、文化效益的同时还要取得一定的社会效益，让更多人了解"非遗"。可能有些"非遗"的表现形式难以适应现代社会的发展，不被大众所了解和熟知，这就需要产业化通过一定的创新，在保持其精神内涵的前提下以受众喜爱的方式呈现出来，通过这些多样化的载体传承和弘扬"非遗"的文化内涵。

此外，面对"非遗"后继无人的现状，产业化也要承担起宣传的责任，扩大其知名度。"非遗"传承人老龄化及后继无人的窘境不仅使"非遗"的有效保护和传承受到威胁，同时也严重阻碍了"非遗"文化内涵的弘扬，从另一角度来说，这将使"非遗"面临消失的险境。因此，"非遗"的产业化还要积极承担起弘扬传统文化的重担，让更多的人了解"非遗"，积极加入保护和传承"非遗"的队伍中，这样"非遗"才不会因为资金不足和缺少保护和传承群体而消失。

我们不反对在"非遗"产业化的过程中，在不破坏"非遗"原真性的基础上对其进行适度的创新，在保持其精神内涵的基础上进行的创新，使"非遗"更好地被消费者所接受。这种创新不仅没有破坏"非遗"的原真性，反而使其迅速打入市场，博得受众喜爱，得到长久的发展。我们主张的成功的"非遗"产业化是以保护和传承"非遗"为出发点和落脚点，在此基础上获取一定的经济效益用于激励产业化主体，并且在获取经济效益的同时建立反哺机制、弘扬传统文化，最终达到"非遗"产业化的经济效益、文化效益和社会效益的有机结合。

二 "非遗"产业化的门类选择

既然对于"非遗"应不应该产业化的问题的回答需要基于"非遗"门类的划分,那么,我们首先需要将"非遗"划分为不同的类别,然后再按照一定的规定和标准从中挑选出适合进行产业化的"非遗",具体问题具体分析,采取不同的产业化路径。对于那些有巨大经济潜力和市场开发价值的"非遗",我们支持采用产业化的方式对其进行开发,焕发"非遗"活力,从而达到更好地保护和传承的目的;对于那些尚不具备产业化开发的"非遗",我们主张采取静态保护的方式,通过政府拨款和社会各界力量的资金支持,使"非遗"得以世代传承。

(一)"非遗"的门类

非物质文化遗产的种类繁多,包含的项目亦是纷繁复杂。联合国教科文组织在《保护非物质文化遗产公约》中将"非遗"划分为五大类别:"口头传说和表述,包括媒介的语言;表演艺术;社会习俗、礼仪、节庆;有关自然界和宇宙的知识和实践;传统手工艺。"① 我国在《国家级非物质文化遗产代表作申报评定暂行办法》中指出,"非遗"的范围包括:"1. 口头传统,包括作为文化载体的语言;2. 传统表演艺术;3. 民俗活动、礼仪、节庆;4. 有关自然界和宇宙的民间传统知

---

① 宋俊华、王开桃:《非物质文化遗产保护研究》,中山大学出版社 2013 年版,第50 页。

识和实践；5. 传统手工艺技能；6. 与上述表现形式相关的文化空间。"① 可以看出，我国最初的这一分类形式与联合国的划分基本相同，在评定和公布第一、第二、第三批国家级"非遗"代表作名录过程中，政府为了便于在实践中判断和保护"非遗"，又进一步将分类具体化，将其分为十大类，分别是"民间文学；传统音乐；传统舞蹈；传统戏剧；曲艺；传统体育、游艺与杂技；传统美术；传统技艺；传统医药；民俗"。②

从上述不同的分类中可以看出，除了联合国和国家对"非遗"进行分类外，国内外不同的专家学者对"非遗"的分类也有各自不同的看法，并且按照各自的分类标准对"非遗"的类别进行了划分，少则三类，多则十几类，各不相同。面对如此纷繁复杂的分类，本书将遵循国际惯例，按照联合国教科文组织的划分标准，将"非遗"划分为五大类，并从这五类中挑选适合进行产业化的"非遗"，依此提出不同的产业化策略。

（二）适合进行产业化的"非遗"

我们认为不能简单地说所有的"非遗"都适合进行产业化，也不能全盘否定产业化，认为所有的"非遗"都不能进行产业化运作，而能否进行产业化则需要根据不同的"非遗"类别区别对待。在判定"非遗"是否适合进行产业化的过程中，通常以实用价值的大小、潜在经济价值的多少和融入市场进行交换的难易程度三个指标进行衡量。有较大实用价值、较大潜在经济价值、较容易融入市场进行交换的

---

① 陈天培：《非物质文化遗产是重要的区域旅游资源》，《经济经纬》2006 年第 6 期。

② 宋俊华、王开桃：《非物质文化遗产保护研究》，中山大学出版社 2013 年版，第 52—53 页。

"非遗"相对而言进行产业化运作的可能性较大；而那些实用价值较小、潜在经济价值微弱、难以融入市场进行交换的"非遗"，进行产业化的可能性则会降低。

根据联合国教科文组织对"非遗"的分类，我们认为在这五类不同类别的"非遗"中，传统手工技艺类"非遗"、表演艺术类"非遗"和社会习俗、礼仪、节庆活动类"非遗"相较而言更适合进行产业化。

首先，传统手工技艺类"非遗"。传统手工技艺类是通过手工生产加工的方式来制作器物的一种生产方式，具有个性和不可复制性，与机械加工完全不同。其一，手工技艺类"非遗"多以产品的形式表现出来，而其制成品本身就有实用价值，并且与民众的生活息息相关，这类"非遗"可能自古以来就有强大的实用价值的"基因"。如东阿阿胶的制作技艺产业化。东阿阿胶制作技艺需要以东阿阿胶产品表现出来，而东阿阿胶自古以来就有很强的实用价值，古代便受皇亲贵族的青睐；即使在现代，由于民众的养生意识提升和对健康的重视程度提高，阿胶仍然受到民众的推崇。其二，手工技艺类"非遗"的制成品可以拿到市场进行交换，获取经济利益。手工技艺类"非遗"的制成品具有实用价值，并且有较大的市场需求，可以作为商品用于市场交换，不仅可以满足消费者的需求，同时可以获取经济效益，在消费者购买"非遗"产品时也能进一步增加对"非遗"的了解。

其次，表演艺术类"非遗"。其一，表演艺术类"非遗"本身就具有表演性质，可以进行现场表演或商演，可与旅游业相结合。此类"非遗"可以在相应的旅游景点进行表演类活动，一方面，可以吸引游客的眼球；另一方面，也可以依托旅游景点对表演艺术类"非遗"进行传承和保护，表演艺术类"非遗"在旅游景点进行现场表演，可以通过出售演出门票的方式获取经济效益。例如，大型实景演出《云南印象》，依托当地天然的自然景观进行实景演出，将自然风景与表演相结合，在吸引大量游客前来旅游的同时出售演出门票，增加游客对表演艺术类"非遗"的认识和了解，获取经济效益。需要注意的是，这种产业化模式要有一定的限度，以免对其原真性、神圣性造成破坏；其二，延长产业链，将与表演有关的道具等制成玩具、小工艺品等出售。将表演元素与服装业相结合，如将脸谱印制到 T 恤衫上，使其与众不同，满足消费者的不同需求。

最后，社会习俗、礼仪、节庆活动类"非遗"。其一，这类"非遗"的可参与性、体验性较强，可以采取体验化模式进行产业化开发。随着物质文化的满足，民众日益追求精神方面的满足，也越来越重视自身的体验，而社会习俗、礼仪、节庆活动类"非遗"可以调动民众的参与性，使人们在亲身体验的过程中增加对此类"非遗"的了解，同时通过有偿的体验活动获取经济效益。例如，端午节的赛龙舟活动。可能大多数人都知道赛龙舟活动，但是很少有人亲自体验过激烈赛龙舟，这种节庆类的"非遗"则可以在节庆时采取体验消费的方式进行产业化；其二，可以依托动漫游戏等产业进行开发，进行市场交换。社会习俗、礼仪、节庆活动类"非遗"本身有很多美丽的传说或者与之相关的故事，这些传说故事本身可以作为产业化的素材，而动漫、游戏类产业的受众日益广泛，需要开发不同类别的动漫、游戏满足消费者的需求。社会习俗、礼仪、节庆活动类"非遗"的产业化可以与动漫、游戏产业相结合，以动漫、游戏产业为依托，为其提供产业开发的素材，互相合作。

相比较而言，在剩余的两类"非遗"中，口头传说和表述类"非遗"多以口头形式流传，不仅难以书面化、传播难度大，而且潜在经济价值的挖掘困难；有关自然界和宇宙的知识和实践类"非遗"则与民众的日常生活距离较远、民众参与度较低，难以进行市场交换，这两类"非遗"产业化潜能较低。

因此，这五类"非遗"中的口头传说和表述、有关自然界和宇宙的知识和实践相对而言产业化运作的潜能较小，可以采取静态保护的方式保持"非遗"的原真性和世代传承，而表演艺术和社会习俗、礼仪、节庆及传统手工艺三类"非遗"相对而言更适合进行产业化运作。

三 "非遗"产业化的发展路径

我国"非遗"资源丰富，种类多样，并不是所有的"非遗"都适合进行产业化，本书中我们只讨论那些有较大产业化潜力、适合进行产业化的"非遗"。本节针对上文挑选出的三类相较而言适合进行产业化的"非遗"，分别提出其各自不同的产业化路径。

（一）表演艺术类"非遗"的产业化

表演艺术类"非遗"是指人类在历史上创造并传承至今的、通过人的表演来塑造形象、传达情感进而表现生活的艺术遗产。它包括传统音乐、传统舞蹈、传统戏剧、曲艺、民间美术及传统体育、游艺和杂技。表演艺术类"非遗"本身具有表演的特性，可以将其搬上舞台进行展示和表演，供社会大众观赏，以此达到产业化的目的。

首先，表演艺术类"非遗"的产业化可以通过实景演出的方式实现。实景演出以真山真水为依托，当地原生态的风景就是演出的背景，而当地的文化、民俗就是演出的内容，这种真实场景使观众在欣赏演出的同时也能领略到当地原生态的风景和生活风貌。实景演出式的产业化主要与当地旅游业的发展相结合，将旅游业吸引的部分游客发展为实景演出的观众，在向观众展现表演艺术类"非遗"文化内涵、欣赏视听盛宴的同时获取经济效益。例如，《云南印象》原生态民族歌舞表演。《云南印象》是一部将东方经典与现代技术完美结合的大型歌舞集锦，重新整合了云南原创乡土歌舞与民族舞，展现了云南9个少数民族的原生态生活和艺术，在情节设置上，穿插某个民族古老的神话传说；在场景编排上，展现民族日常的生活场景。将传统与现代完美结合，不仅表现了"非遗"的传统文化，而且使其具有极强的震撼效果，更容易让观众接受。

其次，表演艺术类"非遗"的产业化可以通过室内演出的方式进行。室内演出不仅可以使观众现场观看演员的演出，亲自体验现场的氛围，还可以与演员进行一定程度的互动，演员根据观众的现场反响随时调整表演方式，以观众最喜爱的方式进行表演。室内演出式的产业化主要通过销售门票的形式进行，形成品牌与影响力后迅速占据市场。如赵本山的刘老根大舞台。刘老根大舞台是由赵本山所创立的连锁剧场，以表演二人转为主，通过对外售票演出的形式将二人转产业化。目前，北京、天津、泰安等地已设立8家刘老根大舞台，剧场每天均有场次，里面灯火辉煌，欢声笑语，在表演中服务，洋溢着浓郁的文化气息。舞台上东北二人转演员将时下热点话题、大众关注的问题以小品的形式表现出来，将严肃的问题幽默化、诙谐化。演员通过与观众的互动带动现场气氛，使观众在轻松欢快的气氛中对东北二人转留下深刻印象。刘老根大舞台在幽默的氛围中传承了二人转文化，同时也通过售票演出获取丰厚的经济效益。

最后，表演艺术类"非遗"的产业化可以通过依托多媒体、提升播放率的形式进行。传统的现场表演只能满足现场观众的需求，无法满足更多现场之外的众多观众的观赏需求。随着科学技术的发展，传播媒介也变得多种多样，为了让更多的观众欣赏到这些表演，表演艺术类"非遗"可以借助于电视、网络等多媒体方式进行产业化。如将表演艺术类"非遗"搬上电视、网络，通过与电视节目、视频播放终端合作，将此类"非遗"在电视、网络中播放，不仅可以满足更多观众的需求，对表演类"非遗"进行宣传和传承，而且也可以通过提高收视率、点击率的方式获得经济效益，以此进行产业化运作。

（二）社会习俗、礼仪、节庆类"非遗"的产业化

社会习俗、礼仪、节庆类"非遗"是不同民族为庆祝当地的重大传统节日而进行的带有表演性质的一类"非遗"。这类"非遗"本身具有观赏性，可以与当地旅游业相结合，作为旅游景点的旅游吸引物，通过门票收入实现产业化，还可以以体验化的方式与游客互动，将体验作为"卖点"，实现产业化。另外，这类"非遗"还可以作为动漫、游戏产业的素材，借助其发展优势实现产业化。

第一，依托当地的旅游业，实现"非遗"产业化。与旅游业的结合可以在为旅游景点吸引游客的同时扩大"非遗"知名度，通过游客的参与体验、观赏等实现产业化。例如，端午节。端午节是中国的传统节日，每年阴历五月初五举行，这一传统节日历史悠久，不同地区有不同的仪式表现形式，有赛龙舟、打石战、戴香囊、戴五色缕、饮雄黄酒等。对端午节等节庆类"非遗"的产业化，可以将其搬到当地的旅游景点进行相关的表演，可以通过吸引游客增加门票收入的方式实现产业化。另外，也可以在旅游景点设立划龙舟比赛活动，为旅游景点增加观光亮点，与游客进行互动，让游客参与其中，亲身体验节日庆典活动。

第二，与动漫、游戏产业相结合实现产业化。近年来，随着网络技术的发展，动漫产业、游戏产业发展迅猛，俨然成为文化产业的一大重要组成部分。动漫、游戏产业的发展需要素材，而"非遗"产业化发展需要载体，若将二者有机结合可以相互促进。在此方面，日本已经取得显著成果，有一部分经验值得借鉴。因此，我们可以学习日本的成功经验，结合本国的国情，充分利用动漫产业和游戏产业发达的优势，将一部分节庆、社会习俗等"非遗"资源与其有机结合，形成一系列的"非遗"动漫作品、游戏软件等，并且开发相关的卡通图书、玩具、游戏道具、服装配饰等衍生产品，形成完整的产业链。以动漫、游戏为载体将"非遗"进行产业化，在通过通俗化、娱乐化方式向大众展示"非遗"的同时也将"非遗"进行有效的产业化，是一种创新的产业化保护与传承路径。

（三）传统手工艺类"非遗"的产业化

传统手工艺类"非遗"与其他类别的"非遗"相比，可以说是最容易进行产业化的，因为这类"非遗"有自身的一些特殊性质。但事实上，物质文化遗产与非物质文化遗产并不是完全对立的，传统手工艺类"非遗"也可以以有形的产品表现出来，如果利用这类"非遗"技艺生产广受欢迎的产品，"非遗"是完全可以产业化的。

第一，通过生产销售有形产品实现产业化。手工艺类"非遗"的产品与人们的生活息息相关，这些"非遗"产品自古以来是可以进入市场进行交换的，它们本身具有商品的特性，产品的有用性为其产业化提供了便利。例如，酿酒技艺、阿胶制作技艺和黑陶制作技艺等，利用这些技艺生产出的酒、阿胶、黑陶等产品都是人们在日常生活中需要的东西，这类"非遗"产品具有产业化基因；另外，这类"非遗"蕴含着健康、平安等吉祥寓意具有普世性价值，在生活质量提高的今天依然可以满足人们的心理诉求。这些有利条件都为手工技艺类"非遗"产业化提供了广阔的市场。因此，对此类"非遗"进行产业化的途径之一，就是通过产业化方式生产出多种不同形式的蕴含着"非遗"文化内涵的产品，并将其投放市场。这在满足消费者需求、获得经济效益的同时也使"非遗"得到广泛宣传。

第二，通过审美价值的物化实现产业化。手工技艺类"非遗"产品本身不仅可以用于日常生活，具有使用价值，其中还渗透着文化持有者的审美能力，具有一定的审美价值。这种审美价值可以使手工技艺类"非遗"产品成为收藏品或者装饰品，此类"非遗"可以通过销售收藏品或装饰品的方式实现产业化。利用这类"非遗"技艺生产出的产品蕴含着更为丰富的审美价值和文化内涵，其产品显得更加古朴、素雅。如刺绣产品、木版画产品等。这类产品既可以作为纪念品或观赏品满足普通大众的需求，又可以作为国际交流的文化产品，销往国外，开拓国际市场；还可以通过放大的方式，使其成为装饰品，满足现代城市居民的居室装潢需求。经济水平和文化素养的提高，使得越来越多的富豪、收藏家等钟情于云锦、玉雕、花丝镶嵌等高端产品。这类"非遗"产品制作精细、成本较高、凝结了高超的手工技艺，具有一定的收藏价值，在产业化过程中可以专门针对消费层次较高的消费者，生产此类"非遗"产品，通过市场交换实现产业化。

总之，我们支持在保护和传承"非遗"的基础上对其进行有针对性、有选择性的产业化，针对有条件进行产业化的"非遗"，可以对其进行开发，在保护和传承"非遗"的同时促进当地经济的发展。我们不提倡"跟风式"的产业化，不结合"非遗"的实际情况，一窝蜂地对其进行产业化，这样会对"非遗"造成破坏，适得其反。我们也不能因噎废食，因为一次产业化失败就断然否定产业化的作用和意义。在进行产业化的过程中，我们要本着保护与传承的原则，不断借鉴各国的经验和教训，在摸索中前进和成长，探索出适合我国自身"非遗"产业化的发展模式。

第三节　"非遗"产业化的开发模式

我国的"非遗"产业化尚处于探索阶段，产业化的路径和开发均不是一成不变的，也不是万能的，需要我们在实践中坚持不懈地探寻和开发。本章在不同类别"非遗"产业化路径的基础上尝试总结出几种"非遗"产业化的发展模式，以期为"非遗"科学地产业化提供经验借鉴和参考，促进"非遗"产业化有序发展。

一　经典化模式

"非遗"作为我国宝贵的精神文化遗产，是历代传承下来的宝贵财富，它们历经了时间的考验和认证。"非遗"是一个时代民众生产生活风貌及文化生存状态的缩影，它一定程度上反映了当时的人文情怀，本身具有一定的代表性和经典性，那些被列入各级"非遗"名录的"非遗"是从众多"非遗"中经过专家挑选出来的，更是经典中的经典。"非遗"之所以传承至今仍然受到欢迎和追捧，一方面，是因为其具有经典性；另一方面，是因为民众具有怀旧心理。中国社会经历过工业化、城市化进程后，民众生活受到工业文明的冲击，原有的生活环境消失不见，在大城市里，人们已经几乎看不到四合院、胡同、里弄了，到处是高楼大厦和柏油马路；在乡村里，清新的空气、静谧的环境也在逐渐消失，取而代之的是高大的烟囱和轰隆隆的机器声。社会进程的加快和社会环境的飞速变化使人们在感到不适的同时开始怀念从前，并且产生怀旧心理。而"非遗"作为宝贵文化遗产，在一定程度上可以充当消费者怀旧心理的精神寄托。

既然"非遗"本身就具有经典性，那么，在"非遗"产业化过程中我们更需要坚持经典化原则，将其中所蕴含的具有经典性的精神内涵传承下去。同时，产业化也是"非遗"保护和传承的过程，需要将"非遗"中蕴含的核心的精神文化内涵保护和传承下来。既然"非遗"具有充满活力的"接地气"的经典性，我们在产业化的过程中可以将这种不是说教式的经典通过灵活的方式表现出来，既表现"非遗"的经典性，又有效地保护和传承"非遗"的精神内涵。

在产业化过程中坚持经典化模式的成功案例也不少见，如龙山黑陶制作技艺的产业化。龙山黑陶制作技艺同样秉持经典化原则，按照传统制作技艺进行黑陶制作。虽然在产业化的过程中产品的表现形式出现不同程度的创新，但是这些"非遗"的产业化都是坚持经典化的核心原则，力图将"非遗"的经典内涵产业化，将其有效保护和传承。在这种模式的指导下，"非遗"的产业化取得巨大成功，不仅有效保护和传承了"非遗"，公司也取得了良好的经济效益。

二 品牌化模式

品牌的雏形是家畜身上的烙印，最初用于区分财产，后来逐渐成为自有产品声誉维护的法律标志。品牌不仅是某种产品的代名词，它还对于提升"非遗"产业的竞争力与产品服务的质量水平有着至关重要的作用，品牌化模式的发展不仅需要重视加快文化遗产的创意产业的发展，还需要多种主体的参与，合力打造文化遗产产业品牌。

"非遗"要想实现产业化的成功，需要坚持品牌化战略原则，首先是因为"非遗"具有活态性。"非遗"要想满足现代社会民众的需求，其品牌化战略需要根据现代人的审美趣味和消费需求进行产品定位，这就激发了"非遗"产业化的企业或团体不断挖掘"非遗"所蕴含的深刻的文化内涵和文化基因，运用现代高科技手段对"非遗"最核心的部分进行文化创意，以此赢得消费者的认同，提高"非遗"产品的竞争力。通过深度挖掘"非遗"文化内涵，不断对其进行文化创意的构建，使"非遗"核心的部分在产业化的过程中被很好地传承下来。

其次，"非遗"的经济价值需要通过品牌化得以实现。"非遗"本身蕴含潜在的经济开发价值，而要想将这种潜在经济价值转化为现实价值，为企业创造利润，需要将"非遗"文化资源转化为文化产品。产品是"非遗"品牌的载体，而品牌是"非遗"精神内涵的表现形式。现代社会，消费者的购买不再仅仅关注产品的质量，而是在关注质量的同时注重产品的品牌，品牌不仅是产品知名度的象征，也逐渐成为消费者身份地位的象征，因此，有良好声誉的品牌越来越受到消费者的追捧。通过品牌化运营不仅可以激励"非遗"产业化运营商不断对"非遗"产品的质量和性能进行优化，获得消费者的青睐，而且也会使"非遗"产品通过品牌效应提升知名度，吸引消费者的眼球，以此增强对市场的引领效果并获得经济效益。

最后，品牌化战略可以促进"非遗"产业化市场份额的占有。"非遗"要想实现成功的产业化，是离不开市场的支持的，如果"非遗"产品进入市场后得不到消费者喜爱，没能占据一定的市场份额，那么，它最终将会以退出市场而告终。品牌化战略可以有效增加"非遗"产品市场份额的占有率,品牌化对每一项产品都进行个性化定位,也就是说即使是同一产品种类,也会因为定位的不同而拥有各自的产品品牌。

其实这种品牌化战略在一般产品的销售和市场竞争中早已应用,并取得了较好成效,如宝洁的洗发水,根据不同功效分别形成海飞丝、飘柔、潘婷和沙宣等不同品牌,满足消费者去头屑、使头发柔顺、保湿等不同的需求,以此占据较多的市场份额,获得经济效益。在"非遗"成功产业化中应用此战略原则获得成功的案例也不少见,如东阿阿胶。东阿阿胶将其产品按照性能的不同进行不同的市场定位,"桃花姬阿胶糕"针对女性消费者,用于美容养颜;复方阿胶浆则是针对贫血群体,对益气补血具有良好功效。此外,还有专门针对上班族的产品、针对老牛人增强抵抗力的产品,等等。

品牌化运营模式可以通过不同性能的划分使产品形成各自的品牌,分别针对不同层次的消费群体占据不同的市场,这种产业化模式可以提高产品的市场份额,满足不同类别、不同层次消费者的需求,使"非遗"产业化得到有效运营。

三 体验化模式

随着社会的发展,生产水平也随之得到较大幅度的提高,人们的物质生活需求在一定程度上得到了满足。在满足物质需求的前提下,消费者开始关注精神需求的满足,追求精神层面的享受,而要想得到精神享受,需要消费者以亲身经历去体验、去感受。伴随着消费者的这种精神需求,在继产品经济、服务经济之后,体验经济应运而生。体验是一种无形的东西,消费者消费的体验不是有形的产品,而是消费者在某一过程中所感受到的愉悦、放松,是消费者以后想起这次体验时产生的美好回忆。如到电影院看电影，观赏完电影后消费者并没有得到任何实体性的东西，但是消费者通过视听盛宴的享受获得了放松，使心情愉悦，留下了深刻印象。商家通过出售体验而获得经济效益的策略就是体验化策略，将参与体验与休闲娱乐相结合，带动食、住、游、购、娱等旅游因素的有机结合的体验开发，可以在满足人们身、心、情、神、智等消费需求的同时，实现经济效益的提升。

"非遗"产业化的途径主要有歌舞演出、将"非遗"与旅游业有机结合、销售"非遗"产品等，如果将体验化策略应用到"非遗"产业化的过程中，那么，产业化将会获得更大的成功，也会更好地保护和传承"非遗"。如音乐、舞蹈等表演类"非遗"，其产业化途径大多是现场演出、电视节目演出等形式，在产业化过程中要注重表演的音效、画面效果，给消费者造成视觉、听觉等感官上的冲击，以此引发消费动机。这种体验方式即伯恩德·H. 施密特所说的感官体验或知觉体验，将视觉、听觉、触觉、味觉等感觉器官综合应用到体验营销中。如全新的大型桂林山水实景演出《印象·刘三姐》，它集漓江山水、广西少数民族文化及中国精英艺术家创作之大成，沿江五个村庄的渔民，白天在江上劳作，晚饭后划着竹排来表演，以原始的嗓音歌唱，以淳朴的动作舞蹈，创造出如诗如梦的视觉效果，使相关的文化遗产在产业化中得以传播、保护和发展。观众现场体验到了广西少数民族的民族风情，同时也品味了一场丰盛的视觉盛宴。

旅游业的发展则本身就与体验息息相关，需要游客亲身体验旅游景点的优美环境、欣赏旅游景点的表演活动，留下深刻印象和美好回忆。"非遗"的产业化与旅游业相结合，同样也需要坚持体验化原则，吸引游客参与"非遗"活动的互动。"非遗"与旅游业相结合主要有两种形式，一是依托有形的旅游资源展示无形的"非遗"，旅游景点与"非遗"互惠互利。如端午节与旅游业的结合。端午节期间，许多旅游景点会举办一些端午节的庆祝活动，如赛龙舟、包粽子等，这些活动鼓励游客参与其中、亲身体验，游客的这种体验赛龙舟、包粽子的乐趣的体验消费就是旅游业与"非遗"的有机结合；再如沿海地区依托当地的风俗民情和传统捕捞文化，打造出海体验，开发出近海垂钓、潜水捕捞、潜水探险等不同形式的体验式娱乐项目；内陆城市在当地旅游业的基础上开展类似的农业生态文化活动，开发有机采摘项目等，都是体验化模式的典型表现形式。

另外就是借助外观表现及活动方式展现"非遗"丰富的文化内涵，形成生态博物馆，将文化遗产保持在其原生状态下展示，并吸引旅游者的视觉。如青岛八大关万国建筑文化遗产风景区，舞蹈表演类的秧歌生态博物馆、年画生态博物馆和道教音乐生态博物馆以及各类戏剧表演、武术表演、雕刻的民间工艺表演等多样化文化遗产等，可以其直观的特色展示提高产品的吸引力，满足旅游者参观欣赏与参与互动的需求。

将"非遗"推向市场，进行"非遗"产品的销售也是如此，本来销售的仅仅是"非遗"产品，但是消费者参与这些"非遗"产品的制作过程，亲自体验制作"非遗"产品的乐趣，其产品及体验就更有价值。如韩国的泡菜、陶器的制作。韩国政府积极鼓励民众参与"非遗"产品的制作体验过程，并且有专业人士进行指点。韩国的美食制作、陶器制作等，民众都可以在专门场所进行尝试制作。中国的许多"非遗"也开始进行体验消费，如黑陶的制作、风筝的制作等，消费者都可以进行体验消费。本来一件陶器、一个风筝可能在市场上出售几十块钱或上百块钱，但是加上消费者的亲身体验后，价格则大大提升，这是消费者在消费体验过程中产生的美好情感和回忆所带来的效益。

体验化模式不仅有利于"非遗"的产业化，提升"非遗"产品的附加值、增加知名度，而且对"非遗"的保护和传承也有一定的促进作用，它使"非遗"变得不再枯燥晦涩，而是可以亲身体验。消费者通过体验式的消费，对此项"非遗"留下了深刻印象，有助于激发消费者的兴趣，从而深入了解"非遗"。这不仅为"非遗"的保护和传承奠定了深厚的民众基础，而且也有利于"非遗"后备传承人的培养，吸引更多的民众，尤其是年轻人参与"非遗"传承。

四　多元化模式

多元化模式不仅仅指产品类别的多样化，而且还包括产品的销售渠道多元化。现代社会民众的求新求异心理越来越普遍，人们已经不再满足于千篇一律，而是更热衷于追求私人定制、量身打造。这就需要采取多种不同的方式、用多种多样的产品满足消费者多样化的需求。也只有这样，企业才能在竞争激烈的市场上占有一席之地，并且能精准及时地把握消费者的需求，不断扩大市场份额。

一方面，多元化模式是指产品类别的多元化。现代社会鼓励创新、支持个性化发展，民众的兴趣爱好和消费需求也趋向多元，尤其是年轻人，追求与众不同、追求个性，而要满足消费者的个性化发展，就需要有个性化的产品和服务。既然消费者的需求多种多样，那么，企业想扩大市场份额，满足不同群体的需求，就需要坚持多元化原则，生产多元化的产品。如东阿阿胶，为满足消费者需求，不断丰富产品类别，从性别上看，有专门针对女性的阿胶产品；从年龄阶段看，不仅有适合老年人的阿胶，也有专门为青年上班族打造的产品；从消费层次看，不仅有适合大众消费的平民价位的产品，也有专门针对较高消费层次、追求经典的"九朝贡胶"。潍坊风筝亦是如此，既有以各种小动物为元素、深受儿童喜爱的风筝，又有包含中国元素、用于出口国外的风筝制品，还有制作精美、用于礼品馈赠的风筝模型等。这些多元化的产品不仅满足了个性化消费者的需求，也占据了不同层级的市场份额。

另一方面，多元化模式是指销售渠道的多元化。伴随着互联网时代的到来，网络应用日益普及，互联网给大众的生活、工作等都带来了极大的便利。近年来，一些商家开始借助互联网平台发展业务、销售产品等，网络销售方式使买家动动手指就能买到自己喜欢的商品，不仅价格优惠，而且可以送货上门，方便了消费者的购物，得到受众的追捧。淘宝、京东、唯品会等各大电商蜂拥而起，并且通过网络销售获得了丰厚的经济效益。因此，面对网络销售的广阔前景，"非遗"产品的销售也要顺应时代潮流，采取多元化的销售方式，一方面，通过与专卖店、各大超市合作销售等线下方式销售；另一方面，也可以发展线上销售，将线下销售与线上销售相结合。通过多元化的销售渠道，在提升"非遗"产品知名度的同时拉动经济效益和社会效益。东阿阿胶的销售已经不再仅仅依靠专卖店进行销售，而是顺应时代潮流，在原有的专卖店线下销售的基础上开启线上销售渠道，在东阿阿胶官网、淘宝等线上渠道都可以进行购买。这种线上线下相结合的多元化销售渠道为东阿阿胶产品的销售拓宽了道路，也极大地增加了产品的销量。

多元化模式的应用可以使"非遗"产品不再仅仅局限于某一消费群体、某一区域，也不再单纯地使用某一种销售渠道。多元化的产品与销售渠道更大限度地满足了不同层级消费者的多样化需求，多元化的销售渠道打破了时间、地域等限制，随时随地都能销售。这种多元化模式弥补了单一产品类别和销售渠道的不足，互为补充，共同满足消费者多样化需求，也占据了更大市场份额。

五 创意化模式

"非遗"保护不是单纯地为了留住历史、继承"非遗",而是在继承的基础上不断进行文化创新和技艺创造。首先,因为"非遗"具有活态流变性,主要靠传承人将其世代传承,"非遗"的核心是蕴藏其中的精神文化内涵,因此,要想使"非遗"世代传承,需要不断提升传承人的原创意识,加强"非遗"内容和技艺的创新,坚持创意化模式。其次,现代社会发展迅速,不断涌现的信息持续更新着大众的观念和思想,"非遗"要想得到大众的追捧,必须在保持原真性的基础上不断创新,使其内容和形式符合大众的需求,与大众的思想观念相契合。

在市场经济背景下,合理利用是"非遗"最积极的保护措施和持续性发展传承的前提和基础。创意化模式要以研究为基础,首先保证"非遗"的世代相传,同时要随着时代、环境、生活条件、审美的发展变化,促进"非遗"适应不断发展变化的环境。

在"非遗"产业化的过程中,已经有越来越多的企业和团体意识到创意的重要性,并将其应用到保护和传承"非遗"的过程中,使"非遗"焕发了活力。例如,汉绣技艺的产业化。汉绣是荆楚地区的一种手工刺绣技艺,传统汉绣主要以花草、宗教人物为题材,虽然存在不同的流派,但是由于题材千篇一律,导致汉绣缺乏创新性和吸引力。为了增加汉绣的新颖性,提高受众的认可度,武汉市汉绣博物馆不断在产品内容和技艺创造方面对汉绣进行创新。在产品创意研发方面,为了创新题材,学术界将汉绣引进高校,充分激发高校师生的创意潜能,让他们按照自己对色彩、造型、设计等方面的理解设计出新颖的、贴近民众的汉绣图案。通过创意化开发,不仅使汉绣提高了品牌知名度和影响力，而且也极大地增加了汉绣的产品类别，使其在服装设计、室内装饰设计等领域大显身手，在产品包装、书籍插画等方面也开始崭露头角。

另外，与文化创意产业相结合也是"非遗"产业创意化模式的发展途径之一。对于"非遗"来说，文化创意产业是其融入现代社会、进入大众生活的重要途径。不能融入当今生活，活态传承乏善可陈，使"非遗"不能适应当今社会的发展，也成为"非遗"有效保护的难题。"非遗"与文化创意产业的发展不仅可以使二者互相补充，而且也为"非遗"创意化模式的发展提供了广阔的发展空间。将"非遗"与文化创意产业相结合的案例也有许多，如上海世博会的剪纸书签。在世博会期间，定价为240元的金色世博剪纸书签礼品装卖到脱销，身着唐装、和服、墨西哥风情服装等各国民俗服装的海宝剪纸，被制作成为金属剪纸书签，这个创意让观众赞叹不已；而作为"非遗"的香云纱、皇家贡品云锦，其立足于传统工艺生产，在图案、色彩和款式方面则顺应现代人的审美需求进行创新，摇身一变成为"中国元素"的时尚用品。[1] 再如动画片版的《花木兰》。花木兰是我国的一个历史人物，但被美国的迪士尼公司改编为动画片，并在世界范围内广泛传播。这些都是文化创意产业的产物，可以说，文化创意产业的出现为"非遗"产业化打开了一条新的途径，同时我国丰富的"非遗"资源也为文化创意产业的发展提供了取之不尽的创意素材。

创意化模式以创意为手段，以激活"非遗"活力与生命力为宗旨，通过创意化的方式将"非遗"融入当代社会，使它的传承与发展不再是难题。人们通过改良、创造、融入等多种不同方式使"非遗"

---

① 李志雄：《创意性保护：文化创意产业时代"非遗"保护的新模式》，《广西社会科学》2013 年第 10 期。

变得丰富多彩、更富魅力。可以说，创意化模式是"非遗"保护与传承发展的新阶段的产物，这是一种新型、有效的"非遗"保护与传承的方式。

六　园区化模式

园区化模式是指以"非遗"资源禀赋深厚的区域为依托，开发与"非遗"相关的系列文化产品，较多联系密切的相关产业相互竞争、合作，通过资源共享，形成区域整体的一种产业化模式。园区化并不是一味地追求集群效应，而是在与当地人居生活环境和"非遗"文化产品艺术特色相符合的前提下进行的整合，园区由旅游产业、数字内容产业、会展产业等各种密切相关的产业组成，既可以通过旅游业吸引游客，又可以直接进行现场展演活动。

目前，国内已经有不少地区建立了"非遗"园、"非遗"国家公园等，有些将"非遗"园与游乐园相结合，以"非遗"为主题建成众多游乐项目，使游客在娱乐的过程中了解"非遗"的内涵。成都市非物质文化遗产国家公园是中国首个"非遗"国家公园，2007年建成后对外开放。公园包括以主题公园"非遗"产品经营企业为主的基础产业，以创意产业为主的先导产业，以会展业、教育基地为主的提升产业三部分，在产业化运作体系中，将演绎与传媒产业和"非遗"教育产业作为支撑性产业发展。公园中有通过现场演绎进行"非遗"宣传与教育的活动，也有现场作坊直接生产"非遗"产品的区域，还有广场展示等博物馆式的形式，多种不同方式相结合的产业化，使"非遗"真正走进大众的视野和生活。济南"非遗"园也是一个将游乐园与"非遗"园相结合的园区，整个园区由8大主题区、29大独家主题项目及1000余个非物质文化遗产小类组成。在"非遗"园内，游客们可以尽情地游玩游乐园里所有的项目，但唯一不同的是，在游玩的同时，游客可以了解"非遗"，可以在"熊出没"主题场馆中与熊兄弟们互动的同时了解京剧、吹糖人、皮影戏等技艺。这种寓教于乐的轻松愉快的方式，使游客们在济南"非遗"园内既增长知识又获得娱乐。

园区化模式可以使园区内密切相关的企业资源共享、相互促进、相互带动，在区域内形成局部范围的集聚优势，达到板块影响，使各方达到利益最大化，也使游客在娱乐的同时了解"非遗"深刻的文化内涵。园区化模式在获取经济效益的同时将"非遗"的文化内涵展示出来，为大众提供了一条接触"非遗"的途径，有利于增强社会大众对"非遗"的认知和了解。

通过对以上问题的探讨，我们认为，对于那些有较大产业化潜力的"非遗"，应该鼓励其走产业化道路，在保护和传承"非遗"的基础上进行产业化运作，不仅可以对"非遗"进行宣传，而且可以缓解"非遗"保护面临的资金困难问题。对于不适合进行产业化运作的"非遗"，我们主张对其进行静态保护，通过政府、企业和社会各界的力量，为其提供资金支持。通过诸多不同的方式对不同类别的"非遗"进行保护，达到使"非遗"这类宝贵的精神财富世代传承的目的。

结　　语

非物质文化遗产是宝贵的精神财富，它承载着人类精神文明的丰硕成果。我国自古以来就有保护"非遗"的意识，西周时就有"采诗观风"制度，记载优秀文学著作，以期世代传承。自新中国成立以来，尤其是改革开放后，在"走出去"方针政策的指引下，我国积极加强国际交流，不断学习国外"非遗"保护的成功经验。在政府的大力支持和全社会的共同努力下，我国的"非遗"保护取得了丰硕成果，一些濒危"非遗"得到及时抢救和保护。但是，由于我国的"非遗"保护基本上采取静态保护的策略，使一部分"非遗"失去活力，面临消亡的困境。面对越保护越消失的怪现象，我国各地掀起"非遗"产业化热潮，以期通过产业化的途径对"非遗"进行保护和传承。但是由于在探索产业化路径的过程中，出现了一些误区和背离行为，使专家学者们对"非遗"产业化形成不同的观点态度，有支持者也有反对者。

其实不是所有的"非遗"都适合进行产业化，也并不是所有的"非遗"都不能进行产业化。对于不同类别的"非遗"要区别对待，具体问题具体分析。我们不反对将那些有较大市场潜力和经济开发价值的"非遗"进行产业化，只要坚持以保护和传承"非遗"为首要目的，以保持"非遗"原真性和完整性为原则，产业化可以成为"非遗"保护和传承的一个有效途径。因此，不能一味地批评和全盘否定"非遗"产业化，在"非遗"产业化过程中也有许多通过科学方式取得成功的案例，如东阿阿胶制作技艺的产业化、《云南印象》大型歌舞剧演出等；当然也不能"一窝蜂"地、不加选择地对"非遗"进行产业化，也有许多运用不当方式进行产业化使"非遗"遭到破坏的惨痛教训。"非遗"的产业化要做到有选择性、有针对性、因地制宜、具体问题具体分析，不可盲目跟风，也不能因噎废食。

综上所述，"非遗"产业化是一个不断探索、不断借鉴学习的过程，它不是一蹴而就的，也不是遥不可及的。因此，在促进"非遗"

产业化健康有序发展的过程中，如何使"非遗"更好地产业化、对不同类别的"非遗"如何进行合理有效的产业化开发等问题，是摆在专家学者和开发者面前的难题。我们在"非遗"产业化的探索道路上还有很长的路要走。

第四章
三网融合下的中国电视传媒产业商业模式

　　数字技术的发展，使三种现代通信形式（电信网、广播电视网和计算机互联网）的语音、图像、数据传输等所有业务可以使用通用的语言，也因此使产业界限分明的电信业、广播电视业、计算机业具有了共同的本质特性，即数字特性，也由此使三大网络内涵趋同，界限模糊，产生"三网融合"现象。三网融合的实质是三大产业的渗透与融合，同时也意味着三大产业的博弈与竞争。在这种背景下，电视传媒产业急需变革，如何在产业融合的过程中保护和壮大自己，成为极具现实意义的问题，这是本章研究的主旨所在。

　　商业模式于 20 世纪 90 年代在国外掀起研究风潮，进入 21 世纪，在中国逐渐受到关注。然而，尽管商业模式在国内成为研究热点，至今却仍然缺少将商业模式理论与我国电视传媒产业相结合的系统的研究成果。关于电视产业的研究，多限于产业发展的政策研究和管理模式的研究。面对产业融合，电视传媒产业的发展将迎来新的发展阶段，传统的电视传媒的商业模式已经受到强烈冲击，所以必须对电视媒体的商业模式进行重新审视，采用一定策略进行调整和创新，如调整产业链定位和市场定位，创新业务结构、渠道类型、组织模式、资本模式、盈利模式，重新确定核心竞争力等。

良好而独特的商业模式能使整个电视传媒产业在产业融合背景下迅速发展壮大。具体来说，能使电视传媒在竞争激烈的时代快速调整结构，真正实现产业化；能够使电视传媒企业敏锐识别并挖掘消费者需求，开拓市场空间；能够使电视传媒企业创新盈利方式，调整利润分配和成本结构，开辟新的收入来源，化解业务风险；良好的商业模式还有助于电视产业内部形成健康的商业生态圈并刺激其他产业的发展；良好的商业模式可以获得竞争优势，确保传媒企业优势地位。三网融合后，电信进入电视领域，行业壁垒打破，竞争威胁为电视传媒的商业模式调整提供了驱动力，同时，新技术、新政策也为电视媒体商业模式的转变提供了条件和空间。总之，电视传媒产业只有寻找新的商业模式，才能在竞争中立于不败之地。

第一节　商业模式的相关概念

一个完整的商业模式必须回答这些问题：谁来创造价值、为谁创造价值、创造什么价值、用什么创造价值、怎样创造价值、怎样提供价值、怎样盈利。

商业模式必须包含这样的逻辑：第一，企业只有创造价值才能盈利，不存在不创造价值就能盈利的企业；第二，企业创造了价值不一定就为了盈利或者能够盈利；第三，企业创造的价值大并不代表盈利高，而企业盈利高也不代表创造的价值大。

一　商业模式的概念

本书认为，商业模式就是企业如何创造价值、提供价值与实现盈利的逻辑系统。简单来说，商业模式 = 价值模式 + 盈利模式。企业创造价值是能实现盈利的前提条件，创造价值要为实现盈利服务。要理解这个定义，有必要认清如下几个要点：

创造价值不等于一定实现盈利。一般认为，企业创造了价值后，通过交易将价值提供给客户或消费者（表现为产品或服务），同时获得企业的收入，扣除成本便产生了利润。所以对大多数企业来讲，价值的交易即意味着利润的产生。但是，有一些企业提供的产品和服务并非都能赚钱。比如，我国的传媒产业的商业模式，无论是广播电视还是报纸，都是免费或以极低收费向观众或读者提供资讯，这种价值交易并不能给企业带来直接的利润，而是通过广告经营为广告主提供服务来获得利润，这是另一种形态的价值模式，当然这两种价值模式是有联系的，免费节目获得了观众或读者的注意力资源，才使广告具有了价值，从而可以换取收入。因此，必须走出将创造价值直接等同于实现盈利这一种思维。

创造价值与盈利缺一不可。一个企业的商业模式必须着眼于价值创造与盈利的通盘考虑。一方面，获得盈利的前提是要创造客户价值，企业的收入总要靠一定的价值来换取，客户只有满足了自己的需求才能为企业行为埋单。另一方面，企业不可能只把创造价值当作唯一目的，因为企业创造价值要消耗资源和劳动力，便需要收入来为成本埋单；企业要延续或者进一步发展，便需要获得利润，因为企业不同于靠财政或公共资金支持的行政、事业或公益组织，企业必须自己实现资本的运转。

商业模式是一个整体，不能等同于它所包含的某一个部分。商业模式是以客户价值为逻辑起点、最终指向企业利润、整合各种可用资源、安排一系列价值创造与交易活动的一个逻辑系统。将某一种资源安排、某一种价值活动、某一种业务行为或把企业的收入结构、成本结构、交易结构当作商业模式本身来理解是错误的，商业模式研究的角度或许会有很多差异，但都应该着眼于整体思维，不能以局部代替全部，以部分代替整体。而且，商业模式是各组成部分的有机关联，并非各部分的简单相加，既需要展开各部分的具体研究，更要研究各部分是如何定位、如何互相联系、如何互相作用的。

二　商业模式的构成

本书将商业模式理解为价值创造模式与盈利模式的结合体，我们把价值创造模式拆分为价值主体、价值对象、价值形态、可用资源和价值链 5 个组成部分，把盈利模式拆分为收入结构、成本结构、利润分配结构 3 个组成部分，于是形成了商业模式的"5 + 3"结构。

价值主体即创造价值的主体。多数商业模式中价值主体仅仅包括企业自身，但也有一些商业模式的价值主体还要包括其协作企业，它们以集团或联盟的形式展开合作，共同创造某一种客户价值，如著名的《超级女声》，由天娱传媒策划打造、湖南卫视提供播出平台、蒙牛集团为其宣传造势（通过节目海报与产品包装），是多方联合创造价值的典范。

价值对象即价值提供的对象，也就是企业的目标客户，或者说是市场。目标客户可以是政府、企业等组织客户，也可以是个体消费者；同时也可以按年龄、性别、职业、地域、某种需求等来区分不同的市场。

价值形态即价值的承载体，表现为有形的产品或无形的服务。产品/服务的创意设计以目标市场定位为基础，以目标客户的需求为根本前提。为满足客户什么样的需求提供什么样的产品/服务又被称为价值主张。

可用资源是企业自身拥有的、在经营过程中可用的一切资源。这些资源包括以物质形式存在的厂房、设备、原材料等，也包括非物质形式的人力资源、组织结构、渠道、资金、专利、品牌、客户关系及越来越受到关注的信息资源、文化资源等。这些资源是价值创造的源泉和保证价值创造能够进行的基础。

价值链是一种形象说法。内部价值链是指企业内对资源进行协调和实施价值活动的安排。企业通过内部的一系列价值活动、利用各种资源来创造价值并完成价值的内部交换，不仅包括研发设计、生产制造、营销推广、仓储物流等基本价值活动，还包括企业基础设施、人力资源管理等辅助价值活动。外部价值链是企业与供应商、客户或其他合作企业之间展开的资源协调与价值活动的安排。这些活动主要表现为价值的交易，如采购原材料、销售产品等。企业外部价值链与内部价值链是紧密衔接的，如采购的计划制订、任务安排也被认为是内部价值链上的辅助价值活动，销售活动也需要内部价值链上的营销推广、物流等活动的支持。外部价值链反映商业模式中企业与协作企业的角色分配和利益关系，比较复杂的价值链交织在一起便形成了价值网。价值链/价值网的不同设计可以造就不同的商业模式。

收入结构包含的内容是，企业靠什么获得收入？企业利润来自谁的手里？企业靠多少种价值获得收入？比例是怎样构成的？哪些为主哪些为次？这些内容都要在收入结构中回答。另外，很重要的一个问题是，企业获得的利润来自谁的手里。在一般的商业模式中，利润来自产品/服务的目标客户，这与价值对象是一致的。实际上，利润来源可以不止如此。童装满足的是儿童的需求，但埋单者是他们的父母；电视传媒的目标客户是观众，利润来源却是广告商。所以，商业模式中的利润来源，并不局限于价值对象，可以进行更多样化的设计。

成本结构是企业对经营活动中各个成本项目的计划安排。它包括资源构成的设计、经营活动的调整、成本投入的增减等，这往往通过价值链的调整来实现。获得最大的价值产出和利润是成本结构设计的最终目的。要注意的是，并非成本越低越好，企业发展的有些阶段需要加大成本投入；但无论何时，以最少的投入获取最多的总利润是最理想的商业模式。

利润分配结构是对企业获得利润进行分配的结构设计。首先，要设计有哪些利益相关者来参与分配，包括企业及其合作者、企业留存部分、各分公司或部门、股东等。其次，要设计各分配主体所获得的分配比例是多少。

一个完整的商业模式究竟该怎么描述呢？把8个部分机械地表达出来是不行的，可以按照价值创造模式、盈利模式、价值创造模式同盈利模式的关系三个步骤依次阐述，从而构成一个完整的商业模式的表达，如果没有第三部分，就很难理解商业模式的整体功能。

三　电视传媒产业及其商业模式界定

虽然在我国电视产业或电视传媒产业的叫法已被普遍认同，但电视传媒产业所包含的并非全部是真正意义上的企业组织，连居于主导地位的电视台到目前为止多数还属于"事业"性质。但是，由于我国电视媒体实行企业化管理，被鼓励开展经营活动，所以，我们把电视台等看作特殊的企业组织来看待，在此基础上对电视传媒产业进行研究。

我们把电视传媒产业的概念与商业模式的概念整合起来，便得到了电视传媒产业的商业模式的定义：围绕电视内容的创意、生产、经营、播出及相关活动进行经营的企业个体或企业群组如何创造和提供价值、获取和分配利润的商业逻辑系统。

（一）核心类商业模式

电视传媒产业的核心类商业模式是指比较成熟、以电视传媒核心业务为重点的商业模式类型，可以概括为三种具体类型。

1. "广告养台"商业模式

1979 年 1 月 28 日，上海电视台播出了中国第一条商业电视广告，这被认为是中国电视传媒开展经营活动及产业化的起点。如今电视广告收入逐年快速增长，使电视传媒的运营发展逐渐不再倚重国家财政补偿，成为最主要的资金来源。由于电视广告形象生动、覆盖面广，收入一直领先于其他媒体广告。

所谓"广告养台"的商业模式，是以电视广告为盈利手段，免费为电视观众提供电视节目，通过广告收入为节目制作、采购及其他运营活动提供资金的一种模式。尽管我国电视传媒被鼓励开展多元化经营，但长期以来，"广告养台"模式依然是最基础、最主要的商业模式。开展多元化经营的电视媒体尽管采用了更复杂的商业模式，但"广告养台"模式依然是其核心内容。

从经营主体的角度来看，这种模式经历了三个发展阶段。[①] 首先，是自主经营阶段（20 世纪 80 年代至 90 年代中期），其间电视台内设置广告部门，对所有频道的广告时段进行全权负责的自主经营。其次，

①　参见黄升民《广电媒介产业经营新论》，复旦大学出版社 2005 年版，第 59—63 页。

是混合经营阶段（20 世纪 90 年代中期至 21 世纪初），其间电视台让外界的广告公司涉足媒介广告代理，同时并不放弃机构广告部门的设置，从全面负责广告策划和销售转为在方向上对广告公司的代理行为把关。最后，是全面代理阶段（21 世纪初至今），其间电视台自身的广告营销队伍基本退出一线经营，转为开展营销管理、市场研究等工作，频道的全部广告业务交由广告公司全权代理。事实上，由于电视台规模和发展水平的差异，当前这三种经营形式是共存的。

从价值提供的角度来看，这种模式以第三方埋单为主要特点。这里所说的价值，是指满足电视受众需求的节目内容。电视台以自产自播为主要的价值创造方式，辅助以一定的节目采购。价值传输的渠道包括无线电视、有线电视、卫星电视等。电视台免费提供节目给观众，通过赢得收视率出售给广告商，从而广告商以第三方的身份为价值对象（观众）埋单。电视作为媒介并不能直接为广告商提供价值，而是通过"二次售卖"[1] 将注意力资源卖给广告商。也正因为如此，电视媒体的广告收入往往与电视节目的质量成正相关关系，好的电视节目是盈利的关键。

从盈利方式的角度来看，这种模式的收入结构简单，有利有弊。以广告作为唯一收入来源，非常适应我国电视传媒从事业向产业进行转型过渡的历史条件，是电视市场发展不充分、经营体制不完善的条件下的一种选择，有着积极的意义，既为电视经营弥补了财政资金支持的不足，又成功履行了为党和政府进行宣传、为人民群众提供精神食粮的使命。随着电视传媒产业化的逐步深入，经营体制不断改革，市场条件逐渐成熟，过于单一的收入结构成为一种发展瓶颈。

---

① 孙玉胜：《电视盈利模式的错位》，《现代传播》2002 年第 2 期。

2. "内容为王"商业模式

"内容为王"的商业模式，是以电视内容（即电视节目）为核心展开相关环节经营、靠内容盈利的一种模式。经营范围包括一般电视节目、电视剧、动画及其他内容产品的创意、生产、播出、交易、出版、衍生产品开发等。

从经营主体的角度来看，电视内容经营主体不断扩容、分工逐渐细化。在电视传媒业发展的早期阶段，电视台围绕内容采取策划、制作、流通、播出的一条龙模式，自己完成全部环节。随着"制播分离"等政策的推行，电视台不再独揽所有经营。后来则逐渐发展为比较复杂的产业链，内容经营主体有以电视台（频道）、民营电视制作企业、境外电视节目商为主的制作商，还有节目交易代理商、节目播出平台、音像出版商等。

从价值提供的角度来讲，制播合一、制播分离共存，实行多元化内容生产方式，形成相对成熟的关联交易体系。电视节目的来源除了自制外，还有委托制作（电视台出资、委托社会公司制作）、外包（电视台将节目时间交给承包商经营）、买断（电视台的节目时间段被承包商买断）、购买（电视台直接从其他媒体或节目制作公司购买节目）等。[①] 节目的交易由最初电视台之间的"物物交换"发展为各经营主体间的销售、发行、购买等市场交易行为，支付手段有现金支付和贴片广告支付两种，并以后者为主，自建渠道发行、委托发行、节目交易会是电视节目交易的三个主要渠道。节目播出的编排也是内容经营的重要部分，直接影响内容的传播效果和广告收益，频道经营更趋于专业化，随着数字电视的推行，收费频道的出现更为播出机构带

---

① 黄升民：《广电媒介产业经营新论》，复旦大学出版社 2005 年版，第 43—44 页。

来了直接的收入。电视节目音像制品的出版、发行主要面向消费者进行销售，制作机构则获得版权收入。内容衍生产品的开发涉及演出、旅游、服装、玩具等诸多产业，是对节目创意、题材、形象的再次利用。

从盈利方式的角度来讲，利润点很多、盈利模式复杂，但盈利模式的设计难度加大。整体来看，内容产业链上的直接盈利点有内容产品、收费频道、衍生产品、代理服务等。产业链条上的企业个体或关联企业群往往以其中某项利润点为核心进行盈利模式设计。传媒集团的出现使下属企业之间的合作有效降低了整体成本，而整体收入结构则包含了更多的利润点，并在竞争中展现出强大的规模优势。

总体来看，以内容为核心的商业模式正被越来越多的电视传媒机构或企业采用，但由于我国内容市场还不够成熟、竞争机制还不太完善、内容创意和生产能力还有待提高，这种模式还远远没有发挥出它的效力。

3. "渠道经营"商业模式

"渠道经营"商业模式，是指区别于内容经营，围绕电视节目的传输渠道（无线、有线电视网、卫星等）进行开发运营、获取利润的商业模式。在我国现实条件下，无线传输本身不具开发价值，卫星直接传输方式受政策限制，其开发能力暂时很有限，有线电视网（包含"卫星＋有线"的结合方式）则发展较早，且受到"网台分离""数字化转换""三网融合"等政策鼓励，从而最具经营实力和美好的发展前景。我们主要来看一下有线电视网的商业模式。

从经营主体的角度来看，"网台分离"成果显著，运营商大多真正实现了企业化，多方参股和跨产业合作是重要特点。我国的电视网有行政区性质的有线电视网、企业有线电视网及其他小型有线电视网等，分别属于各级广播电视机构、大型企业及其他单位。各级广播电视机构及一些大型企业曾经都建立了自己的有线电视台，有线电视网的经营权在有线电视台手中。随着电视业产业化的深入，国家鼓励有线电视台和无线电视台合并，同时积极推进"网台分离"，于是独立的有线电视网络运营中心或公司纷纷成立，成为广播电视机构中产业化最成熟的部分。随着三网融合政策的推进，各地有线电视运营商纷纷与电信运营商展开业务合作或共同成立网络运营企业，新的竞合态势正在形成。

从价值提供的角度来看，基本业务仍占主导地位，扩展业务、增值业务正强劲发展。有线电视网的出现，目的是更有质量地传输电视信号，电视网一直以来基本以提供基础业务的公益性质为主，基础业务主要是为观众提供几十套模拟信号节目的传输服务，包括央视所有频道、各省级卫星频道、当地的无线和有线电视频道及少数提供给特定人群的加密频道。随着技术发展，有线电视逐渐从电缆传输向光缆传输改进，目前更是积极推进由模拟电视向数字电视转换，并推进网络双向化改造，这就为扩展业务和增值业务的经营提供了技术条件。扩展业务主要为有偿性的专业性或社会性服务，包括远程教育、付费频道、视频点播等。增值业务是基于新一代广播电视网的大容量、宽频带、双向、智能化等特点开展的业务，包括互联网接入、IP电话、会议电视、虚拟商场、电子银行、生活信息、电子商务、线路出租等服务。扩展业务和增值业务必须以新技术条件为基础，目前，有线电视网完成技术改造还有一段路要走，更为关键的是产业融合过程中如何展开竞争与合作，这需要更长的时间去摸索。

从盈利方式来说，有线电视网的收入来源正随着技术、市场条件的成熟和新业务的扩展呈现出越来越丰富的状况，公益性质的网络经营正在发生转变，新业务收入增长迅猛，前景更是可观。传统的基本业务之所以说基本上是公益性质，是因为节目提供是免费的，面向受众收取的并不是真正的收视费，只是基本的网络维护和服务费用，作为经营主体的有线电视台事实上主要还是以自己频道的广告收入为主，网络运营费用不足以支撑网络升级改造，更形成不了巨大的利润来源。数字化转化和双向网改造后，随着三网融合的不断实现，扩展业务和增值业务将形成强大的收入流，或许会超越广告成为电视产业最主要的盈利点。

我国的卫星电视除了少数偏远地区受益于"村村通"工程可以直接接收外，均需通过有线电视才能被用户看到。大量卫星节目信号接收设备的使用者处于非法的地下状态，卫星电视市场具有很大潜力，但暂时因为政策限制难以展开运营。根据国外的经验，卫星电视同样大有可为，尤其是在数字电视的条件下。中国卫星电视的经营暂时只好寄希望于未来。同时，随着网络融合的展开及移动网络技术的发展，电视传媒的传输扩展到计算机、手机、车载电视、楼宇电视、手持电视等多种载体，它们的经营前景十分美好。

（二）扩展类商业模式

扩展类商业模式是指在核心类商业模式的基础上，从事与电视传媒核心业务有一定关联度但有所延伸的价值活动而形成的商业模式类型，可分为两类。

1. "关联经营"商业模式

"关联经营"商业模式，是指广播电视机构对传媒功能以外的、服务于传媒功能的关联环节进行扩展经营采用的商业模式。内容包括数据监测研究、设备维修服务、技术保障服务、传媒管理咨询服务等。

从经营主体的角度来讲，关联服务的经营主体主要包括电视台、企业主体、研究机构等。需要强调的是，电视台为了增加收益，正积极向关联服务企业拓展，一是以电视台的身份对外开展服务，二是剥离资产成立独立的服务企业，三是与其他企业合资共建新的企业，四是与其他企业开展业务合作，从而构筑了电视媒体多元化资本运作的核心层面，目的就是利用自身资源或技术优势为其他媒体或特定客户开展服务以获得多元收入。同时，一些企业或其他机构鉴于电视传媒产业化发展的新形势，积极将自己的业务向电视传媒靠拢，如管理咨询行业开始经营传媒管理咨询的业务，或干脆成立传媒管理咨询企业。

从价值提供的角度来讲，关联服务经营正呈现出分工更加细化、专业性更强的趋向，新的服务形式不断出现。信息类服务、技术类服务、管理类服务是最主要的电视媒体关联服务类型。信息类服务主要有节目收视数据的监测、电视产业经营信息的提供及电视传媒发展的理论研究等；技术类服务主要有设备维修、网络维护、技术资源出租等；管理类服务主要有媒体经营管理咨询、媒体委托管理等。除了这三类关联服务，还存在电视传媒人才教育培训等其他服务。

从盈利方式的角度来讲，电视关联服务的各种经营均直接指向收入，所提供的价值（服务）拓展了利润来源。对于尝试向关联服务经营延伸的电视台或电视传媒集团来讲，多元化服务不仅增加了收入来源，还有效降低了成本，更使多余的资源和自己的优势资源避免了浪费并得以有效利用。对于向电视关联服务经营靠拢的企业来讲，不仅增加了收入，率先抓住电视传媒产业改革发展的先机也为自己赢得了竞争优势，为未来依傍电视传媒这棵"暴利"产业大树进行长远发展奠定了基础。

总体来看，电视传媒"关联服务经营"的商业模式竞争力强、发展潜力大。原因在于：一是关联服务经营充分利用闲置资源避免了浪费、降低了成本；二是关联服务经营紧靠传媒主业，自身优势资源可以得到充分利用，提高了别人竞争的门槛；三是关联服务经营服务于传媒主业，有利于提高传媒主业的竞争优势；四是关联服务经营服务于其他电视传媒机构，一定意义上来说就是在为竞争对手服务，有利于"打入敌人内部"，知己知彼自然有助于赢得竞争；五是关联服务经营作为电视产业的重要组成部分，有利于电视产业整体的发展壮大。

2. "跨业经营"商业模式

"跨业经营"的商业模式，是指以广播电视机构为代表的经营单位在电视传媒产业外开展多元化经营活动采用的商业模式。在拥有充足资金的情况下，广电传媒开始寻求多元化的资本运营，除了与电视媒体关联度较大的经营项目外，关联度较小的电视产业外投资也成为关注对象，内容涉及报纸、杂志等其他传媒的经营，还有旅游、会展、房地产、餐饮、演艺、电影等各种行业的经营。

从经营主体的角度来说，集团化企业是企业实现多元经营的典型组织形式，表现在跨产业经营上，这种特点更加突出。对于广播电视机构来说，由于其特殊的事业性质，直接开展多元化经营受到很多束缚，而且关联度不高的经营项目放在一起既不方便管理，又会彼此干扰。于是，按照经营内容，成立不同的企业，并把它们统辖在一个企业集团之下，既能充分发挥各自的经营优势、展开内部竞争，又能实现集团内的优势互补、服从于集团的整体战略。1999 年，无锡广播电视集团成立，开国内先河，之后，总共有 21 家广电集团先后成立。另外，广电集团或电视台等还以部分持股的方式与其他企业开展产业外经营的各种合作。

从价值提供的角度来看，电视产业外的经营领域广泛而繁杂，有一部分属于电视业之外的传媒领域，其他部分可以涉及传媒领域外的各种行业范围。在全媒体时代，传统媒体严格的区分被打破，媒体的经营管理更可以实现渗透和资源共享，除了网络电视、手机电视等新媒体的经营，广播、报纸、杂志、网站等传统媒体成为广电集团跨产业经营的首要选择，如著名的"第一财经"品牌就涉及电视、广播、报纸、网站等多种媒体的经营。电视购物（电视直销）是电视媒体向销售领域拓展的一种特殊方式，利用自身在营销宣传方面的优势，向消费者直接销售各种商品，从早期的电视购物节目发展到现在的专业电视购物频道，这种经营方式在不断深化。

在传媒相关领域内，电影的投资、摄制、发行也是广电集团的重要经营项目。在传媒领域外，广电集团投资领域则涉及影视基地、演出、旅游、餐饮、房地产、会展、出版、印刷等多种行业。广电集团纷纷根据各自的优势选择自己的经营内容，为各种类型的客户和消费者提供各种各样的产品和服务，形成了庞大的业务系统。

从盈利方式的角度来看，产业外多元化经营很大程度上增加了整体收入，但并非所有项目都能产生好的收益。多元化经营业务系统庞大，可以有力地化解整体经营风险，但整体盈利结构无论在战略设计上还是具体操作上，都不该也不可能做到平均用力。在多元经营的商业模式下，各种经营内容往往设计为不同的功能定位，如有的内容可以作为主要利润来源，有些内容则可以着眼于打造企业品牌、赚取口碑的功能，并不一定要直接指向巨额利润。此外，各种盈利点之间还应当加强联系和互动，而不能互相分割、秋毫无犯，在结构设计上要考虑集团整体的资金周转。在实践中如果有经营不善、拖集团"后腿"的内容则应当果断剥离，尤其对一些"食之无味，弃之可惜"的"鸡肋"，更要及时处理。

四 传统电视传媒产业商业模式的问题

第一，价值主体性质复杂，经营能力受到制约。我国广电媒体至今属于事业单位性质，尚未完成企业化改革，从职能角度来说，具有行业管理、政治宣传的行政职能，从产权角度来说，实行国有国营的产权制度，从管理上来说，具有管办合一的特点，这导致了政企难分、产权单一、行政壁垒等一系列问题，阻碍了我国电视媒体产业化进程，也制约了商业模式的效能和创新。

第二，价值主张无法满足消费者需求。随着经济和社会发展，电视观众对内容产品及相关服务的种类、质量、风格等都产生了更多的要求，无论是信息获取还是情感体验，价值需求不仅增长迅速而且多变。原创性、互动性、个性化、品质化是市场需求的几种主要趋势。由于社会文化、政治制度，特别是节目生产模式及创新能力的制约，我国电视节目内容同质化严重，类型数量少，高品质的少，对个人体验及互动体验的满足无法达到观众期待，信息传播的速度和便捷性则受到了网络媒体的强力挑战。

第三，市场模式不够灵活，市场局限大。由于体制等原因，电视传媒市场模式相对僵化，表现在对市场需求反应速度较慢，市场定位不准确、不清晰，市场空间纵横割据、占地为王，市场拓展方式简单，更为严重的是市场意识淡薄，缺乏市场开拓的激励机制。例如，电视传媒普遍存在着缺乏对观众群的有效区分、频道专业化有名无实、传播范围局限在本地、节目评价依赖收视率等单一标准、品牌建设特色不明显等。

第四，价值链环节交叉错乱，互相掣肘。价值链是商业模式最重要的构成部分，然而我国电视传媒的价值链问题重重。从宏观的产业价值链来讲，电视传媒价值链还比较短，对上游的市场调查、产业规划及下游的跟踪服务、衍生经营及横向的跨产业经营都有很大的延展空间；从微观的企业内部价值链来说，则存在着产权不清、职能不清、环节区分不够、环节协调性差、价值流动不畅、工作流程缺乏标准化等种种问题，如内容不共享、团队各自为战、部门推诿扯皮、采编播职能交错等现象是典型表现。

第五，盈利模式结构单一、缺乏可持续性。盈利模式的突出问题是结构单一，即过分依赖某一种盈利途径，至今电视台依然对广告收入过分依赖，节目交易、信息服务、技术服务、衍生经营等比重很低，就别谈跨产业经营了。盈利结构单一使电视媒体各种改革缺乏足够的资金和市场经验，严重制约了产业化。结构单一造成了利润收入缺乏可持续性，因为利润源受到其他媒体和行业的争夺，所以无法保证总体收入的持续增长。

第二节 三网融合对电视传媒产业商业模式的影响

电视传媒迎来了三网融合时代，传统商业模式受到了严重冲击，其传统的优势被削弱，同时，危机之中也蕴含着巨大的发展机遇。三网融合对我国电视传媒管理体制及商业模式来说是一把双刃剑。

一 我国三网融合概述

国务院 2010 年 1 月下发的《推进三网融合的总体方案》指出："三网融合是指电信网、广播电视网、互联网在向宽带通信网、数字电视网、下一代互联网演进过程中，其技术功能趋于一致，业务范围趋于相同，网络互联互通、资源共享，能为用户提供语音、数据和广播电视等多种服务。"

对于这个概念，我们有必要认识如下：

第一，三网融合不是三网合一。物理意义上的三网合一不是我国三网融合战略的目标，而是强调三网在业务上的互相渗入、互相合作，是要实现产业意义上的融合，但并不是要归为一个产业。当然，业务融合也要以技术发展作为基础，即三网在信息传输技术上趋向一致并能互相联通。

第二，三网融合是电信产业与广电产业的联姻。我国电信网和计算机互联网的融合早已成为事实，市场化运作十分成熟的电信企业拥有电信网、计算机互联网两大网络，二网的业务融合已经比较成功。广播电视机构拥有庞大的广播电视网，物理意义上完全独立于其他二网，业务上的互入也被政策严格限制。三网融合的推进，拉开了电信产业同广电产业之间合作与竞争的大幕。

第三，三网融合将提供全方位的信息服务。广播、电视、电话、互联网在信息传输的形式与内容上各自存在一定的优势和局限，三网融合有助于实现优势互补。三网将共同提高为受众提供综合信息服务的水平，满足受众全方位的信息需求。

我国三网融合走过了十余年的历程，最近两年终于开始强力推进。20 世纪 90 年代末期，我国出现了"三网融合"还是"三网合一"的大讨论，电信、广电开始出现经营对方业务的尝试。2001 年，国家"十五"规划纲要第一次明确提出"促进电信、电视、计算机三网融合"，从此，政府促进三网融合的力度逐渐加大。2010 年 1 月 13 日的国务院常务会议明确了三网融合的时间表，同年 7 月 1 日，三网融合的 12 个试点城市终于确定。由此，三网融合终于加快了推进步伐。

国务院《加快推进三网融合的总体方案》对三网融合的推进有如下规划：

推进三网融合的工作总体目标是：到 2015 年实现三网融合发展，提高国民经济和社会信息化水平，提高信息、文化服务水平，增强国家信息、文化安全。

推进三网融合的主要任务是：推进广电、电信业务双向进入，明确双向进入的范围；组织开展三网融合试点；加强市场监管；加强网络建设改造和统筹规划；加快有线数字电视网络建设和整合；推动电信网宽带工程建设；加强网络统筹规划和共建共享；强化网络信息安全和文化安全监管；落实网络信息安全和文化安全管理职责；加强技术监控系统建设；切实推动产业发展；大力发展新兴产业；加强信息技术产品研发和制造；加快建立适应三网融合的国家标准体系。

二　三网融合下电视传媒技术的发展

数字技术是指借助一定的设备将各种信息，包括图、文、声、像等，转化为电子计算机能识别的二进制数字"0"和"1"后，进行运算、加工、存储、传送、传播、还原的技术。数字技术广泛应用于各个领域，其中也深深影响了电视、广播等传媒领域。

（一）电视传媒的数字化转换

数字电视的极大优越性也促使各国积极推进传统的模拟电视向数字电视的转化。数字电视最早发轫于 20 世纪 80 年代的日本，在 20 世纪 90 年代，美欧等国家也纷纷展开电视的数字化转换，虽然因为遇到一定阻力，目前尚未完成，但电视的数字化依然是大势所趋。我国在

20 世纪 80 年代末开始考察数字电视技术，然后展开了科技攻关工作；1999 年国家广电总局成立了数字电视的相关机构，同年，国内开始了数字电视转播试验；进入 21 世纪，一些地方开始试播数字电视；2003 年，国家广电总局制定了中国数字电视发展的三个阶段和数字电视过渡时间表，截至目前，我国正在积极推进数字电视的整体转换工作。

三网融合战略的实施，从政策引导、市场培育、技术标准建设等方面加快了我国推进电视数字化转换的进程；而模拟电视转化为数字电视，也是三网实现融合的必要技术基础。数字电视的采编、录制、播出、接收等方面均采用数字技术。

电视媒体的数字化具有极大的技术优势和经营优势。数字电视具有传输质量好、交互性强、应用性广、功能性全、频道资源多、商业价值大等特点。

（二）电视传输网络的整合升级

目前，我国电视的数字传输网络与模拟传输网络并存，传输方式都包括地面无线传输、直播卫星传输、有线电视网传输三种。我国三网融合积极推进电视传输网络的升级改造，并作为三网融合的重点任务来对待，而且还从相关机制建设上予以配合。电视传输网络的升级改造主要表现为四个方面：数字化转换、双向化改造、网络整合、NGB 建设。

电视传输网络的双向化改造是以数字化为基础的，传统的模拟信号传输无法实现回传。目前，我国数字电视的回传以有线数字电视网为主，地面无线数字电视的回传则要借助电信运营商的网络，相信未来网络将实现多种方式的双向回传。双向化改造主要围绕有线数字电视网的双向改造展开。实现双向化改造，将可以实现网络的多元利用，这是交互电视的基础，将变"看电视"为"用电视"。

电视传输网络的整合以有线电视网为主,"变小网为大网"。国务院《推进三网融合的总体方案》要求"积极推进各地分散运营的有线电视网络整合,采取包括国家投入资金在内的多种扶持政策,充分利用市场手段,通过资产重组、股份制改造等方式,研究提出组建国家级有线电视网络公司方案,作为有线电视网络参与三网统合的市场主体,负责对全国有线电视网络的升级改造,逐步实现全国有线电视网络统一规划、统一建设、统一运营、统一管理"。①

2008 年,科技部和国家广电总局签署的《国家高性能宽带技术网和中国下一代广播电视网继续创新合作协议》第一次提到了 NGB。2009年,NGB 建设在上海启动。NGB 即下一代广播电视网,是以有线电视网数字化和移动多媒体广播电视的成果为基础,以自主创新的高性能宽带信息网核心技术为支撑,来构建适合我国国情的、"三网融合"的、有线无线相结合的、全程全网的下一代广播电视网。NGB 的主要特点是"全程全网"(全网内容与资源的交换共享和协调;全网统一管理与跨域经营)、"互联互通"(全网互联互通;有线网无线网互联互通;互联网通信网互联互通)、宽带双向、可管可控(对媒体内容可监管,对网络及业务、用户服务可管理)。要强调的是,NGB 不是凭空另建一个网,而是在现有网络的基础上演进到下一代广播电视网,所以,三网融合的推进及当下的电视网升级改造是 NGB 建设的基础。

三　三网融合下电视传媒体制改革

第一,政企分开。"事业单位,企业化管理"的政策定位在一定时期内对产业化过渡具有积极意义,但存在的问题也是显而易见的。

---

① 国务院:《关于印发推进三网融合总体方案的通知》,国发〔2010〕5 号文。

这种政策"使电视媒体利用政治优势，进行市场经营，也即利用政府权力去赚取商业利润。这种现状导致的结果只能是电视传媒政治宣传力度不够，同时也受到行政力量阻碍，不能真正走向市场，提高国际竞争力"。① 单一的产权制度使电视媒体在经营过程中产权不清晰，从而造成资源浪费或不能有效利用。"四级办电视"使电视媒体具有了行政级别，不能作为公平竞争的市场主体，而且运营管理受到各级政府的行政干预，形成市场分割的局面。三网融合的实质是产业融合，而政企不分导致电视企业不够市场化、行业不够产业化，缺乏竞争力。于是，在三网融合的早期，政府会采取保护广电行业的不对称准入政策，但尽管如此，广电内部的利益纠葛依然错综复杂；在进一步理顺之后，电信、广电的平等竞争是必然趋势，广电必须尽快突破行政束缚，才能为提高市场竞争力创造条件。所以，三网融合是打破广电长久以来"政企难分"状态的重要动力。

第二，网台分离。网台分离的改革已经进行了十余年尚未完成，在三网融合的今天，网台分离的需求更加迫切。网台分离为的是建设完全市场化的网络运营企业来参与市场竞争，并方便于将来对各级各地的电视网络进行整合升级，将来形成全国一网的统一格局。1999年，国务院出台《关于加强广播电视有线电视网络建设管理的意见》开始推进网台分离，提出"抓紧落实广播电视传输网络的建设和管理实行政企分开，成立企业化的广播电视传输公司"，并且"推进地（市）、省级无线电视台和有线电视台的合并"。网台分离推进至今，省市有线电视网络公司纷纷成立，省市有线电视网的整合也取得了积极进展；但是也存在大量问题，主要是网台虽然名义上是"分"但实

---

① 唐月民：《中国电视传媒产业化研究》，新华出版社 2010 年版，第 164 页。

际上依然是"合"，广播电视局、电视台、网络公司存在着斩不断的裙带联系，资产分割不清、人事任免交叉、业务活动彼此纠缠的问题大量存在。另外，广播电视网分离后，固有的商业模式没有发生变化，使企业运营步履维艰。三网融合的积极推进，加大了网络公司建设和网络整合升级的力度，网台分离不是最终目的，更重要的是如何处理网台之间在经营过程中的利益关系，明确一点说，就是内容与渠道的关系。做好网台分离，一是要继续剥离行政、公益属性的运营内容，二是要实现各省、全国的联网，三是要改变现行的网络盈利模式，扩大业务范围，增加收入。三网融合将与网台分离互相促进，共同发展。

　　第三，制播分离。制播分离是另一项推进广电媒体市场化的重要举措。从一般意义上讲，制播分离应是指内容制作机构与播出机构的分离，但在我国的特殊条件下，这种分离不是适应产业化经营的最佳选择。我国的制播分离有两种情况，一种是在作为播出机构的电视台之外，建立独立的电视节目制作公司，它们与电视台之间是真正的市场交易关系；另一种是电视台内部的相对意义的制播分离，但不是要电视台把节目制作和播出的职能进行分离，而是仅把可以市场化的综艺、娱乐、人文等类的节目制作独立出来，展开完全市场化的经营，而电视台的宣传类节目的制作和电视播出职能则可以保留在一起，独立的节目制作机构是依然受电视台控制的相对独立的机构，这种分离方式一定程度上可以激发节目内容的市场活力。但一些学者对制播分离的内涵与意义保持着谨慎的态度，认为我国电视台内部的制播分离有名无实，多数干着换汤不换药的工作。事实上，关于制播分离的观点虽有分歧，但有一点毋庸置疑，就是广电媒体行政、宣传职能与企业经营职能的分离是电视产业进一步发展的迫切需要。制播分离的具体形式还有待继续摸索探讨。在三网融合的背景下，电视节目制作、电视频道播出、IPTV 的播控平台运营、网络传输运营、客户服务都趋向独立的市场化运作，电视媒体发展的体制束缚将会慢慢突破，电视媒体将在产业融合的过程中，进一步梳理各种经营的区分与互动，从而顺应产业发展的趋势。

第四，媒体集团化。我国发展广播影视集团的政策早在 20 世纪 90 年代中期就开始酝酿，提出按照现代企业制度的要求进行企业改革、改造、改制和加强管理，其中包含走集团化的思路。1999 年，第一家广电集团成立。截至 2004 年年底，共有 21 家广电集团（总台）成立，广电集团化浪潮暂告一段落。广播电视集团成立的目的，即在现代企业制度下整合资源，实现电视传媒产业的规模化经营。广电集团化的动力是各方面的竞争。首先，面对着国外传媒企业的潜在竞争，它们虎视眈眈地望着中国市场并想尽办法正往里渗透；其次，国内广电产业内部竞争压力陡增，地域壁垒正逐渐消除、全国性竞争与吞并已经开始；最后，国内产业外竞争压力逐渐增大，如来自新媒体的竞争。具体到三网融合的背景下，电视传媒的产业链得以延伸和扩展，为开展多元化经营创造了条件，需要若干经营主体独立运营又密切合作；产业融合使广电的行政壁垒逐渐打破，逐步对市场化极为成熟的电信、互联网业务的准入带给自己强大的压力；网络整合打破了地方割据的产业格局，业内弱肉强食的经营大战给广电企业带来了挑战也带来了威胁。总之，在三网融合推动下，基于资源整合及提高整体竞争力的需要，广电传媒就更迫切需要组建传媒集团。

第五，开放投融资体制。我国从 21 世纪伊始才逐步放开传媒资本的运营，这个过程与我国逐步推进三网融合的过程在时间上恰巧一致，传媒资本运营为推进三网融合提供了资本条件；反过来，三网融合过程中大量的资金需求也是刺激传媒资本运营政策得以放开的重要因素。

2001 年，《关于深化新闻出版广播影视改革的若干意见》规定，新闻媒体由国家主办经营，不吸引外资和私人资本，但可在一定条件下在新闻系统内的部门和系统外的国有大型企事业单位融资。随后的实施细则进一步放宽要求，广播电视传输网络公司可以采用股份制、债券等多种融资方式，广电网络公司股份制改造后可以在国内申请上市，内容制作可吸收包括私人资本和境外资金在内的系统外资本。2004年，《关于促进广播影视产业发展的意见》首次对广电行业的产业化发展进行了全面阐述，其中指出要逐步放宽市场准入，吸引、鼓励国内外各类资本广泛参与广播影视发展，不断提高广播影视产业的社会化程度。另外，相关部门还出台了大量相关文件，从推动文化产业、传媒产业、影视动画、广电网络等发展的不同角度出发，来推动投融资体制的改革，在此不再一一赘述，但其最终目的是一致的，即通过不断降低准入门槛、扩大投融资范围、建立更灵活的投融资体制，从而推进包括广电传媒在内的文化领域中各种产业的繁荣发展。具体到三网融合中的广电部门来说，电视数字化转换、网络改造、NGB 建设、集成播控平台建设、新业务推广、技术研发及其他软硬件建设都需要大量的资金，所以广电部门寻求灵活的投融资体制的需求更加迫切。以广电传媒产业为对象的投资主体，一是政府，投资方式包括财政拨款、专项资金、投资基金、税收优惠等，投资方向可以是宣传性内容的制作，也可以是其他经营性产业的扶持；二是企业，包括电视台、公有制企业、民营企业、合资企业等，投资方式包括持股、兼并、重组、购买、租赁等，投资方向主要是非新闻宣传节目的内容制作发行、网络、广告、软件、信息服务、技术研发等。电视传媒产业的具体的融资方式有五种：一是内源融资，即电视传媒产业的经营主体通过自己的储蓄转变为投资；二是银行信贷，即从商业银行借入贷款并支付利息；三是商业信用融资，即在商业交易中因延期付款或延期交货形成贷款关系，也就是将结算时间差形成的负债视为一种短期投资；四是发行股票和债券，即通过在金融市场上发行股票和债券进行融资；五是投资基金，即向多数投资者发行基金份额，设立投资基金公司，由基金公司自任管理人或委托管理人来管理投资基金的资产，从事电视产业的投资。此外，建设灵活的投融资体制，除了灵活地运用各种融资方式，还要注意规避投融资风险，并建立相关机制。

四　三网融合下电视传媒产业商业模式的变革要求

（一）要打破市场局限与资源局限

我国电视传媒业的产业化过程是电视经营从无到有、逐步发展的过程，也是各种经营局限逐步突破的过程。在三网融合开始大力推进的时候，这些局限依然大量存在，成为电视传媒进一步产业化的重重障碍，要在网络融合时代赢得激烈竞争，这些障碍就需在商业模式变革的过程中逐步打破。

首先，我们要关注的是市场局限，主要表现在三个方面：第一，传媒服务市场存在强大的地域壁垒。地域壁垒是我国"四级办电视"政策产生的负面影响，广电传媒机构纵向上属于各级政府，横向上属于各地政府，当地政府、地方经济和广电机构的人事与经济利益错综复杂地纠缠在一起，给广电业建立类似于电信业的全国性企业和电视网带来了巨大难度，广电企业的跨地域经营也难以突破地方保护壁垒，至今没有有效的解决策略。第二，电视受众市场培育不足。一方面，我国电视受众还没有形成付费看电视的消费习惯，而是长期以来习惯于享受免费的公共服务，但随着部分观众希望看到更优质的电视节目的需求不断增长和自身经济实力的提高以及电视网络准备向信息服务进军这一时代趋势，电视受众的消费观念和习惯正在逐步改善，而且这种变化越来越快。另一方面，由于我国的电视频道专业化经营还不成熟，还没能形成成熟的细分受众市场。第三，电视网络信息服务市场尚未形成。由于长期以来我国电视业和电信业的业务不允许互相进入，电视行业一直被禁止开展网络信息服务，所以电视业的信息服务市场基本空白。在三网融合推进的过程中，电信业与广电业的业务双向进入原则上被放开，而且广电业获得了短暂的非对称进入的政策保护期，广电业需要利用这一机会积极探索如何开展网络信息服务并找到自己的竞争优势，培育自己的信息服务市场。

其次，我们要关注的是资源局限，也可以从三个角度来看：一是，网络建设不足。我国有线电视网络存在的重要问题是网络独立分割不成体系、模拟传输有待数字转换、单向传输有待双向化改造、与电信互联网的对接存在障碍等。所以，在三网融合过程中，电视网络升级改造是作为重点任务来推进的，通过整合地方网络、建设省级干线网和国家干线网，同时进行电视网数字化和双向化改造，并建设省级、国家级电视网络公司。另外，下一代广播电视网（NGB）建设也进入实施阶段，将来以此对抗电信业的信息网络。另外，我国地面电视、卫星电视的建设也正期待国家政策限制的突破。二是，人才资源不足。我国电视行业主要欠缺的是优秀的经营管理人才和优秀的电视内容生产人才。经营管理人才的欠缺表现为在现有的传媒体制内以行政化的管理方式为主，管理者多以行政官员或宣传型人才、艺术型人才居多，原因是以前对经营管理人才的重视程度不够，人才引进机制僵化，缺乏媒介经营管理人才教育培养机制，虽然制片人制度、企业化管理方式的推进已经取得重要成果，但还远远不能满足快速产业化的需要。

电视内容生产人才欠缺表现在我国电视内容原创性不足、技术性不强、缺乏个性和吸引力，大量庸才充斥电视媒体，需要通过有效的竞争机制和薪酬机制吸引更多高端的、优秀的内容创意生产者。三是，资金不足。政府财政的直接支持逐步退出，自负盈亏对一些电视媒体来说还不适应，而电视行业的资源整合、网络融合、产业拓展都需要大量资金支持，多元化的投融资体制不能一时间建立起来，于是造成了资金短缺。灵活的投融资体制和市场化的企业淘汰机制是突破资本局限的根本途径。

（二）要充分发挥以"电视内容"为王牌的综合竞争优势

优秀的商业模式要找到自己的核心竞争优势，而我国电视传媒虽然存在着一系列问题需要解决，但也有着自己独特的竞争优势，而且是多方面的。

第一，电视传媒产业具有技术方面的优势。在三网融合及三网竞争的背景下，技术优势是基础性的，技术优势使广电能提供更广泛、更高效的信息服务。首先，丰富的频谱资源。广电系统历史性地继承了丰富的频谱资源，特别是电信要发展 3G、4G 的网络更逐渐显示出频谱资源不足的劣势。这使广电不仅能提供更大的带宽、获得更好的用户体验，还可以成为制衡电信业发展的一种致命武器。当然，在频谱资源有限的情况下，三网融合还需重新合理分配，尽可能实现广电与电信的合作双赢，实现国家信息产业的整体发展。其次，信号覆盖优势。我国电视信号通过无线、有线、卫星三种方式传输，我国广电传输覆盖面和覆盖率都远高于其他传媒。特别是我国的家庭电视机保有量比电脑保有量要多得多，我国有线电视网的家庭覆盖率和带宽比计算机互联网更占优势。覆盖优势使广电在移动视频业务和农村地区等特殊市场区域拥有更大竞争力，但是不限于此。最后，信息管控技术优势。我国广电媒体在长期的严格的信息管控实践过程中，形成了丰富的经验，同时保障国家信息安全与文化安全是三网融合的重要要求，而内容播控又交给了广电部门负责，IPTV 播控平台的建设权也落在了广电部门手中，将有利于广电部门发挥自身网络的安全优势，提供绿色、安全的信息服务。

第二，电视传媒产业拥有内容优势。在三网融合中，广电的信息增值服务方面对于电话网、互联网来说并没有太大的优势，电视传媒的最核心竞争力是在内容上，电视传媒可以以数字电视网为支撑，辅以网络电视、网络视频、新媒体电视，形成复杂的内容传播系统。以内容为基础的竞争力才是广电的竞争"王牌"。首先，历史形成的丰富的内容资源。我国电视传媒在长达半个多世纪的发展过程中，积累了大量的电视节目资料。这些资料具有很高的历史价值和文化价值，有的可以重复播放，有的可以作为内容再生产的基础资源，依然可以满足观众的很大一部分精神文化需求。其次，强大的内容生产力量。我国有广播影视节目制作机构 3000 多家，每年全国制作电视节目大约 300 万小时。虽然网络视频异军突起，但内容来源主要还是传统媒体，而其他来源的内容也受到广电机构行政审查发行的限制。最后，拥有内容播控权。三网融合的一项重要纷争就是广电与电信对内容播控权的争夺，最终在三网融合总体方案中，播控权依然落在广电部门，试点方案中又具体到"广播电视播出机构"。电视传媒拥有内容播控权，可以充分发挥内容监控的经验优势，既有利于保障国家文化安全，又对电信业的内容运营起到了一定限制作用，为电视产业自身在缓冲期内提供了一定的庇护。

第三，电视传媒产业拥有用户优势。由于计算机的操作具有一定要求，对很多文化水平低的人群形成障碍；另外，由于经济条件和网络覆盖的局限，互联网用户在数量、结构、用户依赖度上比起电视用户目前还处于劣势。一是，用户数量优势。电视综合人口覆盖率之高使电视成为覆盖最广阔、用户数量最多的传播媒体之一。二是，用户结构优势。电视用户不仅人数远远高于互联网用户，而且组成结构（如年龄结构、文化水平结构、地域结构等）都更加复杂且全面。三是，用户体验优势。总体上来说，用户对电视传媒的依赖度要大于对互联网的依赖度。首先，计算机使用的技术障碍使低龄人群、老年人群、难以或不愿学习计算机技能的人群对电视机产生依赖，感觉使用电视更加简单便捷。其次，电视机的大屏幕也带给观众优于互联网的视频欣赏体验，随着高清、立体电视的发展，这种体验更明显。另外，电视更适合以家庭为单位的群体观看，形成一种温馨的家庭氛围，带来更好的情感体验，而电脑、手机的使用更偏重于个人体验，在家庭收视方面存在劣势。

（三）要构筑以"数字电视"为基础的综合业务系统

在全国广播电视总收入中，虽然广告依然是最主要的收入，但已经不足50%的份额，其他收入比重则在上升。电视传媒业务结构的调整和扩容是多方面因素的要求，但三网融合的推进起到了催化作用。在电视传媒企业构筑新的业务系统的时候，广告业务依然是相当重要的组成部分，并且电视广告的业务形式也会因电视传播方式的改变而有所改变。但我们在此关注的是，在三网融合中，电视传媒业务系统发生变化较大的三大部分。

首先，电视传媒要以内容经营业务为重中之重。第一，视频节目的创意生产。这是电视经营核心业务的根本。网络融合趋势下视频节目的生产要全面实现数字化，节目策划要更加灵活应对细分市场，并要创新互动传播条件下的节目形式。另外，探索高效低耗的节目生产模式也是重要的挑战，其中要强调多个生产主体的合作。第二，电视节目的出版、销售与发行。在法律逐渐完善的情况下，版权因素在经营中起的作用会越来越大，节目销售与发行首先要做好版权保护。同时，更要注重跨区域、跨媒体的销售发行，积极应对外来竞争，并要勇敢走出去。第三，频道经营与新媒体视频。以电视机为终端的节目播出业务的实质就是频道的经营，包括频道的特色定位和频道内的节目编排，以及频道的推广落地等，数字条件下的传输与收视方式的改变要求频道经营要有新的思路。新媒体视频业务包含移动车载电视、手持电视、网络电视台、网络视频、手机电视等多种新兴媒体的视频业务，电视传媒在内容提供商、内容集成商、网络运营商等产业链中充当什么角色及怎样处理与其他角色的关系构成了形形色色的业务模式。

其次，电视传媒要积极开发电视网络业务。第一，电视网络的基础运营。电视网络（包括正在大力进行数字化转换的有线电视网络及正在发展的无线数字网络）的基础业务包含电视网络的建设、安装、维护和电视节目的传输（含传统节目频道及收费频道）两大部分。第二，综合信息服务。综合信息服务主要是在数字化及三网融合条件下实现的，包含交互业务和数据业务两大部分。交互业务利用电话线或有线电视回传通道实现用户与有线电视前端的交互操作，包括节目点播、卡拉 OK 点播、节目菜单选择、生活信息查询等。数据业务则通过网络融合实现宽带接入、IP 电话、电视商务、视频会议等业务。我们相信，在未来随着信息网络升级及物联网时代的到来，还会有更多新兴的信息服务业务涌现。

最后，电视传媒要尝试发展其他多元化业务。第一，跨媒体业务。

跨媒体经营的业务是指电视经营企业开展电视传媒以外的传播媒介的业务，如广播、报纸、杂志、网站、手机等媒介的音频、视频及其他数据服务。随着网络的融合及资源整合开发、多元化经营的需要，大众传媒正快速迈进全媒体时代，一家传媒集团可能会开展各种传媒的业务。第二，跨产业经营。在电视传媒的资本运营体制越来越开放和成熟的情况下，多元化的投资经营是必然的选择。跨产业经营业务的范围涉及方方面面。目前，我国电视传媒集团还是以与电视有密切关系的业务为主，如广告制作和代理、文化产品出版、影视城开发等，此外也向其他非相关产业试水，如旅游、服装、玩具、餐饮、房地产等，利用的是自己的品牌、资本等优势。多元化业务收益虽参差不齐，但总体上在不断增长，壮大了电视传媒集团的整体实力。

（四）以创建"收费电视"为主旨的新型盈利模式

三网融合拉伸了电视传媒的产业链，其核心组成部分为内容生产商、节目播出机构、网络运营商，另外还包括辅助环节，如节目代理商、广告代理商、技术支持商等，产业链的各个环节在功能上日趋独立和专能化，如"制播分离"使电视台作为节目生产商和播出机构的双重职能正在逐渐分离，产业链不同环节上的企业彼此间的关系为自身盈利模式的形成奠定了基础。

第一，内容生产商的盈利功能有待进一步发挥。内容生产商（电视台、内容生产企业）的盈利主要来自三大部分：一是，节目直接销售收入。节目生产商或电视台的生产部门可以（有时需通过代理商）将节目提供给播出机构（电视台或网站等）进行播出，从而获得现金收入或贴片广告收益。二是，内容的出版发行收入。内容生产商将节目内容制作为唱片、光盘等，从消费者或其他机构那里获得发行收入。

三是，资源衍生开发收入。电视节目内容可以开发为其他媒体的内容资源，如报纸、杂志、网站等，获得相关收入；电视品牌或节目角色形象可以在旅游、服装、玩具等产品上获得再利用价值。

第二，节目播出机构的免费模式要向收费模式转型。一是，电视广告收入。电视广告收入在未来依然是支柱性的盈利途径，所以要重视创新广告形式，如增加软广告、实施跨媒体综合投放、创作具有观赏价值的广告片等，进一步增加广告经营收益。二是，电视购物与产业链延伸收入。电视购物可以直接通过电视频道销售商品，在互动电视条件下将更加方便，既可以经营电视购物频道，又可以单独开办电视购物节目。电视购物不仅可以起到广告功能，还可以在线下开展延伸经营，向化妆品、汽车、美容等产业进行实体拓展。三是，收费频道收入。收费频道不播出广告或少播广告，通过高质量的电视节目吸引观众付费收看，即获得收视费。收费方式具体点说，既可以按月购买若干频道的收视权利，又可以通过视频点播按次计费。

第三，电视网络运营商需建立复合盈利模式。一是，网络安装维护收费。我国有线电视长期以来实行公益性质的服务，基本是免费提供节目传输的，收取的收视费实质仅是网络的开户、安装、维护费用。未来阶段，有线电视依然要承担一定的公共服务义务，通过收取基础性的网络技术保障服务费用传输若干免费电视频道。二是，频道落地费（节目传输与集成播出收费）。目前，我国有线电视基本是免费传输当地电视频道的，对外来卫星频道和刚刚起步的数字高清频道收取落地费。这样的收费模式在较长一段时期内依然不会消失，但未来有可能会出现内容集成商向节目提供商支付费用的逆向模式。三是，广告。有线电视在节目传输过程中通过添加自己代理发布的广告获得收入，这在目前的有线电视收入中占有相当大的比例。在三网融合条件下，传统的广告盈利模式依然是内容集成商的重要选择。四是，综合信息服务收费。三网融合后，有线电视的使用方式最主要的变化即从"看电视"向"用电视"转变，"用电视"享受的是综合性的信息服务。有线电视的利润便从"用电视"中来，第一，是互动电视业务收费；第二，是IP电话收费；第三，是基于电视网的信息查询收费及电子杂志等收费；第四，是最重要的，即互联网接入服务收费。在互联网的基础上，有线电视网络运营商可以尝试承担互联网企业的角色，以开展电子商务等业务获得增值收入。

另外，电视传媒集团要巧妙设计综合型盈利模式。综合型的传媒集团可以包含电视传媒产业链的若干部分或整体，包括内容生产商、节目播出机构、网络运营商等，并且向电视传媒产业链之外进行多元化投资经营，从而在若干下属企业盈利模式的基础上构建起复杂的盈利系统。若干盈利子模式组成整个集团的盈利系统，就需要分清主次，合理配置资源，调节各环节利益冲突，最关键的是掌握好多元产业中的核心业务，实现各方共赢，最终实现集团整体盈利能力的提高。

第三节　三网融合下电视传媒产业商业模式创新策略

电视传媒产业商业模式的创新应当立足于市场需求并积极利用技术变革，努力克服各种政策局限、地方垄断等不良因素，做好自己的市场定位，重点对价值链进行梳理，进而实现优化和延伸，构建自己强大的合作网络，合理设计成本和利润分配结构，最终实现企业价值和客户价值的持续共赢。

一　细分专业频道，做好市场定位

电视数字化和三网融合既增加了电视频道数量，又改变了电视频道的市场空间和盈利模式，所以专业化运营是电视频道发展的必由之路，专业化要摒弃以前错误的、不成熟的专业化运营方式，时刻关注市场环境、观众需求等新变化，创新自己的运营策略。

第一，整体定位要清晰明确。频道的定位包含很多内容，如主题、风格、特色、区域、观众等。无论哪个侧面的定位，都应该遵循一项首要的原则，那就是清晰明确。在省级卫星频道中，湖南卫视是毋庸置疑的领头羊，其得益于较早给频道做出了清晰的主题定位"快乐中国"，综艺娱乐节目成为主打，娱乐元素渗透各种节目，尽管也遭遇了一定批评的声音，但主题定位却"定"而不"摇"，而湖南卫视在业界的老大位置也成功做到了"定"而不"摇"；重庆卫视曾经定位为"故事中国，人文天下"，成为西部省级卫视的明星频道；其他如江苏卫视的"情感世界，幸福中国"，安徽卫视"剧行天下，爱传万家"也是成功定位的典范；与之形成对比的是山东卫视，"情义天下"的主题定位就显得不甚清晰，节目内容很难被集中统辖，频道特色不明显，难以赢得关注。要实现清晰的频道定位，首先，要做到"知己知彼""扬长避短"。一是要分析频道所处的外部环境，如分析政策环境、经济环境、文化环境、社会信息环境、地方特色等；二是要分析自身拥有的物质资源、人力资源、市场资源等必要条件；三是要综合分析竞争对手，找到自己的竞争优势。例如，凤凰卫视就充分利用了香港作为中国特别行政区的特殊优势，成功将自己打造为全球华人第一电视媒体。其次，要突出独创性、新奇性。一是要敢为人先，做别人不敢做的事，做别人没来得及做的事，做别人做不好的事；二是要善于发现，挖掘别人没有发现的市场需求；

三是要勇于创新，培育新的市场需求。例如，美国 CNN 频道在海湾战争爆发时成为史上第一家直播战争状况的电视媒体，得以一鸣惊人，充分显示了其新闻专业频道的巨大威力。

第二，专业经营要精准专一。专业化频道经营的要义是培养窄众化固定收视群和精准的受众市场。但我国专业化频道目标观众群往往过大，结果导致专业频道发展为"准综合"频道。经常出现这样的现象，就是诸如财经频道、综艺频道等常常还是以播放电视剧为主，并大量转播其他频道的新闻节目、娱乐节目，贴近频道主题定位的节目比例过少。原因是多方面的，首先是在于节目评价过分看重收视率和市场占有率指标，从而忽视受众人群的质量差异，误判电视观众的潜在经济价值，造成广告价格随着收视率上下浮动，各频道只好死拼收视率，只好以人比例的电视剧、新闻、娱乐节目等来维持频道经营；其次是电视台节目制作能力和购买能力不足，节目数量与质量都存在欠缺，节目源不能满足若干电视频道的播放需求，只好将一些节目在各频道轮番播放。"专而不专"的后果是电视频道无法形成固定的收视群体，形成不了频道独特的影响力和精准化的受众市场。要解决这样的经营困境，必须从多个方面入手。首先，要科学调查、准确评估电视受众市场，以做出合理的目标观众定位，在数字电视时代观众定位可以更加细化，在专业频道下开设子频道；其次，要调整电视节目的评价指标，使用品牌影响力、受众质量、受众忠诚度、市场潜力、可持续发展能力等综合评价手段；再次，频道经营要有全局意识，以整个频道的经营为出发点考虑，着眼于整体利益和长远利益，不要计较某个节目的经营成败，不同的节目应该赋予不同的使命，有的节目不赚钱甚至赔钱，但可以提升频道的品牌价值，有的节目一时得不到认可也要给其时间观察后发力，或许可以为未来市场占得一定先机；

最后，提高专业化节目的制作能力或购买优质节目，增加节目数量，提高节目质量，节目集成要紧紧贴近频道主题定位，突出重点，形成品牌，这是专业化经营的基础，没有合适的节目，其他便无从谈起。

二 推进网络整合，做好资源优化

对于纵横割据的广电传媒产业来说，解决的重要途径便是实行区域化经营。三网融合的首要前提便是广电实现全国一张网、组建全国性的网络公司，进一步实现区域化的网络经营。2010年年底，各省均已按照国家广电总局的要求完成了"全省一张网"的初步整合，纷纷挂牌成立了省级的网络公司。但是省网的整合依然存在大量问题有待解决，如某些省区的省级网与个别市级网或市级网与县级网之间的整合尚未完成。省网整合完成之后，国家级网络的整合依然面临很多难题。网络整合怎么"整"，各地也积累了一些经验。

第一，行政干预不可少。市场经济条件下按市场经济规律办事是一项基本的原则，市场化手段无疑是网络整合的根本手段。但是，市场调节有一定的滞后性，完全市场化的手段将影响网络整合的效率，同时，网络整合的相当一部分阻力来自各级各地政府行政力量的阻挠或争夺，所以强有力的行政干预是突破阻力、快速推进网络整合的必要手段。在省网整合过程中，行政力量体现在两个方面，一是各级政府对网络整合的领导与规划；二是通过综合手段，突破个别地区的行政阻力。事实证明，行政干预在网络整合过程中发挥了巨大的作用。

第二，市场化的资本手段是关键。网络整合涉及技术、业务、人事、资产等多个方面，但资产的重组是首先要解决的问题。广电网络整合的目标是首先实现一省一网，然后实行全国一网，实质则是希望组建各省统一运营、全国统一运营的集团化网络运营企业。各省的网络整合完成的标志就是省级网络公司的挂牌，并在各地市成立分公司、子公司或网络中心，省级网络公司的资本构成方式和市县级网络整合到省级公司的方式是网络整合成功与否的关键。资产重组可以使用控股、参股、合作、现金收购等多种形式，坚持采用所有权与经营权分离的原则，以省、市、县广电局作为股东，以实物或无形资产入股，交由省网络公司统一运营。各地具体情况差异很大，处理落后地区与发达地区、省级公司与市县级公司的矛盾往往是最棘手的问题，因此在尊重市场规律的前提下，尽可能维护各级各地广电部门的利益公平是处理矛盾的基本原则，同时，首先要解决各地政企不分、事企不分的问题，促进网台分离、局台分离，并梳理和清理广电系统外资本，建立清晰的产权制度，为进一步的资产重组做准备。省级网络公司首要解决的重要问题是资金缺口，需要多元化融资手段。建设全省干线网、进行网络数字化和双向化改造、组建公司运营机构都需要大量的资金，各省根据自己的条件，主要可以采用的途径：一是上市融资，如陕西广电网络、湖南电广传媒；二是银行借贷，如河南有线电视网络集团公司 2008 年从建行获得了 32 亿元贷款进行网络整合与改造；三是战略投资，如山东大众报业集团通过投资成了山东广电网络公司的第二大股东。省级网络对市县网络的整合，从进程上可以先进行省级与市级网络的整合，然后再进一步整合县级网络；也可先进行市县两级整合，再整合省市两级；或者省、市、县三级同时整合；也可以先进行局部地区的整合，再进一步完成全部地区的整合，可以说有很多种选择。至于整合的模式则主要有三种模式可以借鉴：一是，现金收购模式。这种模式的代表是河南省，率先在全国以现金收购方式整合广电传输网络，以河南有线电视网络集团公司为主体，参照通行的企业兼并重组的办法来进行市场运作，以优惠的价格收购省辖市有线电视网络资产。二是，市场化资本并购模式。这种模式的代表是湖南省。电广传媒和64家局方股东（广播电视局或电视台或其下属单位）共同持有湖南有线集团100%股权，有线集团全资控股64家地方网络公司。同时，公司和33家局方股东共同持有33家地方网络公司100%股权。此次重组，湖南有线集团及33家合资公司的股东将部分资产以现金方式转让给了电广传媒，并将其余资产分别注入了惠心、惠德、惠润、惠悦四家公司。三是，"存量不变，增量分成"模式。这种模式在山东、广西、江苏、陕西等多个省份使用，我们看一下广西的案例。广西组建的全区网络公司，各地网络公司以网络实有资产入股。存量是根据当地广电网络公司的总收入减掉网络总支出来计算，人员与网络资产全部进入区总公司，总公司每年向各地广电局返回存量部分，存量大约能占到总收入的40%。债务部分留在各地广电局，通过存量部分的返还来逐渐偿还。这样，就保留了市县广电部门的基本利益。另外，除了通过有线电视定价增加的数字电视基本收视维护费用来偿还网络改造投资、机顶盒成本、搭建平台费用等外，网络公司按照每转换一个用户18元的标准，向当地有关部门支付有关费用，来调动各部门的积极性。"增量分成"包括四大部分：政策性调价后新增的收视费用，区广电部门、区网络公司、分公司、市（县）广电公司按2：3：1：4比例税后分成；新增工程安装业务实现的收入扣除成本后直接返还市县广电部门；新装用户的初装费及收视费扣除成本后，区网络公司、分公司、市（县）广电公司按2：3：5的比例分成；新业务分成收入扣除成本后，区广电部门、区网络公司、分公司、市（县）广电公司按2：2：2：4的比例分成。

　　第三，技术与业务手段是深化网络整合的重要手段。从技术创新和技术整合来促进网络整合有这样几个方面：一是数字化技术的应用。

数字化为网络融合、开展高质量的视频服务和增值业务提供了巨大空间，同时数字化转换的巨大成本可以使各地广电认识到网络整合的规模效应对于降低成本的积极意义。二是技术标准的统一。网络分散造成了各地网络存在各种技术差异，在对接上存在严重障碍，因此全省、全国范围内统一有线网络的技术标准，如数据广播、视频点播、互联网接入等，可以消除网络整合的很大一部分障碍。三是传输网络，尤其是终端的软件与硬件建设，网络整合只有让客户满意才会产生真正的动力，如数字机顶盒等要真正做到性能稳定、功能齐全而又价格低廉才会更容易被接受，这样有助于数字化改造和网络融合互相促进，此外，网络安全监控平台等建设也是网络融合的重要保障。广西在网络整合过程中建立起统一的技术平台，有效降低了经营风险。广西通过先期的网络整合，不仅在搭建数字电视平台上盘活了原来干线网资源，而且控制了运营成本。为了很好地进行端到端的服务，区网络公司确定了全区统一技术模式，并与天柏合资成立数字电视技术公司。广西第一个建立了统分结合的二级平台。不仅在技术上统一 CA、节目和技术体系，从而确保中央、自治区、区辖市、县广播电视节目的下传和传输，还同时建立了二级 CA、EPG 和数据广播，为自治区、区辖市、县三级提供阳光政务、信息服务，实现了信息化跨越三个平台的优势。广西在统一技术平台的基础上，借鉴了电信运营支撑系统的经验，建成了一套全国唯一的省级数字电视 BOSS 系统，具备对用户终端信息、机顶盒设备信息、用户节目定制信息、用户费用管理信息、财务信息等进行记录、跟踪、处理、维护和管理的手段，从而增强和提高了对今后不断出现的新业务的支撑能力和反应速度。

从业务创新和业务整合来促进网络整合有以下几个方面：一是开发全国、全省区域性的电视业务，这些业务依托干线网和接入网运营，能给干线网和接入网都带来可观的收益，从而吸引各地进行网络接入和资产整合；二是使各地认识到网络整合对于内容共享、品牌共享、业务模式共享及增强业务创新能力的积极意义，吸引他们加入区域网络；三是使各地认识到通过网络整合的规模效应降低经营成本、增强网络运营竞争力、确立正确经营战略、完善产业体系和布局的积极意义，吸引他们加入区域网。

三　实施区域合作，打破市场壁垒

电视频道的跨区域经营是电视媒体走出地域壁垒、扩大市场规模和增强社会影响力的必由之路。当前我国电视媒体的跨地域兼并扩张还缺乏政策法律支持，只能实现电视频道有条件的跨地域覆盖，经营方面则通过联盟、合作的方式实现跨地域发展。媒体合作、媒体联盟将形成传媒集团的价值协作网络，扩大市场空间并优化资源配置，产生规模效应，增速价值流动和价值增长。跨地域经营已经在观念上被业内广泛接受，国家广电部门原则上鼓励发展若干有实力的跨地域、跨媒体的传媒企业，但是具体的操作方式依然缺少实践经验和明确的思路。当前我国电视频道的跨地域经营，机遇主要在省级卫视和有线数字频道上，借助于有线电视网络的跨地域覆盖，是促进电视传媒企业跨地域合作经营的主要推动力。

电视频道的跨地域合作经营首先要遵循一定的原则，一是要树立"宣传地方、跨区域服务"的指导思想，走出去的同时要认识到本地的经济文化资源是频道经营的立足点，要更好地发挥服务本地的功能，这样才能获得本地政府、企业和观众的更多支持；二是要以"资源共享，优势互补"为合作基础，传媒企业合作是电视媒体跨地域经营的最佳道路，而合作的过程就是资源协调利用、利益共享的过程；三是要注意在合作过程中保持一定的独立性，特别是在"强弱联合"的情况下，合作要实现双赢，而不是失去自我，这样才能鼓励全国电视媒体"走出去，引进来"，到条件成熟的时候，传媒企业并购才会水到渠成。

电视频道的跨地域合作的模式主要有以下四种。

（1）管理运营合作。各地电视台或广播电视台的经营管理水平差距很大，这种情况下往往出现"强弱联合"的合作格局，即在管理运营方面具有优势的电视传媒企业（电视台、广播电视台、电视频道）以合作的方式帮助落后者。具体的合作形式包括合资成立股份制公司、合作成立管理机构、开展管理咨询服务、企业托管、人才交流、经验交流等。为了促进湖南卫视与青海卫视的合作，青海电视台与湖南广播电视台共同组建了合资公司——绿色创意文化传播有限公司，湖南方面承担青海卫视的所有运营资金，在合资公司中青海与湖南双方各占51%和49%股份，湖南广播电视台全面负责合资公司的运营，公司的运营团队包括了制作、覆盖电视剧及广告活动等各方面的专业人才。

（2）频道策划合作。经营失败的频道往往在观众定位、风格定位、内容定位、包装策划、长期规划等方面与优秀者存在差距，这为频道策划的合作留下了空间。湖南卫视与青海卫视合作后，重新将青海卫视定位为"大美青海，绿色中国"，利用青海的地理资源、历史资源、文化旅游资源，结合少数民族特色，打造了青海的一张新名片，并关注于环保主题，倡导绿色生活，展现出一种健康、文明的经营价值观，给人留下了非常积极的印象。宁夏卫视与上海第一财经合作后，将自身定位为以财经为主题的特色频道，借助于第一财经的优质节目资源，获得了很好的口碑，收视率在几个月内就在银川本地和全国范围内都获得了很大提升。

（3）频道覆盖合作。地面频道的覆盖范围局限于本地，卫星频道的跨地域覆盖也限制于落地费、政策法规等限制条件。实力较强的地面频道受限于收视范围，渴望突破瓶颈以获得更大的市场空间。地面频道在走向全国的路径中，借壳卫视频道成为绝佳选择。除了央视，全国还有三十多家省级卫星频道及深圳卫视等城市上星频道，各卫视的覆盖范围基本都可涵盖大半个乃至整个中国，是价值潜力极高的频道资源。同时，各卫视本身经营能力不均，很多卫视实际上处于亏本经营状态，对频道资源造成了浪费，这为有实力的地面频道取得这些资源提供了契机。上海第一财经在2010年2月通过宁夏卫视向全国播出自己的节目，当然这是在保留宁夏卫视自身一部分节目的基础上实现的。这一合作也使宁夏卫视获得了由第一财经注入的成倍增长的落地费用投入，从而实现了第一财经与宁夏卫视覆盖面的共同跃升，双方的市场机会都得以迅速扩大。

（4）节目制播合作。频道能够走出本地，得益于"制播分离"的政策鼓励和具体实践。制播分离使得节目制作、播出渠道、播出管控可以分别独立操作，解放了由于业务交叉捆绑形成的运营机制，使其可以更灵活地面对市场。我国各地电视媒体发展不均衡，造成了地方间的节目制作水平差异很大。制播合作内容包括了人才、资金、经验、品牌、资源等因素，涉及节目播出的内容、形式、渠道、安全等，以资源交流、节目共享、委托制作等方式进行。在湖南卫视与青海卫视合作后，湖南台的很多节目和自制影视剧通过青海卫视播出，湖南方面也以自己的团队帮助青海方面打造节目。

（5）广告经营合作。合作是为了双赢，对于广告经营能力较差的一方来说，不如以开放的心态和长远发展的眼光积极与强势媒体合作。第一财经与宁夏卫视合作后，由第一财经全权代理宁夏卫视的广告经营，第一财经第一年支付给宁夏卫视1.2亿元广告代理费，并且从第二年开始每年增加11%，这样宁夏卫视每年的广告收入至少不低于以前的广告收益，而且每年还可以获得一定程度的增长。对于第一财经来说，则获得了丰富的广告资源，在保证宁夏卫视收益的同时，自己也可得到很大收入空间。

四 挺进新兴媒体，延伸产业链条

在电视传媒向新媒体延伸的过程中，产业链的延展改变了电视传媒的商业模式。

（一）拓展传播终端，发展新媒体

数字电视机、电脑、手机、车载电视、城市彩屏、楼宇电视等新的接收终端形态不断兴起，既成为电视媒体的延伸，又形成了相对独立的新媒体形态。

经典数字电视：是指从节目的采集、摄制、编辑、播出、发射、接收全过程采用数字化技术的新一代电视，并且我们特指以能接收数字信号的电视机为终端的数字电视，主要是区别传统的以接收模拟信号的电视媒体形态。基于此意义的数字电视有三种类型，一是通过光纤和同轴电缆传输信号的有线数字电视；二是通过卫星传输信号的卫星数字电视；三是通过微波传输信号的地面数字电视。数字电视比起模拟电视，具有节约频道资源、音画质量高等特点。

交互式网络电视（IPTV）：是指利用计算机、互联网、多媒体、数字编码等技术，将电视机、个人电脑及手持设备作为显示终端，通过机顶盒、计算机或其他设备接入有线电视网、计算机网络等构建的互联网络，实现数字电视、时移电视、互动电视等服务的新型媒体。从用户角度来说，IPTV 的实现方式包括机顶盒＋普通电视机；有上网功能的数字电视机；个人电脑；具有上网功能的手持设备，如手机、平板电脑等。IPTV 具有交互性、个性化、服务多元化等特点。

手机电视：是指以手机等手持设备为接收终端，传输视听节目内容的技术和应用。手机电视的实现方式有三种，一是通过移动网络实现，二是通过地面数字广播实现，三是通过卫星广播实现。同时技术上也可以从两个方面来理解，一方面是通过上网实现流媒体内容传输，另一方面是通过手持设备的内置芯片接收数字广播。手机电视具有便携性、个性化、交互性、私密性等特点。

车载电视：是指狭义上的移动电视，指在公共汽车、地铁等可移动物体内通过电视接收终端，在移动过程中播放视听节目的一种技术或应用。车载电视的运营方式也有三种，一是通过广电运营商的无线广播来实现，二是移动通信运营商通过流媒体技术实现的在线播放或下载播放，三是通过广电与通信运营商合作的数字广播技术实现。车载电视具有覆盖人群广、观众流动性大、强制收视、信息零碎化、免费等特点。

楼宇电视：是指在建筑物内的公共场所，以数字电视机为接收终端播放各种视听信息的技术和应用，包括只播放广告的楼宇电视，又包括新兴的以数字直播为主要播出方式的城市电视。传统楼宇电视利用庞大数量的数字电视机构建联播网，仅仅播放商业广告，与传统电视媒体联系不大；新兴的城市电视则获准直播新闻资讯节目，类似于正规的电视频道，可以视为电视媒体的一种延伸。楼宇电视具有受众群高度集中、强制收视、信息零碎化、免费等特点。

城市彩屏：是指以先进的 LED 技术显像，可以直播或随机播放视听节目或广告内容的大型户外公共媒体。城市彩屏的实现方式基本类似于楼宇电视，只是因为所在场所的不同而具有不同的传播特点，城市彩屏往往位于繁华商圈、城市地标等户外地段，面向更广泛的人群、吸引力更大。传播的信息还包含一定公益性内容，如洪水地震、国庆阅兵等重大资讯的发布。

新媒体弥补了传统电视媒体的很多缺陷，一是增加了空间上的覆盖，二是功能上的拓展。不同的新媒体在技术和内容上与传统电视媒体的关联度和结合度也各有不同。

（二）改变产业定位，扮演新角色

新媒体的接收形式、实现方式、经济收益虽然各不相同，但其产业链结构具有很大的相似性。新媒体的产业链一般由五个主要部分构成：内容提供商、内容集成服务商、运营商、设备制造提供商和辅助服务提供商。设备制造提供商（包括内容制作设备、网络传输设备和系统、终端设备的制造商等）属于工业制造产业群，辅助服务提供商（如网络技术支持、收视率调查等）与本书关联度不大，根据本书采纳的对电视传媒产业的界定，这两部分不在此过多讨论。传统电视媒体在向新媒体延伸的过程中，主要是承担了另外三个角色。

内容提供商：是指以提供视听节目为主的企业或机构，承担着采集信息、创意策划、编排加工、销售发行的功能。在广播电视台、影视制作企业、视频网站及个人这三大内容来源中，广播电视台以其丰富的资源积累和专业的制作能力依然保持着主导地位，但后两者发展趋势迅猛，创意策划能力将是未来赢得产业竞争的核心力量。

内容集成服务商：是指从内容提供商处获得内容，通过整理、加工、包装，形成节目包或专业频道的企业或机构。作为内容提供商与运营商之间的中间环节，内容集成服务商的纽带作用不容忽视。前者创意生产能力突出，后者商业运作能力突出，内容集成服务商兼具了这两者的优势，弥补了各自的不足，起到了良好的承接作用，使整个产业链磨合度更高。内容集成服务也是内容审查、文化安全管控的关键环节。

运营商：是指负责信息传输网络的建设、运营维护、业务推广、内容播放、用户管理等职能的企业或机构。运营商是传媒产业链的关键环节，也是网络融合过程中广电系统与电信系统的利益纷争最激烈的地方。在新媒体兴起的过程中，民营企业大放异彩，成为重要的活跃力量。

电视媒体在传统的经营模式中，往往兼具这三个重要角色，同时还肩负行政管理职能，造成了整个产业链的灵活性不足。制播分离、网台分离、局台分离一系列改革，让电视媒体的各个构成部分职能清晰起来，分工逐步专业化，有利于各自职能作用的充分发挥，便于整体的管理。在挺进新媒体的过程中，传统电视媒体以清晰、规范的企业化运作，有效承担着内容提供商、内容集成服务商、运营商其中的一个或某个角色，并可以在有效独立运营的基础上构建传媒集团，逐步延伸和拓展产业链，以形成强大的合力。

电视媒体在产业延伸的过程中形成了不同的运营模式：一是自营模式。电视传媒企业（往往以集团形式）采取自营模式，由企业自身不同的子企业或部门承担内容生产、内部销售、内容集成、网络及平台建设维护、内容运营播出、用户管理等全部职能，是在传统广电媒体机制的基础上分离、整合、改良形成的模式，适合综合能力强的广电企业。二是战略合作伙伴模式。由电视行业内的不同企业通过资源、资本、市场、技术、管理等方面的交流、共享、售卖、联盟等，各自承担自己擅长的角色，达到取长补短、增强合作者整体竞争力的目的。三是跨产业合作模式。网络融合使广电产业与电信产业资源能力与利益形成交叉，带来了双方激烈的博弈，竞争与合作是一对不可分离的孪生兄弟。广电与电信的合作模式往往是广电企业承担内容生产与服务的角色、电信企业承担网络建设与运营的角色。此外，分众传媒等民营企业也成为重要的产业力量，传统媒体也正在实践中不断探索与它们的合作方式。

五　创新盈利模式，增加综合收益

电视传媒挺进新媒体，根本目的还是要实现利润最大化。盈利模式的创新则主要从两方面入手，一是开发新业务增加收入来源，二是采用合理的利益分配方式促进产业可持续发展。

（一）电视新媒体业务类型及收益来源

第一，内容收视业务类。作为电视媒体的延伸，提供视听节目内容依然是新媒体的主要服务内容，但免费收视的二次售卖模式正在发生改变，转型与延伸后的电视媒体采用内容直接售卖的方式进行。但内容收视的收费模式是多种多样的，大致区分有以下几种：一是基本收视维护费用。通过按年月收取一定费用作为网络维护、用户管理等基本开支并免费提供基本的节目内容，如有限的若干频道或节目包。二是付费频道或节目包订阅。付费频道或节目包可以按不同数量和质量单独或捆绑销售，用户可根据需要购买不同的组合。三是视频点播。用户可实现即时选择节目内容及暂停、快进、后退等时移功能，甚至可以实现录播功能。视频点播采用按点击次数或包月等形式收费，满足个性需求。四是电子节目指南及节目背景资讯等。此类业务同视频点播需以终端与网络的互动功能为基础来实现，增加了收视的实用性和趣味性。其收费形式可以采取单独计费或合并到节目包月费用中。

第二，广告经营类。目前，广告依然是各种媒体重要的收入来源，甚至楼宇电视、城市彩屏完全是作为广告播出平台诞生的。传统电视媒体的广告形式主要是在电视节目中插播广告片，其他还有栏目冠名、字幕及隐性广告等，目标群范围比较宽泛。但是在新媒体条件下，广告的具体表现方式发生了变化：首先，专业电视购物频道。集中展示消费信息，以广告片或节目形式直接或间接促进某类或某种商品的消费。频道通过收取企业广告费或直接销售商品获得收益。其次，弹出广告及广告链接。在节目播出时弹出广告页面或设置广告链接，观众可以主动获取感兴趣的广告内容或关闭不感兴趣的内容。媒体可以按点击次数收取广告费，由于广告的有效性大大提高，对广告主更有吸引力。最后，广告联播网。楼宇电视、城市彩屏以播放广告信息为主，其优势一是在于位置固定，受众地域范围和收入结构比较具体；二是投入大数量屏幕构建联播网，形成一定规模效应；三是利用了受众购物、乘电梯等琐碎的时间；四是不用支付大量购买节目的成本。对于广告主及运营商来说，广告联播网的投入产出比值都较高。

第三，信息增值业务类。信息增值业务将是在实现三网融合、电视媒体挺进新媒体的过程中收益增长最快且潜力巨大的部分，同时也是广电产业与电信产业利益博弈的主战场，是决定着三网融合战略实现与否的关键环节。信息增值业务主要包括：①宽带网络接入。电视传媒将通过广电网络与电信网络的互联对接及新一代广电网络的建设，实现宽带网络的接入，开展相关经营收入；用户将通过机顶盒、网络电视机、电脑、手机等实现网页浏览。②信息通信业务。电视传媒将随着技术与市场的成熟经营语音、短信、彩信、可视电话等通信业务，收取通信费用，与电信企业分享市场。③生活资讯服务。通过电视机、机顶盒等实现简单互动，提供天气、股票等生活服务信息的查询以获取信息费。④互动电视游戏。数字电视的互动功能可实现电视游戏业务，用户可用遥控器等实现操作。⑤远程医疗、教育和会议。电视机屏幕大、电视网络带宽比较大，开展远程医疗、教育和会议业务占有一定优势。⑥电视商务。与普通电视购物只提供广告信息或电话订购相比，电视商务还将实现即时订货和支付，可以视为电视传媒向网络电子商务的延伸。⑦其他信息服务，如通过电视屏幕提供报纸、杂志浏览等。信息增值业务的广阔前景让我们看到，随着网络融合、终端融合、媒介融合的发展，我们将走进全媒体时代。

另外，电视媒体在改革转型过程中，在产业链中的角色定位会有所变化，产业链延伸及跨产业经营会使媒体的经营不仅局限在媒体业务上，而是不断拓展利润增长点。产业上下游环节、价值链辅助环节都有可能成为新的利润重点。例如，开展电视频道的对外出租业务，或通过对其他媒体的资源输出赚取收益，或涉足产业上下游的软件、硬件、技术的开发与销售等。

（二）利益分配模式

第一，第三方支付模式。是指甲方免费提供产品给乙方，由第三方向甲方支付费用的模式。媒体的传统盈利模式即免费提供内容给观众并由广告商以广告费形式埋单，这是典型的第三方支付模式，以"二次售卖"理论来分析，媒体的利润来源于广告主，广告主的利润则来自受众潜在的消费行为，而在当前的交易中，广告主买到的是观众的"注意力资源"。也就是说，"二次售卖"事实上是把价值交易过程间接延伸到了观众消费商品的过程。但是第三方支付模式并不仅限于广告经营，其实在其他交易中也可以有所应用。例如，有线电视网的基本收视费维持在较低水平，实际上只能支付网络维护的成本，就是说基本收视节目组包相当于是免费提供给观众的，为观众埋单的实际上是这些基本频道缴纳的落地费。

第二，交易差价模式。是指从售价与成本的差价中获取利润的模式。在产业链拉长、每个环节扩展分离的情况下，产业链各环节的交易便丰富起来，如内容的交易、频道集成的交易、网络服务的交易、设备硬件的交易等。每个交易在成产—出售、买进—卖出的过程中都可以赚取差价，成为每个环节的利润来源。这种模式在传媒企业建立起规范的现代企业制度后才会发挥出最大的效能。

第三，分账模式。是指产业链上的合作者在完成全部的价值交易以后，根据最终获得的利润，按一定比例分账的分配模式。这种模式把市场风险化解到了每个产业链环节上，利于整个产业链的协调合作，利于产业链整体的价值最大化。采用这种模式需要对各自的职能、责任、贡献有清晰的划分，分配不合理将会影响其中环节的积极性，若一个环节出现问题，将影响整个产业链联盟的效能。我国的传媒产业链存在着节目内容水平低导致内容提供商利润分配比例过低的情况，这又导致内容的质量提升缓慢，从而形成了恶性循环。国外是内容集成商购买内容再向运营商出售，而我国则普遍存在内容提供商反过来要向内容集成商交"落地费"这样的情况，长远来看，非常不利于内容产业的发展。

总之，在电视媒体向新媒体延伸并拓展产业链的过程中，无论是业务模式、运营模式还是利润分配模式都在不断变革和创新，模式不是固定的，持续创新是赢得竞争的必要条件。

结　　语

中国电视传媒产业走过了半个多世纪的发展历程，我国的传媒管理模式和经营模式也在探索中逐步推进。这个过程体现了几个重要的

转变，包括事业单位体制向企业经营体制的转变、传媒服务的公益性
向商业性的转变、单体运营向集团化运营的转变、行政区域垄断向大
区域市场开放的转变、电视媒体向全媒体的转变、商业模式由简单结
构向复杂结构的转变。这些转变都取得了很大成果，但仍会持续推进，
这是我国电视传媒产业化发展的动力源泉。

三网融合时代，对中国电视传媒产业既是挑战又是机遇。挑战在
于，互联网及新媒体传播的时效性、便捷性、丰富性、互动性对电视
传播效能形成了威胁，电信产业积极向内容业务延伸将分食电视传媒
的受众市场，更严重的是，互联网和新媒体及电信服务成熟的商业模
式和经验积累是产业化并不成熟的广电系统不可匹敌的；机遇在于，
电视传媒可以凭借网络传输等技术进一步提高广电媒体的传播效能并
增加信息服务业务，凭借网络融合，推动产业融合并在此过程中学习
商业运营经验和延伸自己的产业链，借助于国家推动三网融合的战略，
为进展缓慢的管理体制改革和产业化改革及商业模式变革获得国家的
政策支持和财政支持。

限于时间和篇幅，本书对中国电视传媒产业商业模式的研究还有
很多未尽问题。国务院在努力推进三网融合的试点，其他很多城市也
在进行同样的尝试。在这个过程中，广电如何解决市场条块分割、电
信与广电合作、公益性服务与经营性服务协调、广电多元化发展风险
控制等问题，还需要将来继续关注和研究。

第五章
影视新媒体的商业模式

    随着信息技术的不断发展，技术变革对各行各业的发展都产生了深远的影响，大至一个国家，小到每一个人，都在体验信息技术带来的创新。影视产业在信息技术不断发展的大潮中也早已突破了传统的院线、DVD、电视台的发展模式，借助各种全新的媒体形式进入了更快的发展平台。影视新媒体发展的初期被看作风光无限的朝阳产业，然而，行业内的大规模洗牌使依然挣扎在生存线上的影视新媒体企业认识到，仅仅依靠风险投资的支持抢占市场份额并不是长久的发展之道，一批企业倒下去，还会有新的企业站起来，影视新媒体企业只有壮大自身才能真正发展。商业模式是近年来企业管理学界的热门关键词，随着学界和实业界对企业经营规律认识的深化，通过创新商业模式提升企业核心竞争力成为共识。影视新媒体作为影视产业的重要发展方向，其商业模式还处在不断探索的阶段，尚未形成系统的理论研究，整个行业的未来发展受到了来自传统媒体的威胁：一方面，是传统影视媒体掌握资源占绝对优势，影视新媒体企业每争夺一份内容资源都要付出极高的成本；另一方面，传统影视媒体已经意识到新兴媒体的威胁，纷纷拓展业务内容、提高服务质量，在三网融合的背景下，影视新媒体的生存空间被进一步挤压，急需寻求发展出路。

商业模式经历了近几年的发展后，早已不仅仅是企业管理的一个时髦术语，而成为一种具体可操作的竞争工具。企业通过商业模式的创新打造核心竞争力，并给竞争者设置了重重壁垒。中国目前的影视新媒体业经过前期的快速发展，已经形成了颇具规模的市场，相应地，竞争也日趋激烈，仅仅依靠广告盈利的发展模式不足以给整个产业带来足够的发展动力。因此，影视新媒体业的发展将面临质的飞跃，而这一飞跃将主要依靠商业模式的创新来实现。

尽管国内外学者对影视产业的商业模式已经从不同的角度进行了讨论和研究，但针对新媒体影视产业的研究还十分欠缺，而且没有从聚焦新媒体传播平台这一微观视角进行探索。所以，本书旨在通过对现有相关理论研究进行梳理，将影视产业商业模式与新媒体传播平台相结合，从而提出影视新媒体产业商业模式创新的实践体系。

第一节　新媒体的相关研究

"新媒体"一词早在 20 世纪 60 年代末就已出现。1976 年，美国哥伦比亚广播电视网（CBS）技术研究所所长戈尔德·马克发表了一份关于开发 EVR（Electronic Video Recording，电子录像）商品的计划，在该项计划中，他将电子录像称为"new media"，"新媒体"一词由此而来。1969 年，美国传播政策总统特别委员会主席 E. 罗斯托在向尼克松总统提交的报告书中多处使用"new media"一词，由此，"新媒体"一词开始在美国社会快速流行起来，并迅速扩展到全世界。

在 1998 年 5 月的联合国新闻委员会年会上，"新媒体"被指称为"第四媒体"的互联网。

从"新媒体"一词第一次出现至今已有 40 余年，"新媒体"在传播学、传媒学、艺术设计等学科领域也早已是广为流传的术语。

第一，"新媒体"是一个相对的概念。"新"与"旧"都是相对而言的，"新"一词并没有明确的含义，只是因为相较于报纸、广播、电视的传统媒体，"新媒体"在技术上更加先进，兼具了多种媒体的特征。"新"永远是一个相对的概念，同时，它也是永远变动的。

第二，新媒体是基于数字技术和网络技术而产生的。在广播出现时，没有人提出"新媒体"一词；在电视出现时，也没有人提出"新媒体"的概念，只有当网络媒体出现时，人们才惊呼"新媒体时代来了"。由此可见，我们现在所指的"新媒体"是与以往任何一种媒体形式都有本质区别的，广播、电视的出现只是使信息传递更快捷、受众范围再次扩大，只有基于数字技术和网络技术的网络媒体出现后，才在根本上改变了以往的传播方式。因此，是数字技术和网络技术使"新媒体"真正新于传统媒体。

第三，新媒体的交互性是传统媒体无法比拟的。交互性可以看作新媒体区别于传统媒体最显著的特点。所谓交互，指的是相互作用、相互影响的意思，它包括两个方面的意思：其一，信息发送者和信息接收者之间是双向的信息交流；其二，参与交流的个体在信息交流过程中都拥有控制权。数字技术和网络技术的支持，使新媒体中的信息采集制作变得非常简单，信息交流的参与者可以利用各种便携的设备将数字化的资料、文字、音乐、图片在不同的软件之间交换，同时，信息接收者可以对信息进行修改、完善等各种操作，并可以将修改后的信息再次传送，这就形成了受众间不通过媒体而建立起来的点对点的直接连接，无论是大型服务器、个人电脑还是手机，所有的网络节点都可以形成点对点的信息互联。

第四，"非线性传播"模式是新媒体的重要特征。区别于传统媒体无间断及方向确定的"线性传播"模式，新媒体的"非线性传播"模式强调了受众的自主选择及反馈，其数据库中的信息不再是单线思维、单一话语，而是将信息还原成并置的、非线性的排列结构。信息的使用者可以按照自己的需要在任意并置的信息群之间建立起联系。相比较传统媒体的线性传播模式，新媒体的非线性传播模式满足了用户对媒体"开放性"的要求，"以受众为中心"的传播模式也将"必读"与"偏好"更好地统一起来。

由此可见，"新媒体"的"新"关键不在于它出现的时间，更多的是"新"在了它的核心、它的本质，"新"在了它的不断发展。部分学者将户外媒体、楼宇电视、移动电视等也划归为新媒体，我们认为，它们不算是真正的新媒体。首先，户外媒体、楼宇电视不是基于数字技术的传播形态，其信号来源于预先安装的视频信息；其次，移动电视虽然是基于数字传输技术的媒体，但与户外媒体和楼宇电视一样，播放的内容是按照提前编排好的节目单来进行的，不具备新媒体的非线性传播特征，用户不能按照自己的需求选择播放内容；最后，由于三种媒体的终端设备只是应用了液晶显示屏，没有针对播放内容进行实际操作的功能，因此不具备新媒体的交互性。

基于以上对新媒体主要特征的分析，我们认为，所谓新媒体，是指 20 世纪后期，在数字技术、网络技术和移动通信技术不断发展的背景下，通过互联网、无线通信网和卫星等渠道，以电脑、手机、数字电视为主要输出终端，进行数字化、交互式、非线性的传播方式。这包括互联网媒体、手机媒体和数字电视媒体三大部分。

第二节　影视新媒体产业的发展特点

从 1895 年电影的首次放映到 1925 年第一台黑白电视机的诞生，影视艺术作为一种集视听于一体的艺术形式发展到现在，仅仅走过了短短的一百余年。科学技术的进步，尤其是信息技术和数字技术的发展，也给影视产业带来了新的革命。区别于以胶片为载体的传统影视产业，新媒体时代的影视作品依托于互联网技术和数字技术，在制作、发行等环节发生了巨大的变革，也因此具有了传统影视业所不可能具有的发展特点。

（1）参与门槛低、发布平台广，极大地激发了普通观众的参与性、创造性。

胶片时代的影视产业是一种耗时、耗力、耗资的"三耗"产业，业余爱好者想要凭一己之力制作一部影视作品还是一件不可想象的事情。为了完成一部影视作品，制作方往往需要投入大量的人力物力，拍摄阶段需要剧组长途跋涉地取景、租用大量的设备进行摄制，制作后期需要导演组成员一遍遍地修改并通过专业设备进行转录，这些都不可能由几个人组成的小团队完成。但是，随着数字技术的快速发展，影视爱好者独立制作作品并上传已经成为一种流行，提高了普通观众的参与积极性。首先，各种价格低廉、使用方便的家用拍摄设备成为人们生活的必需品，使拍摄成为一种随时随地都可以进行的活动，越来越多的人习惯用视频来记录自己的生活。其次，简单罗列拍摄的素材并不能使其成为影视作品，一部成熟的影视作品必须对大量的素材进行剪辑，通过运用大量的蒙太奇，最终形成完整的叙事结构。后期剪辑在胶片时代是一项极为复杂的工作，一组专业的技术人员借助专业的设备往往也需要几个月甚至更长的时间才能完成，但在数字时代，编辑视频素材只需要一台电脑、一款视频编辑软件。基于计算机系统而开发的操作简便的视频编辑软件已经成为数字影视产业的基础技术之一，普通的观众只需要掌握一款视频编辑软件的基本操作，就能在家完成一部影视作品。最后，微电影的兴起在意识思想上鼓励普通观众参与电影产业。在传统的影视产业环境中，人们普遍认为影视作品应该具有一定的长度，全面的环境叙述和完整的故事情节。脱胎于"短片"的微电影使普通的观众找到了参与影视产业的切入点，以其微时长、微制作、微投资的形式风靡互联网。微电影也逐渐从个人自拍的随性表达，渐渐上升到电影的层次。

（2）传播渠道多元化，打破了媒介霸权的格局。

传统的影视产业传播渠道单一，强调信息的接收。在整个传播过程中，媒体掌握主动，对内容及形式有绝对的控制权。影视作品要想传播，必须借助主流媒体的平台，而这些媒体的特点使普通观众的作品播出的可能性微乎其微。但在新媒体时代，互联网技术的发展为普通观众搭建了展现自己的平台，如 YouTube 这样的专业视频网站、各大门户网站自有的视频服务、手机电视、IPTV 等，普通观众已经拥有了以互联网为基础的多元化发布平台，观众只需通过这些平台上传自己的作品，就完成了在传统影视业中几乎不可能的传播阶段。在这些平台当中，观众既是影视内容的发布者、接收者，又是内容的传播者，观众不再被动地接受影院、电视台播出的节目，而是基于自己的喜好主动选择影视作品，并对影视作品进行二次传播，这就彻底打破了传统的媒介霸权格局，使观众具有评价影视作品优劣的权利，掌握了获取内容的主动权。同时，这些平台反过来对主流媒体产生了影响，由于观众可以有多种选择，主流媒体为了保证收益，只能被迫改变与观众之间的关系，由原来的观众迁就媒体转变成了媒体迁就观众，提供符合观众需求的作品。

（3）"去中心化"的传播模式增强了互动性、满足了小众群体的个性需求。

在文化产品极大丰富的今天，观众对文化产品的要求也在不断提高。影视产业是观众获取文化产品的重要来源，在可以轻松获取资源的今天，观众对影视产业的要求已经不仅仅停留在能够观看作品的层次上，越来越多的观众渴望能够参与其中，并希望在参与的过程中获得愉悦感、成就感。但在新媒体时代到来之前，影视产业的传播方式却呈现出一种"中心化"的辐射模式，主流媒体位于整个传播体系的中心。影视作品传播的起点及整个路径都是主流媒体，作品从制作到发行、放映的环节是封闭的，并且是不可逆的。因此，观众只能被动地接受内容，无法参与作品的制作，也就是说，影视作品的制作方与观众之间、观众与观众之间自始至终都不能进行有效的互动。但是，新媒体的数字化互联平台则满足了观众参与的欲望，影视作品的传播方式转变为互动式的双向传播，在整个互联网中，每个用户都是传播的中心，拥有着传播者和受众的双重身份，在这样一个"去中心化"的过程中，观众通过参与和互动获得了更多的乐趣，也在一定程度上体验到了存在感。

在互联网技术尚不成熟的时期，影视产业囿于银幕数量、电视台播放时长等物质条件的限制，只能依靠将目光聚焦在主流产品和市场上，使产品最大限度地符合大众需求，从而降低投资风险。因此，影院银幕、电视台长期被寥寥几部大热门的影视作品所占据。但是新媒体给影视产业提供了一种完全不同的发展方式,通过数字技术拍摄的影视作品可以存储在小小的移动存储器上,同时,数字压缩技术可以将大量的影视作品存储在服务器上,借助互联网的搜索引擎,观众想要观看的影视作品就可以通过网络宽带实现快速传输。区别于传统传播模式的高昂成本,这种基于数字技术和互联网技术的传播模式的边际成本几乎为零,因此,观众可以通过互联网接触到大量非热门的影视作品。由于互联网不受地域限制的传播,这些并不热门的小众影视作品在全球范围内也可以聚合成相当规模的市场,产生可观的市场收益。

(4)对内容的依赖程度日趋加深,以"内容为王"成为业内的普遍共识。

随着物质生活水平的不断提高,观众对于精神生活的要求也越来越高,影视产业作为满足人们日常精神文化需求的主要途径,也面临着观众越来越挑剔的审美要求。在传统传播模式下,由于缺乏互动平台,观众对于一部影视作品的质量只能根据自己的经验进行预判。制作方正是基于观众凭借主观印象选择观看内容的习惯,将大量的成本投入作品的前期宣传,打造一系列吸引眼球的广告盛宴,从而使观众对作品产生期待,进而消费。对于那些内容缺乏创新、制作粗糙的作品,虽然观众口碑会有一定的影响,但口口相传对影片造成的效果与前期的大规模宣传造势相比并不大,这就使影视产业向着轻内容、重宣传的方向发展。但在新媒体时代,互联网搭建的互动平台使观众的口碑成为影响影视作品成绩的重要因素之一。影视评论不再只是权威媒体的权利,普通观众对影视作品的评价同样可以迅速而广泛地传播。一部优秀的影视作品可能在放映前期不被看好,但随着首批观众对作品的肯定迅速而广泛地传播,必然对影视作品的后期热播产生积极的影响。对应地，那些内容虚弱而只是宣传造势到位的影视作品，可能在刚开始播映的时候会有比较热闹的表现，但随着各种负面评价的传播，热播也必然难以为继。这种口碑效应近年来已经得到了各大影视制作方的普遍重视，只要作品好，加上适当的宣传，不用高成本也一样热播。

那些故事内容、制作得到观众认可的电视剧，重播的次数令人咂舌，如 1986 年的央视版《西游记》，就连该剧的发行方都已无法统计其确切的播出次数，其更是高居网友列出的"寒暑假必重播十大经典电视剧"排行榜榜首。再如 2011 年赶着"世纪神棍节"上映的《失恋 33 天》，凭借其辛辣尖锐的京式幽默、"接地气"的网络人气故事、电视圈内的"熟脸"制作团队成了年度票房市场的最大"黑马"。作为一部小成本影片，《失恋 33 天》的关机发布会并不理想，影片的营销团队利用社交网络进行的宣传也只是使媒体给出了首日排片 2500 场到 3000 场的预测，但是影片上映的当日，排片总量从 6000 多场涨到 9000 场，之后的三天则暴涨到 1.5 万多场，影片的热度飙升至此，可以说跟营销团队已经没什么关系了，靠的就是影片本身的质量，而这 9000 多场的涨幅正是影片真正大卖的原因。

第三节　影视新媒体商业模式的发展现状

在新媒体技术形成规模之前，人们通常将电影产业和电视产业统称为影视产业，但随着新媒体的发展，一种新的可视内容成为人们生活娱乐的必需品，即网络视频。网络视频也就是我们通常所说的微视频，它区别于电影和电视剧的最显著特点就是短，其长度短的只有几十秒，长的不过 20 分钟。所谓的网络视频指的是以互联网为传播平台，采用 WMA、RM、RMVB、FLV 和 MOV 等主流媒体类型为内容格式，受众通过在线播放的形式观看视频文件内容的一种网络服务。因此，我们认为，在新媒体不断强势扩张的今天，电影产业和电视产业已经无法涵盖整个影视产业，网络视频是继电影、电视之后，成为影视产业的第三大内容。

改革开放 30 多年来，我国的电影产业取得了辉煌的成就，产业结构发生了深刻的变革，尤其是自 2009 年以来，电影市场的蓬勃发展证明，中国的电影产业已经迎来了"黄金发展期"。根据国家广电总局公布的数据，2015 年，全国电影总票房为 440.69 亿元，同比增长 48.7%。国产影片票房 271.36 亿元，占总票房的 61.58%。① 2016 年，中国电影市场票房收入放缓，与 2015 年基本持平。中国电影的高速发展势头已然不再。

中国电视产业则继续保持高速发展，尤其是各大视频网站针对电视剧网络版权展开的价格大战，更加使电视产业显得蒸蒸日上。但是，这种版权费用的高歌猛进带来的却不一定是整个产业的健康发展。中国是电视剧生产大国，近年来无论是制作量还是播出量都在世界范围内位列前茅。但是，产量过剩也带来了一系列的问题。随着国家广电总局"限播令"的出台，传统电视台对电视剧的需求量减少，对剧集的要求也更加苛刻，一般制作水平的电视剧想要排档播放越来越难，此时，以网络视频为主的新媒体平台迅速成了电视剧销售收入的第二大来源。业内普遍认为，电视剧网络版权价暴涨的"导火索"是 2009

---

① 贺炜：《解析 2015 中国影市：440 亿票房，五年来最大奇迹》，《凤凰娱乐》，http://ent.ifeng.com/a/20160104/42555990_0.shtml，2016 年 1 月 4 日。

年年底酷6网借壳上市，并宣布斥资3亿元用于购买版权；之后，乐视网、优酷、土豆先后上市成功，大量资金流向了各大视频网站，这在很大程度上推动了网络版权价格的节节攀升。2011年9月，还在剧本修改阶段的电视剧《浮沉》以单集过百万元的价格再创单集价格新高，一些业内人士不禁感慨：这是一场烧钱的游戏。

给电影产业和电视产业带来一系列巨变的网络视频是近年来互联网行业发展最快的领域之一。2005年，以YouTube短期访问量迅速攀升为节点，网络视频开始了高速的发展，到2006年，国内视频网站一度达到两百多家，技术的进步和宽带的进一步普及为网络视频产业的发展打下了坚实的用户基础。视频网站兴起之初有比较明确的类型差异，主要是模仿YouTube模式的视频分享类网站、视频点播与网络电视类网站及由国际互联网巨头介入的视频搜索类网站。但经过几年的快速发展，各个视频网站都在不断探索发展方向，经过不断的借鉴融合，如今，这种清晰的分界已经打破，网络视频产业初步形成综合发展的态势。随着酷6、乐视网、优酷、土豆等网站先后成功上市，以及软银、凯雷、IDG、Sequoia Capital、SIG等国际顶级风投的进入，网络视频产业在资本市场持续升温。但是，在这个吸金的行业中，各大视频网站依旧没有找到有效的盈利模式，靠烧投资人钱过日子的视频网站寻找自我突破已经迫在眉睫。

随着新媒体技术的不断发展及经营管理方式的日趋完善，影视产业与新媒体的合作也日渐密切，但是，在发展过程中还是存在一定的问题。

（1）价值主张不明确，缺乏行业特点。

企业能否拥有忠诚的顾客取决于企业的产品或服务能否解决顾客急需处理的问题，即顾客的核心需求。网络是现代影视作品的重要传播途径之一，随着网络在普通家庭中的普及，网络视频已经成为人们的生活中最重要的娱乐方式之一，同时也为人们提供了区别于传统模式的信息获取途径。而现阶段的新媒体企业还无法满足网络用户的个性化需求。一方面，新媒体平台上提供的内容没有体现其自身特点，内容与传统媒体基本上重合；另一方面，部分受欢迎的视频内容的播出时间滞后于电视媒体，体现不出网络媒体的优势。

（2）目标客户区分度低，缺乏差异竞争力。

精准的目标客户群定位要求企业能够准确地描绘出客户群的关键特征，包括性别、年龄、职业、地区分布、收入情况、亟待满足的需求、最敏感的产品属性等。只有明确了这些特征，才能提供符合客户需求的产品或服务。当前的新媒体企业在内容运作上普遍缺乏细分目标客户的意识。一方面，不同的用户群有各自的观看偏好，新媒体企业为了追求高点击率而过分追捧热播剧，造成了内容的高重复率，用户忠诚度普遍降低；另一方面，由于缺乏合理的分类，用户在选择自己喜欢的视频内容时需要在大量的无关信息中挑选，也降低了用户体验的便捷度。

（3）业务模式单一，难以满足多变的市场需求。

由于接收终端设备的区别，手机视频用户的观看喜好与传统网络视频用户有很大差别，短小精悍的内容更适合手机用户随时随地地观看，同时，受制于屏幕尺寸及网络传输速度，手机视频用户对视频内容的清晰度要求不高。因此，现阶段影视新媒体企业单纯依靠电脑终端的业务模式远远无法满足快速增长的手机视频用户需求。

（4）资源配置模式不合理，影响产业的健康发展。

资源配置决定了企业的核心能力、战略性资源和核心流程，对影视新媒体企业来说，其最重要的资源在于视频内容。最初的视频网站多是模仿美国 YouTube 的模式，内容以 UGC（User Generated Content，用户生成内容）及短视频为主，但这种模式的视频网站竞争激烈，几乎都是依靠 VC 的帮助才能存活。直到专注于影视剧等长视频和版权内容的美国视频网站 HuLu 宣布开始盈利，中国的视频网站开始弱化 UGC 模式，并将网站内容的重点转移到影视剧等长视频上，由此也带动了电影、电视剧的网络版权费用节节攀升。网络视频的用户相比传统的电视观众拥有更大的选择权，所以，内容才是决定影视产品成功与否的根本。为了通过热播剧集来提升点击率和广告收益，各大影视新媒体企业只能花费巨资争夺资源，进一步推高了影视剧网络版权的价格。以电视剧网络版权为例，2006 年，《武林外传》81 集的网络版权费只有 10 万元，而到了 2011 年 10 月，《宫 2》的单集价格已经飙升到 185 万元。2016 年，电视剧《如懿传》的独家网络播出权被腾讯斩获，单集突破了 900 万元，总计为 8.1 亿元。相比于天价的版权费用，视频网站的广告收入只能算是杯水车薪，根本无法收回成本，更不用说获得盈利，不少缺少 VC 支持的影视新媒体企业纷纷退出了这项"烧钱"的产业。

（5）缺乏有效的盈利模式，盈利水平过低。

经历了从 YouTube 的 UGC 模式向 HuLu 的长视频模式的转变后，各大视频网站的盈利情况依旧不容乐观。目前，国内视频网站主要的收入来源有广告、收费会员与版权分销三种，其中，广告收入依然占最大的比重。各大视频网站都开始尝试多种新型的广告营销模式，如前后贴片、剧场赞助等。虽然广告收入有了大幅度的增长，但相比较高额的版权费用，视频网站距离真正实现盈利还有相当长的路要走，尤其视频网站的广告单价只有卫视广告单价的十分之一，甚至二十分之一，网络视频的广告营销价值还有相当大的挖掘潜力。相较于免费的视频网络，手机电视和数字电视采用的是收费模式，但用户对资费的调整比较敏感，而且由于用户数量有限，部分专业性强的业务的资费水平比较高，也影响了其高盈利的实现。

除去影视新媒体自身商业模式发展上存在的问题，网络文化市场缺乏监管也成为影响影视新媒体企业发展的重要因素。一方面，新媒体高度的开放性和参与性给用户带来了更便捷的使用体验；另一方面，也给不良信息的传播及犯罪行为提供了掩护，尤其是互联网平台，每天都会产生海量的新信息，而且发布者大都是匿名用户，这使得监管环境变得极为复杂。虽然从2006年起，国家广电总局开始出台一系列规定对网络环境进行净化，先后下发了《信息网络传播视听节目许可证》《互联网视听节目服务管理规定》等，还引入"第三方"监管力量——"中国互联网视听节目服务联盟"，以期在整个行业内形成广泛的自律同盟，但因技术手段、管理水平等形成的监管漏洞依然给不良信息提供了生存的空间。

第四节　影视新媒体商业模式的创新

基于以上对商业模式相关理论的研究及影视产业新媒体时代的发展情况分析，可以看出，互联网、手机电视、IPTV等新媒体在发展过程中深深地打上了信息技术的烙印，与技术的进步密不可分，数字技术和互联网技术的每一次进步都必然会带来新媒体自身的变革。传统的影视产业已经摸索出了适合中国市场环境的商业模式，在实际应用领域及相应的理论研究也已初具规模，但新媒体作为新型的传播媒介，其给影视产业带来的巨大变革，正随着数字技术和互联网技术的发展，以更快的速度、更广的范围对影视产业施加持续的影响。

一　影视新媒体商业模式创新的目标与原则

在激烈的行业竞争中保持优势并得到持续发展是每一个影视新媒体企业存在的最基本目标。企业为了争夺有限的用户资源、提高作品点击率，往往在内容选择、营销宣传、渠道建设、盈利模式等方面抱定一种"人有我有"的心态，这就使企业在尽可能扩张自己的产品线和运营渠道时，陷入"模仿"的恶性循环，使商业模式的创新受到抑制。同时，这种同质化的激烈竞争导致了企业的努力只能体现在改善管理效率、提高短期点击率等"标"上，对于真正从根本上改善企业的商业模式、促使企业获得长期持续发展动力的"本"却没有贡献，而长此以往，最终将会导致整个影视新媒体行业的用户资源大幅度减少、广告收入严重流失，损害行业的持续发展。因此，影视新媒体企业要想获得长远的发展，必须跳出模仿的陷阱，从根本上创新企业的商业模式，形成行业对手难以模仿的核心竞争力。

1. 影视新媒体商业模式创新的目标：提高核心竞争力

核心竞争力是企业保持竞争优势的基础，也是企业持续发展的根本动力，企业商业模式的创新归根结底是为了提高核心竞争力。在影视新媒体企业的运营过程中，所有的企业都处在一个相互联通的网络中，无论是内容的更新变化还是网络渠道的细微调整都会很快被竞争对手察觉，进而模仿。但是商业模式的创新一旦确定，对提高企业的竞争力、确立新型竞争优势将发挥重要的作用。

2. 影视新媒体商业模式创新的原则

为了更好地使新型商业模式发挥对企业长远发展的促进作用，影视新媒体企业在对商业模式创新时必须遵循一定的原则。

（1）经济效益与社会效益共赢原则。一方面，企业存在的根本目的在于创造价值、实现经济效益，影视新媒体企业进行商业模式创新的根本目的也在于此，如果创新的商业模式不能为企业创造更多的经济效益，那么，这种创新也就没有了意义。另一方面，影视产业作为文化产业的重要组成部分，担负着营造良好社会文化氛围、塑造积极正面形象的责任，影视产业与新媒体的结合使双方对社会文化环境的影响作用成倍放大，因此，影视新媒体企业的商业模式创新在保证企业经济效益的同时，也应更加注重社会效益。

（2）资源匹配原则。企业掌握的资源总是有限的，企业的任何活动都需要建立在所掌握的资源基础上，商业模式的创新也不例外。如果影视新媒体企业商业模式的创新不遵循这一原则，造成商业模式创新的力度和方向与资源不相匹配，将导致创新成本的升高甚至是创新的失败。

（3）前瞻性原则。商业模式制约着企业发展的方方面面，是企业发展的核心指导，这就要求商业模式必须具备一定的稳定性才能给企业提供稳定发展的内部环境。影视新媒体企业总是处在技术革新的前沿，新技术发展极为迅速，因此，在对商业模式创新时必须具有前瞻性，使商业模式能够符合未来技术的发展方向。

二 影响影视新媒体商业模式形成的关键因素

影视产业在新媒体平台的发展只有短短几年时间，无论是实业界还是理论界，对其商业模式研究都还处在摸索的阶段，经过对影视新媒体近年来发展情况的综合分析，可以看出，主要有以下几个关键因素影响影视新媒体商业模式的形成。

（一）政策环境

作为文化产业与新兴媒体的有机结合，影视新媒体的发展深受多方关注，政策环境是否有利在很大程度上决定了影视新媒体能够走多远。2012 年 2 月印发的《国家"十二五"时期文化改革发展规划纲要》（以下简称《纲要》）给影视新媒体的发展提供了有力的政策保障。《纲要》中明确指出，互联网、新兴媒体、三网融合、数字出版等已经成为文化产业的主流，并在推动传统文化产业革新中发挥着重要作用。互联网等新兴媒体将成为"十二五"时期传播体系建设的重要方面，国家鼓励和支持国有资本进入新兴媒体，新媒体影视产业迎来了实质利好。

（二）市场环境

在影视新媒体产业的发展初期，一方面，整个行业的准入门槛极低，导致进入该行业的企业越来越多，虽然经过几轮洗牌后大部分规模较小、用户资源不足的企业已经退出市场，但仍在运营的企业之间同质化竞争严重，企业间竞争日益激烈；另一方面，用户的选择权越来越大，这就使影视新媒体企业必须将"以客户需求为导向"的理念贯彻到经营的方方面面。

用户数量和点击率是影视新媒体企业经营状况的两个重要指标，但是流动性高、忠诚度低确实是这一类用户的普遍特点，这就对影视新媒体企业的内容服务和业务流程等提出了更多的要求，企业必须快速响应用户需求的变化，才能吸引用户、留住用户。

一方面，广告收入现在依然是影视新媒体企业的主要盈利模式，但对于广告商而言，传统媒体的广告投入还是全部广告预算的重要部分，大部分的广告商只是将新媒体平台作为传统媒体广告的补充，这使影视新媒体的广告量远远低于传统媒体。另一方面，新媒体平台的市场区分度相比传统媒体还有一定的差距，这也在很大程度上影响了影视新媒体企业的广告收入。

（三）业务因素

一方面，影视新媒体企业为了追求高水平的用户资源保有率，往往会将不同类型的内容和服务纳入自己的经营范围，这种多样化的业务组合方式必然会对企业的技术水平提出更高的要求。另一方面，企业的管理方式也必然进行适时的调整，以适应企业业务组合的多样化发展。建立灵活的扁平式管理结构是影视新媒体企业应对多样化业务组合的方法，将责任和权力合理分配给各个业务职能部门，使企业能够对市场的变化做出快速反应，这也提高了企业的生存能力和竞争能力。

三 影视新媒体商业模式的评价原则

随着互联网技术的快速发展，世界已经发生了剧烈的变化。企业的经营环境越来越趋向于信息化、市场化、全球化，传统的商业模式受到了极大的挑战，这就要求企业要自始至终保持创新的意识。当然，创新的意识不仅仅局限于产品与技术上，更重要的是要适时反思自己的商业模式。企业只有使自己的商业模式跟随市场环境的变化而变化，才能持续获利。

我们可以发现，有很多优秀的企业，产品质量过硬、技术实力雄厚、成本控制到位、服务体贴入微，可还是无法挽回走下坡路，市场份额越来越小、销售利润越来越低，曾经蒸蒸日上的企业一夜之间就被具有创新商业模式的新生企业挤出了市场。很多企业的管理人员在谈到为何企业业绩下滑时，会认为是市场大环境不景气、国家调控政策过严、人力资源成本上升等原因，可唯独忽略了企业的商业模式是否与市场相匹配的问题。

一个企业总是有其成长周期的，在进入成熟期后，多数企业的成长将会放缓，经营业绩也会出现下滑，这是因为处于成熟期的企业更容易忽视对商业模式进行重新认识，这就容易使企业掉入"成熟的陷阱"。企业的商业模式跟不上市场环境的变化或者与企业制定的战略目标不相匹配，就会出现发展停滞不前甚至业绩下滑。

商业模式和商业模式创新是两个不同的概念，商业模式创新指的是对现有的商业模式进行重新思考的过程。它包含两层意思：一是在现有的商业模式基础上进行创新，也就是发掘现有商业模式在价值创造方面还有哪些缺陷，是否还有提供更高价值创造效率的模式存在；二是撇开现有的商业模式，建立一个崭新的商业模式，这就要求企业能够发现市场中存在的机会并分析自身的条件，准确把握机遇。

商业模式创新是商业模式研究的主要目的，因此，对商业模式的创新必须要有一个科学的评价体系。通过对比现有商业模式的研究成果，我们认为，商业模式创新的评价原则应该有以下几点。

1. 与其他模式相比的创新性

创新的商业模式必须要有一个优于其他模式之处，一个企业不一定拥有最先进的技术，只要能够发现商业模式的不足，对其进行改进、重组、创新，商业模式就能在未来发挥重要的作用。当然，单纯的经营改进并不等同于商业模式的创新，有的企业误以为提高企业的运营效率就是对商业模式的创新，这是一个误区。运营效率是企业未来追求生产力、品质和速度而孕育出的技术方法和管理工具的产物，它决定了企业的相对成本地位和差异化程度，但它只是相对的，并不能转化为长期的、持续的活力和能力。① 商业模式的创新更加强调的是企业采取区别于竞争对手的经营活动，或以不同的形式来组织、实践经营活动。

2. 模式变革的可行性

商业模式的创新最终还要通过执行来体现其价值，无论多么好的商业模式，如果与现实脱节、与企业实践情况不符，那都将只是纸上谈兵。相反，有的商业模式创新在理论上并不完美，但当与企业及企业的经营环境相结合后，却对企业发展产生了相当大的推动作用。商业模式创新的可行性体现在：

（1）资源配置是商业模式创新的基础。无论对于新成立的企业还是已经有一定规模的企业，它所能够获取和掌握的资源是有限的，足够的可利用资源是商业模式创新的基础，如目标客户规模是否足够大、产品技术是否先进、经营渠道控制力是否够强、合作网络的支持是否充分等方面。

（2）商业模式的创新要有相应完善的组织管理结构来支撑。企业由初创期的建立商业模式到成熟期的创新商业模式，往往伴随着组织管理结构的逐步完善，成熟期的企业通常会有相对完善且成体系的组织结构，各个经营部门各司其职高效运行，从而保证企业的正常经营。商业模式的变动必然导致组织结构的不适应，因此需要两者不断调整以达到相互匹配、相互促进的状态。

（3）优秀的团队为商业模式的创新提供强大的执行力。人才是企业最宝贵的财富，企业的一切活动都要依靠人来执行，这也是风险投

---

① 曾涛：《变者生存　创富时代的商业生态法则》，机械工业出版社 2008 年版。

资商为何如此看重团队的原因。商业模式的创新往往是想前人所不敢想、做前人所不敢做的，只有富有创新精神、敢于提问、敢于不断超越的团队才能创造出成功的商业模式。同样，也只有一个优秀的团队才能提高效率、不打折扣地将创新的商业模式贯彻到实处。

（4）商业模式的创新价值需要企业文化来提升。企业文化对企业价值的提升作用已经越来越为人们所重视，研究世界上著名的百年企业，不难发现，它们都有独特的且被人们广泛认可的企业文化。同样，在它们每一次的商业模式创新后，企业文化也总是会在第一时间与之相匹配，如沃尔玛的"为顾客节约"。商业模式的创新不可避免地会牵动到企业文化，只有将企业文化与商业模式动态地结合起来，使企业文化根据商业模式的变化而相应调整，企业文化对企业价值的提升作用才能发挥得更好。

3. 与环境动态变化相适应的能力

企业的生存环境总是在不断变化的，外界的各种环境是企业所无法掌控的，也正因为如此，企业才需要不断创新商业模式来保证持续的盈利能力。企业的外部环境主要包括：法律政治环境、市场环境、相关产业环境、技术环境、文化环境。法律政治环境是企业生存的根本环境，只有符合法律政治要求的企业才会有未来的发展；市场环境是企业存在的基础，健康可持续的市场环境才能为企业的持续发展提供平台；随着现代社会越来越精细的分工，每一个企业都不可能独自占据完整的产业链，都需要与上、下游企业及横向网络企业进行合作才能顺利进行经营活动；互联网的发展带来的技术革新浪潮远远超出了人们的想象，随之而来的技术进步更是一遍又一遍地冲击着人们的传统观念，同时，技术的变革也使原来不可能的商业模式变得可行；在物质生活水平日益提高的今天，人们对精神文化产品也提出了更高的要求，企业的产品和服务不再仅仅满足消费者的某一物质需求即可，受到人们追捧的产品无一例外地带有人们对其内在文化的认同。从麦当劳到星巴克，产品和服务的文化内涵为企业带来了越来越多的利润增长点。

4. 可持续盈利的能力

商业模式的创新归根到底是指为企业寻找新的价值增值方式的过程。成功的商业模式创新应该能够发掘出新的市场需求，创造出新的消费群体。当然，仅仅因为抓住一次偶然的机会而获得成功则不是真正的商业模式创新。真正的商业模式创新应当能够为企业带来可持续的、高于同行业平均水平的盈利能力，它能给企业的长期成长注入源源不断的动力。也正因如此，企业商业模式的创新必须具有一定的稳定性及抗风险能力。企业在进行商业模式创新时要有一定的前瞻性，能够预先判断市场的走向及法律政策的指向性，以便未来能够灵活地应对外部环境的变化、抵御风险。

四　影视新媒体商业模式创新的基本路径

商业模式的创新路径是研究商业模式创新的核心内容。商业模式是一个完整的体系，由多种要素及其之间的关系有机构成，对商业模式的创新可以通过改变现有商业模式的构成要素，并对各要素之间的相互关系进行相应的调整来实现。我们认为，从创新商业模式的构成要素出发，商业模式的创新路径可以归为以下几类。

1. 基于客户需求的创新

企业的产品或服务总是要满足客户一定的需求，然而客户需求是在时刻变化的，尤其是在这样一个信息时代，人们可以通过互联网轻松获取想要的信息，这就使顾客更容易对产品及服务产生个性化的要求。关注客户的新需求、预测未来的新市场对每一个企业来说都是必需的。然而，很多企业在考虑客户需求变化时总会犯一些错误，主要原因在于企业对客户的需求抱有一种错误的观念。比如，企业花大价钱研究如何让现有产品的功能更加强大、如何让客户的体验更新奇，但却不了解现有的产品功能已经能够满足客户的需求，他们希望的只是价格更加优惠一些。再比如，企业原来销售业绩一直不错的产品业绩开始下滑了，企业不进行详细的市场调查而盲目地压缩成本、节约人力，产品价格一降再降却依然少人问津，因为企业没有注意到市场上已经出现了更好的替代产品，虽然价格略高一些，但是它所带来的新奇体验使客户愿意接受差价。由此可以看出，企业为了更准确地把握客户需求，必须站在客户的角度来思考，只有对客户需求的变化进行持续的研究，才能依据变化的趋势得出正确的预测，引导行业的发展，赢得未来。客户需求是时刻变化的，社会环境、文化氛围、经济条件等因素都会对其产生影响，而企业只有比竞争对手更准确地发现需求的变化、更好地满足客户的新需求，并以此为基础相应调整、创新自己的商业模式，才能使企业富有竞争力。

2. 基于客户接触方式的创新

这是一个信息爆炸的时代，人们的生活中充斥着大量的信息，企业如何让自己的产品被客户注意到，或者说企业以何种方式、利用什么样的界面与客户进行接触是至关重要的。现代企业的经营环境早已不再是几十年前物资匮乏的时代了，物质生活的极大丰富及互联网提供的技术平台赋予了消费者极大的选择权。除此之外，市场竞争日趋白热化，新产品层出不穷，质量越来越好、功能越来越强大、外形设计越来越人性化，想要让客户认可自己的产品，除了基本的质量过硬、设计人性化之外，有效的客户接触方式是为产品打开销路的重要步骤。

传统的客户接触方式往往是由中间商来完成的，企业与客户之间的交流是间接和滞后的，相互之间传递的信息在多数情况下也是不完整或失真的。因此，寻找新的客户接触方式就成为商业模式创新的重要路径之一，其目的在于，在合理控制成本的前提下，尽可能提高企业与客户之间的信息沟通效果，从而更加了解客户需求，同时，客户也可以了解企业的产品和服务。

3. 基于价值链和价值网络的创新

价值链在经济活动中无处不在，不仅是与上下游关联的企业之间存在价值链，而且在企业内部，各个业务单元的相互联系也构成了企业自身的价值链。当然，理论界在对价值链进行研究的时候发现，并不是价值链的每一个环节都能产生价值，只有价值链上的某些特定活动才是企业价值的来源。因此，从价值链的角度出发进行商业模式的创新，主要也是从这些特殊的环节入手。在过去，企业在制定战略时有这样一个误区，认为只有将能够影响自己生产的一切环节都抓在手中，使其成为完全可控的要素，企业未来的发展才不会受制于人。于是，在 20 世纪末，全球企业掀起了并购的狂潮，但不少优秀的企业在并购之后却陷入了发展的混乱，被自己重金换来的"包袱"捆住了手脚。在经受了一系列惨痛的教训后，不少企业纷纷调整战略，收缩业务规模，将自己不熟悉的业务出售，并开始着力于改善与上下游企业间的关系，使其由原来相互敌对的竞争关系逐步调整为互利共赢的协作关系。由于企业收缩了业务范围，使其将更多的精力专注于自己的核心业务，将更多的人力、财力投入技术研发，从而通过增加产品的技术含量，赋予产品更丰富的文化内涵，实现了价值的增值。为了使这样的价值增值方式继续良性发展，企业就必须以顾客价值为中心，与其他企业在更大范围内形成协同合作的价值网络，企业在不断创新合作网络的同时也完善了自己的商业模式，使其始终保持与价值链和价值网络的同步协调。

4. 基于盈利模式的创新

在企业的整个经营过程中，企业关注度最高的是企业的盈利模式，因为它决定了企业以何种方式赚钱，对企业来说，有了好的产品并不一定能赚钱，只有将产品与合适的盈利模式相结合才是真正的价值实现。

对生产商来说，一件并不被市场看好的产品，如果配以恰当的盈利模式，往往会取得意想不到的效果。比如，一直为商业界引以为经典的施乐案例。914 型复印机在刚推出的时候并不被柯达、通用电气、IBM 等大厂商看好，但威尔逊却打破常规，通过租赁使用的方式弥补914 型复印机售价高的缺点，依靠超出 2000 张以后每复印一张收取的4 美分来获取高额利润，也就是典型的"剃刀 + 刀片"的盈利模式。采用这一盈利模式后，施乐迅速打开了市场。由于 914 型复印机的复印质量高且使用方便，用户每天就要复印 2000 张，也就是说，从每月的第二天起，用户每复印一张就要给施乐公司带来 4 美分的额外收入，并且，这一模式也为后来想要进入该领域的其他公司筑起了高门槛。

服务型企业的盈利模式创新同样能够为企业带来巨大的市场空间。以广告业为例，传统的广告公司通常是按照服务项目收取服务费，但是处于刚刚起步的公司不会有很高的广告预算，对价格比较敏感，所以广告公司只能靠降低制作水平来压低价格争取客户。但是有的企业选择了更先进的盈利模式，在广告投入的前期不收取任何费用，如果客户的销售情况在广告投放之后有增长，那么，广告公司收取销售额增长部分一定的比例，即收取分成费的模式。这种模式无疑增加了广告公司的风险，但相应的利润空间也大幅度提升。在这种模式基础上，还衍生出了成为客户产品代理甚至买断客户产品销售权的盈利模式，这都使广告公司的利润成倍地增长。

互联网的发展也造就了一类新型的企业，它们不生产产品，也不为客户提供直接服务，而只是搭建了一个平台，如 eBay。eBay 通过免费会员的形式建立起一个网络上的买卖者社区，在这个社区建立起来之后，它帮助促成交易，收取会员费或佣金等。

五　影视新媒体商业模式的创新策略

商业模式的创新不同于产品创新或者传统的管理创新，它要求企业能够打破原有的经营惯性，发展新的竞争能力，为企业带来长期的发展机会。如果说企业的产品创新或管理创新属于延续性的创新，那么，商业模式的创新则可以归为破坏性的创新。商业模式的创新策略，就是要从商业模式的组成部分上着手创新，其中，最关键的四个问题是：确定目标客户及为客户提供什么样的产品；如何提高企业的资源利用效率；如何将服务或产品传递至目标客户；采取何种创新方式改善企业的盈利状况。

1. 细分目标市场，引领客户潜在需求

在一个完整的产业链中，最末端的客户需求是决定整个产业链生产的关键因素，明确客户需求是企业生存的前提。影视产业提供的是满足客户精神需求的文化产品，文化产品比一般的物质产品更接近客户的精神层面，直接反映了客户的精神需求，因此，影视产业对客户需求的满足程度必须更甚于生产物质产品的产业。新媒体时代影视产业的终端客户一般包括网络用户、网络电视用户、手机电视用户等。在信息获得极为便捷的互联网时代，用户的吸引力被充斥的各种信息所占据，但其中有相当一部分是不满足用户需求的无效信息。一天的

24 个小时是用户媒介消费时间的上限，在这样一个相对固定的时间限制内，影视新媒体作为新兴的影视消费形式，就不可避免地会与传统的影视消费媒介争夺用户时间。

面对数量庞大的用户群，新媒体影视企业必须对用户特征及用户的潜在需求进行详尽的调查，对市场进行进一步的细分，充分挖掘用户的潜在需求，基于企业自身的 SWOT 分析，实现目标客户的精准定位。当前，新媒体影视受众主要呈现了以下特征。

（1）用户年龄呈现低龄化。选择通过新媒体途径观看影视作品的用户群年龄普遍低于选择传统媒体观看影视作品的用户年龄。"截至2016 年 6 月，我国网民仍以 10—39 岁群体为主，占整体的 74.7%：其中 20—29 岁年龄段的网民占比最高，达 30.4%；10—19 岁、30—39岁群体占比分别为 20.1%、24.2%。与 2015 年底相比，10 岁以下儿童群体与 40 岁以上中高龄群体占比均有所增长，互联网继续向这两个年龄群体渗透。"[1] 这意味着，在中国的网民中，青年群体数量最高，几近三分之一。青少年的市场也占据相当份额，为五分之一。两者相加，差不多为半数。

（2）用户普遍呈现兴趣爱好广泛的特征。互联网提供了便捷的获取信息的途径，某些在传统传播条件下不易获取的信息在互联网时代则变得触手可及，无论是电影、电视剧还是综艺节目、小品相声，用户都可以通过互联网轻松获取，因此，互联网给用户提供了最大限度发掘自己兴趣爱好的平台。

基于影视新媒体的受众群体特征及新媒体影视产业自身的发展情况，我们认为，目前新媒体影视产业应当将目标市场区分为先驱市场

---

[1]　中国互联网络信息中心：《中国互联网络发展状况统计报告》（第 38 次），2016年 7 月。

和大众市场。先驱市场主要针对时尚、科技型的消费群体，这一用户群体主要集中在22—40岁，他们从事的行业为企业中高层管理、机关公务/科教文卫、个体经营/私企经营等。这一类型的用户群体往往追求高质量的影视产品和更加时尚的观看模式，容易接受新的业务或终端产品，即使某项服务的内容和功能尚未丰富，此类用户也会出于追求新鲜事物的心理而接受服务，并为此支付一定的费用。但是，这一类用户的忠诚度普遍不高，企业必须能够提供高品质的观影体验、时尚个性化的服务才能长期吸引其注意力。大众市场用户群的年龄和职业分布相对较广，其中，企业一般职员和在校学生占相当大的比重。与先驱市场用户不同，大众市场用户群的主要特点是追求服务的便捷性和产品的实用性而非时尚、新潮，这一类用户往往不会主动地"尝鲜"某种服务，只有当需要的产品或者服务在内容和终端等方面都相对丰富后才会使用，其消费行为相比先驱市场用户更加理性和保守，付费意愿也相对较低。针对大众市场用户群，企业在提供产品和服务时应更注重实用性和便利性，以更低的消费成本提供相对完善便捷的产品和服务。

2. 创新接触管理，拓展用户接触渠道

接触管理即企业决定在什么时间（when）、什么地点（where）、如何（how，包括采取什么接触点、何种方式）与用户或潜在用户进行接触，并达成预期沟通目标以及围绕用户接触过程与接触结果处理所展开的管理工作。[①] 其核心是企业如何在正确的接触点以正确的方式向正确的客户提供正确的产品和服务。创新接触管理是指首先要明确目标用户群的所有接触渠道，筛选出能够诱发用户使用的重要接触

---

① 参见贾昌荣《如何有效接触客户》，《销售与管理》2004 年第 10 期。

点，才能进行多渠道的用户接触点建设。

网络视频及手机视频用户一般是能够熟练使用计算机和智能手机的人群，因此，这一类人群所能接触到的信息接收渠道要远比其他人丰富得多。影视新媒体企业必须充分利用各种媒介形式。一是利用网络广告进行宣传，吸引一部分"尝鲜"用户群。广告一直是企业对外宣传的第一选择，影视新媒体企业想让用户使用自己的平台观看节目，广告宣传是必不可少的，由于网络视频用户的分布比较分散，只能使用网络广告才能覆盖已达到广告宣传的效果。比如，广泛利用微博、论坛等社交媒体的传播渠道，以最新、最热门的视频内容为广告主题进行推广，既可以扩大广告宣传力度，又可以满足网络用户追求新鲜的心理。二是充分利用网络互动性扩大用户规模。随着网络技术的不断发展，网民对互动性、可参与性提出了更高的要求，网络视频用户也不再仅仅满足于在评论区发表几句评价或投一下支持反对票，他们希望能够更直接地参与其中。因此，影视新媒体企业可以利用用户的这一诉求与潜在用户进行接触。比如，提供"个人放映室"板块，用户可以将自己喜欢的或者某一类型的视频内容制作成集锦上传到论坛上供大家讨论，企业选取用户参与度最高的集锦为主题进行展播并定期更新，如"经典奥斯卡""人生正能量""时尚控"等。此外，还可以推出与展播主题相近的视频短片大赛，这样，一方面，可以获得大量的优秀作品丰富内容资源库；另一方面，还可以通过活动吸引大量的潜在用户。三是利用群体效应，进一步扩大用户规模。网络使有相同爱好的人群可以突破地域的限制联系在一起，影视新媒体企业可以利用这样的群体效应，建立不同主题的论坛组织，为兴趣相同的用户提供交流的平台，或定期组织用户面对面的交流活动，并邀请作品的制作方参与，以此尽可能吸引潜在用户。

除了建立立体的网络接触渠道外，增长迅速的手机视频用户也是极具发展空间的潜在用户群。区别于网络视频用户观看平台不固定的习惯，手机视频用户在使用手机观看视频节目时，更倾向于使用固定的应用程序，且一般情况下不会同时在手机上安装多个视频应用程序，忠诚度相对较高。因此，影视新媒体企业可以通过开发自己的手机客户端，并与各大手机应用下载平台合作，加大推广的力度，尽快提升客户端的下载量和使用量，并依据客户的反馈及时更新客户端功能，提高用户保有量。

3. 加强跨媒体合作，打造高效产业价值链

跨媒体合作是媒体发展的重要趋势，尤其是在新媒体时代，各媒体间的界限逐渐被互联网平台模糊，媒体一体化的进程逐渐加快。跨媒体合作在媒体间建立了良好的竞争环境，一方面，新兴媒体借助传统媒体获得了未来发展的资源支持，有利于整个产业规模的持续扩大；另一方面，新兴媒体的冲击迫使传统媒体加快产业发展转型，提高信息、人才资源的整合程度，从而提高传统媒体在新媒体时代的产业竞争力。媒体之间的竞争已经从原来的一对一逐渐演变成了一对多、多对多。我国媒体间的合作还处在初期阶段，尤其是影视新媒体产业的跨媒体合作还存在合作形式比较单一，合作规模偏小，资源的利用效率低等问题，只有解决存在的这些问题，才能使跨媒体合作真正成为新媒体影视产业未来持续发展的强劲助力。

首先，政府支持是搭建影视新媒体产业跨媒体合作平台的基础。影视新媒体产业是影视产业在新媒体时代的重要发展方向，一方面，互联网的快速发展培养了用户观看网络视频的习惯，而新媒体单纯依靠 UGC 的内容模式无法满足用户的需求，需要借助传统影视产业的影视资源；另一方面，新媒体的强势发展分流了大量的用户资源，致使

传统影视产业未来持续发展的空间不足，需要借助新媒体的平台继续保持用户数量。但在经历了几年的快速发展后，影视新媒体产业现在正处在发展的十字路口，市场环境不够稳定、企业抵御市场风险能力偏弱、盈利水平低、融资难等一系列问题成为制约其未来发展的枷锁。由于市场调节具有滞后性，单单依靠市场调节作用并不能帮助影视新媒体产业渡过难关，因此，政府必须在市场调解的基础上进行适度的行政干预，从而推动影视新媒体产业的长期发展。第一，政府应完善相关的法律法规，为影视新媒体的健康发展营造良好的基础，尤其在知识产权保护、制定合作规范等方面应加快法律法规制定的步伐。第二，政府应从全行业的高度出发，为影视新媒体的跨行业合作打造平台，尤其在发布产业信息、给予税收优惠、鼓励资本介入等方面应进一步加大扶持力度。

其次，创新合作形式是实现影视新媒体跨媒体合作效益的根本。新兴媒体与传统媒体之间的合作对影视产业的健康发展具有深远影响。但是，在影视产业跨媒体合作一片叫好声中，依然存在合作方式简单、合作层次单一的问题，影响整个行业的持续健康发展。一方面，影视新媒体多是做渠道起家的，很少涉及内容制作，通过新媒体渠道传播的影视作品多来源于传统影视媒体，致使内容同质化严重，用户忠诚度下降，用户资源流失。另一方面，很多媒体为了追赶跨媒体合作的时尚，某些没有合作必要的项目或者是不适宜合作的媒体之间也盲目合作，最终导致合作失败，不仅没有达到预期的效益，还造成了不必要的资源浪费。跨媒体合作方式可以从三个方面进行创新：第一，新兴媒体与传统媒体应创新内容合作的方式，打破仅仅在播出阶段合作的简单模式，将影视产业链的制作环节作为合作的切入点，使传统媒体制作的技术优势与新兴媒体全方位与观众互动的优势结合起来，合作拍摄出更多符合观众喜好、符合市场需求的优秀影视作品。这样的合作不仅为新媒体影视企业提供了有区分度的影视内容，还降低了以往单纯靠购买版权所带来的高昂成本。第二，新兴媒体与传统媒体应加强营销合作的力度，打破以往两条线路独立营销的模式，彼此形成互动，使传统影视媒体能够借助新兴媒体的互动适时调整宣传策略，提升宣传效果，同时，新兴影视媒体依托传统媒体的营销宣传自身，吸引原来较少接触新媒体的观众，发展新的用户资源，最终实现媒体间的交叉营销，提高营销效果。第三，影视产业的跨媒体合作不应只局限在新兴媒体与传统媒体之间，随着各种移动技术的发展，用户对在各媒体间快速转换的要求必然不断增强，不同类型的影视新媒体企业之间掌握着不同的用户资源及运营渠道，彼此的合作将汇集单一的资源，形成更具竞争优势的一体化影视新媒体。

4. 创新盈利模式，提高盈利水平

盈利是一个企业存在的基础，也是其存在的根本目的。影视新媒体企业现在的盈利模式单一，盈利能力偏弱是制约产业未来发展的主要因素。因此，创新盈利模式，提高企业盈利水平是摆在每家影视新媒体企业面前的关键问题。管理学界在研究盈利模式时，通常从收入来源和收入分配机制两个方面来进行，这也是影视新媒体企业创新盈利模式的主要切入点。

首先，增加收入来源是提高盈利水平的基础。媒体企业的收入来源目前主要有三种：一是广告收入；二是内容收入；三是增值服务。但就现在市场的表现来看，三种收入来源都还有待于进一步开发。第一，深入挖掘广告合作形式，扩大广告收入。广告收入现在依然是影视新媒体企业的主要收入来源，区别于传统影视媒体广告传播范围宽泛、针对性差的缺点，新媒体广告平台具有目标市场定位准确、互动性强、广告内容接受率高的优势。因此，深入挖掘新媒体平台的广告投放形式，充分利用新媒体的传播优势，对影视新媒体企业未来广告业务收入增长有积极的推动作用。主要采取的途径有：一是继续完善广告业务种类，包括视频插播广告、赞助广告、显示广告等形式；二是延展广告空间，针对不同视频内容、不同地区的用户配以不同广告，从而扩大广告容纳量；三是提高广告投放精确度，通过对用户注册数据、观看内容类型、页面停留时间等数据的分析，计算出用户收入、爱好等信息，细分广告受众，实现精确投放。第二，提高内容资源的占有率，降低内容成本。购买影视作品版权是影视新媒体企业的主要运营成本。要降低内容版权成本，一是形成专门的采购系统，严格审片环节，进行充分的用户调查，确保购买影视作品的质量；二是完善版权分销模式，针对广告收益高的热播影视作品实行独播或少量分销版权的方式运营，针对普通影视作品在分销版权的同时可再进行个性化包装，进一步消化版权购买费用；三是主动进入影视作品制作环节，通过与其他媒体合作或独立运作等形式，自制影视作品，降低内容成本。第三，优化增值服务，培养用户付费习惯。提供增值服务将是影视新媒体企业未来收入来源的重要组成部分，完善增值服务主要采取的途径，一是优化内容资源，用无广告、高品质的内容催熟用户付费习惯；二是延伸产业链，借助活动营销、无线增值服务及相关衍生产品服务，增加综合收益。

其次，完善收入分配模式是提高盈利水平的保障。版权费用的快速增加对新媒体影视企业的传统盈利分配模式提出了更高的要求。现有的盈利分配模式还有很多创新的空间，如对收入的分成比例进行调整，或者增加分成的对象等，如新媒体平台可以投资参与进行节目制作，从而提高在产业中的利润分成比例；再比如，新媒体的平台在参与广告宣传时可以提供更多更全面的服务项目，从而提高广告收入，甚至参与广告投放方的盈利分配，这样就能避免依靠广告收入的单纯盈利模式。

总之，影视产业在新媒体传播平台的发展过程中，无论是对市场的地位、对资源的利用方式还是盈利模式方面都需要不断地变革和创新，只有着眼于未来，引领创新才能赢得核心竞争力。

结　　语

中国影视产业在经历了一个多世纪的发展后已经迎来了一个新的发展机遇期，但在中国加入 WTO 以后，影视产业受到了来自国外影视业的挑战，无论是内容质量、传播水平还是盈利能力都面临着前所未有的危机，这也要求中国影视产业要加快改革和创新的步伐，尽快适应市场经济的要求。新媒体技术的兴起为影视产业的发展提供了新的平台，互联网技术和数字技术使影视产业真正进入数字时代，因此，影视产业传统的商业模式也受到了挑战。

新媒体时代的影视产业从业人员不再像传统影视产业那样，仅仅局限在所谓"影视圈"这个很小的范围里，各种便捷廉价的设备使行业的参与门槛降到了几乎为零的水平，这一方面鼓励了普通观众的参与性，观众对于观看什么样的影视作品掌握主动权，这就打破了传统媒介霸权的格局，极大地削弱了传统媒体的"中心化"传播特征，使原来被忽略的小众需求得到了满足；另一方面，也使一些颇具才华的"草根"能够脱颖而出，对业内人士的专业水平提出了考验，这就使影视产业对内容的依赖程度日益加深，内容的质量成为衡量影视作品的最终标准。

虽然新媒体技术为影视产业冲破传统媒介传播束缚提供了技术支持，但传统商业模式存在的问题也伴随着新媒体影视产业的发展而暴露出来。由于早期的新媒体影视产业以提供传播平台为主，在影视作品制作方面过度依赖传统媒体，在版权意识普遍加强的今天，影视新媒体企业想要购买高质量的影视作品就不得不付出高昂的代价，使以广告为主要盈利手段的新媒体影视企业入不敷出；另外，由于缺乏有效的目标市场定位，大部分影视新媒体企业在经营上普遍追求内容范围广、客户覆盖全的模式，进一步加剧了市场竞争，这些都对整个产业的健康发展产生了消极的影响。

第六章
影视产业的盈利模式

影视产业作为文化产业的重要组成部分，正以全新的姿态参与市场经济竞争的浪潮。实际上，影视产业的竞争是不同影视传媒机构或文化团体之间盈利模式的竞争。影视企业若想取得成功，就不能局限于单一化经营，经过市场的筛选，盈利能力差的企业就会被淘汰，因此，企业能否根据市场环境的变化选择合适的盈利模式和盈利方式，就成为关乎其发展前途的核心环节。与国外著名的影视公司相比，中国的影视产业之所以实力羸弱，与之存在着较大的差距，其关键因素就在于没有形成一个良好的商业循环模式，特别是一个如何实现更多盈利、快速收回投资，并给投资方树立强大投资信心的高效盈利模式。

良好而独特的盈利模式对于中国影视产业的快速发展无疑具有重大的意义。具体来说，一是能够促使整个影视产业突出文化产品的商业属性，迅速发展壮大，实现商业价值链中最核心的利益；二是能够促使影视企业快速调整商业结构，在风起云涌的时代完成产业转型，实现和完善产业化运作规则与经营；三是能够促使影视企业准确识别并把握消费者的需求和动向，抓住市场机会，实现商业利益最大化；四是能够促使影视企业清晰结构成本和利润方式，不断创新盈利方式，在促进企业自身成长的基础上，进一步明确竞争优势，确保影视产业经营的成功。

第一节　中国影视产业的盈利模式现状

2002 年以来，随着电影被定性为"可经营的文化产业"，我国电影从传统的文化事业体制中开始独立出来，面向市场，逐步走上了产业化发展的道路。经过近十年的成长，我国影视产业的发展取得了举世瞩目的成绩，从最初的制作、发行和放映相互独立或政治垄断的局面逐渐形成了集"制作—发行—放映"为一体的初级电影产业价值链，其市场化运作亦取得了相当的成绩。然而，与国际著名的影视产业集团，特别是美国好莱坞影视工业相比，我国的影视产业发展还很不完善，影视产业价值链，特别是大电影产业价值链概念尚未完全形成，影视工业的产业化还有很长的路要走。

中国电视产业作为当代影视产业的重要组成部分，其产业化进程起步较早，自 20 世纪 80 年代的市场导入阶段开始，历经 20 世纪 90 年代的快速成长期一直延续至今。但到目前为止，从严格意义上来说，我国的电视产业价值链还没有完全形成，表现在盈利模式上就是过分依赖电视台的广告收入，我们所期待的"上游内容开发、中游渠道拓展、下游产业延伸"的局面并没有形成。

从历史发展脉络来看，电影作为我国影视产业的另一个重要组成部分，其产业化开始时间要比电视晚很多，大致经历了计划经济体制下的国家管控与市场化探索，市场经济体制下的市场化改革与产业化发展四

文化产业发展模式研究

262

个阶段，尤其在 2002 年以后，电影被定义为"可经营的文化产业"，在国家政策的扶植和促进下，进入一个快速发展的"黄金时期"。

电影与电视也由于天然的血缘关系，随着"3C 革命"（信息产业中的计算机——Computer、通信业——Communication、内容产业——Content）所引发的技术变革和三网融合（广播电视网、电信网、计算机网）所导致的产业变革更多地走向"影视合流"的境地，共同统一于未来的大型娱乐传媒集团中，成为大电影产业链的重要组成部分。

综上，我们认为，影视产业是新时代背景下电影与电视跨界融合的产物，它主要是以电影、电视龙头企业为牵引，通过市场化运作对影视资源进行深度开发，从而形成内部产业结构和外部产业关联紧密结合的利益综合体。随着我国文化产业的大发展，影视产业作为文化产业的核心部分，也将发挥越来越重要的作用。

一 影视产业价值链的概念与特征

关于影视产业价值链的概念，目前学术界没有形成统一的声音，因而，我们要根据价值链与产业链的概念进行讨论。

（一）价值创造与影视产业价值链

现代管理学理论认为，所谓价值创造就是指企业生产和供应能够满足目标消费者需要的产品或者服务的一系列业务活动及其成本结构。电影、电视作为能够满足消费者以大众娱乐消费需求为主要目的的文艺消费形式，我们认为，影视产业的价值创造是个人或者企业通过一系列业务活动或组合所生产和提供的面向市场的能够满足消费者某种特定需要的效用系统，它不仅包括产品的使用价值，更包括产品的精神价值。对于消费者而言，影视产品的价值主要指精神价值，它能够满足人们在大众文化时代潜在的审美需要。

影视产业作为一种核心创意产业，其价值创造主要表现在三个方面，一是针对影视内容的银幕价值层面，它主要通过影院放映取得的票房收入来获得和衡量；二是作为广告和宣传平台的媒介价值层面；三是针对影片内容中原始创意元素开发的时尚娱乐价值层面。在这三个层面上，虽然影视产业的价值实现方式不尽相同，但都是将电影、电视作为一种"影响力经济"，利用其影响力实现不同价值层面的深度开发。

企业存在的目的就是不断创造价值。美国著名学者迈克尔·波特在《竞争优势》一书中首次提出并使用了价值链。价值链指的是企业为满足目标客户的消费需求所进行的一系列价值创造活动的总和，企业不同价值创造活动的总和也便构成了企业价值链。

波特所说的价值链是针对单独的企业个体而言的，侧重于企业内部价值链的解释与说明，当我们将波特价值链的观点从单个企业拓展到某个行业或产业的时候，便形成了产业价值链，它既包括企业与企业之间的关系，又包括各企业内部的关系，完整的产业价值链是处于价值链不同环节的各种价值创造活动的总和。产业价值链与价值链和产业链之间存在相互交织的多重关系：产业链是价值链视角下的产业链，它从价值链角度或运用价值链分析的方法考察整个产业链；价值链是产业链基础上的价值链，它以整个产业链为基础，从整体把握的角度分析产业链各环节的不同的价值创造活动，并进一步探讨影响其价值创造的关键因素。

由此，本书认为，影视产业价值链是影视企业一系列经济活动的有序连接，它包括不同的价值创造环节。从狭义上来讲，影视产业价值链主要指影视作品的"制作—发行—放映"环节，我们称之为小电影产业价值链；从广义上来讲，影视产业价值链除了我们一般认为的电影、电视的制作、发行和放映三个环节之外，还包括影视产品的扩窗发行和后影视产品的衍生开发与服务等一系列价值创造活动，也就是大电影产业价值链。它是影视产业作为影响力经济的行业延伸，具有跨行业经营性质，是影视企业围绕其核心业务实行相关多元化发展战略的重要依据。

（二）影视产业价值链的特征

一般而言，物质商品的价值随着产品的市场流通而进入终端环节，但电影、电视作为一种特殊的精神生产，其价值具有很强的延展性，呈现出多层次、立体化的网状结构，其价值不会随着人们消费次数的增加而减少或者消失。因此，影视产业价值链具有这样的特征：

第一，影视产业价值链的整体增值性。由于构成影视产业价值链的各个环节是一个有机组成的整体，它们之间彼此区别但又紧密联系，相互影响和相互制约，并且存在着一定的价值递增关系。在产业链的不同环节都存在着大量生产同类价值创造的企业或组织，它们通过横向或者纵向的关系，形成具有一定衔接关系的企业的集合，并且这种集合不是无序或者杂乱的，而是以某种核心价值或者技术为基础，以生产或提供能够满足消费者需求的产品或服务为目标。随着影视产业的进一步发展，必然会出现更深层次的社会分工，但经济协作的需要则会在更高级的层次上将其统摄为一个整体，围绕某项核心业务在一定范围内进行资源的优化配置和深度开发，使其呈现出整体价值的最大化，这也为我们评判影视产业价值链是否优化提供了一定的标准，即能否最大限度地挖掘和实现全部资源的最大价值，使其处于无浪费状态，实现整体价值的持续增值。

第二，影视产业价值链不同价值创造环节价值创造的差异性。就多数产业而言，处于产业价值链不同环节的价值创造活动所创造的价值具有较大的差异性，这就是我们通常所说的"微笑曲线"，一般而言，产品的创意研发和品牌营销所创价值较大，是产业价值链的高附加值环节，中间的生产和制作环节所创价值较小，属于价值链的低附加值环节。与好莱坞相比，我国影视产业之所以盈利能力较差，就在于没有占据全球影视产业价值链的高端环节，在创意元素研发这类战略环节上无法生产具有普世价值和人文情怀、能够产生全球影响力的影片，在被称为影视产业价值链瓶颈环节的发行体系方面实力羸弱，没有掌控权，不能实现同一制作成本的影片在不同发行渠道和领域内的持续盈利。

第三，影视产业价值链价值创造活动的多元性和联动性。影视产业作为核心创意产业，具有相当的产业联动效应和集群效应，围绕核心主业的相关多元化经营已成为健全影视产业价值链、增强影视产业核心竞争力的重要途径。产业联动效应的显现，在一定程度上改变了原有的市场竞争格局，使其由过去的单个企业之间的竞争越来越多地转变为多个企业的协同竞争，打破和放弃了原有的企业界限和行业界限，而以资金、信息、物流等形式紧密联系在一起，这也就意味着公司在完善产业价值链的过程中完成了更高程度的资源整合。游戏、玩具、服装、旅游等不同的产业价值链条在围绕影视产业核心主业的多元开发过程中，成为一个互相联系的有机整体，共同统一于影视产业的衍生产品开发过程中，成为大电影产业价值链上不可或缺的价值创造环节。其在各自领域实现价值创造的同时，由于更高层次的统一经营和管理，能够在不同产品的销售领域内实现一定的信息、资源共享，从而创造出更大的价值。比如，迪士尼每推出一部影片，都会在玩具、服装、主题公园等领域大显身手，强化其在市场上的渗透与扩张，通过创意元素的多元化开发和产业联动效应，追求整体利益的最大化。

二 中国影视产业的主要盈利模式

中国电影产业经过艰难的探索，自 2002 年产业化改革以来，连续多年保持了较大的增长幅度，逐渐实现了产业化和集约化的良性循环，进入一个快速发展的"黄金时期"，形成了相对成熟的多种盈利模式，为我国影视产业的后续发力奠定了良好的基础。

（一）票房盈利模式

票房原意是指在公众场合公开出售电影或者剧院门票的地方，现特指电影或戏剧等的商业销售情况。票房可以用观众人数的多寡或者门票统计来计算。在当代商业环境中，票房俨然成为衡量一部影片是否成功的关键因素。

所谓"票房盈利模式"，顾名思义，是指以电影的门票出售情况为主要统计标准和盈利手段，以影院公开放映为窗口向消费者提供可被观赏的、呈现在银幕上的连续影像，并要求电影观众为之付出一定经济补偿的行为，它是电影产品银幕价值层面的主要实现方式。虽然我们倡导电影的多元化经营，强调后影视产品开发的重要性，但是长期以来，票房收入仍然是我国电影产业的主要投资收益模式。

从制片层面来看，2010 年，国务院出台了《关于促进电影产业繁荣发展的指导意见》，针对目前我国电影产业化进程中出现的各种问题制定了相应的政策和措施，明确提出使电影产业成为我国服务业的重要组成部分，激发了社会各界对我国电影业的关注。在国家政策的推动下，很多业外资金流入电影产业，直接刺激了电影制片业的发展，在某种程度上提高了电影产品的质量，促进了影片生产的多样化，从不同角度和层面满足了电影消费者的观影期待，保证了电影票房的成功。国产电影的多样化生产格局初步形成。

一方面，电影制片业的活跃直接刺激了我国电影市场整体收入的持续增长和强劲发展，使我国电影从 2002 年全年票房收入不足 10 亿元到 2010 年票房收入突破 100 亿元大关。2013 年，票房收入突破 200亿元，达到了 217 亿元。2014 年票房收入 296 亿元，接近 300 亿元大关。2015 年票房收入，又达到惊人的 440 亿元。另一方面，国产电影的质量明显提高。很多中小成本制作的影片如《失恋 33 天》《将爱情进行到底》《钢的琴》等充分发挥了形式新颖、内容丰富、题材贴近人们现实生活的特点，在激烈的市场竞争中逆流而上，创造了不错的票房成绩。实际上，在电影产业化概念确定以后，中小成本电影的制作、发行和上映无疑是国产影片的一个软肋，虽然这并不是电影产业化经营以来才出现的陌生现象，但是中小成本影片的生存处境在电影产业化改革以来无疑变得更加困难。这些影片的成功突围不能不说是国产影片在市场化经营与产业化探索中做出的有益尝试，影片之所以能够在获得票房业绩的同时收获良好的影评效应和观众口碑，虽然与其自身的宣传策划等营销活动有重要关系，但从更深的层面上来讲，更多应归功于我国电影产业化发展以来整体制片水平的提高，卓越的影片艺术水平和渐成体系的商业化运作规则才是中国电影参与市场竞争的重要票房保证。

从发行放映层面来看，影院银幕作为电影产品的消费终端，呈现出欣欣向荣的景象。中国电影发行公司作为电影产品制片和放映的中间环节，一则发挥了自身的角色作用，充分将上游的内容生产和下游的渠道消费连接起来；二则一些有实力的电影制作公司，如中影集团、上影集团、华谊兄弟等在充分发挥电影制片优势的同时，积极向发行和放映环节扩张。银幕数量的增加不得不说满足了众多潜在电影观众的观影需求，促使其做出实质性的观影决策和经济消费，为我国电影票房的增长做出了极大的贡献。另外，我国电影在二级市场和农村市场方面亦取得了可喜的成绩。电影作为一种版权产品，农村市场的扩大虽然不能直接转化为电影的票房贡献，但对于我国电影产业的整体发展无疑具有重大的意义。

（二）广告盈利模式

电影、电视作为一种高附加值的文化创意产业，我们在看重其高效生产力的同时，必须注意影视产业的高风险性。影视产品作为一种特殊的服务产品，除了具有商品的一般属性之外，还具有相当的文化艺术属性，而文化艺术作为一种无形的精神产品，其本真的价值难以准确衡量，再加上电影、电视本身可能产生的制作风险和市场风险，如成本控制、产品品质、政策法规、资金断裂、知识产权保护、盗版与反盗版等不确定性因素，这就使影视产品作为一种无形资产的高风险性越发明显地显现出来。影视企业为了规避或者分散风险，不约而同将目光投向广告增益这一商业化行为。广告盈利模式的实质就是利用电影、电视的影响力，将其视作一种传媒平台，将电影、电视的影响力提前出售给广告商，从而获取投资收益。

实际从严格意义上来说，广告在影视产业价值链上属于衍生产品开发，但由于我国目前大电影产业链发展还不完全，整个影视产业的发展还处于初级阶段，因而，广告收入在整个影视产业链的价值创造环节占据了相当的位置，成为电影收回投资和风险控制的一种重要手段。根据广告经营模式和投放环节的不同，大致可以分为植入式广告、贴片广告和明星代言广告三种主要类型。

第一，植入式广告。植入式广告主要是针对影视产品的上游制作环节而言的，在电影、电视剧的制作和生产过程中，植入式广告将产品的视觉、形象等符号元素融入影视作品中，使其成为影片整体内容的一部分，潜移默化地影响消费者。巧妙而合理的广告植入不但不会影响剧情效果和观影效果，反而还会大大降低影视作品的投资风险，成为风险控制的有效手段。

在电影方面，著名导演冯小刚可谓中国植入式广告的开山鼻祖，几乎每一部作品都巧妙地植入了大量的隐性广告，如在《非诚勿扰2》中，葛优扮演的秦奋在慕田峪长城向楚笑笑求婚，在欢乐谷主持节目，在万宁石梅湾、三亚热带天堂森林公园度假，开着奔驰车，打着海南航空的"飞的"，入了中国人寿的保险，可谓生活潇洒。举办离婚仪式的紫竹院公园、李香山公司所在的798艺术区、50万元拍卖得到的剑南春、买轮椅的淘宝网，甚至不知名的美素化妆品、DOOV手机都争着来凑热闹。整个电影简直成为一场别开生面的产品推介会。片中植入的广告费高达6000万元，成本回收过半。

在电视方面，植入式广告同样有着举足轻重的地位，"限播令"和"限广令"的陆续出台，一则压缩了电视剧的播出时间和排播数量，二则对电视剧播出期间电视台强行插播广告的行为，如广告频率和广告时间等有着更加严格和细致的规定。虽然从长远意义上来说，这对于规范我国电视产业的整体发展、优化产业环境具有非常重要的作用，但这两限令的出台，在看似压缩了广告生存空间的表面现象背后，实则导致了电视台对广告资源更加激烈的争夺。比如，本山传媒的《乡村爱情》系列、湖南卫视的《丑女无敌》系列等，都植入了大量广告，植入式广告俨然成为电视剧降低风险和实现盈利的重要方式。

第二，贴片广告。在2010年《广播电视广告播出管理办法》（61号令）叫停电视台广告滥播现象之后，国家广电总局再次发文明确表示：贴片广告的经营权逐步回归影院，制片方不再经营贴片广告。毫无疑问，这对于规范我国电影产业的市场经营秩序，营造良好的产业环境，维护影院的合法权益，特别是鼓励社会资本投资建设现代化多功能影厅，推进主流院线建设等具有非常重要的意义。

随着我国电影市场的逐渐成熟，越来越多的人选择通过看电影的方式来进行娱乐消费，贴片广告由于放映时空的密闭性和不可选择性获得了良好的传播效果，这也使贴片广告受到越来越多广告商的青睐，并且随着城市主流院线和多厅影院的市场化建设和规模化发展，成为院线公司或者影院实现增值盈利的又一个利润点。

从经营主体来说，我国目前的电影贴片广告主要由两部分组成：一是由制片方在影片制作完成之后随电影内容本身拷贝而来的；二是由院线公司或者影院通过自身的品牌影响力而自行组织或运作的招商行为。以《变形金刚3》为例，影片自带的贴片广告时长7分钟，但是在影院放映时的时间就变成了10分钟到17分钟不等，有的甚至高达20分钟，这种赤裸裸的商业行为在为影院增加盈利的同时，明显在相当程度上伤害了消费者的观影情感，降低了人们的满意度。虽然从短期利益来看，贴片广告时间越长对于广告主和影院来说就越有利，但是从长远来看，实则不利于我国影视产业的整体经营和健康发展。这就要求作为放映终端的院线公司和影院在取得贴片广告自主经营权的情况下，能够更多地关注消费者的观影情感和实际利益，着眼于全局，通过良好的观影环境和氛围树立品牌意识，处理好短期利益和长远利益的关系，从而吸引更多的消费者，赢得利润分成，为我国电影产业的良性循环做出实质性的贡献。

　　第三，明星代言广告。明星代言广告的广告经营模式在我国自20世纪80年代兴起之后，逐渐成为广告运营的一种重要方式，其实质是利用社会对明星的认知度和美誉度，完成企业形象或者品牌等有效传播，这是一种典型的影响力经济和注意力营销。这种广告经营模式其实在好莱坞影视产业中也早已存在，但由于美国大电影产业链的发达和完善，影片的盈利能力强，因而明星所得的片酬比较高，不会选择代言广告的方式降低自身的社会形象。在我国，情况则与此相反，虽然整个电影娱乐产业的态势良好，近年来更是取得了跨越式的发展，但总体来说，我国影视产业的发展还处于初级阶段，因而明星代言广告的广告经营模式还是比较重要的。

　　明星代言广告之所以能够成为我国影视产业广告盈利模式的重要方式，在相当程度上与我国影视企业的整体运营环境和方式有重要关系。以华谊兄弟为例，公司兼营电影、电视剧和艺人经纪三大业务。其中艺人经纪，特别是其所特有的明星持股模式不得不说是华谊兄弟三大主营业务中的一个亮点。华谊兄弟的艺人经纪服务已经超过了电影主业，为公司创造了巨大的利润，虽然影视企业兼营影视制作与艺人经纪服务在一定程度上不符合国际影视制作与艺人经纪相互独立的产业惯例，但是它的经营模式和实际业绩还是获得了众多业内人士的认可。影视产业作为核心创意产业，其最大的财富就是专业人才，人才的发展需要借助公司强大的平台和资源，公司的壮大也需要聚集相当的核心人才，而华谊兄弟的明星持股模式作为专业人才与公司发展的纽带，无疑以其"资源共享，利益共享"的强烈感召力赢得众多明星的加盟，公司一方面借助本身强大的影视制作能力，为众多艺人提供了更多的机会和可能；另一方面，也凭借这种独有的人才激励机制，充分挖掘了艺人潜在的价值，使众多旗下艺人广告片约不断，明星广告代言收入持续增长，成为公司重要的盈利方式，反过来，又为公司影视产业的发展提供了强大的资金支持，进一步巩固了华谊兄弟在影视产业中的地位和影响力。

三　影视产业传统盈利模式的问题

近年来，中国影视产业在国家政策的鼓励和扶持下，短时间内取得了跨越式的发展，但随着我国加入世界贸易组织后产业政策的逐步放开，大量国外资本纷纷涌入，使我国影视产业在激烈的国际竞争环境中遭受到前所未有的冲击，传统的盈利模式受到严峻挑战。

第一，盈利结构单一。所谓影视产业的盈利结构，好莱坞影视产业的"二八定律"引起人们的普遍关注。这也就意味着票房收入只占影视产业整体收益的20%，而后影视产业则占影视产业整体收益的80%，除电影、电视的制作、发行、放映之外的整个后电影产业链具有相当的价值，后影视产品的开发程度如何俨然成为我们衡量一个国家的影视产业价值链是否完善和产业盈利能力强弱的重要依据。但在我国，就目前的盈利模式来看，虽然呈现出票房、广告、后影视产品开发的多元化经营格局，但从实际绩效来看，仍然存在着过度依赖某一种盈利方式，特别是本土票房的现象，相关的海外贸易拓展、信息服务等衍生产品开发和盈利能力严重不足，大电影产业价值链尚未形成，电影作为一种核心创意产业，其突出的产业联动效应和辐射效应还没有发挥出来，跨业经营能力差，价值链运作概念和实践严重不足，直接导致了我国影视产业盈利模式单一，缺乏可持续性的后果。

第二，产业要素不健全。在理想状态下，大电影产业价值链是围绕电影、电视创意元素的研发和制作、发行等价值联动，包含一系列不同环节的价值要素和主体。各价值要素之间往往通过一定的产权联结关系，发挥跨媒体、跨行业、跨地域经营的整体优势，提高整个产业的运营效率，达到最理想的影视产业各价值创造环节的价值链接。而目前，我国的主要影视集团其产业内部各业务单元如影视剧的制作、发行、宣传营销等虽然形成了各自的价值链，处于不同价值创造环节的各要素内部也形成了相对成熟的企业价值链，但是从产业价值链的角度来看，它们并不是以不同的价值创造为基础紧密联系在一起的一个有机整体，无论是产业内部各业务单元还是同一价值创造环节的不同企业之间，更多的是一种各自为营、各自为政的独立经营状态，彼此之间缺乏有效的沟通和融合。也就是说，目前我国的影视产业价值链构建在一定程度上并未真正理解价值链的含义和真谛，而是盲目地追求各价值要素和主体规模的扩张和多元化组合，在自身核心竞争力尚未确立的情况下通过重组、并购等形式形成看似完整的产业价值链，而实际上这些不同的价值创造要素在重组和并购的过程中更多的是单纯"加入"而非有效"融合"，造成了产业价值链内部各业务单元和环节的"孤岛"现象。这些独立的个体行为简单地规模相加并不能使影视产业价值链得到整体最优的效果，反而在一定程度上会影响产业价值链的最终形成和完善。因此，我们在新一轮的影视产业价值链构建过程中要自觉地以价值为导向来构建和确立影视企业的核心要素，按照相关多元化的原则围绕核心主业进行横向或者纵向价值辐射，通过最大限度的资源整合和信息共享进行协同一体化作业，进而形成各价值要素紧密相连、环环相扣的立体化网络结构，将价值链构建的着眼点放在能够提高企业市场竞争力的关键环节上，从而获得规模经济和范围经济，促进影视产业价值链的优化和升级。

第三，产业价值链条短。在以美国为代表的影视产业发达国家，影视产业早已突破了电影、电视的概念限定，成为一个各环节紧密相连、自由组合的价值创造系统，这就是我们所推崇的大电影产业价值链。近年来，随着我国影视产业政策的逐步放开和推动，一些有实力的国有影视企业纷纷通过转企改制进行了大范围的产业结构调整，初步形成了集制作、发行、放映为一体的影视产业格局，影视产品的扩窗发行和衍生产品开发取得了一定的成绩。比如，中影集团和上影集团等经过多年的产业化改革和市场化探索，逐步形成了以影视产业为依托、多种产业综合发展的价值链格局，提出了"制片、制作、营销、发行、院线、后期开发"六大产业价值链环节齐头并进、协同发展的经营思路和前进目标，成为目前国内最具市场竞争力和价值创造力的大型电影集团。但是从整体来看，特别是与美国等影视产业发达的国家相比，我国影视工业的产业化发展还很不成熟，产业价值链比较短，院线制改革还有待进一步深化，主流院线市场、二级电影市场和农村电影市场都存在一定的空白，我们所期待的以影视剧的制作、发行和放映为中心的"上游开发、中游拓展、下游延伸"的大电影产业价值链尚未形成。

第四，创新能力不足。我国影视产业盈利模式总体创新能力不足，在新媒体领域方面的作为严重不足，这在很大程度上是由于经营管理人才的缺乏造成的。如果说影片创意元素的研发是整个影视产业价值链的战略和高端环节，那么，人才则是战略中的战略，关键中的关键。随着中国影视产业政策和传媒政策的逐步放开，电影、电视作为媒介载体的政治宣传性与其本身的制作、发行、放映等经营性业务逐渐剥离开来，这就导致了以往传统的电影、电视人才不能满足现代影视产业市场化发展的强烈要求，在一定程度上成为制约我国影视产业在现代市场经济环境中实现跨越式发展和超常规发展的瓶颈。就目前我国电影产业化发展的趋势而言，最缺乏的是有实力的制片人，这就是我们所说的既精通电影、电视等文化娱乐行业特点，又具备相当的经营管理经验，如企业管理、市场营销、财务管理等复合型高素质经营管理人才。他们一方面既懂得电影艺术，另一方面又具备相当的经营管理和市场运作经验，因而能够平衡影视作品的艺术价值和商业价值，准确把握时代潮流和受众心理，开发出符合市场预期的影片，在相当层面上能够通过影视产品本身或者其他层面的深度开发引发、引导甚至引爆一定时期内人们的文化消费热潮，从而保证影视产品市场化运作的成功，在降低制作风险的同时实现其经济价值最大化。我们所熟知的杰瑞·布鲁克海默、大卫·奥·塞尔兹尼克等好莱坞金牌制片人，他们作为电影项目的全权负责人，几乎参与了从创意策划、剧本编写、投融资、前期拍摄、后期剪辑、发行营销等所有环节，因而被称为"站在导演身后的导演"。反观我国，导演中心制代替了制片人中心制，这虽然在一定程度上保证了影片票房的成功，但对于导演权力过大、创作心态浮躁、影片质量不高等问题缺乏合理的管控和约束机制，无疑加大了影视制作的风险，伤害了人们的观影情感，进而在一定程度上削弱了导演和明星的品牌价值，使本就薄弱的后影视产品的开发过程更加步履维艰，制约了影视产业整体盈利模式的创新。

第二节　数字化背景下中国影视产业的价值链构建

众所周知，随着数字化技术的应用和普及，电影产业正和其他行业一样经受着革命性的颠覆和洗礼，电影作为与科学技术联系最为密切的艺术形式，数字技术的发展无疑对电影产业的整体发展产生了质的影响，从最初的"好莱坞数字之夏"到如今数字技术与电影产业的高度融合，数字技术正以前所未有的姿态深刻影响着影视工业的变革，给电影、电视工业的发展带来了新的生机与活力。

一　数字技术对影视产业发展的影响

电影作为现代科学技术的产物，自诞生以来便与科学技术有着千丝万缕的联系，电影史上的每一次创新和突破似乎都离不开科学技术的发展和推动，数字技术的普及和推广无疑再一次对电影的艺术形式甚至整个电影生产方式产生了革命性的影响，而且这一影响已经远远超出了我们所理解的狭义的电影、电视剧的生产和制作环节，成为昭示世界电影产业发展的重要方向。2010 年，《阿凡达》的成功无疑是由数字技术引爆的新一轮观影热潮，借用著名影人索德伯格的话说，世界电影产业发展进程从此可以用《阿凡达》之前和《阿凡达》之后来表示了，这意味着数字技术在电影、电视领域的又一次突破和发展，它在给我国电影市场带来巨大压力的同时，也带来了重大启示。

（一）数字技术促进了电影生产方式的变革

本书所理解的电影生产方式不单单局限于电影、电视剧的制片环节，而是从更广阔的角度将影视作品的制作、发行和放映等环节紧密联系在一起，将其视为一个有机统一的整体，通过数字技术对电影制片、发行、放映等环节的具体影响，从整体上分析数字技术对于整个电影工业生产方式的变革和影响。按照大电影产业价值链的思想，本书所指的电影工业的生产方式是整个影视产业价值链的战略环节和高端环节。

从制片层面来说，数字技术的应用在很大程度上拓展了影视艺术的表现空间，数字影视成为发展的新趋势。电影作为视觉艺术的延伸，电影制作中的虚拟与真实历来是人们争论的焦点。按照早期电影大师的说法，电影自诞生以来一直被认定为"物质现实的复原"或"存在的证明"，摄像机从来都是电影画面获取的主要手段，其本质就是建立在以照相为基础的对现实世界的本真复原上，虽然在具体的制作过程中不可避免地遭遇后期处理，但也只是对原有画面的简单修饰和剪辑，并没有更深层次的画面再创造。然而，数字技术的应用颠覆了影像获取对于现实世界的严重依赖，它不仅可以对现实画面如灯光、舞美等进行高清晰度的剪辑和处理，而且能够在相当程度上虚拟现实，按照创作者的艺术思维在数字技术的世界里"讲述一个根本不存在的故事"。也就是说，数字技术的应用和发展甚至在一定程度上取代了现实表演的意义，能够无中生有地凭空创造出一个个栩栩如生的人物形象和视觉奇观，带给人们一场华丽的视觉盛宴。毫无疑问，数字技术的应用使影像世界与现实的关系脱离了简单的模仿与被模仿、反映与被反映的束缚，甚至在某种程度上完全割裂了艺术与现实的关系，使其完全独立于生活之外而成为一种纯粹的艺术形式，就像《星球大战》《侏罗纪公园》《阿凡达》等影片所表现的那样，虚拟出一幕幕毫不存在的"海湾战争"，使电影拍摄对于显示真实的依赖不再成为一个不可逾越的鸿沟，拓展了影视艺术的思维空间和表现空间。

从发行放映层面来看，数字技术的应用提高了电影的发行速度和放映质量。相较于传统的以胶片为载体的电影来说，数字电影最为重要的就是将以胶片为载体、以拷贝为主要发行方式的传统电影变成了以数字文件形式发行或者通过网络、卫星等直接传送到影院、家庭等终端，以供全球的观众可以同时同步观看同一部电影。具体来说，数字技术的发展使原本依附于磁盘拷贝的电影文本获得了更为灵活的存在方式，其传播的广度和深度都是传统电影所无法比拟的。数字技术的应用克服了传统电影在拷贝和放映过程中造成的机械磨损，因而能够保证影像的长久清晰和稳定，提高影片质量，从而满足了消费者日益提高的审美需求。实际上，由于数字电影是以数据流的形式存在的，因而其存储和拷贝相当方便，这在相当程度上降低了影片的发行费用，提高了电影的传播速率。另外，数字影院的兴起和建设在提高观影服务、保证观影质量的同时拓展了传统影院的盈利空间，通过数字化设备和数字化管理，影院在放映影片之外，还可以灵活进行其他经营，如体育赛事、大型娱乐和宣传活动等的转播，使影院在某种意义上变成了多功能的社交娱乐场所，为影院经营提供了新的利润增值点。

（二）数字技术加快了影视跨界融合

电视作为电影艺术的延伸，自诞生以来便与电影艺术有着千丝万缕的联系。实际上，电视艺术的兴起和发展曾在一定时期内极大地挤压了电影的生存空间，以致人们几乎否定了电影艺术存在的必要，世界电影史上好莱坞影视产业的一度低迷说明了电视对电影造成的强烈冲击。一时间，电影之于电视的优势好像只剩下了大银幕的概念。然而，数字技术的发展从根本上改变了长久以来电影与电视这对"孪生兄弟"的紧张关系，使其由传统的激烈竞争转向了新时期的战略竞合，从根本上促进和加快了电影与电视的互动进程尤其是跨界融合，如果把电影比作"梦"，把电视比作"窗"，那么，未来的时代一定是"凭窗临梦"，抑或有"与梦同行"的日子，但电影与电视之间固有的樊篱将被打破，影视跨界融合已成为不可逆转的趋势。

从技术层面来说，传统意义上电影与电视拍摄载体的不同从本质上决定了它们是传递影像活动的两种截然不同的方式，这也就造成了长久以来电影艺术与电视艺术严格的自律精神。然而，数字技术的应用和成熟使得高清摄像机在传统电影领域开始崭露头角，其成像质量已经接近电影胶片水平。作为先行者，乔治·卢卡斯在1999年拍摄的《星球大战》是第一次尝试在电影领域使用数字高清设备，并取得了良好的社会反响。这在一定程度上改变了电影艺术早于电视艺术但主要的电影制作过程仍停留在19世纪的尴尬局面，加之近年来国际电影数字化标准的建立和完善，数字技术使电影的制作、发行和放映等一系列环节脱离了传统胶片电影的束缚，促进了电影生产力的解放和发展。另外，在电视领域，高清数字电视的出现和普及通过大屏幕成像、改进画幅宽高比等手段，使成像质量比传统模拟电视提高数倍，高清晰度、高画质的成像效果在电视领域成为可能，这就在相当程度上保证了人们的观影质量，打破了一直以来电影银幕对高清晰度和高画质的独自占有，给人以全新的视听感受。这意味着传统的电影播放方式在数字技术的推动下发生了重大变革，打开电视看电影成为一种不可逆转的趋势。最后，数字技术的应用使原本依存于不同载体的电影画面和电视画面在一定条件下可以进行自由转换，其实际都变成了数字技术中的"0"和"1"，打破了过去单纯以载体为依据划分电影艺术和电视艺术的桎梏，并且在数字技术的推动下，二者的制作过程也趋于一致，电影与电视逐步走向融合，这为真正的影视跨界融合奠定了坚实的基础。

从传播角度来说，传统的电影和电视由于传播媒介和方式的不同，有着明显的差异，然而这种差异和分立并不是绝对的，而是相对的，数字技术的应用和普及在相当程度上打破了这种界限，使二者的传播媒介和接收终端表现出极大的趋同性，这意味着二者的产业结构发生了根本性的变化，主要体现在近年来电影产业与电视产业的相互渗透和交叉发展上。一方面，随着大电影产业价值链的逐步建立和完善，电视媒体不仅成为电影扩窗发行的重要渠道，而且由于巨大的网络覆盖率和庞大的用户基数，在电影的宣传营销方面扮演着重要的角色，成为电影发行和宣传的重要媒介资源。例如，电影《十月围城》的极大成功，除其影片本身质量过硬之外，上海文广集团、江苏广播电视总台和广东南广传媒集团的加入也为影片票房的成功添色不少，其强大的传媒渠道本身就是一种极具品牌效应的市场营销行为。另一方面，电影作为电视传媒重要的内容来源，其时尚、娱乐和巨大的明星效应本身就是电视节目的重要资源，是电视传媒企业争相抢夺的焦点，因而，电视传媒强势介入电影产业无疑是在激烈的市场竞争中坚持以"内容为王"，实行多元化扩张策略，延伸产业价值链条的重要选择。

（三）数字技术改变了消费者的影视消费习惯

在漫长的历史长河中，人类对于任何事物的感知方式都随着科学技术的发展而不断变化。实际上，数字技术的应用和普及不仅改变了影视产业的生产、制作、发行和传播等本身所固有的形态，其影响和意义甚至超出了影视产业本身而具有了更多的社会含义，加速了以电影为本体的多媒体影响时代的到来，改变了消费者的影视消费习惯。

从产业链的角度来看，数字技术的发展使电视、互联网、视频网站、多媒体终端等成为电影大家庭的新成员，人们可以选择不同的媒介终端来收看电影，甚至可以在相当广阔的媒介领域和地域范围内同时收看同一部电影，影院放映不再是电影生命的终端，而成为整个大电影产业价值链的起点和高端环节。电影作为一种版权产品，是一种特殊的精神商品，因其具有无限消费的属性，随着影院放映的结束，电影的扩窗发行使其在走出影院银幕之后获得了新的生机和活力，一方面，通过版权转让或出卖，电影获得了不同于一般物质商品的价值增长，体现了电影作为一般商品追求经济利润最大化的商品属性；另一方面，电影依托于多样化物质载体的传输形式，在一定程度上满足了不同消费阶层消费者的消费需求，最大限度地实现了电影的文化价值，在满足广大人民群众日益增长的审美文化需求方面扮演了重要的角色。实际上，电影发行渠道和接收终端的多样化也是电影本身获得超常规发展和实现经济利益最大化的必然要求，不同媒体和渠道之间并非简单的竞争关系，而是基于影视跨界融合的相互渗透和多元扩张，它在满足人们不同渠道的观影需求的同时，能够最大限度地发挥电影的品牌价值和影响力，使其成为一种真正的影响力经济。

从价值主体来看，数字技术的发展增强了人们的主观能动性，改变了以往观影选择的被动局面，这主要体现在人们对多媒体终端的选择和不同观影质量的追求两个方面。这在很大程度上彻底打破了传统意义上电台、电视台"你播我看"的被动格局，这就意味着原本依附于电台、电视台固定播出时段的影视作品开始与其相分离进而获得了更加灵活和自由的存在方式，电台、电视台等多媒体终端的平台意义由此更加突出。这主要是因为随着国家经济的整体发展，我国居民消费水平和能力有了不同程度的提高，一批有相当消费能力和价值追求的电影观众愿意为获得更高画面质量和观影感受支付额外的经济补偿，因而付费电视、视频付费点播、频道定制等新型盈利模式风起云涌。这一方面直接刺激了我国影视产业的快速发展和不断创新，另一方面，也对影视作品的质量和观影改善提出了更高的要求。

二　影视产业价值链构建的产业政策分析

在我国，影视产业价值链的形成和构建离不开政府产业政策的推动。综合来看，我国电影、电视产业大致经历了计划经济时代的政府严格管控、市场化探索和社会主义市场经济体制下的市场化改革和产业化发展四个时期。近年来，随着产业化发展的不断深入和我国加入WTO后国际政治经济形势的变化，自 2002 年国家首次提出"文化产业"的概念，确定了文化产业对于提高国家文化软实力，增强国际竞争力的战略性地位之后，电影、电视作为可经营的文化事业，在较短的时间内取得了令人瞩目的成绩，影视产业的高速发展已成为不争的事实。然而，由于我国影视产业发展起步较晚，其管理体制和市场发展还很不成熟，在这种情况下，国家产业政策和相关法律法规将在很大程度上决定影视产业的整体发展和价值链构建。

（一）日渐开放的传媒产业政策是影视产业价值链构建的催化剂

影视产业价值链的形成和发展固然受到产业发展规律的影响和制约，但是，近年来，我国影视产业的超常规发展却与国家影视产业政策的制定和实施有着千丝万缕的联系，甚至在很大程度上，由于我国影视产业发展和市场孕育还很不成熟，政府产业政策超越了价值规律主导市场资源配置的合理范围而成为促进影视产业健康发展和价值链构建的主导因素。2010 年国务院办公厅《关于促进电影产业繁荣发展的指导意见》从新的高度上肯定了电影产业作为科技含量高、附加值高、资源耗费少、环境污染小的文化产业的战略定位，这也就意味着我国影视产业将在国家产业政策的指导和扶持下迎来一个更高速发展的阶段，传媒产业政策对其价值链构建的催化作用将越发明显。

第一，产业政策促进影视工业的结构转变与升级。严格来讲，自新中国成立至 20 世纪 90 年代初的漫长岁月里，我国电影、电视在计划经济体制的束缚下只有事业一说而无产业的提法，但是随着社会主义市场经济体制的确立和完善，特别是加入世界贸易组织后我国传媒产业政策的逐步放开，时代华纳、维亚康姆、新闻集团等国际巨型传媒集团纷纷进入中国，在我国影视产业发展一切向好的情势下，更是加快了抢占国内尚未成熟的影视市场的步伐。正是在这样的市场压力和国际压力下，我国影视产业政策为克服电影、电视内部机制落后、管理僵化的严重问题而应运而生。2004年，国家广电总局《关于促进广播影视产业发展的意见》一文，首次对广播影视行业的产业化发展进行了全面阐述，明确提出要区分广播影视公益事业和经营产业，将"电台、电视台、广电集团（总台）的除新闻宣传以外的社会服务类、大众娱乐类节目，特别是影视剧的制作经营从现有体制中逐步分离出来，按照产业发展的方向和现代产权制度、现代企业制度的要求组建公司，实行所有权与经营权分离"。①

在电视领域，电视企业积极推进由"事业单位、企业化管理"向"自主经营、自负盈亏、自我约束、自我发展"的产业化道路的转变，其突出成就是提出了电视产业价值链的全新概念，通过"政企分开""网台分离""制播分离""媒体集团化"等一系列措施和改革，从根本上改变了20世纪80年代以来我国"四级办电视"所形成的粗放式发展模式，逐渐形成了电视产业内容生产与流通、频道网络平台经营和广告销售三大业务相互连接、有机结合的产业价值链整体结构布局，促进了我国电视产业的集约式发展。

在电影领域，为适应文化产业蓬勃发展的要求，克服长久以来困扰电影产业健康发展的行业壁垒、地区壁垒、部门壁垒、所有制壁垒、意识形态壁垒及大电影产业链人为分割、条块管理的困境，2010年国务院办公厅《关于促进电影产业繁荣发展的指导意见》以国家最高级

① 国家广电总局：《关于促进广播影视产业发展的意见》，2004年。

别文件的形式肯定了电影产业作为"科技含量高、附加值高、资源耗费少、环境污染小"的文化产业的战略定位，是继 2009 年《文化产业振兴规划》将电影定性为"可经营的文化产业"之后，国家产业政策在电影行业的具体细化，明确提出"使电影产业成为我国服务业的重要组成部分"，从宏观上肯定了电影产业作为第三产业，促进其产业价值链的构建和形成对于我国转变经济增长方式、促进整个经济结构的优化和升级所具有的重要意义。另外，在电影产业内部，国家通过电影产业整体政策、发行放映政策及制片政策的改革和推进，逐步打破了长久以来我国电影行业制片、发行、放映各环节严重脱节、各自为政的局面，初步形成了集"制片—发行—放映"为一体的电影产业价值链。

第二，产业政策拓宽了影视工业的融资渠道。资木通常被认为是企业获得超常规发展的重要手段。按照国际影视产业发展的规律，影视工业在经历了初级阶段的产业结构调整之后，必将向技术、知识、资金密集的方向进一步发展，资本对于影视产业价值链构建的影响和意义将越来越突出。

2004 年，国家广电总局《关于促进广播影视产业发展的意见》明确提出要"逐步加大广播影视市场的开放力度，逐步放宽市场准入，吸收、鼓励国内外各类资本广泛参与广播影视产业发展，不断提高广播影视产业的社会化程度"，"允许境外有实力的有影响的影视制作机构、境内国有电视节目制作单位合资组建由中方控股的节目制作公司"，"鼓励国内社会资本投资拍摄影片、发行销售国产影片、加入院线或独立组建院线、改建电影院"。至此，我国影视产业基本上形成了向电影、电视系统内外开放，向民营资本开放、向社会资本开放和向境外资本开放的格局，开启了影视产业投融资模式的新篇章。

具体来说，2010 年，我国电影票房虽然突破了 100 亿元，但有数据显示，这仅占全国广电系统总收入的很小一部分，甚至不及一家独立的广电集团的全年收入，使电影制片这种典型的资金密集型企业在融资本不乐观的情况下更显捉襟见肘。然而，由于产业政策的推动，电视传媒企业尤其是大型广电集团一方面拥有电影产业发展所需要的雄厚的资金；另一方面，为适应多元化发展要求，电影产业无疑为其提供了广阔的市场空间。因而，电影与电视这两大传统媒介在产业融合趋势的推动下迈开了资本融合的步伐。2008 年，由广东南方电视台投拍的电影《爱得起》拉开了电视产业投资电影产业的序幕，电影与电视两大媒体的"联姻"风起云涌。此后，湖南卫视、上海文广集团相继涉足电影行业，浙江广电集团更是参与制作了冯小刚的电影《集结号》和《非诚勿扰》。2009 年，电影《十月围城》票房的极大成功成为电视媒体强势介入电影产业的标志性事件，这种强强联合的影视产业发展模式符合产业发展的深层规律，推动了我国影视产业的跨越式发展，为完善影视产业价值链做出了巨大的贡献。

（二）数字电视政策促进影视产业价值链的完善与升级

数字电视以数字技术为依托，具有图像质量高、节目容量大和伴音效果好的特点。

数字电视正以不可逆转的趋势席卷全球，成为三网融合背景下新一代传播媒介的宠儿，就我国数字电视发展现状而言，虽然有线电视数字化的整体转换还需要相当长的一个过程，但是 1.5 万亿元的数字电视产业无疑内含于数字电视产业价值链的每一个环节。

首先，数字电视带动了内容产业的兴起。自 2003 年以来，我国按照"政府领导、广电实施、社会参与、群众认可、整体转换、市场运作"的原则逐步推进的有线电视数字化工程，绝不是单纯意义上的技术改造和升级，而是一个具有更多社会意义的涵盖内容服务、集成运营和信息服务的系统性工程。由于数字技术的推动，数字电视的应用和普及将在很大程度上改变长久以来我国电视工业所牢牢掌握的渠道霸权和频道资源稀缺状态；反过来说，这也就意味着数字电视节目的制作和采集作为影视产业价值链的高端环节，将在数字电视时代成为继续影响其发展的关键一环，甚至在很大程度上直接决定了数字电视产业价值链的构建和完善，对于未来影视企业在数字电视时代的市场竞争和角逐具有战略性的意义。

数字电视作为一个各环节紧密联系、互相支撑的产业价值链，在完整的运营体系中先是由内容提供商将节目内容以数据流的形式提供给频道供应商，然后由频道供应商把节目信号上传给数字电视集成运营商，之后经由集成运营商通过传输运营机构把节目内容分散到全国各地的有线网络运营商，之后由网络运营商运营数字电视节目内容的最后一公里，将其传送给终端用户，完成数字电视节目内容从生产到用户消费的最终过程。数字电视节目内容作为整个产业价值链的战略环节，无疑对于整个产业价值链的运作具有全局性的影响意义，因而，能否突破内容生产对于数字电视的瓶颈制约，将在相当程度上决定数字电视的最终命运。

就目前而言，我国数字电视的改造和升级顺应了国际数字电视的发展趋势，由最初的技术试验和业务推广扩大到政府主导、市场运营和服务创新的崭新阶段，并出现了著名的"青岛模式""佛山模式"和"杭州模式"，这一方面意味着我国数字电视整体转换工程取得了阶段性的成果；另一方面，也意味着数字电视整体转换的推进将在更大程度上对数字电视的内容生产环节提出更严峻的挑战，内容产业将随着数字电视产业价值链的建立和完善逐步显现。模拟电视时代频道稀缺所导致的供过于求的局面将被彻底颠覆；相反，数字电视时代渠道资源过剩而内容供给不足的矛盾将在很长一段时间内取代旧有矛盾，成为制约影视产业发展的主要矛盾，直至在新的矛盾运动中达到新的、变化了的供需平衡。

在我国，数字电视内容产业的形成主要包含两种形态，一是随着广电媒体"制播分离"政策的制定和推动，电台、电视台内部成立了可以独立运作的影视节目制作部门或者对大型广电集团进行拆分，如上海文广集团便将上海文广拆分为"上海广播电视台"和"东方传媒"两个部分，前者保留事业部性质，后者将除新闻制作类节目以外的影视、娱乐节目的制作和广告业务剥离出来，特别是可经营性非常强的影视剧、影视动画、体育、科技等节目类型，面向市场组建企业，引入市场竞争机制，改变了传统电视媒体自产自销的节目内容状况。二是随着产业政策的逐步放开，境外资本和民营资本，特别是民营资本的积极性被进一步调动起来。2005 年，国务院《关于非公有资本进入文化产业的若干规定》中，明确表示要鼓励"非公有资本可以投资参股广播电台和电视台的音乐、科技、体育、娱乐等方面的节目制作公司，上述文化企业国有资本必须控股51％以上"，"非公有资本可以建设和经营有线电视接入网，参与接收端数字化改造，从事上述业务的文化企业国有资本必须控股51％以上"。① 这意味着民营资本投资影视产业的准入门槛进一步放低，在相当程度上获得了与广电系统内近乎同等的待遇，通过市场化运作规则组建具有独立法人资格的影视节目制作公司，以独立于广电系统之外的影视节目内容提供商的角色参与广电市场的竞争，真正将影视产业最核心的"内容制作"环节实现

---

① 李岚：《电视产业价值链：理论与个案》，社会科学文献出版社 2006 年版，第46—47 页。

市场化和产业化运营，进而在全国范围内促进公平竞争、统一开放的节目交易市场的形成，谋求进一步发展和做大做强的空间，从而构建内容产业价值链的整体体系，为最终推动影视产业的整体发展和价值链构建做出应有的贡献。

其次，数字电视也促进了数字付费电视产业价值链的形成。如果说数字电视是一种商业运营模式，那么，其产业运营的核心就是以产生利润为根本。也就是说，数字化背景下数字电视政策对于传统电视传媒产业的推动作用主要体现在数字电视付费产业价值链的最终构建和形成过程中。简单地说，数字付费电视是数字电视与付费电视两个概念的结合。数字电视从技术层面上主要是指电视节目的采集、制作、编辑、播出、传输、接收等一系列过程全部采用数字技术。付费电视主要是指电视的付费节目和付费频道。数字付费电视作为两个概念的结合，最早发轫于 1989 年，现已进入成熟运营阶段。

实际上，数字电视主要是就电视产业的技术特征而言的，而数字付费电视则是从经营的角度来定义的，基于数字技术的付费电视的产业运营模式。进入 21 世纪以来，随着消费者个性化需求的增长和体验性元素的增强，追求卓越的用户体验的概念逐渐渗透影视产业中，使分众范围内的规模化生产和传播成为可能，促进了频道专业化经营和数字付费电视产业价值链的形成。

为适应新形势下数字付费电视产业价值链发展的需要，促进广播电视有线电视付费频道业务的健康发展。2003 年，《广播电视有线数字付费频道业务管理暂行办法》明确规定，国有和民营机构可参与付费频道的合作。① 至此，我国付费电视频道的开办与参与合作权完成

① 薛留忠：《市场化转型和服务创新：中国广电业的发展与实践》，东南大学出版社2009 年版，第 56 页。

了向广播影视系统内外部、民营资本和社会资本开放的全过程。

中国已经开办付费电视100多套，初步形成了涵盖电影、电视剧、娱乐、体育、音乐等十几个领域的集频道运营商、频道集成商、网络接入商和用户为一体的数字付费电视产业价值链，为我国影视产业价值链的全面升级做出了有益的探索。

然而，就目前而言，我国数字付费电视产业价值链还处在低级阶段，运行效率低，盈利能力明显不足，主要表现在两个方面：一是，节目内容缺乏吸引力。在数字付费时代，我们必须面临着"电视受众"向"电视订户"概念的转变，用户作为消费者主体的地位越来越突出，传统电视媒体"播放决定收看"的局面被彻底打破。然而，我国付费电视节目的内容质量显然没有与数字电视所释放的巨大的频道资源空间形成恰当的正比例关系，还停留在内容的重复播放、粗制滥造和自我复制、自我抄袭的层面，这就使数字付费电视在很大程度上失去了赖以存在的根基。二是，传媒功能缺乏互动性。数字电视作为多媒体接收终端，付费业务的开展无疑激活了有线数字电视蕴含的巨大网络资源和内容资源，互动性将成为数字付费电视的明显特征。然而，自2004年我国开办数字付费电视频道以来，数字付费电视还停留在简单的单向传输、被动收看的局面，缺乏互动性成为制约其迅猛发展的重要因素。这就要求我们在数字付费电视产业价值链的构建过程中，要坚持按照"一个转变"和"三个开放"的要求，不断拓宽和完善发展思路。具体来说，就是要按照数字化发展的要求使我国的广播影视系统完成从传统媒体向现代媒体的转变。在此基础上，完成内容提供、网络传输和接收终端的开放，通过交互式点播实现广电传媒与人民日常生活的紧密结合，通过多元化信息服务将其打造成为一个新型的"内容＋服务"的整合运营机构，完善数字付费电视"广告＋收视费＋

增值服务费"的盈利模式，实现影视产业价值链的整体转变和跨越式发展。

第三节　中国影视产业盈利模式创新策略

"21世纪企业的竞争，不再是单枪匹马的竞争，不再是单打独斗的竞争，而是系统与系统之间的竞争，是价值链与价值链之间的竞争。"① 实际上，盈利模式创新的实质就是企业价值创造逻辑的重新排列与组合。中国影视产业盈利模式创新的核心是以强人的市场需求为动力，积极利用技术创新、资本融合、内容制作、跨媒介经营等多重因素，努力克服和突破传统产业发展逻辑的桎梏，在经济全球化和产业融合的背景下，找准自己的市场定位，以合作的方式和共赢的思维，从而实现顾客价值和企业价值的双重增值，通过纵向整合或者横向扩张的方式构建更符合产业发展趋势和深层经济发展规律的产业价值链条，形成强大的经营网络，实现跨媒体、跨行业、跨地域的多元化发展，增强企业盈利能力，促进影视产业的健康发展和产业价值链的优化升级。

一　调整盈利结构，关注后影视产品开发

"一般而言，美国电影总收入只有20%是票房收入，其余80%是影片后产品营销；在美国，电影工业总收入的3/4来自相关电影衍生

---

① 彭志强、刘捷、胥英杰：《商业模式的力量》，机械工业出版社2009年版，第100页。

产品，而不是电影票房的收入。"① 但在我国，情况则与此相反，影视产业的整体盈利结构仍然过多地依赖于影片票房、电视广告。虽然越来越多的人已然认识到了后影视产品开发对于健全电影产业价值链，调整影视产业的盈利结构，提高中国电影产业链的整体运营能力和国际竞争力具有非常重要的作用，但就目前而言，票房和广告作为影视产业最基本也最重要的盈利方式并没有改变，后影视产品开发依然是我国电影产业链的薄弱环节。

从广义上来讲，理想的电影产业价值链是大电影产业价值链，它不仅包括我们通常所认为的制作、发行和放映三个环节，还包括之后的付费点播、有线电视网络、网络点播、音像制品和电影音乐、服装、游戏、主题公园、旅游等一系列衍生产品的开发，它主要包括电影的扩窗发行和衍生产品两部分。

第一，扩窗发行。电影作为一种特殊的商品，具有一定的公共产品属性，一部分人对于影片内容的消费不会影响和减少另一部分人的价值获得，因而电影在主流院线或者影院放映完毕后可以向付费电视、电影频道、有线电视等环节通过出卖发行播映权的方式，依次向市场发行，以取得商业利益的最大化。在美国好莱坞的整个电影产业收益中，通过扩窗发行获得的实际收益要比影片票房多得多，而我国由于知识产权保护等法律体系不健全等原因，盗版猖獗，严重损害了影视产业扩窗发行环节的利益，这对于目前情势下我国影视产业实现盈利结构的调整和转变是非常不利的。实际上，影视产业的扩窗发行是一种基于时间差的价格歧视，所谓价格歧视，通常是针对不同的消费者，将相同的商品或服务以不同的价格进行提供。根据消费者需求的不同，

---

① 于丽、刘扬、王煊：《电影产业经济学研究》，中国电影出版社 2011 年版，第 134 页。

电影的扩窗发行在满足不同消费主体的同时，在相当程度上实现了影片内容与形式的相对分离。也就是说，随着数字技术的发展和我国电影市场的逐渐成熟，原本依附于影院放映的传统电影放映模式被颠覆，电影作为一种自由的内容主体，可以在不同的渠道上得到有效传播，传统的"银幕"与"荧屏"的概念正在被消解，取而代之的是电影的播放渠道和平台，这些渠道和平台所产生的价值和利润无疑对中国影视产业盈利结构的调整具有重要影响。

第二，衍生产品开发。电影作为文化产业的核心创意产业，其生产制作过程不同于一般的商品制作，它聚集了大量的创意、想法和个人才华，通过影响人们的精神文化生活和艺术消费的方式为相关产业提供巨大的价值驱动，具有相当的精神文化价值，这是一种基于影视产品核心创意元素的产业联动，也就是所谓的衍生产品开发，电影衍生产品开发的实质也就是对影视产品在生产创造过程中产生的一系列核心创意元素的商业价值的实现过程，这对我国影视产业调整盈利结构，摆脱长久以来单纯依靠票房或广告的收益模式显然具有重要意义。就目前情况而言，虽然我国影视产业对衍生产品的开发市场取得了一定成绩，但大多仍停留在DVD、CD等音像版权层面，与电影核心产品有着相关多元化的游戏、玩具、服装等多涉足不深，还没有取得理想的规模经济效应。相关数据显示，近年来，随着我国影视产业的整体发展，电影、电视的衍生产品市场蕴藏着巨大的潜力。以网络游戏为例，网络游戏在兴起仅仅几年的时间里，得到了迅速的发展。由此可见，围绕影视产品的相关多元化经营，对迫切需要转变盈利增长方式和结构的中国影视产业而言，具有相当的价值和意义。

二　健全盈利要素，加强内容产业整合

内容产业主要是指在新的媒体技术环境下，依靠数字技术和网络技术所进行的一系列有关电影、电视的创意、生产、交换、销售、传播、衍生产品开发等活动系统或服务群体的统称，它既是影视产业构成的重要元素，又是影视产业不可或缺的盈利要素。本书所指的内容产业不同于一般意义上我们认为的电影、电视的内容制作产业，而是指包括由电影、电视节目内容提供商、频道供应商、信息服务商、集成运营商、传输运营机构、网络运营商、数字电视设备提供商、衍生产品开发商和具体用户所组成的整体系统，因而，基于内容产业的整合主要包括电影、电视内容产品及其生产运作机制两个方面。

首先，电影、电视内容产品作为影视产业盈利的首要元素，在我国目前的市场需求与供给中存在着严重的矛盾。一方面，近年来我国电影、电视的制作和产量在产业化改革以来呈现出井喷式的发展，投资者似乎看到了更多的信心，使具有高投资、高回报的影视产业成为众多投资者纷纷追求的对象；另一方面，据相关资料显示，我国出产的电影，大约只有1/3能够进入院线发行，每年能够在各电视频道播出的电视剧集也只能占到年产量的六成左右，影视内容产品供大于求的现象不言而喻。然而，就大多数媒体，特别是视听新媒体而言，大多认为困扰他们发展的最大障碍在于节目内容资源短缺，甚至严重到了没有播出内容的程度。以IPTV为例，目前的运营商主要是将各电台、电视台制作机构为开辟电视频道而简单制作的节目内容上传到网络来进行直播或点播，而真正符合IPTV传播特点的具有较强互动式的特别制作节目少之又少，更谈不上规模化生产和制作，影视内容产品作为影视产业最重要的盈利要素，显然在某种程度上处于缺失的状态，

巨大的消费需求与实质的"内容匮乏"显然不符合影视产业价值链的构建要求，成为制约我国影视产业健康成长和实际盈利的关键节点。

随着产业跨界融合的发展，不同媒体技术条件下，人们所追求的消费内容和用户体验是不同的。这也就意味着我国影视产业需要在受众细分和市场研究的基础上健全和完善盈利要素，促进与实现影视产品内容与不同媒体使用者之间潜在消费体验价值的一致，从而根据不同媒体的特点和消费体验，特别是手机、移动车载电视、楼宇电视、数字电视、IPTV 等新媒体形式，生产出符合其形式和传播特点的电影、电视内容产品，实现分媒体环境下影视内容的个性化生产和个性化传播，刺激各盈利要素真正将潜在的消费需求转化成为实实在在的消费体验，为影视产业盈利模式的探索和成功提供借鉴。

其次，就电影、电视内容产品的生产机制而言，随着数字技术的深入发展和视听新媒体领域的不断壮大，我国影视内容产业的市场准入机制逐步放开。加强影视内容产品生产机制的整合，我们必须要积极培育和构建位于产业链不同价值创造环节的不同利益主体之间的有效关联，将这些相对独立的盈利要素看作有机统一的整体，通过整合提高其协同效应，从而实现产业链的整体增值。比如，在传统媒体环境下，一部影片内容产品的价值主要伴随着其在影院的放映而实现，主要体现在票房和广告两方面。然而，数字技术所导致的媒体环境变化和媒介融合使影片的盈利要素和商业价值成为贯穿其整个创意研发、制作发行、播放上映和衍生产品开发的全过程，不同价值创造环节盈利要素的层层累积，迫切需要影视内容产品生产机制根据不同产品的特点和要求，使其与产业内其他组织或要素建立一种新型的战略竞合关系，从而实现产业内的资源优化与升级，促进各要素之间的协同关联，从而形成一种更广泛意义上的影视内容生产运作机制，通过机动灵活的方式实现优势互补和资源整合，追求整体价值的最大化，促进影视产业整体盈利能力的提高。

三　延伸价值链条，推进市场化运作

随着数字技术和网络技术的快速发展，媒介融合已经成为广播电视业未来发展的不可逆转的主流趋势。受到消费需求、数字技术和产业力量的驱动，电影与电视这两大传统媒体的主要力量将逐步打破之前严格的产业自律精神，真正跨界融合的时代正在到来。由此，我国电影产业的概念也将远远超出影院电影的范畴而具有更多的市场化和社会化含义，以往单一的影片发行渠道越来越不能满足产业自身发展的要求和观众日益丰富的电影消费需求。在这些因素的综合作用下，延伸价值链条、推进市场化运作，成为当下我国影视产业创新盈利模式、深化产业运作的必然选择。

院线制作为我国影视产业改革和市场化运作的关键举措，自2002年实施以来，经过数十年的发展，打破了长期以来困扰我国影视产业发展的行政区域计划供片模式，初步形成了统一开放、竞争有序的全国电影市场，但是在我国影视产业大发展和影视产业盈利模式不明朗的情况下，院线制改革和深化对于延伸影视产业价值链条、促进影视产业的大发展和大繁荣仍然具有重要的意义。

首先，在一级市场方面，我国主流院线市场呈现出快速发展、逐年扩张的可喜态势。然而，我们在看到可喜成绩的同时，也必须注意到问题的存在：尽管有北京万达、中影星美这样的票房巨头，但仍然有一些年票房产出不足2000万元，有的甚至只有区区几百万元，生存境况十分堪忧。这也就意味着在主流院线市场整体向好的情况下，院线制改革和深化仍有很长的路要走，不同地区、院线之间规模不经济

的现象仍然存在。这就要求我们要特别重视院线内部经营效率的提高，特别是对那些由原来的省、市电影公司直接翻牌成立的院线，一方面，要增强自身的市场化意识和市场化运作能力，提高科学经营管理水平；另一方面，鼓励有资本、有实力的院线公司通过重组或并购的形式对其进行跨地域整合，从而有效延伸产业价值链条，通过先进的经营管理经验为其注入发展的活力，提高影视产业的综合盈利能力，促进集约式发展。

其次，二级市场和农村电影市场对于我国影视产业价值链条的延伸具有不可忽视的作用，随着我国主流院线市场的发展和农村电影市场合理布局的形成，二级市场将会逐步缩小，但就目前而言，我国二级电影市场，即位于大城市和农村电影市场之间的中小城市和县城及大城市主流院线之外的社区多数处于票房空白或者利润真空的状态，这对延伸产业价值链条来讲无疑是巨大的资源浪费，反过来，这也就意味着二级市场方面蕴含着巨大的利润潜力。一般来说，我国二级电影市场主要有传统的拷贝版权经营和数字院线开发两种模式，前者显然已经不适应数字化技术的发展和影视产业自身的发展要求，数字院线开发虽然仍处于探索阶段，盈利模式还很不成熟，但是其乐观的发展前景和部分地区的有益尝试仍然不失为我国二级电影市场一种可行的经营模式。上海东方永乐数字院线公司就利用上海市政府为其全部城市社区和农村建设文化中心和综合文化活动室，并且将电影作为文化服务的重要对象列入文化建设总体规划的契机，迅速将各社区影院进行网络化整合并组建专门的农村数字电影流动放映队，通过建设数字化影厅、政府出资购买放映设备、东方永乐负责经营和管理的模式组成了一条社区和农村数字院线，先是通过低廉的票价吸引消费者，聚集人气，然后利用数字院线布点广泛的优势吸引广告商，实现广告经营等。虽然东方永乐的成功离不开当地政府政策和资金的大力支持，但是随着我国居民精神文化消费水平的提高和二级市场开发模式的不断成熟，东方永乐对于影视产业盈利模式的尝试和价值链的延伸无疑具有积极的意义。

四 创新盈利模式，挺进新媒体领域

新媒体是与传统媒体相对而言的，它主要是指继广播、报纸、电视等媒体之后快速发展起来的媒体形式，主要包括手机媒体、互联网媒体和数字电视等，美国著名杂志《连线》将其定义为"所有人对所有人的传播"，实质上这是由数字技术所引发的一场数字化革命。2004年，国家广电总局发布《电影数字化发展纲要》，确立了数字电影在我国电影产业化发展过程中的重要地位，特别是在媒体融合与产业融合的大背景下，数字技术完全改变了传统的电影拷贝模式，使同一部影视作品可以在不同的媒介环境下实现同步传播，从更深层次上来说，这是整个影视产业经营理念和管理方式的彻底变革、创新与颠覆。新媒体对于影视产业盈利模式的创新主要体现在两个方面。

第一，新媒体拓宽了传统电影的发行渠道。中国的电影能进入院线上映的，约为总数的一半，除了部分影片质量低劣、达不到影院上映标准和一些国产大片及进口大片垄断影院市场之外，我国影院分布不均和人均银幕占有量不足无疑是一个重要原因。但我国银幕数量的增长远远不能满足巨大的潜在观影需求，寻求新的影片发行放映模式成为影视产业摆脱发展瓶颈的重要课题。与此相对应的是，网络视频媒体通过数字化升级和近几年的迅猛发展，在线观影效果得到明显提升，并且形成了相对成熟的付费点播模式，这无疑为传统影片的发行提供了新的契机。2011年，乐视网、PPTV、迅雷、腾讯、暴风影音等

7 家互联网公司联合发起并成立了"电影网络院线发行联盟",正式进军影视发行环节,通过"统一上线时间、统一播放品质、统一资费"标准的确立,在促进新媒体网络视频行业的健康发展和培育有效电影观众方面有积极的意义,能够有效助推新媒体市场成为传统院线之后的第二大电影发行渠道,对于中国影视产业盈利模式的创新实践具有指导意义。

第二,新媒体丰富了影视产业价值链条,这一点突出表现在新媒体影视剧、自制剧的兴起方面。一些有实力的互联网企业利用其掌握渠道资源、拥有大量用户群、了解用户需求与偏好的天然优势,纷纷涉足原创内容领域,形成"内容+渠道"的模式,其中最具代表性的就是 2010 年上映的《失恋 33 天》,作为一部低成本制作的电影,能够在众多好莱坞影片的夹击下取得 3.5 亿元的票房成绩,着实让人感到吃惊,这是因为完美时空影视公司,特别是其股东完美时空作为一家中国领先的网络游戏开发商和运营商,有着庞大的用户群和成熟的网络运营经验。再比如,随着数字技术的进一步深入,网络的社会化和社会的网络化将成为新媒体发展不可逆转的趋势,全民创作的时代已经到来。比如,《扁豆先生》《众里寻她》等新媒体自制剧的出现成功开启了新媒体与影视产业结合的先例,标志着我国影视产业在新媒体领域的又一次探索。

值得注意的是,随着数字技术的深入和影视产业的不断健全,新媒体的概念和范围也随之拓展,现代数字影院作为高品质银幕价值的代表,伴随着我国电影的产业化改革和院线制的深入发展而具有了更多产业化的意义。2006 年,分众传媒作为中国"生活圈媒体"的创建者和中国领先的数字化媒体平台,正式收购了美国影院广告公司 ACL,并将其更名为分众传媒"影院联播网",这意味着分众传媒将影院作为商业楼宇联播网的重要组成部门，进一步将楼宇液晶、电梯、LED等新媒体生活圈的范围从办公楼延伸到了电影院，现代电影院所承载的媒体传播价值得到了真正的商业挖掘和关注。据了解，美国在报纸广告等传统媒体广告连年下滑的情况下，电影广告收入却一反常态获得了持续性的高增长，由此可以推算，在我国影视产业整体发展向好的情况下，影院媒体所蕴藏的巨大价值可见一斑。这就使以往的贴片广告在一定程度上获得了与具体影片相分离的独立意义，有效规避了因影片档期不佳或其他原因所造成的潜在风险和资源浪费，如2007年力士香皂广告因电影《色·戒》的封杀而被停播。就目前而言，影院作为新媒体的独立形式虽然还存在着这样或那样的问题，如广告的"显"与"隐"、艺术与商业、品牌与定位不成熟等，但是在众多媒体还在分散狙击受众的时候，影院媒体的网络化运营和巨大的银幕价值无疑为我国影视产业盈利模式的创新提供了可借鉴的方法。

五　复合盈利模式，组建大型娱乐传媒集团

众所周知，在影响力经济时代，电影、电视作为不同于一般物质产品的精神消费，所吸引的注意力越多，生产单位媒介产品的投资收益率就越高，由此产生的经济效益也就越多。自产业化改革以来，我国电影、电视虽然取得了长足发展，但是与好莱坞影视产业相比仍然存在着较大的差距。究其原因，我们不难发现，华纳兄弟、迪士尼、20世纪福克斯和派拉蒙等美国电影协会的重要成员除其本身就有强大的影片制作发行能力之外，其在一定程度上隶属于某一更大的娱乐传媒集团，更确切地说是跨国传媒集团，这样就使影视产业的内容与渠道紧密结合在一起。在媒介融合和产业融合的背景下，不是单纯地以"内容为王"也不是以"渠道为王"，而是以"内容＋渠道"为王，这

意味着大型娱乐传媒集团能够借助跨媒介、跨产业、跨地域的经营优势，将影响影视产业整体盈利能力的盈利结构、要素等有机整合起来，为产业价值链条的延伸和创新提供有力支撑。

首先，大型娱乐传媒集团在整合各盈利要素方面具有明显优势，它能够以内容为核心，形成多个利润中心，促进各价值要素的连续升级。一般而言，大型娱乐传媒集团通过纵向整合的方式，将影视内容提供商、传播渠道和衍生产品开发商等一系列围绕影视产品开发的价值要素通过资产联结或者合作、并购的方式纵向整合为一条完整的影视产业价值链，并将其处于集团内部，使其成为集团产业价值链的有机组成部分，即集团价值链的价值环，从而方便集团运作，降低交易成本，实现同一媒介产品在不同传媒领域的跨平台销售和多轮传播或不同媒介产品在同一销售领域的价值扩散，从而创造出更多的经济效益，实现整体价值最大化。大型娱乐传媒集团的产业形态和价值形态是不同媒介环境下充分的市场竞争和市场选择的结果。虽然在我国影视产业整体不成熟的形势下，我国所有媒体的变革主要是在政府主导下进行的，但是大型娱乐传媒集团所具有的盈利优势已然成为影视产业价值整合的趋势。2009 年，江苏广电集团强势进军电影产业就是例证，从而掀起了一股影视跨界融合、以传媒产业整合电影产业的迅猛态势，从介入之初便凭借其强大的广播、电视、报刊、手机电视、移动电视等立体化的传媒网络成功运作了电影《南京！南京！》《建国大业》《十月围城》等优秀影片，获得了不错的市场反响。中影、上影等作为我国影视产业发展的排头兵，在这方面的表现值得期待。

其次，大型娱乐传媒集团能够借助"内容＋渠道"的独特优势延伸产业价值链条，对于促进影视产业盈利结构的调整具有积极作用。美国电影历史表明，无论是老牌的米高梅，还是新兴的梦工厂，即使拥有斯皮尔伯格这样的大牌导演兼制作人，仅仅经营电影产业的内容制作也着实难以消解影视产业的高风险，以致走上被兼并或被收购的命运。美国电影之所以能够走向世界，关键就在于它制约全球影视产业发展的瓶颈——发行环节具有绝对的支配权，"内容＋渠道"的传媒制胜模式是任何单个的影视公司所无法抗衡的。以博纳为例，不同于中影的垄断地位，博纳影业起家于发行，经过数十年的发展，逐渐形成了以强大资本为支撑的全产业链发展模式，在做大做强发行主业的同时，成功涉足电影制作、影院投资、艺人经纪、广告营销等多个领域，拓展了公司的业务范围，完成了公司的多元化转型，降低了公司对单一影片的严重依赖程度。集团董事长兼CEO于东就明确表示，博纳将继续坚持全产业链的多元化发展，这将是公司未来发展的重要战略。长期以来，博纳通过其专业化运作和规模化经营逐渐获得业内的认可，不仅成为目前中国电影产业最具影响力的新星，而且是我国目前规模最大的，以电影营销和发行能力见长的行业旗舰。是什么让博纳影业在众多电影、电视经营公司中脱颖而出，赢得"中国的米拉麦克斯"的美誉？其中重要的一点就在于博纳以核心竞争力为中心的集团化运作之路和多元化发展方针，这不仅能够形成多个利润中心，为公司带来稳定的现金流，而且能够在原有的基础上进一步促进集团发行网络的建设和扩大，为日后公司核心竞争力的壮大和升级奠定更坚实的基础。博纳影业以影院带动发行的投资收益模式初显端倪，这对博纳升级成为国内重要的影院投资商和著名影院品牌运营商及进一步提高综合竞争力将起到明显的推动作用。另外，博纳影业在强力拓展国内市场的同时，积极挺进海外市场，在做强自身核心主业的过程中，注重传输渠道的有效嫁接，全面扩展和整合内容与服务，在中国、韩国、东南亚、欧洲和美国发行影片。2012年，博纳影业更是通过跨国传媒大亨新闻集团的战略性投资显示了巨大的发展潜力和全球化发展目标，这也必将成为博纳影业在世界电影产业领域有所作为的重要转折点和标志，在构建自身"内容＋渠道"模式的同时，为我国影视产业整体盈利能力的提高做出贡献。

总体来说，虽然在我国目前产业整体还很不成熟的情况下，组建大型娱乐传媒集团会受到多方面因素的制约，一些既有的娱乐传媒集团内部整而不合、产权保护不利等问题也依然存在，严重影响了影视产业以内容为核心的一轮销售、扩窗发行和衍生产品开发等环节，但是它所特有的协同作用机制和"内容＋渠道"的盈利模式显然会成为刺激我国影视产业不断探索的强大价值驱动，值得我们继续研究和持续关注。

结　语

在数字化背景下，影视产业作为文化产业的重要组成部分，正以全新的姿态参与经济发展的浪潮，影视产业要想取得较快发展，就必须探索出一套与之相适应的盈利模式。

我国电影、电视自产业化改革以来，其盈利模式在探索过程中得到明确和推进，这主要表现在当下大电影产业价值链的形成和构建方面。虽然与世界发达国家影视产业相比，我国的影视产业价值链架构还很不成熟，特别是在跨媒介、跨地域、跨行业经营方面还存在明显的差距，但是自 2002 年电影被定义为"可经营的文化产业"以来，其强劲的发展态势和良好的市场表现让我们有理由相信：中国影视产业发展的"黄金时期"已经到来。

第七章
影视产业的整合化营销

目前，中国的影视产业尚处于基础起步与初级发展阶段，产业构成仍不完备，行业规制尚需明确，运作机制有待完善。其中，营销作为影视产业链中的终端环节，其节点效能能否得到高质量、高效能发挥，直接决定着整个影视产业的收益水平及产业价值的最终实现，并由之对本产业的长期发展产生关键性影响。然而，行业营销观念的陈旧、专业型营销理论的不成熟以及针对性、实践性和创新型营销方式与模式的欠缺等，都严重制约着中国影视产业营销能力的进一步优化及营销水平的提升。尤其当影视产业营销环节的诸多问题与不足日益显露，并逐渐成为严重阻碍其产业进一步发展的瓶颈时，如何才能在对诸多营销理论及营销方式进行有益总结的基础之上，深度归纳与提炼出适合中国影视产业并能够对其未来发展起到实质性助益作用的营销模式、如何能够使具有针对性的营销理论及方式手段与极具自身特征的中国影视产业有效结合并切实产生价值型效力，则成为摆在中国影人面前的一道亟待解决的棘手难题。

近几年，诸多相关领域内的专家、学者及从业人员逐步认识到这一问题的重要性，继而从理论研究及产业实践等层面开始对其进行多角度的有益探索，而从整合营销传播理论出发，对中国影视产业中各相关产业方进行探讨成了其中的主流研究视角，如对中国电影（包括商业电影与艺术电影）、电视（尤其是电视剧及电视栏目）的整合营销进行多层面的研究等。纵观之前的研究成果，其中不乏针对影视产业中某产业方整合营销方式的有益探索及新鲜成果，但却缺少从宏观视野，尤其是从人文范畴及视角对整个中国影视产业营销问题与其规律的综合性研究，而这即为本章进行研究的着眼点与初衷。

近年来，国内学术界乃至商业界对"营销方式"问题的关注与研究渐趋火热，但目前有关营销方式问题的讨论大多还是集中在传统的商业性企业及行业领域，而对于文化产业领域内诸多新兴产业方营销方式问题的研究力度相对较弱，且缺少从社会文化及人文视野对此问题进行的深入考察。针对中国影视产业来说，其整体产业发展尚属起步阶段，产业体系及经营体制的不完善、整体营销水平的落后等均使当下影视企业的发展无法更有力地满足广阔的国内外市场需求，并由此导致企业自身乃至产业整体的发展羸弱无力。本书即针对这一行业现实，试图从产业价值链理论及营销方式角度找出改善这一现状的有效策略。

就理论层面来说，首先，当前理论界缺少从整体上对中国影视产业的市场营销及营销方式问题的全面而深入的整合式梳理与阐释，本书对相关方面的探究即有效弥补了此点不足；其次，本书从产业链及价值链理论出发，对影视产业总体的营销方式问题进行研究，填补了目前相关研究中的空白，是对营销方式理论研究领域的拓展与深化；最后，从宏观视野及社会人文视角对中国影视产业营销方式问题进行系统研究，继而创造性地提出适配于我国影视产业的整合化营销理念及模式，更具创新性价值与意义。

就现实层面来说，本书中对中国影视产业及其营销方式问题的探讨与研究，对于我国影视产业营销及发展实践具有重要的现实意义，能够为其提供方向性理论导引与创新性实践指导作用。同时，本书在对各层面问题加以研究时，将充分结合我国电影（包括商业电影及艺术电影）、电视、电视频道、电视栏目等产业方经典案例，对其进行深入研析，并力图给出具有实践效能的相关意见与建议。本书认为，研究中所产生的基于我国影视产业实践并适配于其发展需求的整合化营销模式成果，兼具理论性与实战性双重特质，将会对我国影视产业的未来发展产生重要的指导效能与实践意义。

第一节　中国影视产业及其营销方式现状

近年来，随着国内影视事业的不断发展，加之对国外影视领域内相关理论及实践经验的不断吸收与借鉴，我国影视产业也开始拓展至营销领域。当营销越来越展示出其所具有的巨大而神奇的魔力时，影视界人士也便随之越加努力地追寻与尝试着多种不同的营销方式与手段，以期使营销在经过不同角度的修整乃至创新后，更加契合于不同情境中的多种影视需求，以变幻多端且更具吸引力的面貌出现在人们面前，引人入"胜"——以营销吸引目光，以营销引人观影，并由此最终实现具体影视产品乃至整个影视产业的全胜。

从广义上来说，影视营销即指影视产业以影视市场中现有及潜在的影视受众为研究对象，通过对产业及市场宏观与微观环境的深入分析，运用多种专业化手法对国内外市场进行相关调研，由之获得受众及市场需求等相应信息，并以此为依据进行产品的市场定位及对其制作、宣传、发行、放（播）映等一系列运营活动加以科学决策与实施，从而实现影视产品及其产业总体经济价值与社会文化价值的全部过程。

下面，将分别针对中国影视产业在发展过程中应用较多的传统营销方式及整合营销方式加以论述。

一 中国影视产业传统营销方式

影视产业作为一项集意识形态、社会人文、大众娱乐、市场消费、信息技术等众多属性于一身的综合性新兴产业方，其在产业链各环节的营运模式是复杂多样与灵活多变的，这在营销环节表现得尤为突出。纵观当下的影视营销，无论是电影还是电视营销，五花八门的营销手法真可谓轮番上阵，只要能达到目的，无所不用其极。本书将选取影视传统营销中的事件营销、品牌营销、社会化媒体及新媒体营销、口碑营销、娱乐营销、情感营销等几类代表性营销方式，并各自结合案例分别加以简述。

（一）事件营销

事件营销，亦称活动营销，是近年来国内外非常流行的一种公关传播与市场推广手段，具体来说，是企业通过策划、组织和利用具有名人效应、新闻价值及社会影响的人物或事件，引起媒体、社会团体和消费者的兴趣与关注，以求提高企业或产品的知名度、美誉度，树立良好品牌形象，并最终促成产品或服务的销售、构建企业品牌形象的手段和方式。

事件营销的特征可概括为全局性、相对性、可控性、二重性及不确定性。全局性即指对事件的内在价值与整个营销过程都要进行全局性考量与统筹；相对性指企业在进行事件营销时要量力而行，不可一概而论；可控性则指可以在营销过程的前、中、后阶段对事件营销加以策略性掌控；二重性是指运用事件营销的同时存在对企业产生正、反两方面效能的可能性，机遇与风险并存；不确定性则为事件营销在主观及客观两方面均有其不可预知的特性，需要加以充分考虑与把握。[①]

纵观我国影视产业，事件营销已然成为近年来在影视营销环节的一大重头戏。无论在电影还是电视产业领域，事件营销在不同层面所发挥出的广泛传播效能及巨大的行销效力越来越为影视界人们所关注，因此，但凡需要，不同类型的营销事件便会在影视产品的营销推广过程中悉数亮相，"你方唱罢我登场"，以一潮高过一潮的营销威力，在影视产业及其运营中发挥着巨大的作用。

从效能上来看，在当今全媒体社会环境中，事件营销固然有其显而易见的方式优点，能够凭借各类型事件活动有效吸引广泛的公众注意力，营销力度可观。然而，事件营销自身的固有特性也同时决定了其在实战过程中系统掌控难度较高的弊端，如何妥善应对突发事件、把握营销后效应、合理配置运用事件资源等难题仍有待攻克。

（二）品牌营销

从概念上来说，品牌营销是指企业通过利用消费者的品牌需求，运用各种市场营销策略使目标消费者形成对企业产品、服务和企业形象的认知，创造品牌价值，并最终形成品牌效益的营销策略及其过程。

品牌营销的特点可大致概括如下：定位性，指其以不同的企业及产品品牌定位、社会受众层级定位等作为营销传播的根本基点，以明

---

① 张迪：《事件营销理论与实证研究》，硕士学位论文，吉林大学，2007 年。

确的品牌定位为一切营销行为的核心依据；认知性，是指品牌营销以受众的针对性认知为渠道载体，依靠品牌的全方位构建与传播加以营销；稳定性，即指品牌营销相较于其他营销方式具有主观稳定性，受众一旦形成稳固的品牌认知与信赖，则品牌营销效能一般能够保持在一个较稳定的水准之上；延伸性，则指品牌营销的运用不仅可在具体的影视产品营销推广中发挥巨大效力，还能够以核心品牌为中心，延展性地获取整体品牌的多样化投资效益。

纵观当下国内影视，我们已欣然可见许多做出成绩的品牌传媒企业，如中影集团、华谊兄弟、光线影业；品牌电视台，如湖南卫视、凤凰卫视；影视品牌名人，如张艺谋、冯小刚、周星驰、成龙；电视品牌栏目，如《快乐大本营》《中国好声音》等，且其各自对品牌营销的运用也已渐入正轨。但由于中国影视产业整体尚处于发展初期阶段，产业构成及运营等各个方面仍不完备，因而品牌营销在影视产业中的应用度尚低，甚至在很大一部分影视从业人员头脑中，对影视品牌的概念还甚为模糊，更没有形成明确的品牌营销观念，因而使品牌营销在影视产业营销中并未发挥出其应有的效能。

品牌营销在世界影视产业巨头——美国好莱坞那里，早已被运用得炉火纯青。品牌营销是所有营销方式（包括整合营销）中最具核心价值与前瞻效力的营销理念。中国影视产业要想真正走上健康可持续的发展道路，则必须充分重视品牌在其产业运营中的巨大价值，深入挖掘品牌营销的深层效能，以品牌的营销助力整体影视产业的长足发展。

（三）社会化媒体及新媒体营销

社会化媒体营销就是当下利用社会化网络、在线社区、博客、百科或者其他互联网协作平台和媒体来进行营销、销售、公共关系处理和客户服务维护及开拓的一种营销方式，其营销工具包括博客、论坛、微博、SNS、社区、图片、视频等。

而从"大媒体"的宏观视野来看，社会化媒体是包括在新媒体范畴中的，即为新媒体领域中的一大组成部分。所谓的新媒体营销区别于传统媒体及其营销方式，即传统的营销追求的是片面的"覆盖量"，而新媒体则主要追求受众"卷入度"。从本质上来说，它是企业软性渗透的商业策略在新媒体形式上的实现，即借助博客、Facebook、TAG、SNS、RSS、WIKI 等新兴媒体表达与舆论传播，使消费者认同某种概念、观点和分析思路，从而达到企业产品销售、品牌宣传等目的。

社会化媒体营销及新媒体营销投入少、见效快、效能好，其特点可归纳为"四高"：参与度高、透明度高、创新性高、收益度高。在其营销过程中，处于媒介平台上的受众以两端对话的方式高度参与营销活动，同时社会化媒体及新媒体营销是全程开放与透明的，可以多种创新性的方式进行多层面营销行为，并可在较短时间内获取较高的营销效能。

当下社会化媒体及新媒体营销在影视产业领域内的应用渐趋深广。影视圈内如此高涨的媒体应用热情更是集中显现在了营销环节，网络营销、微博营销、病毒营销、视频营销等多种营销手段均倚赖及内含于社会化媒体、跨媒体与新媒体营销的范畴之中，尤其是在小成本电影的营销中，涌现出了不少成功案例。

在全媒体社会大背景之下，多样化媒体营销手段在中影产业中的应用日趋显现出其特有的优势效能，使影视产品营销的受众范围、营销力度、效能延伸性等均得到了有效提升。但同时，我们也应看到，多媒体营销在实践运用中是利弊同在的，集中表现为其在广泛传播产品信息的同时，也将信息回馈与延展的平台大幅铺展开来，使营销主体对营销传播过程及整体掌控力度相较减弱，进而不利于总体营销方案乃至营销价值的有序进行与实现。

（四）口碑营销

口碑营销，顾名思义，即指企业及其营销人员在制定系统及周密策划方略的基础之上，以公众人际网络及其传播为载体与渠道，使产品或服务信息呈辐射状覆盖相关性受众群体，并导致其接受产品信息、转变消费态度乃至直接产生及革新消费行为的一种营销传播方式与过程。

口碑营销具有成本低、可信度高、针对性强、利于提升企业形象及培养消费者品牌忠诚度等诸多特点及优势。基于口碑传播的方式及性质，其无须营销主体投入过多的营销成本，便可以"一传十，十传百"的传播模式实现惊人的扩大化效应；同时，又由于口碑建立于关系人群之中，从而在客观上隐性地提升了营销产品及其信息的可信程度。口碑营销具有极强的传播针对性，因而可以更为有效地实现产品的精准定位；而产品营销过程及其后的口碑传播，又能够于整体上实现企业主体品牌形象的提升及消费者品牌忠诚度的塑造等，可谓效力十足。

近年来，口碑传播不再局限于现实层面，而越来越多地蔓延于网络环境中，使"网络口碑营销"乃至病毒营销成为各领域商家竞相入手的新式营销利器，影视产业更不会例外。随着新媒体科技的不断发展与广泛应用，影视产业不断与多样化新兴媒介工具相融合与互动，尤其是在互联网上，诸如媒体网站、博客、微博等各式媒介终端进行口碑营销传播的频率与力度不断提高，口碑营销已成为影视营销环节一大重要模式。

口碑营销在影视产业中的运用最为集中地显现出了其低投入、高收益的优良性能，是影视营销环节不可或缺的重要营销手法。

（五）娱乐营销

从大众文化角度来说，娱乐营销就是以收获消费者满意度为目标的，以大众审美文化、时下社会潮流及公众娱乐与趋势心理为导向，在系统策划的基础之上，通过多样化丰富的娱乐方式及其内容与受众进行娱乐化沟通与深层化交流，使消费者在获得感官及精神愉悦的同时，实现营销产品及服务信息的高效传递，从而最终得以收获深层营销效能的现代化营销传播方式。

娱乐营销首先具有时代潮流性，以当下人们所崇尚的流行风尚为自身标签，以吸引公众目光。而从根本上来说，娱乐营销就是紧抓人们的兴趣所在，以人的审美所需及娱乐口味为目标，进行各类娱乐营销活动。娱乐营销的互动性就是其在营销全过程中始终强调与消费者的互动，并由互动持续激发受众参与积极性。与此同时，娱乐营销不是死板生硬的，而是趣味生动的，它以自身的活跃与灵动使消费者在轻松愉悦的氛围中接受来自营销主体的信息传递，以最终达成营销目的。

娱乐营销在本身就具娱乐传媒性质的影视产业中运用较为广泛，甚至从一定角度来说，影视营销中所有营销活动都带有娱乐的性质。目前，娱乐营销在中影产业中的运用甚为活跃，不但集中表现在典型的娱乐类节目里，也逐渐延伸过渡到了更为广泛的电影电视营销推广环节中。

娱乐营销的本质是一种感性营销，即其不是从理性上去说服客户采取消费行为，而是通过感性共鸣的方式深层次引发客户购买欲望，刺激购买行为。由于这种迂回式的营销策略更符合中国的文化特质，因而更易于在中国商业环境中运用并取得较好效果。

（六）情感营销

从概念上来说，情感营销就是把消费者个人情感差异和需求作为企业制定并实施品牌营销战略的根本宗旨与核心，借助情感包装、情感促销、情感广告、情感口碑、情感设计等策略，以软性推广的方式使消费者在获得情感共鸣与共融的基础上接受信息并进行消费，以最终实现企业的经营目标。

情感营销与别种营销方式相比，最大的区别与特点在于：情感营销是最为直接地将核心宗旨诉诸消费者主体情绪情感的营销方式，而非一味地将产品硬性推到消费者面前的营销方式。进行情感营销首先要全面确实掌握目标受众的心理趋向、兴趣所在、情感喜好、情绪倾向等，在此基础之上，通过多种途径与手法与其建立情感关联，引发营销主客体双方之间的情感共鸣，继而充分调动起消费者的购买情绪，引起购买行为，并最终建立、拓展、维护与强化企业与消费者之间的情感关联，以形成顾客忠诚度、认同感及企业整体品牌形象。

在目前的中国影视产业营销中，情感营销的需求并不高，原因在于它并非像其他诸如事件营销、口碑营销、活动营销等营销方式那样实战度及应用度较高，且能取得立竿见影的收效，因此，在当前疯狂追求现时见效的影视产业氛围中一直不被看好，更不被重视与有效采纳。当下影视产业乃至其他产业企业在营销环节是过于急功近利的，都喜欢打营销"快拳"，哪种营销手段见效快就用哪种、怎样宣传效果明显就怎样去宣传，过于着眼于五花八门的繁复营销手段，且一味要求手段的即时见效，但缺少的正是类似情感营销这种与消费者之间心与心的真诚的沟通与互动。

实际上，情感营销是一种软性营销方式，它不走大张旗鼓的营销路子，而是以润物无声的方式从受众的心底深处默默编制着营销客体的"倩影"，并使受众最终形成对影视产品及企业的忠实情感，创造深度营销价值。笔者认为，情感营销直接将营销的着眼点、着力点放在了消费者身上，是真正以消费者为中心、从消费者角度出发、以消费者情感为所有策略基点的营销方式，因此，我们不应仅将其作为一种仅具软性效能的营销手段，而应从更深广的层面上对情感营销加以考察与运用。

除电视栏目外，电影影院营销中也得见情感营销的影子，如《赵氏孤儿》在院线营销中曾采用赵姓观众半价观影活动，利用归宗情感，拉近观众与影片之间的心灵距离，效果甚佳。

纵观当下中国影视产业中较为传统的营销方式，其中既有在商业领域中常见行销手法在影视产业中的应用，又有影视营销在具体实践中借助新兴传媒载体而成的后起之秀；各种营销方式均具其优势性特征与所长，各自从不同的层面对影视产业发挥着独特效能。然而，对于当下正处于全面成长期的中国影视产业来说，单凭一种或几种营销手法远远无法满足产业总体的发展需求，更无法达到充分激发产业价值链拓深及延展、并由之提升产业整体价值创造力的理想效果。因此，人们研究影视营销的目光开始转向一种能够对多种营销工具和手段加以系统化结合，并能在不同情境中根据不同需求对营销策略进行动态修正、更能使影视产业在与消费者之间的价值交互中实现价值增益及品牌塑构的集成性营销传播理论与策略——整合营销。

二 中国影视产业整合营销方式

（一）整合营销的内涵及特征

整合营销传播理论兴起于商品经济最发达的美国，是一种实战性极强的营销理论。这一营销理论建立在1990年美国市场营销专家劳特朋教授提出的以消费者为导向的4C理论基础之上，并于20世纪80年代中期由美国西北大学教授唐·E.舒尔茨首次明确提出并进一步发展。舒尔茨教授认为，整合营销传播是一种品牌传播战略，通过与企业内外部利益相关者建立互惠互利的合作关系，形成内外协调一致的传播策略，最终为企业带来回报率的增长。简单来说，整合营销传播理论就是指将与企业进行市场营销有关的一切传播活动一元化的过程，其核心思想是以整合企业内外部所有资源为手段，再造企业的生产行为与市场行为，充分调动一切积极因素，以实现企业统一的传播目标。

对于整合营销传播的内涵及定义，国内外相关学界历来存在不同角度及不同侧重点的解读与阐述。如将"关系利益人"概念引入整合营销传播理论的研究者汤姆·邓肯认为："整合营销传播指企业或品牌通过发展与协调战略传播活动，使自己借助各种媒介或其他接触方式与员工、顾客、投资者、普通公众等关系利益人建立建设性的关系，从而建立和加强他们之间的互利关系的过程。"[1] 全美广告协会（AAAA）则从营销传播过程的角度出发，将其定义为："一个营销传播计划概念，要求充分认识用来制订综合计划时所使用的各种带来附加值的传播手段——如普通广告、直接反映广告、销售促进和公共关

---

① ［美］汤姆·邓肯：《广告与整合营销传播原理》，廖以臣、张广玲译，机械工业出版社2006年版，第44页。

系——并将之结合，提供具有良好清晰度、连贯性的信息，使传播影响力最大化。"① 而整合营销传播理论先驱唐·E. 舒尔茨则在新时代背景下对这一理论进行了新的定义："整合营销传播是一个业务战略过程，它是指制订、优化、执行并评价协调的、可测度的、有说服力的品牌传播计划，这些活动的受众包括消费者、顾客、潜在顾客、内部和外部受众及其他目标。"② 综合前述研究者对整合营销传播定义的认识及论述，笔者认为，可对整合营销传播进行如下定义："所谓整合营销传播，是指企业在明确的整体战略目标指导之下，以塑造良好的企业品牌及其形象为主体宗旨，以制订并不断优化的市场战略传播及营销活动计划为指导，借助多样性媒介载体工具并充分运用多种方式进行营销传播活动，以构建企业与外部受众之间的稳固关联，并最终获取企业整体效益的综合营销及传播过程。"

整合营销传播作为一门发展较迅速且极具实战性及应用特性的营销传播理论，笔者认为，其整体特征可主要概括为以下几个方面。

（1）这一理论的最本质特征即"以消费者为中心"。其在营销及传播过程中所涵盖与运用的一切要素、工具、方式、组合及模式等都以树立真正的"消费者价值观"并最大限度满足消费者需求、实现消费者利益为根本，是真正着眼并立足于消费者的营销理念。

（2）极具模式综合性及操作系统性。整合营销传播绝非传统意义上拘于某一情境下的、单一而鼓励的营销传播方式，而是具有全面性、多样性、综合性、操作性及灵活性的组合型营销理念及模式，其运作核心即在于将多层面的多种所需的营销及传媒手法规整合一后随机而

---

　　① ［美］理查德·塞米尼克：《促销与整合营销传播》，张洁、徐惠忠译，电子工业出版社 2002 年版，第 17 页。

　　② ［美］唐·E. 舒尔茨等：《整合营销传播》，中国物价出版社 2002 年版，第 3 页。

用，并由之实现一体化营销。

（3）突出"一个声音"，传播"一个形象"。整合营销在综合运用多层面多角度传媒及营销手法时，强调整合多方，发出同一个声音，即合理配置传播资源，使消费者听到的是来自各方的同一个传媒信息，以发挥其营销整体化优势，展现与强化同一个产品乃至企业形象。

（4）以品牌传播战略为其重要理论核心。无论是以消费者为中心的营销理念，还是多样化营销手法的整一，都是以企业品牌形象的传播构建、企业品牌定位的塑造维护以及企业品牌资产的优化壮大为最终宗旨。

（5）其在应用及管理层面逐步呈现出信息化、现代化及系统化、规模化特征。整合营销传播强调建立动态消费者信息资料库，以便及时有效地掌握及分析市场消费走向及消费动态，建立与目标消费群之间的稳固与双向关联，因此，越来越多地采用高科技化传媒工具。同时，整合营销管理也逐步走向系统化与规模化，并开始向营销传播进行技术化有效监测和绩效评估的方向发展。

（二）整合营销优劣势分析

整合营销传播在影视产业中的应用具备以下三大优势。

（1）优化影视产业链，充分调动产业链各环节的营销积极性，将链条各节点从头至尾整合纳入整个产业营销活动中，使各层面产业资源获得最大程度的开发利用，并由之强力促进影视营销行为的全程增益，取得不俗的营销效果，最终实现影视产品与产业企业的共赢。

（2）可根据影视产品在不同环境与不同运营阶段的不同需要，有针对性地灵活运用多种营销手法，还可自由抽取各种营销方式中适配的行销手段加以合理运用，在不同情境下不着痕迹地搭配不同侧重点的营销策略或根据不同情境需求对各方式策略加以动态调整，极具灵活性、整合性、针对性，并可获得综合营销效能。

（3）将对整个影视产业及企业的未来发展发挥深层与长效的影响。整合营销在影视产业的运用绝不仅仅是局限于营销环节的某种手法或策略的简单应用，而是从其观念到行为、产业内到产业外、组织内到组织外的多层面多角度的理念渗透及模式渐变，其最为关键与深远的影响就是促使影视从业者们对本产业领域及其中各相关环节的各种传统观念发生有益的变革，在重点强化其影视营销思想及营销观念的同时，深化其产业价值观与整体发展观，从而有利于我国影视产业及企业对自身发展的长远规划乃至未来国际化营销活动的顺利上位与全面铺展。

整合营销固然具备理论及应用层面的多重优势，然而，我们在看到其优势的同时，也必须对整合营销在应用与实践中所可能出现的一些弊端有清醒认识。笔者认为，整合营销最大的优势在于"整合"——在对多种相关资源的综合优化之中，实现其传播营销效能；但同时，其最大的弊端恰恰也在"整合"上。也就是说，整合营销从理论层面到实践层面的转换中以及在针对不同产业领域的运用中，最大的问题就在于"如何"整合——如何在不同的情境需求下对众多相关资源加以整合？到底应该按照怎样的原则进行整合？不同的营销阶段应如何对各类营销策略加以取舍？我们都知道，整合营销是一种实战性、灵活性极强的传播理论，因此，即使最专业的整合营销专家对以上问题的回答似乎也只能以四字概之："见机行事。"整合营销实践原则在不同情势下不能一概而论，就造成了应用主体对其把握精度与力度拿捏的困难，因而，我们会经常看到一些因对整合尺度把握不准而造成适得其反、得不偿失的结果，甚至造成重大损失的整合营销失败案例。

因此，如何能够在充分借鉴与优化整合营销传播理论的基础之上，综合汲取多种营销理论的优势，形成中国影视产业以整合营销为主体、丰富以多重营销方式优点、并能够最大限度克服整合营销理论不足的整合化营销方式，即是本书研究的重点所在。

第二节　中国影视产业整合化营销理论体系

一　中国影视产业整合化营销的概念内涵

纵观当下对影视产业尤其是对其营销问题的研究，各领域学者多致力于从某一特定角度出发，将当下应用度较高的一些营销模式与电影或电视产业相结合，探讨其各自在影视产业中的适配运用问题，如品牌营销、事件营销、娱乐营销、口碑营销（病毒营销）、新媒体营销及整合营销等；然而，却鲜见对影视产业总体的营销战略原则、系统规律及实践主线等这些营销"灵魂问题"的深度研究。笔者认为，这恰恰是中国影视产业乃至其他商业领域企业在营销活动中最大的隐性弊端。

缺失核心精神及理念原则的引领与主导，产业营销就抓不住各项营销活动及行为的根本宗旨；失去了贯穿始终的战略主线，企业对各式营销手法、方式乃至模式的运用也都只能停留于千头万绪、杂乱无章的状态中，"东一榔头西一棒槌"，哪种手段时下流行，那就抓哪种来用；以前用过哪种有点效果，那下次还接着用……这种抱着片面应用主义思想进行营销活动的观念及状态如果不尽快得到扭转与归正，其将越来越成为阻碍中国影视产业发展前行的一大魔障。因此，笔者认为，在明确认知影视营销中心理念及主体原则的前提下，构建中国影视产业的以整合营销为基础、以产业价值链为核心、以受众情感为内质、针对产业运营各环节兼取多种营销方式优势的整合化营销模式势在必行。

所谓影视产业整合化营销，是指在影视产业总体及影视企业运营中，以优化社会文化环境为深层宗旨，以构建影视品牌为重要目标，基于产业链各环节所需有针对性地制定并实施的，以整合营销为基础、以产业价值链为核心、以受众情感为内质并萃取多种营销方式精华优势的营销战略或模式。

整合化营销体系结构情况如图7-1所示。

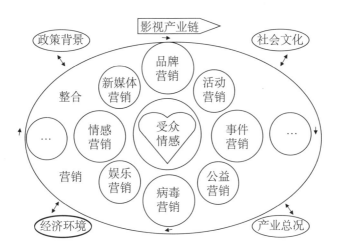

图7-1　影视产业整合化营销结构

由图7-1可见，影视产业整合化营销体系的整体构成可大致分为四大部分：以整合营销传播理论作为整个模式的框架基础；以影视产业链为贯穿多种营销方式的核心主线；以受众情感作为整个营销体系的结构内质，或直接或间接地对其他各类营销方式产生着隐性影响；包括品牌营销、情感营销、事件营销及新媒体营销等主流方式在内的其他各类影视营销方式，则是本模式的主体构成，分别在产业运作的各个环节独立或协同发挥各自优势作用，从而最终完成整合化营销全过程。最为关键的一点是，影视产业的整合化营销是以兼顾社会大环境、兼顾社会效益的创造为宗旨的，即其应以促进社会精神文明素质提升、优化社会整体文化环境、推动国家软实力快速发展为深层目标。

二　影视产业整合化营销的优势特征

整合化营销是贯穿于影视产业链运营全过程的。从影视产品策划、制作到营销、发行、放映及延伸开发等各环节，整合化营销以整合营销为框架，在不同阶段不同环节应用不同营销理念及方式协同对影视产品进行宣传推广；因而可以说，整合化营销是以"大营销"为理念的全链式营销体系与模式。具体来说，其总体优势特征大致如下。

1. 框架基础：整合营销传播理论

中国影视产业作为兼具文化及商业特质的综合性产业经济形态，其产业链在各环节的运营均具有明显的广泛性、多维性、灵活性。表现在影视营销环节，则是任何一种单一的营销模式或方式都无法绝对涵盖影视的营销概念范畴，亦无法独立完成其营销各层面的多种需求活动及全过程，更不可能仅凭其一己之力便能全面而深入地取得较好的整体营销效果。因此，整合营销传播理论作为影视产业的营销基础理论及模式框架，以其颇具广纳性的营销理念及较为成熟且迅速丰富的综合实战经验积累，其在影视产业链中的主导运用势必成为影视营销环节未来发展的一大基本趋势。

故整合化营销将以经典的整合营销传播理论为基础理论及框架支撑，尤其在其营销实践中，整合营销不仅将始终贯穿整个影视营销活动全过程，对各环节各阶段各类别营销策略及方式发挥重要的指引与主导作用，更将从整体上充分激发影视产业链各环节营销及运营效能，助推实现产业节点价值及总体价值的最大化。

2. 模式核心：产业全价值链贯穿

所谓影视产业价值链，简单来说，即指由影视策划、影视制作、影视营销、影视发行、影视放映及播映、影视后产品开发等多个环节及产业单位所集结而成的整体链条的统称，是影视产业总体商业运作流程及经济生态系统的链式体现。

从价值链分析角度来看，我国影视产业目前仍处于产业发展初级阶段，产业链条各环节发育尚不成熟，制作、发行、放（播）映及后产品开发等节点多处于各自为政的状态，产业链整体价值创造力欠佳，价值全链效能过低。尤其是作为一门年轻的文化产业形态，影视产业在营销环节并未形成系统的理论机制及有效的策略模式，"大营销"的理念尚未深入贯穿至影视产业链全程，因而无法让产业链各环节的价值创造力更充分地发挥出其应有的价值激发作用，从而导致影视产业链总体延伸拓展度差，增值乏力，严重阻碍了影视产业整体的进一步前行。

基于此，整合化营销在模式构建中，重点运用相关产业价值链理论对影视产业的营销问题进行了有益探索，即从产业链为主的视角出发，对本营销模式进行综合研究，将影视全产业价值链作为整合化营销体系的模式核心，对贯穿多种相关营销方式的中心主线加以深度解析。抓住了影视产业价值链这条主轴，便从根本上握住了找寻适配性营销策略的"金钥匙"，从而得以在具体的模式策略应用环节做到有的放矢地选用多种营销方式，整合获取总体营销价值。具体来说，影视产业价值链在整合化营销模式中的运作及表现情况大致如图 7 - 2 所示。

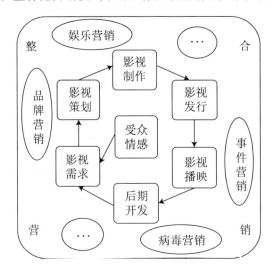

图 7 - 2　影视产业链在整合化营销体系中的相关图示

如图 7 - 2 所示，影视产业价值链作为以整合营销为基础、受众情感为内质的整合化营销体系的模式核心，在整个体系中发挥着极为重要的主线贯穿作用，包括整合营销在内的所有多种营销方式均以产业价值链为中心，围绕全价值链独立或协同地在各环节发挥作用，如在影视前期策划与制作阶段，娱乐营销、活动营销等可作为主要方式重点运用；影视发行及播映阶段是营销活动最为频繁也是营销价值创造力最为活跃的阶段，此时可充分运用多种营销手段，如事件营销、新媒体营销、口碑营销、公关营销等集中进行产品推广；而在后期开发阶段，口碑营销是最常见的营销方式；等等。需要注意的是，整合化营销模式体系绝非固化的"本本主义"，其针对影视产业链各环节所主推的多种营销方式绝不是单一与固定的，而是需随时根据产业运作实际灵活变动、随机而用的。影视产业的整合化营销就是围绕产业全价值链而展开的、以整合营销传播理论为基础的多种营销方式的灵活集结体，其最终目的即通过各种营销手法的适配运用，充分挖掘影视产业链各环节所内含的深层价值，以产业价值链的拓深提升影视产业的总体价值创造力，最终实现产业总体结构的积极转型与升级。

3. 隐性内质：受众情感及其推力

当下，许多影视营销相关研究已经对整合营销在电影或电视产业中的重要价值有了比较清晰且深入的认识，因此，许多研究者将整合营销作为影视营销中最为主要甚至唯一重要的营销方式。笔者认为，整合营销虽以其优势特征得以在众多营销方式中脱颖而出，也确实对影视产业具有相当程度的助益性，但作为集社会文化属性与商业经济属性于一体的特殊产业形态，不去深挖与构建符合其自身特质与发展需求的创新型营销体系，而仅以单一且适配度宽泛的整合营销作为影视产业主体乃至唯一的营销方式，未免过于狭隘与格式化了。

现代营销之父菲利普·科特勒认为，营销3.0时代已经到来，而对人文层面、情感层面的关注及对其需求的满足则是这一新营销时代的核心特征。从社会文化学角度出发，笔者认为，影视产业的发展应将产业的根本目标定位于社会大背景大环境之中，以提升大众文化水平、改善社会文化环境、推动社会文明进步为终极宗旨；而从受众心理学角度来说，影视产业及其产业链运营的全部目标只有一个——最大限度地满足目标受众的合理需求。因此，无论何种营销手法，都是针对受众的不同情感进行策略生发与实践。同时，情感营销作为众多营销手法中最直接着眼于受众主体基本心理及情感需求的营销方式，应在影视产业营销中获得更多的关注、研究与深入应用。笔者认为，影视产业的整合化营销即应以受众情感为整个模式体系的内质灵魂，在深入认知消费者情感深层价值的前提下，真正使中国影视产业做到"一切以消费者为中心"，真正从受众出发进行营销；唯有此，才可使影视产业从根本上抓住产业前行的动力之源，走上一条"可持续"的发展道路。

根据马斯洛需求层次理论，人的需求是以其各自价值性作为标准进行层级划分。人在最基本的生理与安全需要获得保障的基础上，基础需求便会升级为爱的需求，即要求情感及社交所需的满足，而影视产业等娱乐文化产业的产生、存在与发展则恰恰是在人的需求上升至此层级时，在人之所需中应运而生的，即影视产品及其产业是应衣食无忧的消费者在各类心理情感驱动之下所产生的高级精神需求而出现的；而当人的需求进一步超越尊重的层次达到自我实现乃至自我超越的层级时，便达到了认知与审美需求的终极境界。因而，从这一角度来说，影视产业之所以能够得以产生、存在与发展，其根基即在于社会大众的高级甚至终极需求——认知与审美的需求之中。人们在基本物质需求获得满足的前提之下，开始寻求精神文化层面的获益，而实现这一需求的载体或途径便是各类精神文化产品，包括其中重要组成部分之一——影视产品。影视产业的整个运作过程，从深层角度来说，自始至终都是以受众情感、认知与审美需求为一切产业行为的出发点的。影视产品从前期制作开始，便首先要以当下大众的心理需求及审美情趣等为着眼点进行剧本的编写；拍摄准备期要考虑受众喜好所需，选名导、明星加盟；中后期营销环节，更是要以受众心理情感为指向，选取各式有力的手法进行影视产品的推广宣传；而后一鼓作气，向观影之后意犹未尽的受众呈上口味多样、各投所好的影视相关产品……总之,"观众最大"。只有将受众心理情感作为各项产业活动的着眼点与出发点,才能够从根本上抓住影视产业活力之源,精准把握受众心理,才能够高效获取产业效益;有观众,才有收成。

近年来,随着市场营销理论及实践的不断丰富发展,多种新型营销方式相继兴起于各商业领域,其中很大一部分已然被吸纳进影视产业运作,活用于产业链各环节,如品牌营销、媒介营销、事件营销、口碑营销、文化营销、协同营销、公关营销、审美体验营销、社会媒体及新媒体与跨媒体营销等,类型繁多、样式不一。虽然各种营销方式所秉持的营销理念各不相同、采用的具体策略更是千差万别,但在笔者看来,其中的绝大多数营销方式实际上都没有跑出从根本上对受众情感的关注与把握,如品牌营销是要通过多样化手法使产品与企业在消费者中建立品牌认知,继而通过良好的品牌形象助推企业盈利,而此过程始终都是以消费者的品牌认知心理及品牌情感需求为着眼点与出发点来进行的;事件营销就是针对并利用社会大众对文化娱乐事件的好奇情感及关注心理来营销产品的;新媒体营销也是投其所好,针对当代大众对新信息技术的"尝鲜"心理及时发展渠道创新,拓宽营销广度;口碑营销更不必说,是在对消费者从众心理及趋潮情感准确把握的前提之下,展开广泛性宣传攻势制造口碑效应来达到营销目的,以此类推,不一而足。

在营销3.0时代背景之下,追求情感层面的深层互动与共鸣应作为营销的关键核心。因此,在整合化营销体系的构建之中,受众情感是其最为根本、最为重要也最具意义的灵魂式内涵,无论是本体系中整合营销及其他各阶段各类营销理论及方式的运用,均应以"受众情感"为中心理念,加以各自阐发与延展实践,真正做到

"一切以消费者为中心"。

4. 运构主体：多种营销方式集合

以整合营销为基本框架、情感营销为模式核心的整合化营销体系绝不能够仅是一副空架子，而应同时由多种营销手法及方式作为多样性主体构成，以丰盈其羽翼。而多种营销方式在本体系中的聚集，并非仅是在营销阶段的简单集合，而是于影视产业运作中"点、线、面"三大层面的协同整合，以使影视营销得以围绕框架核心全方位多面铺开。

（1）"化点分工，多点协同"：在影视产业全链条各环节应侧重采取不同的营销方式，各方式在不同的产业运营阶段有侧重地发挥各具优势的营销作用，从而各自以类似独立点的形态分布在产业链始终，协同作用。如在产业链前端的影视制作环节，可以品牌营销、新闻营销等作为"营销点"；在影视产品推广阶段，事件营销、娱乐营销、口碑营销等纷纷上阵，多点齐布、协力分工等。

（2）"以点连线，全链贯通"：从时间轴角度来看，作为各环节"营销点"的多种营销方式作用于影视产业链始终，在其各时段独立或协同发挥营销效能，从而使多种营销方式在本产业链全程连点成线，以上承下接、混序渐进的方式贯穿整个影视产业链。如在影视制作、发行、放映及后产品推广各环节分别采取公关营销、事件营销、娱乐营销、媒介营销、口碑营销等多种手法，步步为营、一脉贯穿。

（3）"点线成面，全面收效"：多种营销方式由独立为点到连点成线，最终从总体上整合形成影视产业运作中的多角度覆盖、全方位集成的产业"营销面"，以由点到线的网状铺盖方式全面获取个营销策略的多样化营销效能，从而在使整合化营销体系得以扩充、丰富与完善的基础上，切实实现多层面营销作用力对影视产品、企业乃至产业整体的助益。

可见，多种营销方式不但是构成整合化营销体系的主体元素，更是使本体系模式策略得以全面铺开、获取营销效力的方式集成与保障。

同时，针对影视产业链不同环节、不同运营阶段，侧重采取具有不同优势的营销策略也极为重要。在对多种营销手法进行选择时，应首先以产业价值运作链条为主线，并以受众情感为着眼点，通过对受众心理的准确把握，结合产业当前所处运营阶段及产品宣传发行现状等，对适配的营销方式加以选择，从而以适宜的方式、策略获取营销效益的最大化。

5. 深层宗旨：优化社会文化环境

众所周知，影视产业是集商业、社会、文化、娱乐等多重属性于一身的综合性经济形态，影视产品以最为直观的现代影音影像方式直接呈现于社会大众面前，由之所传递及反映出来的各类信息又迅速被广大受众所接收乃至接受，因而影视产业在当下迅猛发展的同时，正在为整个社会及其大众带来前所未有的巨大影响，且这种影响的广度与深度还在日益扩宽、扩大。作为这样一个外溢作用力如此深广的产业形态，中国影视产业如何妥善处理盈利与责任之间的关系、如何在应对多方利益诱惑的前提下履行其社会义务、如何在不断实现自我发展的同时兼顾社会责任、创造社会效益，则成为决定其能否得以健康发展的关键所在。

影视产业及其企业首先立足于社会之中，立足于特定的社会文化环境及最广泛的人民大众之中，其无法脱离社会的土壤而真空生存，因而影视产业的存在与发展必须扎根于社会与大众之中，更必须履行并完成好自己的社会义务，以正面力量助推社会文明进步，绝不能仅因片面追求商业利益而忽视甚至完全无视自己应尽的社会责任。然而，当下有相当一部分影视企业或从业人员片面理解"一切以消费者为中心"的营销理念，为追求高额收益而一味讨好部分受众的低级趣味，在影视产品及其营销中大肆宣扬色情、暴力等负面信息与不良因素，有意引导社会大众精神文化向庸俗无知的原始化、愚昧化、低级化方向走，从而在某种程度上加速了社会风尚的下滑与社会文明的倒退。如在 2012 年张艺谋新片《金陵十三钗》的营销宣传中就大量曝光并大肆渲染片中色情桥段与画面，大打情色牌、露点牌、激情牌，引发了社会各界的广泛争议。笔者认为，这种方式或许可以在短时间内为其带来一定的眼前利益，但从长远来看，不但将对整个社会产生不良的倾向性影响，更将使企业自身乃至产业总体陷入恶性发展的旋涡，最终导致产业乃至整个社会精神道德体系的崩溃。

影视产业的整合化营销强调以受众情感为核心进行各项营销行为，绝非指以一味迎合部分受众的不良趣味来谋取商业效益；恰恰相反，整合化营销将优化大众精神素质、提升社会文化水平作为深层宗旨。整合化营销在影视产业的应用中所重点强调的以受众情感为着眼点进行营销是指在影视制作、营销、发行、上映及后产品推广等各环节，应以正确的审美取向为主导，通过积极的宣传方式与手法，抓住受众普遍的正常消费情感与心理，如好奇心理、追星心理、趋众心理、时尚心理、尝新心理等，并根据产业运营不同阶段的不同需求，针对受众的正当情感所需与消费心理选取恰当的营销手法进行产品营销。

诚然，在当下复杂的社会风尚及社会环境渲染与牵引之下，人们甚至有意追求色情、暴力等消极心理感受，在影视产品的营销中如果不投取大众的这部分"所好"，就会拱手错失了最具效能的营销点。笔者认为，影视产业作为极具宣传力与社会影响力的产业形态，其在产业活动中始终对社会大众发挥着极为直接的关键性影响，对整个社会环境都具有巨大的倾向性助推作用，因而其所担负着的是比一般商业性企业更为关键的社会责任与义务。故如前所述，影视产业绝不能仅仅因片面谋取商业利益而以牺牲社会道德素质与社会文化效益为代价，极力讨好大众不良趣味；不但不能对社会发展起到积极的正面作用，反而助推世风日下。因此，整合化营销在具体策略的实践中，应以普世的"真善美"道德价值观为精神圭臬，努力以健康向上的审美趣味引导社会风尚与大众情感倾向，尽量规避使用或利用各方面负面元素进行各类营销，从而为社会道德风尚的改善、文明素质的提升、文化环境的净化贡献应尽的一分力量。

那么，兼顾社会效益是不是就一定会有损于营销的商业收益呢？其实不然。整合化营销明确了以整合营销为基础理论、以受众情感为隐性内质与主线的整体营销框架，同时兼取多种营销手法之所长，综合汲取并发挥其各自优势，因而在具体的营销效能上将会是在多种营销方式之上的集成化提升。而在此过程中对影视产业及其营销活动社会责任的进一步明确及以努力创造社会文化效益为深层宗旨，只会对营销过程中多种营销方式的应用与实践产生正面的理念引导作用，使影视从业人员在具体营销工作中以其为隐性职业道德约束，从而减少目前影视产业及其在营销活动中有意无意损害社会精神文明及社会文化环境的行为，使中国影视产业的成长道路得以归正，不断朝着"绿色文化产业"的方向健康发展。

　　具体来说，整合化营销在各方策略的实践中，应始终关注社会效益，如在所需环节适当采取公益营销方式，在做好营销宣传的同时切实扶助社会劣势群体，树立良好口碑，可谓一举多得；在进行具体营销活动时，尽可能选取能给受众以正面审美体验的载体或方式，如宣传海报、预告片及发布会等环节的设计应不断尝试新的突破与创意，在能够对受众产生充分吸引力的前提下，更多地带给人以舒适感及美感，而非一味铺张与渲染色情、暴力等刺激性元素；外展宣传屏幕所放映的预告片等应考虑周边居民人群的接受能力，注意避免音量过大产生噪声等问题；电视频道及电视节目要不断提升节目素质，避免"低俗娱乐"模式；等等。

　　综上所述，影视产业整合化营销体系具有极为丰富的构成与特点。其中，整合营销是其理论基础与框架；影视产业价值全链是贯穿模式始终及所有相关营销方式的核心主线；受众情感则在模式运行中发挥着隐性助推作用；多样化营销手法以"点、线、面"的方式存在于影视产业链全程，并发挥着各自的优势作用；而整个整合化营销体系及其策略的实施统归于积极的深层宗旨——提升社会文明素质、优化社会文化环境之中，因而使整合化营销真正作为一套"有责任、有情感、有效力"的创新型营销模式，对中国影视产业的发展发挥出其深远的助益价值。

三　中国影视产业整合化营销的研究意义与必要性分析

　　从最初的探求摸索到中期的迅速发展再到如今的广泛应用，营销在经历了其自产生至今的一段发展历程后，已然形成了一套兼具针对性、效能性、丰富性、类型化等多重特质于一身的多种营销理论及方式集合，其各自在各企业行业与市场环境中的运用已达到了极为广泛与丰富的程度，并切实而充分地发挥着应有的关键性营销效能，越来越为人们所关注与重视。体现在影视产业中，诸如事件营销、品牌营销、娱乐营销、多媒体营销等多种营销方式已在其中充当着重要的节点角色，在影视产品推广与传播过程中展示着各自独有的价值魅力。那么，在此基础上提出与研究整合化营销又有怎样的特殊意义及必要性呢？这便集中体现在整合化营销集成化的体系特质与比较性优势上。

（一）真正实现了"一切以消费者为中心"

时至今日，在企业营销活动中，"以消费者为中心"的观念越来越受到各方关注并日益深入人心。营销不应仅将消费者视为硬性推销的消费机器，营销也仅仅是企业单方面推销产品盈利的工具。要想从根本上抓住长久生存的保障与动力，企业就必须认识到消费者在企业运营中的决定性作用，必须真正做到一切活动以消费者为中心，这在营销环节的表现尤为明显。

整合化营销以整合营销传播理论为基础框架，即充分沿承其"以消费者为中心"的本质特征及"消费者价值观"核心理念，因而是真正的一切从消费者出发、以满足消费者需求为目标、以消费者为中心的营销模式。同时，整合化营销是以受众情感为最内涵及内质理念构建而成的营销体系，其在整个模式运行中自始至终都以"情感"为贯穿点，以受众各类心理需求为基准，在各阶段有针对性地选取相应的适配性的营销方式，并在各类手法的应用实践中最大限度满足受众的各类正当情感需求，以最终实现产品的营销。由此可见，整合化营销是以整合营销传播理论为根基并创新性地引入受众情感作为整个体系的结构内质的营销模式，其以人性化的营销理想、以关注受众根本情感来选用营销方式的理念作为各项具体营销行为的深层方针，因而是真正做到"一切以消费者为中心"的营销理论与模式。

（二）以优化社会文化环境为宗旨

中国经济在当前的飞速发展中存在着一个非常严重的问题，即很多企业在运营中只看重获取既得经济利益，企业一些行为只为商业盈利服务，甚至为了金钱利益无所不用其极，完全无视企业所担负的重要社会责任与义务。体现在影视产业中，即集中表现为部分影视企业主体在影视产品制作生产及推广过程中过度强调商业效益，为追求所谓"卖点"大肆讨好社会不良习气，追捧乃至鼓励负面潮流，完全无视其广泛的媒介传播效力将会给整个社会受众群体乃至社会文化环境造成怎样的导向性后果。而当这已成为影视业内的一种普遍现象、各相关产业企业都"一切向钱看"而丧失社会责任感时，这种企业行为便会不断助推整个社会风气日下，甚至处于社会精神文明失控的边缘，如此发展下去，后果可想而知。

中国影视产业目前尚处于起步发展阶段，而在此关键阶段，对其产业社会责任感的明确认知与坚实奠定对于整个影视产业的未来成长乃至整个社会的未来发展来说都极具深远意义。整合化营销将净化社会文化环境、优化社会文明素质、助推社会总体发展作为实施一切营销行为的深层宗旨，从而将影视营销及其产业整体运营理念提升到了社会文化的高度，赋予影视营销更深刻和深广的价值与意义，并积极扶正业内文化新风，助推影视产业整体的健康持续发展。

（三）整合营销与产业价值链理论相融合

随着相关研究的深入，整合营销的优势特征已为人们所熟知；但同时，在实施整合营销的过程中，很多营销人员经常会有无从下手之感，即前文所指出的：整合营销最大的弊端就在于其在具体实践中缺少一个能够对各阶段各部营销行为切实发挥总体指导效能的主线与原则。整合化营销解决了这一难题，即在整合营销理论框架基础之上，重点引入产业价值分析理论，并以其为主线，对其他多种营销方式加以贯穿，从而使整合营销得以填补主线缺失这一大总体性缺陷，并以全价值链为模式核心，针对各营销阶段所需灵活整合运用多种营销手法进行各环节营销活动，从而使整合化营销体系以影视产业链条主线贯穿，避免了方式整合中的杂乱无章状况。

（四）汲取多重营销精华，全面收获模式效能

影视产业的整合化营销，最突出的特点之一就在于"化"字："化"整合营销为基础框架、"化"产业价值链为模式核心，"化"受众情感为体系内质，将多种营销方式"化"为一体，协同发挥总体营销作用。在整个体系策略实施过程中，"受众情感"这个内质核心即为"化"出多种营销方式的根本动力所在。多种营销方式以情感营销为隐性主线，在受众情感的催化力之下，以"点、线、面"的方式组合分布并作用于影视产业全链条各环节，或独立或协同地发挥出各自优势效能，从而在整合营销基本理念引导之下，综合形成具有全面性、多样性、综合性、操作性及灵活性的组合型营销模式，集成创造影视产业全链价值。

第三节 中国影视产业整合化营销实践策略

中国影视业如今正在国际商品经济大潮的冲击之下开始向产业化、商业化、国际化方向迈进，但由于受本土传统文化意识及长期计划经济体的浸淫与影响，影视产业整体发展仍处于孱弱的幼年期，产业运营内外体制甚不完备，产业制、发、放机制远未成型，价值链条断链掉节且效能低下，从而导致中国影视产业整体长期滞于缓慢前行的低谷状态中，破阵无方。随着《英雄》的横空出世与《超级女声》等的大行其道，中国影视产业终于得以拨云见日——营销对影视产品所具有的巨大的助推效能越来越为人们所关注，对各种营销方式的研究也日趋增益。然而，中国影视产业的诸多现存问题绝非仅靠一种或几种营销手段便可得以根除。从宏观上来说，国家相关政策机制及国内外社会、经济环境等是制约影视产业发展提升的外部瓶颈；而从产业自身来说，产业链内部运作各环节的低能、断链乃至各自为政，则是导致影视产业总体发展散乱无力的根本症结。因此，整合化营销在模式策略的构建中，将对制约及影响产业总体的各方面因素加以全面综合考察，以"大营销"理念为主导，深入影视产业链内部及其始终，从营销角度探索整体影视产业的运营策略与机制。

一 中国影视产业整合化营销策略的概念

仅就理念层面来说，市场营销理论实际上就是以企业市场营销活动为研究对象，并以其研究成果作为指导企业营销行为的理论基础与方法体系；而营销归根结底是一门实务性与应用性学科，对其加以研究与发展的最终宗旨即为指导市场营销实践。因此，在对营销理论进行充分认知的基础上，更应重视对营销实践层面即营销策略的深入总结、丰富与集成。

所谓影视产业的整合化营销策略，就是指影视企业以完备的企业发展目标及战略为指引，以受众需求为基点，在对相关市场信息加以全面搜集汇总的基础上，以整合化营销理念及其各项内涵主旨为总则，有计划地拟订、组织并开展包括产品、价格、渠道、品牌、促销等方面在内的策略系统与行为，最终有效达成营销目标的全过程。

二 中国影视产业整合化营销策略的原则

整合化营销作为一套理论性营销模式体系，其由理论层面向影视产业实践层面的转换与应用并非易事，因此，在实践应用过程中应遵循以下几大基本原则。

（一）树立整合化营销全局战略观念

整合化营销是一套营销体系、模式及策略，虽然其集中体现并应用于影视产业营销环节，但实质上，"大营销"理念才是这一模式的隐性核心。也就是说，影视产业企业应首先将"大营销"观念内化于心，明确认知自影视产业及其产品运营之始，营销便已然随之进入了运行循环周期，并伴随影视产品的策划、制作、宣传、发行、放（播）映、延伸开发等环节，助推影视产品运营，继而开始新一轮产业实践。因此，影视企业必须首先树立整合化营销的全局战略观念，在进行具体营销策略的设计时，需从产业及企业整体出发，以总体战略为指导，而后进行全程全方位的营销规划。

（二）坚持经济效益与社会效益共赢理念

商品经济大潮冲击之下的中国影视产业，目前正朝商业化方向信步前行。如何更快更好地实现影视产品的盈利、如何通过营销等手法突破产业困局、如何推动影视企业的生存发展及产业的整体成熟，是近年来国内相关研究中呼声最高的几大问题。然而，任何商业型企业乃至产业在谋求自身经济效益发展的同时，都不应因此忽视其应承担的社会责任与义务。尤其是作为影视传媒企业，巨大的受众传播力、广泛的社会影响力及深刻的文化导向性等，都使影视产业企业担负着相较于一般商业性企业更为关键与更深层的社会道德责任。因此，整合化营销并非与其他营销理论一样，只把产业盈利作为一切行为的终极目的，而是必须以积极承担社会义务、努力提升社会整体精神文明及人文素质作为模式策略的终极宗旨，因而在具体营销过程中，无论以何种营销方式组合进行产品营销，都绝不能以牺牲社会效益为代价来追求片面经济效益所得。一个企业，包括影视企业在内，只有积极创造并努力实现经济效益与社会文化效益双赢，才是真正成功的好企业。

（三）以产业价值链的结构走向为核心

影视产业整合化营销之"新"，重要的一方面即体现在是以产业价值链为核心来贯穿与引导一切营销活动。目前，中国影视产业在运营层面存在的最大的问题就是产业链的欠缺，产业运行各部断链缺环，从而严重阻碍了产业总体及企业个体的健康发展。因此，影视产业的整合化营销必须以构建完备的产业全价值链为关键点，通过系统的营销理念及各部营销手法努力完善与衔接产业链各环节，从而以"大营销"观念为指导,促成影视产业链全程闭合式拓展与延伸,因而在具体营销策略实施过程中,要始终以产业价值链为运作核心,贯穿、引导并规范各阶段各环节的各项营销行为,绝不能游离甚至脱离产业链"孤军奋战",而是以一链贯穿始终,最终实现全链贯通。

(四)必须根据内外环境变化不断创新,灵活应变

市场营销绝非死板的文本理论,而是随变幻莫测的市场而不断变革着的动态发展体系及实战过程。整合化营销以整合营销为理论基础及模式框架,而整合营销即以系统性、灵活性、综合性为特征,因而整合化营销及其应用必将在全程始终保持动态性。尤其是在影视传媒产业运作中,随时都会有新的热点与相关新情况出现,这就要求我们在进行整合化营销时务必紧跟形势,针对不同的环境与需求大胆创新,将整个体系丰富并活化成为一套反应迅速、生动灵活的策略模式,以不断的革新应变适应不断变化着的市场及产业诉求,并不断实现策略经验的充实与模式体系的丰厚。

三　中国影视产业整合化营销策略的构成

为使整合化营销更好地在中国影视产业运营中发挥出切实的策略效能,本书将借助4V营销组合理论作为主要分析载体,同时辅以产业价值链分析理论等,对影视产业整合化营销的策略构成等进行具体解析。

4V营销组合理论是近年来在传统的4P、4C、4R前三代市场营销组合理论基础之上延伸发展而来的新生代营销传播理论,"4V"即指差异扩大化(Variation)、功能弹性化(Versatility)、附加价值化（Value）和共鸣互动化（Vibration）。"4V 营销理论首先强调企业要实施差异化营销，一方面，使自己与竞争对手区别开来，树立自己的独特形象；另一方面，也使消费者互相区别，满足消费者个性化的需求。其次，4V 理论要求产品或服务有更大的柔性，能够针对消费者具体需求进行组合。最后，4V 理论更加重视产品或服务中的无形要素，通过品牌、文化等来满足消费者的情感需求。"①

从前期研究成果看，各领域研究者普遍认为企业的核心竞争力至少应包括三个方面的能力：其一为创新性，即企业在发展过程中能以技术、管理与制度三大层面的创新形成自身独特的产品或服务提升动力，以难以模仿的跨越式前行使众多竞争对手望尘莫及；其二为独特性，从总体上来说就是企业需形成完整的产业链与价值增值链，使企业自身极具发展的渗透力与扩展性；其三为价值性，也就是企业能长期稳定地为消费者进行价值提供，并带给其更多的剩余与超值效用。可见，4V 营销组合理论是与企业核心竞争力诉求相契合的：4V 中的"差异化"即指企业要通过创新变革使自己的产品或服务区别于同行竞争者；"功能化"则与核心竞争力的独特性密切相关；而企业在竞争发展过程中的价值性则正是 4V 中"附加价值"和"共鸣"的核心基础。由此可见，4V 营销组合理论及其实践对于企业核心竞争力乃至整体实力的塑造、培育及提升具有极为重要的借鉴与助推作用。

同时，影视产业的整合化营销以整合营销为基础、以产业价值链为核心、以受众情感为内质并集成多种营销方式的适配化营销模式体系，其策略目标即为通过创新性的营销理念及实战性的营销策

① 周荣海：《营销组合理论从 4P 到 4V 的变迁》，《现代企业》2006 年第 6 期。

划实现中国影视产业价值链的塑造乃至产业总体的长足发展。其中，整合化营销以产业价值链为核心、以满足受众情感为内质等架构特征，与 4V 理论及其诉求深切相关。因此，本书将以 4V 营销组合理论为主要分析载体，并结合产业价值链分析等角度，对影视产业整合化营销策略构成进行解析。

（一）产品定位策略

整合化营销在影视产业中的应用应覆盖其产业全程，唯有此，才可从根本上抓住影视产业成长的根结所在，将"大营销"理念贯穿始终。因此，在进行整合化营销时，首先应着眼于影视产品的定位问题。简单地说，定位就是指"要针对潜在顾客的心理采取行动，即要将产品在潜在顾客的心目中定一个适当的位置"。①

从 4V 营销组合理论出发，明显可见影视产品在制作准备期应首先追求差异化定位，即以划分差异化目标受众为前提，通过系统的市场调研等方法获取不同的受众影视倾向与需求，有针对性地进行受众分流，继而将不同类型的影视产品定位于不同目标受众之中，做到有的放矢。4V 中的"功能化"体现在影视产品定位层面，则是其在定位时要充分契合整合化营销理念的深层诉求，即以优化与提升社会文化环境、引导大众正确的审美趣味为宗旨，尽量避免影视产品的消极导向及其定位，从而使其在具有娱乐性、营利性的同时，有效发挥重要的舆论性、导向性及文化性效能，使影视产业真正做到娱乐大众、惠泽大众。同时，影视产品定位要关注其在受众中的

---

① ［美］菲利普·科特勒：《营销管理》，梅汝和、梅清、周安柱译，中国人民大学出版社 2001 年版，第 360—361 页。

共鸣度。在碎片化时代背景之下，只有努力找准目标受众群，并将适配类型的产品定位于其中，才能初步调动起"气场相同"受众的观看兴趣，更为接下来的各项影视营销及营运活动在目标受众中引发观感热情及共鸣奠定基础。

如辽宁影视频道基于其频道性质，将自身明确定位于"影视 + 娱乐"的流行高地，以"七星影视，娱乐天下"的定位语准确而明晰地向喜爱影视节目及娱乐栏目的观众"表白"了身份，从而迅速吸引了很大一部分兴趣观众，更借定位进行了一次成功的自我营销。

（二）内容塑造策略

在完成产品定位之后，接下来就要进行实质性的影视制作环节了，这在整个影视产业运行中处于极端重要的地位；而此环节却正是中国影视产业发展中的最薄弱环节。甚至可以说，在当前我国影视产业领域，无论是电影产业还是电视产业，其影视创新意识的欠缺、创意能力的低下等状况已经到了令人发指的地步，其中，电视产业表现尤甚。当下我国电视行业最为缺乏的就是行业创新，频道及节目定位大众化、节目内容同质化问题严重，各媒体间盲目跟风、恶意模仿现象突出，同时，电视剧类型化现象也较为严重，如青春爱情剧、宫斗剧、主旋律剧等泛滥，不但内容上多大同小异、缺乏新意，更不乏粗制滥造和滥竽充数者，从而形成了影视行业企业间低质竞争的怪圈。

因此，整合化营销应以 4V 理论为主导，对影视产品的内容制作加以关键性策略实施。4V 理论中的"差异化"体现在影视内容制作层面，明显表现为影视产品各类型及内部个体产品之间应使内容差异化，具体来说应不断提升影视创意与产业创新水平，力求影视产品的内容、风格等均以其独特个性极大区别于其他同类或别类产品，唯有此，才能够以新意吸引更多的受众关注，并由之使产业整体走上不断创新的良性循环发展道路。

此外，"功能化"理念体现在影视内容制作层面，则应重点关注影视作品多方面效能的发挥。一般来说，产品的功能定位分三个层次：核心功能、延伸功能及附加功能，体现在影视产品中，即其核心功能为求知及娱乐功能，延伸功能可为满足受众好奇、趋众、时尚情感与心理等，而附加功能可外化为影视产品的美学功能、社会及文化效能等。在整合化营销视野之下，影视产业需以提升社会文化效益为深层宗旨，因而其产品内容在制作层面也应以此为着眼点，充分发挥影视产品的延伸及附加功能，以达到积极弘扬正面社会文化导向的作用，而这也同样体现在4V理论的"附加价值化"层面——影视产品在内容设计及制作过程中应以多重价值覆盖始终，在为观众提供核心娱乐及审美价值的同时，不忘将正确的社会文化导向观念等集合其中，拓宽与拓深产品的延伸与附加价值链，并以贴近观众情感心理的影视内容引发其共鸣，从而使影视产品及其产业得以充分发挥其应有的社会文化效能，实现其广泛而重要的社会效益与价值。

如由腾讯视频携手中国台湾著名娱乐主持人阿雅打造的原创都市女性深度访谈节目《爱呀，幸福女人》已于2012年全新开播。这档专为都市女性量身打造的新媒体节目，在内容设计及制作方面均以都市女性所面临的情感及生活问题为主题，在紧紧抓住目标受众心理的同时，结合阿雅诙谐辛辣的主持风格，为广大都市女性打开了一扇借以抒发内心情感并获得心理抚慰的窗户，在差异化基础之上实现其功能与附加价值的最大化，从而引发广大女性受众的深层共鸣，真正做到了以"内容为王"，效果自然不凡。

（三）营销渠道策略

在影视产品制作完成之后，发行、上映与播映的影视产业及其营销重头戏便隆重登场。就一般性商业领域产品而言，产品在市场推广中走的是由"拓展渠道—市场铺开"的两步策略；但中国影视产业当前的渠道开发还尚未有效扩开，其后的市场终端营销就更不必说了。因此，整合化营销在影视产业的应用中应将影视营销渠道及载体的开发拓展作为一项重点环节加以有效完善。

仍从4V营销组合理论出发来看影视营销渠道问题，如要对影视产品的投放渠道策略进行具体研究，则首先应将影视产品加以差异化分类，有针对性地对其各自进行渠道整合。如对电影及电视剧产品，可从投资额角度出发，将其划分为小成本、中低成本、中等成本及大成本产品四大类型，而后分别针对各类型影视产品进行区别化营销渠道划分，如小成本影视产品可将网络视频、博客等新媒体平台作为重点渠道进行营销推广，从而在最大限度降低营销成本的基础上，通过口碑营销、娱乐营销等方式进行推广；中低及中等成本影视产品则可适度增加营销投入，开发诸如户外宣传、发布会、赞助商家等渠道，采取活动营销、事件营销、新闻营销、植入营销等多种营销方式；而影视大成本制作产品自不必言，"营销大于影片"的产业理念正日渐升温，并集中表现在这样的大成本制作中，植入营销、品牌营销、国际营销等营销大手笔皆百试不爽。

同时，影视营销渠道、载体及方式应不断走向功能化，具体来说，即应在整合化营销理念指导之下，使具体各部策略发挥多样化功能与效力，并由之实现影视产品附加价值的最大化。如在电视产业中，可采用商家赞助公益性活动的方式，既可使频道或栏目在活动中切实创造积极的社会效益，又可通过广泛的社会活动进行自身的品牌推广，获得更多的公众关注与好感，还可与赞助商家互惠互利，可谓一举多得。

如《喜羊羊与灰太狼》本是一部热播少儿动漫连续剧，但其在产品品牌及渠道开发方面表现十分出色，在动画连续剧大获成功之后，趁热打铁，先后延伸至电影、动漫图书、音像制品、服装、玩具、电子游戏、网络游戏等一系列相关领域，极大地拓宽了其营销及盈利渠道，成功实现了产品的多元化"盈销"。

（四）品牌构塑策略

在全球影视巨头好莱坞那里，其巨大的品牌效应已蔓延至世界每一个角落。品牌为好莱坞带来了跨地域、跨国界、跨文化的无以计量的庞大的受众群，巨额经济效益随之滚滚而来。因而可以说，品牌才是好莱坞最为成功的"大牌制作"。可见，对于具有商业属性、文化属性及审美属性的影视产业而言，只有最终走上国际化品牌发展的道路，才能够实现产业的稳固与长足发展。

目前，我国影视产业领域内虽已初步可见诸如中影集团、光线影业、华谊兄弟、湖南卫视、凤凰卫视等大牌影视传媒企业，张艺谋＋张伟平、陈可辛＋韩三平、冯小刚＋王中军、吴宇森、陈凯歌等品牌影视组合及新世纪、万达、DMC等品牌院线；然而，受产业链模式缺失及产业经验不足等限制，中国影视产业品牌之路征程方始。

企业品牌的塑造是整合营销传播理论的核心所在，而在以整合营销为基础的影视产业整合化营销体系中，影视品牌的构塑自然亦是整个模式策略的核心目标。在整合化营销视野下，影视产业的品牌延伸策略首先实现"品牌差异化",即通过创造新的个性化的独特影视产品形象、影视明星、影视名导和影视传媒名企等,创建企业独一无二的品牌符号标志。同时,影视企业品牌还应得到适当的效能拓展延伸,即影视企业在建立起自身品牌之后,可使品牌及经营行为向横向或纵向领域延伸,如电视频道品牌可向跨媒体、新媒体等平台的多样化运营范畴扩展,最大限度地发挥其品牌号召效力并在此过程中进一步培育多能品牌。

更为关键的是,4V理论中的"附加价值"理念分析对于影视产业发展及其品牌塑造环节的应用极具意义。众所周知,美国电影产业运营中20%的收入为影院票房所得,其余80%全部为非银幕营销入账;而当前,中国影视产业还仅仅处于以占总收入90%以上的票房收入支撑产业及企业生存发展的营销市场雏形期。因此,在对影视产业进行整合化营销时,应将影视产品及产业的价值链延伸开发作为产业内部运营机制改革的重点,大力进行影视相关产品开发,使中国影视产业及其营销真正实现可持续循环发展。同时,附加价值的创造亦体现在影视产业各环节,应主要包括以下几个方面。

(1)以技术创新引导价值创新。及时并充分地将最新的信息科技技术应用到影视产业运营各环节中,不断提升影视产业链的科技含量,拓展产业链发展的载体平台等,以创新性的高技术含量产品及服务,为受众提供价值供应。

(2)以社会效益为宗旨提升影视产品内质。应着眼于积极助推社会精神文明及文化素质前行,努力更新影视创意,以高品位、高水准的影视产品为广大受众提供正面人文观念的引导力,使观众在娱乐观影的同时,于潜移默化中接收到积极与正面的文化信息。

(3)紧抓受众情感主线,高品质、高效能地服务于受众。影视观众的消费不仅体现在对影视产品本身的观感享受中，还体现在对各项相关服务的体验过程中，而营销服务则是其关键项之一。因此，应以受众情感为核心，不断创新并提升营销及各项服务的质量，使观众在影视消费过程中获得更多的价值提供。

（4）将影视企业文化及品牌价值融贯至产品中。影视产品只有更大程度地囊括并外显其企业自身的文化特质及品牌内涵，才能够在其后的营销及受众消费过程中，使企业品牌实现更大限度的推广与植入，进而培育品牌忠实观众，更好地拓展与延伸影视产业品牌及其价值链。

如湖南卫视的收视王牌《快乐大本营》自诞生至今已风靡十余年，不仅是湖南卫视的经典"台柱子"，中国娱乐节目的标志性典范，更是国内娱乐栏目老牌至尊。基于个性化的节目模式、创新化的节目内容与十余载的观众忠实度，《快乐大本营》不但创就了自己的娱乐品牌，更吸引了众多商家的广泛信赖与赞助青睐，纷纷以冠名、片尾贴片广告、内嵌广告、联办活动等形式进行广告宣传推广，从而使其一路顺风顺水，率先走上了电视栏目品牌发展之路。

四　中国影视产业整合化营销策略的步骤

（一）要素分析

一切市场营销活动都是在一内一外两大方面相关要素的关联、互动及其过程中产生、进行并收效的。体现在影视营销领域内，此"一内"指发起或从事营销活动的内部主体，即影视产业、企业及从业者；"一外"指与营销相关的所有外部因素，即宏观环境、大众群体、产业关联方等，它们对市场营销活动有着极为重要的影响。因此，在整合化营销策略的实践运用之初，首先须对其周边及内部各相关因素加以分析汇总。

（1）外部环境。在对影视产业的整合化营销进行具体应用时，首先应将影视产业及企业的外部环境纳入考察范围，如国家政策环境、社会人文环境、市场经济环境、产业竞争环境、科技发展环境等。其中，基于其深层宗旨诉求，社会人文环境是在进行整合化营销时需重点考究的外部要素之一，即各项具体策略的执行应首先将社会文化的提升作为前提性因素，以有益于社会与大众作为一切活动的根本目标。

（2）目标受众。在媒介科技迅猛发展的今天，人类社会已进入碎片化时代，其集中表现为影视受众已不再是统一而同质化的一众人群，而网络时代与无线传媒载体的兴起则在很大程度上将大众切分为无数的受众模块乃至碎片化目标群，因而影视产业在运营中必须有针对性地将产品定位精确指向相对层面上的细分化受众，并以此为依据进行影视产品摄制，而不能再以"大锅菜"的方式进行营销等相关产业活动。基于此，整合化营销要求影视产品运营自始便在细分目标受众、准确定位产品的基础之上循序而行，只有首先找好目标受众，才能使影视产品的制作及营销等做到有的放矢。

（3）产业主体。作为一切产业和营销活动的发起及执行方，影视产业和企业或从业人员对整个产业及其营销环节起着决策性作用。目前，国内多数影视传媒企业均处于仅顾温饱的"作坊式"初期创业阶段，又由于影视产业整体的不成熟，这些企业多数仅着眼于短期效益，缺乏对产业运作理论的相关深入认知，尤其对营销理念不甚关注与重视，导致其运作模式滞后、效益低下，从而于整体上造成了中国影视产业发展孱弱无力的现状。因此，整合化营销在策略实践中应着力关注影视产业主体在运营理念层面的缺失与不足，全面认知自身优势及不足，扬长避短。

（4）相关产业方。对于本身就具有传媒属性的影视产业来说，其产业运营各环节无时无刻不与各种媒介渠道、传媒载体等相关产业方发生着交互性关联。影视产业运作全程都离不开传媒的"捧场"；可以说，媒介载体在影视营销中的作用举足轻重、无以替代。在整合化营销体系模式的构建及策略实施中，对现代传媒产业及各式传媒渠道、平台等营销载体的针对性考察与选择具有关键性作用。

概之，对各相关产业及市场要素进行全面考察与深入分析是营销策略实践中极为关键的一步。只有对营销内外因素加以充分掌握，才能够为接下来的一系列营销实践活动奠定坚实的行为基础；做到"知己知彼"，方可"百战不殆"。

（二）过程控制

在前期对营销环节各个内外要素加以深度分析与重点掌握的基础之上，将以其为参考，针对不同类型的影视产品、市场、受众等制订不同侧重点的具体营销方案，切实、连贯、系统、充分、高效地完成营销过程始终，并获取目标营销效能。需要重点指出的是：营销方案的选择及具体制定应以整合化营销理念及其各项内涵宗旨为核心指导主线，各项活动行为均应以优化社会文化环境、构建影视服务品牌、贯通产业价值全链、遵循整合营销框架、着眼受众情感内质及集成多样方式精华等为宗旨与总纲，唯有此，才可将整合化营销的理念系统地适配于影视营销策略及其过程之中，取得应有的优势实效。

在影视产业整合化营销策略实践全过程中，高效的过程掌控极为关键，它能够使营销主体全面掌握并清晰识别营销过程中的一切活动实况、情势变化及突发事件等，从而得以及时有效地加以灵活调控与应对。具体来说，对整合化营销实践策略的过程控制主要包括实施控制的条件、实施控制的方式及其主要内容三个方面。

1. 实施控制的条件

从营销主体层面来说，对整合化营销进行策略控制，需进行以下几方面的条件准备。

（1）整合化营销应以影视产业及企业的总体战略规划为根本导向，并以当下具体的营销目标及方略来指导各项营销活动的执行与实施。其中，企业总体战略应与企业现状相适配，具体营销方略则应做到全面、明确且具实战性效能。

（2）完善的企业文化根基是影视产业整合化营销策略实施的优质土壤。如今，企业文化越来越成为企业的核心竞争力，而就影视产业来说，"大营销"理念应作为其企业文化体系中一个极为关键的组成部分，在企业文化的贯穿与指导之下，整合化营销的实施将更加顺畅与高效。

（3）完备的营销组织及其机制是使整合化营销得以深入实践的体系性保障。一方面，影视企业中应设立专门的营销机构及其主要负责人，其将对整合化营销的实施发挥极为重要的决策控制权能；另一方面，应尽快改善影视产业营销人员奇缺的现状，以专业性营销队伍进行整合化营销策略的实践与操作。

2. 实施控制的方式

从产业链运作角度出发，可将对影视产业整合化营销策略控制的方式概括为以下三个阶段。

（1）营销前控制：即在进行整合化营销前，切实做好战略规划，尤其是对过程中关键性重大问题做好决策性控制，最大限度地减少策略实施过程中营销方案可能存在或出现的问题。

（2）营销中控制：即在营销活动过程中，要及时掌握相关营销活动的状况，并针对突发情况灵活调整各阶段各环节的营销方式等，尤其对过程中出现的偏差错误加以立时纠正，以保证整合化营销策略的顺利执行。

（3）营销后控制：即在总体营销策略实施完成后，对本次营销活动及其过程进行一全面总结，对优势经验加以积累发扬，对劣势及不足加以明确提点分析，找出差距、积极改进，为接下来或未来营销工作提供宝贵的经验总结与借鉴。

3. 实施控制的内容

在对整合化营销策略实践进行过程控制时，应当重点针对以下三个方面的内容，对其加以有效掌控。

（1）方案控制：即在营销过程中要时刻掌握并控制好营销实绩与营销方案之间的关系，如已完成的营销活动实效是否达到方案预期效果、正在进行的营销活动时段是否与方案计划同步进行等。

（2）效益控制：即指在营销过程中要时刻关注营销成本及收益等资产管理与变化情况，并及时根据各项指标变动进行营销活动的相应资金适配性调整。

（3）效率控制：即指对过程中营销从业人员的工作效率、营销行为收益效率、渠道效率等加以严密监控，将整体营销过程效率控制在较平稳水准之上。

（三）绩效评估

影视产业整合化营销在由理念模式物化为执行策略的过程中及其后，恰当与充分的营销效能评估是十分必要的，它能够使企业对整合化营销的效果与价值加以全面掌握，并为企业提供直观而准确的绩效结论与经验集合。具体来说，影视企业实施整合化营销绩效评估的主要内容如下：

（1）标准设定。以影视产业总体目标及企业整体战略为主目标，同时以企业营销战略为子目标，并结合影视企业具体内部情况，如公司财力、发展现状、人资情况、管理机制等，设立全面、适当且明确的企业绩效评估标准，作为对整合化营销策略进行标准控制和评估的重要参照物。

（2）绩效监控。通过多种专业性方式方法，对整合化营销的策略实施具体情况及企业各部门绩效加以测量与监测。

（3）偏差评估与纠正。对在测评过程中所发现的偏差加以分析，并选取有效的纠错方略对营销过程中出现的各种状况进行及时纠正，保证整合化营销模式及策略的顺利实施。

（4）对外部因素及目标受众的全程监控。在策略实施全程中，影视企业都应对外部社会、文化、经济等元素加以重点关注，通过多种渠道掌握外部变化，尤其是对目标受众的相关变动等要做到及时掌控，以使营销策略活动得以及时有力地"随动"，从而适应不断变化的各种外部环境与因素。

（5）激励机制。在整合化营销策略全程中，要及时对执行各项各环节营销活动的影视从业人员做好激励工作，以使其充分调动自我控制与评估能力，保证影视企业在整合化营销战略的实施过程中各项控制与评估工作的切实开展与有效收益。

结　语

在摆脱了长期计划经济体制的硬性捆绑之后，如今的中国影视产业终于得以走上较为宽松的发展之路。然而，政策体制的束缚、产业机制的缺失、经营理念的空白、运营模式的粗陋、专业人才的不足等，犹如一道道荆棘屏障，傲然而强硬地阻挡在前，羁绊着中国影视产业前进的步伐。随着好莱坞等国际影视产业触角的大肆侵入与扩张，中国影视界人士开始意识到：中国影视业要想生存，就必须走商业化与产业化及特色化之路；而营销作为发达影业得以实现巨额经济效益及产业持续发展的一把"金钥匙"，其重要效能越来越为人们所关注。

第八章
文化产业发展模式案例

第一节　中央电视台商业模式变革

中央电视台作为我国国家电视台，一直扮演着行业改革先行者的角色，由于其发展受到国家政策的大力支持，故其成为我国电视传媒经营变革的试水者，其商业模式的发展也具有代表意义。

一　发展概况

中央电视台初名为北京电视台，于 1958 年 5 月 1 日试播，同年 9 月 2 日正式播出，1978 年更名为中央电视台，为国家副部级事业单位。

据中央电视台官网介绍，中央电视台现除业务支持部门，主要设有总编室、新闻节目中心、海外节目中心、社教节目中心、文艺节目中心、广告经济信息中心、体育节目中心、青少年节目中心、网络传播中心、技术管理办公室、技术制作中心、播出传送中心等。

中央电视台现开办有 20 余套开路播出的电视频道和一个高清晰度电视试验播出频道，并开办了 20 余个数字电视付费频道，多个频道通过网络电视台播出。

中央电视台直属单位包括中国电视剧制作中心（1983 年成立），中央新闻纪录电影制片厂（中央电视台新影制作中心，1993 年划归），北京科学教育电影制片厂（中央电视台科影制作中心，1995 年划归），中国国际电视总公司（1984 年成立），中央卫星电视传播中心（1995 年成立），中央数字电视传媒有限公司（2003 年成立）和中国爱乐乐团（2004 年划归）。

此外，中央电视台曾开办网站"央视国际（cctv. com）"，于 1996 年 12 月上线。2006 年 4 月，中央电视台成立网络传播中心和央视国际网络有限公司，央视国际（cctv. com）同时实现全新改版。自 2008 年 5 月 14 日起，央视国际正式更名为央视网。2009 年 12 月 28 日，中国国家网络电视台（CNTV）正式开播，域名 cntv. cn，随后央视网与中国国家网络电视台整合到一起。

中央电视台逐步形成了以电视传播为主业，涵盖电影、互联网、报刊、出版、广告经营等多元产业的经营模式。

二 经营体制双轨并行

中央电视台在产业化进程中，在经营体制上依然坚持事业单位体制，并积极推进企业化改革。一方面，央视作为国家电视台，天然地承担着重要的宣传使命，其公益性质不会完全向企业性质转变；另一方面，央视又处在全国电视传媒行业产业化的时代大潮前端，因此实行了灵活的企业化经营策略，除了在本台推行灵活的企业化管理外，还投资成立了中国国际电视总公司等企业单位，从而更好地满足服务市场、获得收入的需要。

中国电视剧制作中心的"转企改制"就是一个典型的例子。中国电视剧制作中心是属于中央电视台的电视剧制作单位，成立于1983年10月。该中心的主要任务是向中央电视台提供各类思想性、艺术性、观赏性俱佳的优秀电视剧目，电视剧年产量达300部以上。2009年12月29日，中国电视剧制作中心实现"转企改制"，成为中央电视台台属、台管、台控的独资公司，依然保留中央电视台中国电视剧制作中心的品牌，同时也挂牌成为国家重大革命和历史题材影视剧制作基地。新公司主营业务从单一的电视剧制作转向涵盖电视剧、电影、纪录片、电视栏目、动画、译制片等"全内容"的制作发行，产品覆盖领域将从目前单一的电视媒体，转为面向电视、网络、移动终端等多媒体，通过投资、合资、合营等形式与国内同业同行进行多模式、多层次的交流与合作。中国电视剧制作中心还将积极介入全国乃至国际电视节目市场的贸易活动，进行文化产业的综合开发，力争成为央视旗下最大的制作业务群，成为中国最大的电视节目及多媒体内容的提供商。

中国电视剧制作中心的改制和新战略，是中央电视台乃至中国电视传媒产业推进"制播分离"改革、将可经营性资产推向市场的典范，不仅实现了企业化经营，还在业务类型、资本模式、合作方式上积极革新，在坚持以内容生产为核心的基础上，进行多媒体化、业务拓展、产业延伸的商业模式转型。

三 频道专业化日趋成熟

频道专业化改革在央视经过了十几年的实践，已经取得了相当的成绩和经验。自三网融合大力推进以来，数字频道更是爆发式增长，节目内容也更加细化。中央电视台自 1999 年起，推进"频道专业化、栏目个性化、节目精品化"的改革，专业化频道建设成绩斐然。除了频道的市场定位更加细分，频道的特色也更加鲜明，而经营模式也在不断发生变化。

央视频道专业化改革呈现出以下特点：一是不断增加面向特定年龄群的频道，如陆续开办了少儿频道、中学生频道；二是不断增加特定主题内容的频道，如新闻频道、经济频道（财经频道）、音乐频道、戏曲频道；三是适时开设有时代特色内容的频道，如西部频道、奥运频道；四是不断增加高端品质频道，如科教频道、纪录频道；五是实施"走出去"战略，增加国际化频道，如中文国际频道（亚洲版、欧洲版和美洲版）、英语国际频道、西班牙语频道、法语频道；六是不断增加技术实验性频道，如数字高清频道、3D 频道；七是增加了大量收费频道，多为特色化、小众化内容，如风云剧场、世界地理频道等。

表 8 - 1　　　　　　　　　　　中央电视台频道

开路频道	数字频道
CCTV - 1（综合频道）高清、标清同步播出	CCTV - 中视购物频道
CCTV - 2（财经频道）原名经济频道	CCTV - 风云足球频道
CCTV - 3（综艺频道）	CCTV - 风云音乐频道
CCTV - 4（中文国际频道）包括亚洲版、欧洲版和美洲版	CCTV - 风云剧场频道

续表

开路频道	数字频道
CCTV – 5（体育频道）奥运时期改称奥运频道	CCTV – 第一剧场频道
CCTV – 6（电影频道）	CCTV – 怀旧剧场频道
CCTV – 7（军事·农业频道）	CCTV – 女性时尚频道
CCTV – 8（电视剧频道）	CCTV – 国防军事频道
CCTV – 9（纪录频道）包括 Documentary 英语纪录频道	CCTV – 世界地理频道
CCTV – 10（科教频道）原名科学·教育频道	CCTV – 电视指南频道
CCTV – 11（戏曲频道）	CCTV – 央视文化精品频道
CCTV – 12（社会与法频道）	CCTV – 高尔夫·网球频道
CCTV – 13（新闻频道）	CCTV – 娱乐频道（海外）
CCTV – 14（少儿频道）	CCTV – 戏曲频道（海外）
CCTV – 15（音乐频道）	CCTV – 电影频道（海外）
CCTV – NEWS（英语新闻频道）	CCTV – 证券资讯频道
CCTV – Espanol（西班牙语国际频道）	CCTV – 新科动漫频道

续表

开路频道	数字频道
CCTV – Francais（法语国际频道）	CCTV – 老故事频道
CCTV – العربية（阿拉伯语国际频道）	CCTV – 发现之旅频道
CCTV – Русский（俄语国际频道）	CCTV – 中学生频道
CCTV – 22（高清综合频道）	CCTV – 移动传媒频道

注：①CCTV – 6（电影频道）由国家广电总局电影卫星频道制作中心运营、中国电影集团管理，采用中央电视台的品牌播出；②CCTV – 7（军事·农业频道）是中国卫星电视节目平台：农业节目由中国农业电影电视中心运营，军事节目由解放军电视宣传中心运营；③2016 年 12 月 31 日，中国国际电视台（中国环球电视网）开播。原来中央电视台旗下的英语、法语、西班牙语、阿拉伯语、俄语等频道划归中国国际电视台名下。

央视的频道经营也呈现出公司化运营的趋势，出于发展数字付费频道的要求，央视于 2005 年 5 月投资组建了开办和运营数字付费电视频道的频道内容生产商——央视风云传播有限公司（简称央视风云）。央视风云精心创办了十几个个性鲜明、质量上乘的数字付费频道。

四　抢占互联网及新媒体阵地

中央电视台作为中国电视传媒产业的龙头机构，从最初"央视国际"网站就开始了向互联网进军的进程，最初还只是出于品牌传播的需要进行信息宣传，后来逐步扩展到内容经营，从而使网站成为电视媒体在互联网媒体进行开拓的前沿阵地。

2009 年 12 月，中国国家网络电视台（英文简称 CNTV）成立是一个标志性的事件，是中国电视媒体陆续开办网络电视台的开端，代表了主流媒体向互联网等新型传播领域的延伸趋势，是传统媒体抢占互联网新阵地的里程碑。中国国家网络电视台依托中央电视台，在央视网基础上创办的国家级网络电视播出机构充分发挥了电视平台和网络平台的双平台优势，是以视听互动为核心，融网络特色和电视特色为一体的，全球化、多语种、多终端的公共服务平台。

在服务内容方面，CNTV 经过增加、调整，现有主页、客户端（C–BOX）和新闻、电影、电视剧、纪录片、动画片、播客（爱西柚）、游戏、体育、综艺、商城、产经、科教、社区等主要频道，对国际国内重大政治、经济、社会、文化、体育等活动和事件以网络视听的形式进行快速、真实的报道和传播；同时，着力为全球用户提供包括视频直播、点播、上传、搜索、分享等在内的，方便快捷的"全功能"服务。

在特色功能方面，基于网络技术的互动功能是网络电视台区别于传统电视台所不能比拟的亮点所在，如 C–BOX、爱西柚、爱布谷等。C–BOX 是中国国家网络电视台的客户端软件，网友安装后，可从桌面轻松点击进入，体验中国国家网络电视台丰富优质的视频内容和强大的视频功能服务，拥有包括视频直播、点播、电视台列表、智能节目单、电视预约功能、收藏等功能，实现个性化电视节目播放与提醒。"爱西柚"是中国国家网络电视台旗下的视频分享与互动平台，鼓励网友创作、编辑和分享健康优质的网络视频。"爱西柚"集电视特性与互联网属性于一身，其目标是打造高水平的视频上传、分享、搜索及播放的开放平台，优秀的网络作品还将有机会在中央电视台栏目得以展现，实现网络视频更大的社会价值。"爱布谷"是中国国家网络电视台旗下的电视节目检索服务平台，提供包括电视节目互动直播、分类点播及节目导视等服务。用户通过 9 种检索方式，可以在 3 步之内找到想看的节目，为网友打造自由便捷的网络"电视新看法"。

在传播覆盖方面，建成五个海外镜像点，覆盖了欧洲、北美洲、东南亚、中东、俄罗斯等国家和地区，通过面向世界各地观众，播出英、法、西班牙、俄、日、朝鲜、葡萄牙、阿拉伯等多语种节目，同时，还与地方台合作，制作播出蒙古语、藏语、维吾尔语等少数民族语言节目。此外，国家网络电视台收视终端并不局限于电脑屏幕，手机、IPTV、户外屏、楼宇电视以及飞机、火车等交通工具的移动屏幕，都是中国国家网络电视台的覆盖对象。

在竞争优势方面，中国国家网络电视台将成为我国规模最大的网络视频节目数据库及全球化多语种多终端的内容分发体系。建成我国规模最大的以网络视频为核心的多媒体数据库：一是对中央电视台45万小时优秀历史影像资料深度挖掘；二是汇集全国电视机构每天播出的1000多个小时的视频节目；三是将我国各个领域优秀的历史文化进行影像化、数字化保存。除了多媒体数据库的规模之大，视频内容为正版也是很重要的竞争优势之一。建设开放合作的全球化、多语种、多终端的节目分发体系：一是汇集网络电视、IP电视、手机电视、移动传媒等各种媒体终端（汽车、火车、民航、地铁、楼宇、广场大屏幕等）；二是打造多语种频道，通过部署全球镜像站点，覆盖北美、欧洲、东南亚、中东、非洲等近百个国家及地区的互联网用户。

五　布局 IPTV，推进三网融合

据 CNTV 网站介绍，IPTV 业务是中国国家网络电视台新媒体的重要组成部分，以中央电视台和中国国家网络电视台的丰富视频资源为依托，结合地方广播电视台和内容合作伙伴的节目资源，利用先进的播控技术，向用户提供海量视频节目。目前，向用户提供包括央视、

地方卫视、轮播频道、中文数字频道和风云频道等高、标清直播节目，并提供包括新闻、时尚、少儿、生活、影视、体育、科技、教育、历史等点播栏目。除了上述的视频服务外，中国国家网络电视台还向用户提供家庭购物、卡拉 OK、电视教育等增值业务，从而满足不同类型的用户需要。目前，中国国家网络电视台已经在云南、四川、重庆、湖南、浙江、辽宁等省市向用户提供服务，并取得了良好的用户回馈。

IPTV 业务是三网融合的一项关键任务，也是广电与电信争夺激烈的商业战场，同时，央视作为国内少数持有 IPTV 运营牌照的单位，在向全国推广业务时面临着与地方广电、地方电信公司的利益纠葛。CNTV 探索出了一套有效的 "1 + 1 + 1"（内容集成商 CNTV + 地方电视台或广电局 + 当地电信运营商）推广模式，即 "云南模式"，将之作为向全国推广 IPTV 的主要模式。"云南模式" 简单来说就是处理好内容集成、地方广电、地方电信运营商的利益关系。在与地方广电进行利益捆绑的过程中，CNTV 要保持控股，在与电信运营商的利益分成中，广电系统占了更大比例，体现了广电系统的主导地位。

2009 年 10 月，CNTV 和云南电视台合资组建了云南爱上网络有限责任公司，携手云南电信共同开展 IPTV 业务，创造了央视、地方广电和地方电信三方共建 IPTV 合作运营的 "云南模式"。在用户费分配中，广电占更大比例，这是在当时其他城市发展 IPTV 的过程中所没有的。实际上，云南电信在与云南爱上网络有限责任公司最初的谈判中态度非常消极，但是在三网融合全国试点并将 IPTV 内容播控权划归广电后，这一局面得到了改变。拥有丰富市场经验的云南电信公司并不是甘于丧失利润，而是因为敏锐地认识到 IPTV 是通信运营商必不可失的战略业务。

"云南模式" 的复制难题在于两点，一是地方有线电视网络的阻力,因为地方广电往往是由局、台和有线网络公司三部分组成的,对于广电局和电视台来说,发展 IPTV 将增加其传输和落地的通道,而且可能还有一定的广告分成和互动电视分成,但是对于有线网络公司来说,则意味着用户流失,所以这些有线网络公司一直在反对;二是地方电信运营商的态度消极,因为广电在用户费的分配中占了较大比例,电信运营商更乐意同上海广电的百视通公司合作开展 IPTV 业务,可以获得更大比例的分成。

第二节 上海广电商业模式变革

上海向来是一座开放和创新的城市,上海广电的产业化发展也深刻体现了这一点。上海广电传媒的产业化进程一直走在全国前列,这个进程既是经营管理体制不断改革的进程、产业规模不断扩大的进程,也是商业模式不断改造和持续创新的进程。

一 历史沿革

1979 年,上海电视台在全国率先播出了第一条电视广告,这是中国电视广告业的开端,也是中国电视传媒产业化经营的起点。上海广电全局经营收入在 1991 年首次突破 1 亿元,1992 年达 2 亿元,1993 年超过 4 亿元,奠定了上海广电传媒的雄厚实力。

1995 年,上海广播电视局和上海电影局合并成立了上海广播电影电视局,实现了广电与电影的资源互补。2000 年,上海广播电影电视局和上海文化局合并成立了上海文化广播电影电视管理局,实现了广播影视传媒与文艺团体的资源互补。2001 年，上海文化广播影视集团宣告成立，成为上海广电集团化发展的里程碑。

上海文化广播影视集团是事业单位性质，实行党委领导下的总裁负责制。上海文化广播影视集团下设九个单位，包括上海文广新闻传媒集团、上海电影（集团）公司、上海东方明珠（集团）股份有限公司、上海文广演艺中心、上海文广科技发展有限公司、上海文广实业有限公司、上海文广集团大型活动办公室、STR 国际（集团）公司、上海电影资料馆。

上海文化广播影视集团旗下的上海文广新闻传媒集团主营以广播电视为主的传媒和娱乐业务及相关的演艺体育、技术服务研发、传媒娱乐投资等业务。2009 年 10 月，上海文广新闻传媒集团拆分为上海广播电视台和上海东方传媒（集团）有限公司，这是上海文化体制改革推出的又一个重大举措。

二 经营主体尝试转企改制

事业性质的上海文广新闻传媒集团在发展过程中，其经营与公共服务的冲突越来越明显。2009 年 8 月，国家广电总局正式批复同意《上海文广新闻传媒集团体制改革方案》，上海文广新闻传媒集团更名为上海广播电视台，成为全国首家获得批准实施制播分离改革的省级媒体集团。同时，上海广播电视台出资成立台属、台控、台管的集团公司——上海东方传媒集团有限公司（Shanghai Media Group，SMG）。2009 年 10 月 21 日，上海广播电视台、上海东方传媒集团有限公司正式揭牌，拥有资产过百亿元，员工近万人。上海广播电视台保持事业性质不变，上海东方传媒集团有限公司则是在工商部门登记注册的企业法人。

三 价值环节试行制播分离

制播分离在业界有两层含义：一是体制外分离，指把非新闻类电视节目交由独立的公司制作，然后推入市场流通，再由播出单位选购播出；二是体制内分离，是指在电视台系统内部实现节目制作部门的独立运作，对其按照企业化管理体制进行自负盈亏、自主运作式的经营活动，并在此基础上完成电视台制定的节目生产任务。上海广电的制播分离尝试则兼具了这两种方式。

作为全国首家获得批准实施制播分离改革的省级媒体集团，上海文广新闻传媒集团被拆分后，上海广播电视台主要肩负广播电视新闻宣传、频道频率管控、技术平台播出运营等职责。

同时，上海东方传媒集团有限公司（SMG）的核心业务则涵盖少儿动漫、综艺娱乐、影视剧、财经、新媒体、电视购物、体育赛事、纪录片、生活时尚、大型活动等，涉及内容制作、投资运营等多个领域，并积极进行跨媒体、跨地域拓展，构建完整产业链。2011 年，SMG 加快旗下资源整合步伐，形成新媒体、金融与商业信息服务、娱乐、电子商务、动漫少儿等五大产业板块。

四 内部价值环节推向市场

传统电视运营模式是电视台内部的采编制播"一条龙"模式，这些环节形成了一条完整的内部价值链。将其中的某些环节推向市场，内部价值链延伸到外部价值链，为电视传媒企业获得更多的市场机会和价值回报提供了条件，是商业模式创新的一种有效模式。

以内容制作为例，将电视台下属的影视制作中心转为面向市场的内容制作发行企业，是全国电视传媒改革的重要趋势之一。SMG 除了完成上海广电媒体播出所需的节目制作和采购外,还发展成为著名的内容市场提供商。SMG 旗下设立了多家制作公司,推出了《杜拉拉升职记》《誓言今生》等热播电视剧,尤其是 SMG 投拍的动画电影《喜洋洋与灰太狼》《麦兜响当当》都达到了亿元左右的票房,娱乐节目、体育赛事、纪录片等节目不仅在国内受到欢迎,还积极与海外传媒机构合作,开辟了国际市场。

五 价值链跨网跨媒体融合

上海广播电视台及东方传媒集团在广电媒体基础上,积极向其他网络和媒体拓展经营范围,实现了价值链的紧密型延伸和内容等资源的高价值共享,抢占了新媒体领域的发展先机,在三网融合进程中走在了全国前列,成功把 SMG 发展成集合多种媒体经营的综合性传媒集团。上海广播电视台及东方传媒现拥有 11 套广播节目、14 个模拟电视频道、15 个数字电视频道、9 种报纸杂志以及 IPTV、网络电视、手机电视等新媒体平台。

第一财经品牌是 SMG 跨媒体经营的成功典型。2003 年 7 月,上海电视台财经频道和东方广播电台财经频道的呼号统 改为第一财经;2004 年 11 月,《第一财经日报》创刊;2008 年 2 月,《第一财经周刊》创刊。目前,第一财经还拥有了第一财经网站、第一财经研究院,并在积极探索数字媒体业务(如无线业务)和金融商业信息服务业务(如实时财经新闻业务和数据库业务)。第一财经自诞生以来颇受关注,早在 2007 年国家广电总局发展研究中心就发布《第一财经产业价值链研究报告》,当时品牌价值已高达 168 亿元。

百视通新媒体则是网络融合背景下新媒体商业模式创新发展的典范。SMG 旗下的百视通公司是从事 IPTV、互联网电视、手机电视、网络视频、移动互联网视频服务等新媒体全业务运营的公司。2005 年 3 月，上海文广新闻传媒集团获得了中国第一张 IPTV 全国运营牌照，后与中国电信、中国网通签署了 IPTV 战略合作协议，通过商业试运行，"广电电信分工合作"的 IPTV"上海模式"获得了国家的肯定。随后，上海全市 IPTV 业务商用开播并积极建设外地 IPTV 业务，2011 年 IPTV 用户数已达到 1000 万户，市场份额超过 70%，是目前全球规模最大的 IPTV 运营商，近三年 IPTV 营业收入和净利润增长率均超过 50%。2011 年年底，百视通借壳广电信息成功上市，成为国内第一家实现广电新媒体可经营性资产整体上市的公司。

六　价值链跨境跨区域拓展

上海广电媒体的经营改革如此成功，使它绝不可能把自己局限在上海这片市场区域。走向全国、走向境外，是上海广电不断努力的发展方向之一。在我国媒体市场区域分割及严格管制的情况下，上海广电以大胆创新的思路，通过各种方式展开跨地域合作，通过借力他人，使其获得了跨区域经营的成功，实现了与合作方的共赢。

我们已经介绍过，SMG 旗下的地方频道第一财经通过与宁夏卫视合作实现上星的案例，在目前我国一个省区只允许一套上星节目的政策下，这成为地方频道巧妙走出地方的精彩之笔。另外，第一财经频道通过中国香港 NOW 宽频电视还实现了在中国香港的落地。SMG 旗下五星体育传媒努力通过多种产业形式不断创新"走出去"模式，立足版权资源运作、赛事制作输出及体育赛事开发运营，积极实现跨地域合作，打造具有国际影响力和国际竞争力的体育传媒品牌。

在内容销售方面，SMG 旗下的星尚传媒公司制作的电视节目发行范围覆盖了北美、欧洲、日本、新加坡及中国港台地区等华语电视市场；

SMG 旗下推出了《舞林大会》等优秀节目的新娱乐传媒公司在 2008 年娱乐收入近 6 亿元，所制节目行销全国 200 多个电视台及海外 30 多个国家和地区；SMG 旗下从事纪录片生产的纪实传媒公司，自制栏目不断成系列地，甚至是整栏目地被海外电视台购买播出；SMG 旗下的五岸传播公司从事国内外节目发行、节目代理和节目定制合作，现已成为国内外知名的影视节目发行和代理企业，公司与全国 30 个省市区的 300 多家国内电视台建立稳定的客户网络，国际销售已触达 30 个国家和地区。

在 IPTV 的运营推广方面，上海百视通在政策波动与地方广电的抵触情绪之下，既出现了哈尔滨地区推广模式等成功案例，又出现了业内著名的泉州广电抵制上海 IPTV 事件，上海广电在不断探索前进，发展成为国内最大的 IPTV 运营商。中国两大 IPTV 运营商——CNTV 与百视通竞争激烈，二者的运营模式是不同的，CNTV 采取"CNTV + 当地广电 + 电信运营商"这样一种模式，百视通则采取"百视通 + 电信运营商"分享模式，可以说两种模式各有优劣。2012 年，百视通与 CNTV 宣布将通过合资公司的方式实现双方 IPTV 平台合并，建设中国统一的 IPTV 总平台。此举对中国 IPTV 产业及双方各自的影响尚待观察，但我们认为，这将有利于相关各方的利益调和。

七　价值链跨界跨产业延伸

在市场日益开放的情况下，在传媒巨头的竞争威胁下，在自身实力获得了一定积累之后，上海广电实行多元化发展是一种必然趋势，其商业模式也必然随之调整和创新。多元化发展必定从核心价值环节及关联产业链开始延伸，但发展到一定程度，如要寻求突破也自然会向其他产业发展。上海广电的跨媒体、跨网络、跨区域经营模式在取得成功的同时，也积极从事传媒业以外的业务延伸和投资运营，但这些拓展又都与传媒行业或文化行业有一定关联，这有助于自身资源价值的发挥。

电视购物是上海广电跨产业经营的一个典型代表。电视购物把电视频道、广电网络与实体销售结合起来，可谓电子商务的升级版。SMG 旗下东方购物公司自 2004 年成立后业绩快速增长，2008 年，东方购物销售额超过 20 亿元。2009 年，上海在有线电视网络中开办全国第一家有线电视全购物频道。东方购物还与东方宽频联手开通了网络购物频道，成为国内第一家基于宽带流媒体技术的电子商务网站。

SMG 旗下星尚传媒除了内容业务，还开通了电子商务互联网站，创建了 CALL – CENTER 系统，建立媒体受众数据库，开展餐饮渠道和终端商业领域，推出星尚电子杂志、星尚手机报等网络产品，打造星尚服装品牌系列、星尚书系、星尚专卖店。另一家子公司炫动传播公司除了动漫制作发行，还在儿童情景剧、炫动家族剧、培训、衍生产品开发授权、广告经营、平面媒体、俱乐部、主题活动、动漫包装和技术开发产业等多个领域进行经营。SMG 与中演公司、上海马戏城合资成立的上海时空之旅文化发展有限公司，其推出的多媒体梦幻剧《ERA 时空之旅》开创了国产原创剧目在同一剧场连续演出场次和销售的全新纪录。SMG 旗下东方盛典公司致力于打造全新"在播、在场、在线"的立体传播模式，内容包括演出、品牌推广、演艺经纪、广告、庆典等活动的创意策划和组织运营，并在国际化合作和海外联合制作方面成效卓越。

上海广电以上海广播电视台和东方传媒集团为主要阵地，在资本运营、资源整合、价值链延伸、市场拓展等方面取得的成绩为我国电视传媒的商业模式创新和产业化的进一步深入提供了巨大的借鉴意义，值得我们持续关注和深入研究。

第三节　东阿阿胶制作技艺的产业化

东阿阿胶具有三千年的历史，文化底蕴丰厚，并且经过历代传承和与现代技术的结合，东阿阿胶股份有限公司（以下简称东阿阿胶股份）独创了全国首部《阿胶生产工艺规程》和《阿胶生产岗位操作法》，并且东阿阿胶制作技艺被列入首批国家级非物质文化遗产名录，东阿阿胶总裁秦玉峰也被认定为国家非物质文化遗产东阿阿胶制作技艺代表性传承人。公司自 1952 年成立，致力于将东阿阿胶制作技艺产业化，并在此过程中取得了骄人的成绩，公司也于 1996 年成功上市，可以说，这是"非遗"产业化的一个成功案例。本节以东阿阿胶制作技艺产业化为案例，试图通过具体实例分析"非遗"的产业化路径，为"非遗"产业化提供成功范例和值得借鉴学习的经验。

一　东阿阿胶制作技艺产业化的方向选择

东阿阿胶制作技艺在产业化的过程中，不仅仅将关注点放在经济效益上，而且非常注重产业化所取得的文化效益和社会效益，积极弘扬传统文化，并且建立有效的反哺机制，主动承担社会责任。

首先，作为企业来讲，获取经济效益是企业前进的动力和进行产业化的资金保障，东阿阿胶制作技艺的产业化，在保持"非遗"原真性和完整性的基础上获得了巨大的经济效益。1996 年，东阿阿胶股份成功上市，现在已经成为国内最大的阿胶生产企业。"截至 2015 年，

公司下设 17 个控股子公司，员工 5600 余人，总资产 36 亿元，总市值
300 多亿元，生产经营中成药、保健品、生物药、药用辅料、医疗器
械等 6 大产业门类的产品百余种，复方阿胶浆畅销全国 30 年，累计销
量超过 120 亿支。"①

其次，公司在产业化的过程中不仅获取了经济效益，还为"非
遗"的传承做出了诸多努力，获取文化效益。公司为征集和整理经典
阿胶的古代工艺资料和民间技艺投入大量的人力和财力，整理出几十
万字的珍贵资料及诸多验方、膏方、食疗方等，并且失传多年的"九
朝贡胶"制作技艺在公司的努力下得到恢复。阿胶技艺成功入选首批
国家级非物质文化遗产名录，总裁秦玉峰也被认定为东阿阿胶制作技
艺全国唯一代表性传承人。

最后，一个成功企业的背后一定有国家政策的保护和扶持，因此，
企业在发展过程中，除了追求经济效益之外，还应该担负着一定的社
会责任。东阿阿胶股份在获得成功后不忘反哺社会，主动承担社会责
任。近年来，公司每年都进行慈善捐赠，用于安老、扶幼、助学、济
困等弱势群体专项资助。2008 年 5 月 12 日四川汶川大地震发生后，公
司捐款 400 余万元。2011 年，东阿阿胶股份向癌症患者捐赠 5000 万
元，启动中国癌症贫血关爱行动。2014 年捐赠 1000 万元款项、产品救
助贫困癌症患者。为了增加农民的收入，公司还积极与日本、意大利
等国家科研机构合作，致力于对驴肉、驴奶、驴胎盘、驴骨等进行深
度开发，以期挖掘毛驴身上所有可寻的经济价值。

东阿阿胶制作技艺产业化在方向选择方面，坚持经济效益、文化
效益和社会效益的有机统一，在获取经济效益的同时不忘弘扬传统文

---

① 刘青、张燕:《山东东阿阿胶股份有限公司盈利能力分析》,《企业导报》2013 年
第 18 期。

化、积极反哺社会、承担社会责任，这三种效益的结合坚持了正确的方向选择，正是"非遗"产业化的目的所在。

二　东阿阿胶制作技艺的产业化路径

东阿阿胶制作技艺在进行产业化之前，同其他"非遗"一样，也面临很多困境，如无人继承传统制作技艺、阿胶制作原料供给不足等。为了解决这些难题，东阿阿胶股份在秉承保护和传承东阿阿胶制作技艺这项"非遗"的基础上，对其进行了一系列的产业化运作。经过不断的努力，东阿阿胶制作技艺不仅成功走向了产业化道路，克服了"非遗"保护和传承面临的重重难题，而且总结出了一套可供其他"非遗"产业化借鉴的路径。

1. 文化传承为宗旨

东阿阿胶股份在产业化之初便明确定位东阿阿胶制作技艺的立足点，即将文化传承与产业发展相结合。东阿阿胶制作技艺蕴含着的深厚的文化内涵是产业化运作的文化基础，因此，要想对该制作技艺进行产业化运作，必须先对其文化内涵进行深入的挖掘和细致的了解。

为进一步深入挖掘东阿阿胶制作技艺中蕴含的文化内涵，东阿阿胶股份成立专门的研究机构，邀请国内知名专家，开展系统的挖掘整理工作，并在全国十大城市的大药店和专营店广泛征集流传于民间的阿胶工艺验方和古代工艺资料。截至2008年，公司设立的研究机构共整理出约60万字的宝贵资料，搜集验方超过3000个，另有膏方200多个，食疗方200多个。通过资料的搜集整理，公司从东阿阿胶的文化内涵中确定出公司未来产业化的三大方向为补血止血、滋补保健、美容养颜，在此基础上，公司结合不同的消费群体，将其进行产业化运作，生产出具有不同功效的阿胶产品。

东阿阿胶制作技艺文化内涵的深度挖掘和资料搜集整理，既秉承了文化传承的宗旨，又使此项"非遗"的产业化有了深厚的文化底蕴，为产业化发展指引了方向。这种挖掘文化内涵的做法不仅利于"非遗"产业化的运作，而且也利于"非遗"的保护和传承，可谓一举两得。

2. 原料充足为保障

东阿阿胶产业化运作的两大重要原料是驴皮和水源，对二者进行有效的保护可以为产业化运作提供充足的原料基础，同时保证产品的正宗。为了保证东阿阿胶的产业化运作，东阿阿胶股份介入上游产业，竭力为产业化寻找充足的原材料。

为保证驴皮的供给，东阿阿胶股份建立养驴示范基地，并在海外布点。机械化程度的日益提高，使毛驴在农业生产中的作用逐渐降低，其存栏量也在随之不断地减少。面对产业化原料需求量逐年增加而驴皮资源日渐稀缺的困境，东阿阿胶股份积极采取行动增加驴皮资源的供给渠道，在新疆、内蒙古、辽宁、云南、山东等地设立20多个养驴示范基地，并在示范基地的基础上，开创出"公司＋基地＋合作社＋养殖户"的合作模式，公司向养殖户提供雏驴，通过专业的技术指导保证良种繁育，以合作社作为桥梁和纽带，将公司与养殖户联系起来。养驴基地的建设，使东阿阿胶股份掌握了全国近90%的驴皮资源，为阿胶生产的驴皮原料需求提供了强大的后援保障。

生活质量的提高带动了国内健康产业的兴盛，东阿阿胶为更多的人所熟知，其需求量日益增加。虽然国内已经建立了养驴示范基地，但是驴皮的产量还是无法完全满足东阿阿胶的产业化需求。为了进一步巩固公司对驴皮资源的掌控力，保障未来增长的需求量，东阿阿胶股份开始放眼全球，进一步拓宽国外驴皮进口渠道。2015年5月，东阿阿胶股份与澳大利亚达成合作协议，开始进驻澳大利亚北领地，并在此进行毛驴养殖及贸易投资；同年6月，公司又与墨西哥萨拉萨尔公司达成双边毛驴资源战略开发合作协议。目前，东阿阿胶股份在埃及、秘鲁和墨西哥都有定点采购。

炼制正宗的东阿阿胶，离不开东阿县优质的地下水。东阿县地处泰山山脉与太行山脉之间，地下水是两山交会的地下潜流，富含锌、铁、钙、镁等有益于人体的矿物质。而这些矿物质在去除炼胶过程中产生的杂质的同时，还可以提升药性的散发速度，对提升药效有巨大作用。为了确保东阿阿胶的正宗，防止工业污染，东阿阿胶股份联合县政府采取一系列保护措施，杜绝高污染项目落户水源地，以此保护阿胶制作水源的纯正和充足。

东阿阿胶股份采取的一系列保护驴皮和水源的措施，使东阿阿胶的产业化运作有了充足的原料保障，为产业化运作奠定了物质基础。

3. 品牌打造为核心

"非遗"要想进行产业化，必须有响亮的品牌和广阔的市场，这样才能为产业化营造更大的发展空间。东阿阿胶为了进一步扩大知名度、打造品牌、开拓市场，采取不同的措施进行宣传，使消费者更加了解东阿阿胶。其主要的宣传途径有：

（1）举办阿胶文化节。2007年，东阿阿胶股份和当地县政府合力举办了首届中国东阿阿胶文化节，以后每年举办一届，每届文化节持续九天时间。在文化节上，东阿阿胶股份向社会大众展示传统的制作技艺，对其产品和制作技艺进行广泛的宣传，并且恢复"九朝贡胶"的生产制作流程。通过阿胶文化节，使消费者更多地了解东阿阿胶的制作技艺和文化内涵，扩大产品知名度。

（2）设立养生文化苑。2009年，东阿阿胶股份开始建立中国阿胶养生文化苑,该项目主要包括阿胶古方生产线、中国阿胶博物馆、阿胶养生坊、药王庙和中医养生文化体验中心五部分。在文化苑内,游客不仅可以了解如何鉴别阿胶质量的优劣,还可以了解到东阿阿胶制作技艺从古至今的发展演化过程,而且可以观赏老胶工亲自手工制作阿胶的过程。阿胶文化苑正逐渐成为宣传和促进"非遗"产业化的展示平台,将阿胶产品与养生保健理念、传统制作工艺一起销售,通过"文化营销"的经营方式,将阿胶文化的影响力转化为行业竞争力。

(3)在影视剧中植入广告。在电视电影的剧情中插入广告,水乳交融,潜移默化,效果明显。热播电视剧日益受到大众的狂热追捧,东阿阿胶抓住机遇,通过在电视剧中植入产品广告达到宣传的效果。近年来最受观众追捧的古装电视剧莫过于《甄嬛传》了,东阿阿胶在剧中通过道具植入、对白植入和情节植入等多种方式植入产品广告,使东阿阿胶随着电视剧的热播而被更多消费者所熟知。

通过多种不同途径的宣传,使越来越多的消费者了解和熟知东阿阿胶,这无形中扩大了东阿阿胶的知名度,使其潜在市场进一步扩大,为东阿阿胶的产业化增加了受众、扩大了市场。

4. 工艺传承为驱动

"九朝贡胶"又称"九天贡胶","做工精细、来源地道、工序复杂,因其需要九天九夜、九十九道工序炼制,并且历代用于进贡朝廷,古代人便取'九''久'和谐之意,称之为'九朝贡胶'"。[1] 据史料记载,九朝贡胶在同治年间到达鼎盛,但是,由于制作工艺复杂,其生产已经中断上百年。2007 年,在首届中国阿胶文化节上,东阿阿胶股份恢复了"九朝贡胶"传统工艺的制作流程,将这一手工制作技艺

---

① 陆志霖:《阿胶你收藏过没》,《羊城晚报》2009 年 3 月 14 日第 5 版。

展示在世人面前。公司严格按照史料记载的"用桑木柴,炼三昼夜,去渣滤清,再用金锅银铲,加参、归、桔、桂、甘草等药汁,熬制成胶。其色光洁,气清香,味甘咸"① 流程,由秦玉峰带领六名老胶工身穿炼胶服制作,并在九天后的阿胶文化节闭幕式上举行封印大典。

经过一年的后期加工制作,"九朝贡胶"成为成品阿胶。由于原料稀缺、制作流程复杂、受时间限制严苛等原因,"九朝贡胶"采取限量发售的方式,向广州、上海、北京、海外等地区发售,并择机选取拍卖公司举行拍卖。"九朝贡胶"传统制作技艺生产线的恢复,使"非遗"得到有效的产业化运作,不仅为公司创造了新的利润增长点,而且也使更多的消费者关注这项"非遗"。

5. 多元差异为策略

许多专家学者之所以反对"非遗"产业化,其中的一个担忧就是高效率的产业化制成品会对传统工艺产品造成严重的冲击,最终导致工艺产品淡出市场。东阿阿胶采用差异化策略,针对大众市场,采用产业化制成品。而"九朝贡胶"因遵循古法炼制、工艺复杂、耗时耗力,则强调其手工技艺产品走高雅路线,着重强调其蕴含的文化价值,采取分区限量发售的方式,定价较高,其目标市场是有较高文化素养且经济收入较高的人群。东阿阿胶根据消费层次的不同,将两种不同的产品进行差异化的市场定位,在避免相互冲击的同时,也满足了不同消费层次人群的需求。

另外,东阿阿胶股份还将不同的产品根据功效的差异进行不同的市场定位。将东阿阿胶定位为滋补国宝,主要打造滋补养生市场,其区域市场主要集中在一级市场;将复方阿胶浆定位为气血双补,针对

---

① (清)郑肖岩:《增订伪药条辨》,上海科学技术出版社 1959 年版,第 102 页。

头晕、乏力、失眠等症状的群体，主要抢占二、三级市场；而"桃花姬阿胶糕"主要面向时尚白领消费群体。这种定位使不同功效的产品在各自的区域市场内发挥最大的作用，可以有效地扩大东阿阿胶的市场份额。

信息技术的发展为产品销售带来了多样化的销售渠道，东阿阿胶的销售渠道也在发生着变化，除了传统渠道之外，电商、电视购物等新兴渠道成为新的销售亮点。这种差异化的竞争策略和多元化的销售渠道为东阿阿胶的产品销售提供了便利，使其产业化拥有更广阔的市场。

三 东阿阿胶制作技艺的开发模式

一项"非遗"在进行产业化时不可能仅仅局限于运用一种产业化模式，而是多种模式相结合，只有这样，才能对"非遗"进行多维度开发。东阿阿胶制作技艺在产业化过程中不仅将经典化与创意化相结合，还采用品牌化和多元化的策略进行体验化营销。这些以不同的发展模式相结合的策略才使东阿阿胶的产业化取得成功。

（一）经典化与创意化相结合

东阿阿胶制作技艺的产业化，首先明确定位产业化的目的，即在保持"非遗"文化内涵和原真性的基础上进行产业化运作，秉承保持"非遗"原真性和完整性的原则，坚持经典化的开发模式。

为了挖掘"非遗"的文化内涵，保持原真性，东阿阿胶股份投入大量的人力和财力征集和整理经典阿胶的古代工艺资料和民间技艺，整理出几十万字的珍贵资料及诸多验方、膏方、食疗方等，并且坚持用纯正驴皮和东阿井水制作。为了保证东阿阿胶制作技艺后继有人，董事长秦玉峰亲自带徒学艺，将东阿阿胶制作技艺传承给后人。为了再现"九朝贡胶"的制作，严格按照古书记载，请老胶工用桑木柴大火熬制，进行手工制作。

公司在坚持经典化的基础上不忘创新，一直坚持不懈地探索新技术的应用。在产业链上游，2002年，东阿阿胶股份与中国海洋大学合作，经过多次试验，联合发明了"驴皮DNA鉴别技术"，鉴别准确率为100%。2013年，公司为保证驴皮原料充足，成立黑毛驴研究院，经过不断努力，培育出皮厚、肉多的商品驴。商品驴的出现不仅可以在一定程度上增加驴皮原料的供给，而且可以开拓驴肉产业市场，公司也因此成为国家发改委商品驴开发项目的承接方。

在产业链中游，由于传统阿胶生产受晾晒技术的限制，使生产只限于冬季，但这种生产状态的产量已经远远无法满足市场需求。为了打破自然条件对阿胶生产的制约，东阿阿胶股份在晾晒技术方面不断尝试和改进。20世纪80年代，公司运用恒温、恒湿晾胶新工艺，达到阿胶常年生产的状态；微波技术在阿胶生产方面的成功应用，实现了微波干燥新工艺。经过不断探索和实践，技术的进步在缩短晾胶周期的同时也打破了季节限制，使阿胶生产可以常年进行。为了进一步推进阿胶生产工艺的创新，东阿阿胶股份力图在工业化的基础上，结合现代生物医药技术的攻关，让东阿阿胶进入基因时代或现代生物医药时代。2014年面世的小分子阿胶是该领域的一大突破。美容养颜这一主题对于任何年龄段的女性都是永恒的关注点，可以说是天性使然。面对如此巨大的女性市场，东阿阿胶开发出专门针对女性美容养颜的"真颜"小分子阿胶。其他的技术创新还有高价值中药无辅料纯粉片压制技术、纳米破壁高新技术、桃花姬阿胶糕的层铺技术等。

在产业链下游，为解决消费者服用坚硬胶块的难题，东阿阿胶和哈尔滨工业大学合作，研制出智能杂质分离机和家用阿胶打粉机，将坚硬的胶块在一分钟内变为速溶雪绒粉，方便消费者服用，并获得多项国家专利。

（二）品牌化与多元化相结合

品牌是公司的无形资产，是产品知名度的象征与依托，它在一定程度上可以成为指引消费者购买产品的风向标，而多元化的经营方式又为公司经济效益的获取拓宽了渠道，因此，品牌化和多元化为公司经济效益的获取保驾护航。东阿阿胶制作技艺产业化注重品牌效应，采取多元化经营方式，为经济效益的获取开辟道路，符合"非遗"产业化判定标准中的保持经济效益获取的标准。

为提升品牌的知名度，东阿阿胶股份举办阿胶文化节、在影视剧中植入广告、建养生文化苑等，抓住每一次机会来宣传，以品牌化战略促进东阿阿胶制作技艺的产业化。东阿阿胶为做大自身品牌，针对不同的消费群体生产出具有不同功效的阿胶，不仅有适合老年人的产品，还有专门针对上班族的阿胶产品。近年来，公司还针对女性群体生产出美容养颜的桃花姬阿胶糕，甚至还专门为孕妇量身打造孕期益气补血的阿胶产品。

面对多元化的产品，公司也采取了多元化的销售策略，开拓多种销售渠道。公司不仅通过实体专营店、药店、医院等线上销售终端销售阿胶产品，还顺应时代潮流，利用网络销售、淘宝店铺、官方网站等多种渠道进行销售。这种采用线上线下相结合的多元化销售渠道为产品的销售提供了多元化的途径。

这种品牌化和多样化的经营方式为东阿阿胶占据阿胶市场份额和

获取经济效益奠定了坚实的基础，目前，公司的营业收入基本处于逐年上升的状态，2014 年，公司的营业收入已超过 40 亿元。

（三）体验化模式

在精神文化消费日益受到重视的现代社会，东阿阿胶制作技艺的产业化不再仅仅通过经典化、品牌化的路径进行，而是精准把握消费者的喜好，投资建立阿胶文化苑，开启体验化模式。中国阿胶文化苑项目包括中国阿胶博物馆、阿胶古方生产线和中医养生文化体验中心等模块，博物馆用壁画、器具、实物等形式展示阿胶的发展历程，以直观的效果将阿胶行业的演变过程展现在参观者面前；阿胶古方生产线不仅生产出高质量的阿胶制品，还供游人观赏老胶工的操作流程；在中医养生文化体验中心，游客不仅可以咨询养生问题，还可以亲自动手体验阿胶的制作过程。

体验化的模式让游客在参观旅游景点的同时，了解阿胶的演变史、品尝当地的特色美味，东阿阿胶股份试图在唤醒人们对阿胶的历史记忆、提升阿胶消费的同时，拉动当地旅游经济，并将产生东阿阿胶制作技艺产业化的运作新模式。

第四节　电影《赤壁》的整合营销

2008 年，中国影视界上空星光璀璨，史无前例的国产片投资、国际知名华人名导大手笔制作、华丽庞大的明星阵容、闻名中外的中古著名战役题材……这一系列令人目眩的光环来自中国电影史上具有划时代意义的华语巨制——《赤壁》。这部号称"史上最豪华的华语电影"耗资 8500 万美元，不仅一举登上华语影片投资纪录之最，更冲破了多项中国影史纪录，破中国电视史上对电影拍摄现场进行实时直击报道纪录、破国内影片首映日票房纪录、破首周末全国总票房纪录、破国内影片贴片广告收入纪录、破拷贝投放量纪录……《赤壁》犹如一枚耀目的信号弹，在中国影史上破空而出，更为中国影视产业的跨越发展照亮了前行之路。

《赤壁》由国际重量级导演吴宇森酝酿 20 年执导，由韩三平、张家振制片，由任仲伦、阎晓明、于冬、陈强、何冰、伍克波、刘岩、郭子龙、王建秋、滕站等国内一线知名制作人联合出品，并会聚了梁朝伟、金城武、赵薇、林志玲、张震、佟大为、小宋佳、胡军、张丰毅、尤勇等众多影视巨星倾情参演，实可谓众星云集、阵容华丽。影片分上、下两部，2007 年拍摄完成，上部于 2008 年 7 月 10 日公映，下部于 2009 年 1 月 7 日公映。

被《华尔街日报》称为"史上耗资最大亚洲电影"的《赤壁》开创了华语影史上总投资 8500 万美元（逾 6 亿元人民币）的最高投资纪录，实属当时华语影史之最。虽在拍前及拍制过程中由于融资、剧本等方面屡出状况，使制片人劳神费力忙于引资，并不得不将影片分为上下两部以缓解资金压力，但大手笔的投资也终为《赤壁》赢来了"大满贯"的回馈，并在公映之前就已收回全部投资成本。

据网络不完全统计，截至 2009 年 4 月 5 日，《赤壁》票房统计如表 8-2 所示。

表 8 - 2 　　　　　　　　　《赤壁》票房统计数据 　　　　　　　单位:美元

	中国大陆 票房	中国香港 票房	中国台湾 票房	韩国 票房	日本 票房	总计 票房
《赤壁》 上部	46698967	3107595	5522646	9950130	54138163	126517708
《赤壁》 下部	38043199	3057966	4511880	12932223	64091604	126889519

　　同时,《赤壁》在国际市场上的表现亦具有开创意义:海外市场几乎100%引进了该片的地区放映权,这种盛况在华语电影史上实属首次;更为重要的是,象征世界电影巅峰水准的欧洲三大国际电影节——法国戛纳、德国柏林、意大利威尼斯,都不约而同地向《赤壁》发出邀请,希望该片作为新一届国际电影节的开幕电影,这前所未有的殊荣不仅使《赤壁》集荣耀于一身,更使中国电影人振奋不已。此外,《赤壁》在国内及海外各类影展活动中所获奖项及荣誉也令华语影坛望尘莫及:2009 年第13 届美国拉斯维加斯影评人协会奖最佳外语片奖、2009 年美国圣路易斯影评人协会奖最佳外语片奖、2009 年第63 届日本每日电影大奖最受观众欢迎外语片、2009 年第13 届中国电影华表奖优秀合拍片、2009 年第12 届上海国际电影节华语电影杰出贡献奖、2010 年第67 届威尼斯电影节金狮奖终身成就奖……光芒四射,誉满全球。

　　综上所述,《赤壁》成就了中国电影发展史上的一个跨越式奇迹。这部影片的巨大成功除得益于其本身在制作方面无与伦比的资金基础、人员班底等硬件条件之外,以好莱坞营销模式为重要借鉴并立足本土特点需求,辅以创新性营销策略的全方位立体化营销模式,才是助推

《赤壁》得以顺利上位、大肆吸金并享誉全球的力道关键之所在。

中影集团是《赤壁》的主要投资方，全程负责该片的营销策划及实施工作，同时，《赤壁》其他十余家投资方，如橙天娱乐公司、成都传媒集团、中凯音像等也辅以承办及招商等相关活动。下面，就将结合整合化营销理论，对《赤壁》的全程营销战略及策略等加以深度解析。

一　以产业全链运作为核心，"步步为营"入正题

纵观《赤壁》产业运营全程，在前期准备、开拍制作、宣传推广、发行公映等各环节均有各式营销行为相辅，以产业价值链行进方向为主导，按部就班进行各阶段适配性营销方式。

早在2006年电影尚未进入运作周期时，关于"吴宇森20年磨一剑，酝酿《赤壁》"的消息便早已游走在各大娱乐新闻网络、报刊之端，再三刺激着人们的娱乐敏感神经。而在正式公布电影进入准备期后，与影片相关的新闻事件更可谓"乱花渐欲迷人眼"，新闻营销开始大肆铺盖公众视野：先是几大角色更换的新闻引得众人一阵驻足围观，但"小乔"由林志玲换为董璇是假，而"周瑜"由周润发换作梁朝伟才是真；接着，便是拍摄现场饰演"张飞"的演员出意外，被马压断腿及片场酿火灾；一特技演员不幸身亡的消息引起了广泛关注，真可谓一波三折。同时，《赤壁》还开创了中国电影史上电视现场直播影片拍摄实况的先河，大胆创新的领军风尚着实引人注目。

在影片拍摄完成后，前期营销铺垫便及时收工，告一段落，影片营销随即进入映前宣传的压轴环节。其间，各式重量级营销手法轮番上阵。如大借赵薇、张震、梁朝伟、林志玲等明星品牌为影片造势，与腾讯、新浪等娱乐媒体合作，以多种形式大推《赤壁》；剧照、演

员定妆照、片花及海报等不定时曝光；而后于成都武侯祠举办的盛大首映礼成为众媒体曝光的焦点；导演吴宇森亲自上阵，不但率众演员到各地作巡回宣传，还与制片人韩三平一起签售电影票；某网站因擅自传播该片，被判罚 5.5 万元的消息等多管齐下。

待到影片正式公映之后，各方媒体齐掀影评热潮，加上国际电影节及海外相关活动再发力，助推《赤壁》票房水涨船高。与此同时，与影片相关的音乐、网游等相继亮相，影片后产品价值链得到了较充分开发。

可见，《赤壁》营销全程紧随其产业链运营步伐而展开，一切营销活动及其整个体系均以产业运作价值链为核心，并以其为主线贯穿而成，这与本书所提出的整合化营销体系的核心策略相一致。需要指出的是，虽然《赤壁》整体是以好莱坞式产业运作为模板，但其在具体的本土化产业链衔接、延展及深化等方面仍有待完善。

二 以整合营销为主体框架，多样方式集大成

《赤壁》可以说是近年来在华语影坛中对影片的整合营销策略较出色的一次实战应用。在好莱坞模式的指导之下，《赤壁》运营全程多方整合，灵活运用各式营销手法，将整合营销应用到极致。

（1）品牌营销、娱乐营销打头牌。《赤壁》最大的亮点在品牌。"吴宇森"三个字便是一般影片望尘莫及的金字招牌，再加上梁朝伟、金城武、赵薇、林志玲、张震等响当当的影视"名牌"，《赤壁》打品牌战略占尽天时地利。

（2）新闻营销、事件营销表现出色。换角风波、片场失火、演员受伤、拍片直播、影评褒贬、海外获奖等相关消息事件风云变幻，有力地为《赤壁》吸引了广泛的公众注意力。

（3）公关营销、活动营销渐入佳境。导演、制片人及主演聚之成形、化之为粒，奔忙穿梭于各类影片宣传活动之中，小到腾讯、新浪微博的做客，大到隆重的首映典礼，在大小公关及活动中助推影片宣传。

（4）新媒体及跨媒体营销广泛施力。在整个《赤壁》营销战略中，广大多样化传媒载体及平台发挥出了关键性的助力作用，其中既包括广播电视、报纸杂志等传统媒介，又拥有各式网络传播平台等新媒体的多样应用，如博客、论坛、微博、MSN 等。通过新兴媒介与跨媒体的非线性、互动性及个性化传播，《赤壁》才得以取得如此巨大的宣传效力。

（5）口碑营销威力无限。借助多样化传媒载体与平台，《赤壁》的口碑营销开始发力。早在影片尚未公映之前，在媒体的烘托之下，《赤壁》依然取得了较大的社会影响，互联网各大娱乐门户网站上处处可见《赤壁》的影子，而在影片上映之后，《赤壁》的资讯开始在网络上呈辐射状散布，并结合上映后口碑传播，收效颇佳。

可见，《赤壁》对整合营销的运用是成功而有实效的；整合化营销在影视产业中的应用亦应如此。只有将整合营销传播的理念植入主体观念，并将其作为主体框架在营销实践中加以应用，才能从总体上把握好整个营销战略的主干脉络与主导方向，保障各项相关营销行为的顺利执行与切实收效。

三 以受众情感为策略内质，一切以观众为最大

提出以受众情感为内质进行各项营销活动的理念是整合化营销理论体系的一项创新，而在《赤壁》的营销案例中也有所体现，甚至可以说是贯穿于其营销全程始终的一项隐性核心。

在影片开拍前，片方就利用受众的好奇、求新心理有针对性地实施新闻及事件营销，如将演员敲定、换角风波、拍摄准备事宜等消息作为引线，抓住了观众凑热闹、求新奇的情感心理，以捕风捉影式的各路新闻消息来吸引受众的兴趣与关注，充分运用钓饵营销与饥饿营销等手法，为其后的产业活动奠定基础。

在影片制作过程中，《赤壁》针对受众的娱乐、追星等心理展开了一系列营销活动。如不定期地曝光剧照、花絮、海报等，使兴趣受众对影片的关注度持续升温；同时在电视、网络等媒介平台全方位铺开宣传，以品牌营销、事件营销、传媒营销等手法充分调动受众的注意力与娱乐情感，使影片上映前便有力地把握住了观众的倾向性心理与热情，为其发行公映创造了良好的观影情境与氛围。

在影片公映前后，受众的追求时尚及趋众心理则成为这一阶段《赤壁》营销所把握的重点，因而有针对性地加大娱乐营销、活动营销、口碑营销宣传的广度及力度，着力对影片进行全方位的深度营销：新闻发布会、大型首映活动、名导明星与观众近距离互动等，在精准把握公众心理情感的基础上，大幅提升影片宣传度及推广度，票房效果自然出众。

此外，片方对赞助方的心理也进行了充分考虑，以大制作、大手笔的产品品质为底牌，最大化地招揽《赤壁》的贴片广告并达到了 10 条的最大限度。虽然其最高价格达到史上最高水平 350 万元，但还是引得商家疯抢，因而《赤壁》贴片广告的收入也创下了当时国产电影之最，再加上强力植入广告等，使《赤壁》赚得盆满钵满。

综上所述，《赤壁》营销充分把握了外部受众的心理情感主线，继而在各阶段运用适配的营销手法，得以获取效能最大化的整体营销效果。但在笔者看来，《赤壁》对受众情感的把握应更加精准化、类型化与明朗化，使受众明确接收到来自影片的情感价值信息，拉近与观众之间的距离，从而在营销影片的同时，为其企业品牌的塑造及忠实受众群的培养奠定良基。

四　以文化营销为精神核心，民族精粹要弘扬

毋庸置疑，《赤壁》得以获此巨大成功即得益于影片本身的题材因素。《赤壁》以改编自中古三国时代史实的历史小说《三国演义》为原本，选取其中闻名中外的三大战役中的赤壁之战为故事题材加以生发而来。家喻户晓的中国古代经典战役传奇铸就了《赤壁》深沉而浓厚的中华文化底蕴，使其独具传统文化特质，并由之获得了国人的广泛认同感及海外观众的兴趣与关注。

从整合化营销理念的角度来看，认为对社会文化素质的提升是影视产业进行营销活动的一项深层宗旨所在，而《赤壁》本身题材即为中华传统文化经典，因而便在其产业运营中自然践行了这一宗旨诉求。从其营销全程来看，其对文化营销的应用实践可谓占尽天时地利，自然水到渠成。如在成都武侯祠举办的首映礼上，片方就安排了近百名儿童同念苏轼的《赤壁怀古》、川剧演员表演变脸绝活等环节，使《赤壁》萦绕在极为浓郁的中国传统文化氛围中，不但使影片本身取得了较好的营销宣传效果，更弘扬了中华历史文化及相关地域文化，促进了该地历史文化及区域旅游等社会效益的提升，实为多益之举。

同时，作为近年来罕见的华语巨制，《赤壁》在海外各地区的销售与放映有力地推动了我国本土优秀传统文化的国际化传播，推进了中国电影走向世界的步伐，更有益于中华文明及文化在全球范围内的进一步传承与发扬，因而无论从商业角度抑或社会文化角度，《赤壁》

都无愧于继《英雄》之后，中国电影史上的又一巨制。

如上所述，《赤壁》是电影产业好莱坞模式在中国影视领域的一次成功的尝试，而具体解析其在整个营销策略实施全程中，有诸多环节是与整合化营销理论相契合的，值得未来的影视企业加以适配性借鉴与发扬。

然而，与此同时，我们亦不应以偏概全，仅看到《赤壁》在产业化及营销方面的闪光点而无视其整体上的不足乃至缺陷。实际自《赤壁》公映以来，就有相当一部分观众及研究者对其持批评甚至否定态度，主要原因在于影片本身在制作环节上存在着诸多缺陷乃至漏洞，其中一些甚至到了令人无法容忍的程度，最为严重的就是影片对史实中深层精神内涵的无视与歪曲。如在《赤壁》上部，刘备要背弃盟约撤退，诸葛亮道："你怎么能现在走呢？"刘备答："我知道你一腔热血，但生逢乱世，正义不能当饭吃。硬仗还是留给别人。"在史实及《三国志》中，刘备向来都是忠义仁厚的标志性人物，而《赤壁》中却彻底颠覆了其传统形象，将其塑造成背信弃义、临阵脱逃的鼠辈小人，这实在是对三国历史"忠义"精神的亵渎和对中古历史严肃性的践踏。再有，《赤壁》也同样犯了古装剧的通病——"古今混战"，集中表现在其雷人台词中，如关羽对曹操说："曹操，你过时了！"又如周瑜在城楼上观望曹操水军，忧心忡忡地对诸葛亮说："我们打了场胜仗，反而危机重重，真是'成功乃失败之母'！"等。这些硬伤使《赤壁》同样未能逃过国产历史大片被"笑场"及收获四方诟病与贬评的尴尬命运，在某种程度上来说，对严肃历史这样不严肃地演绎，不但不能对中华文明与文化起到应有的正面弘扬作用，反而更为严重地损伤着我们的传统经典与文化精华，不利于中国影视产业的健康发展，更不利于中华本土文化的正面传播与弘扬。而从整合化营销的角度来看，这更是与影视营销提升社会文化素质的深层宗旨背道而驰。

第五节　《三国》：开辟影视营销新时代

2010 年 5 月 2 日，电视剧《三国》在天津卫视、重庆卫视、安徽卫视、江苏卫视隆重登场，掀起横扫全国的"三国"季风。据央视索福瑞的调查，这四家卫视的收视率都超过 1.5%，总收视率超过了 6%，超过同期播出的电视剧《手机》和《杨贵妃秘史》。超高的收视率获得了广告商们的青睐，四大卫视赚了个盆满钵满，仅安徽卫视一家的广告费和冠名费就达到 1 亿元。而影片的制片方同样是笑逐颜开，因为在此之前，卖给这四家卫视的第一轮首播权中，每家单集超过 40 万元的价格就让他们斩获了 1.52 亿元，与 1.55 亿元的制作成本基本达到了收支平衡。这样一来，第二轮放映权、海外发行权、网络发行权、VCD 和 DVD 制作权等带来的真金白银都成了利润。《三国》让各家皆大欢喜。先前不太被看好的《三国》为什么能取得如此骄人的成绩呢？我们认为，正是电视剧《三国》采取了层次鲜明、周到缜密的营销策略，才获得如此巨大的成功。从影视营销的历史上来说，《三国》的营销之复杂，费用之高昂，创意之独特，整合之严密，可谓史无前例。《三国》在其制作和传播的过程中，制作方、渠道方、衍生产品开发方各司其职，严密分工，配合默契，有条不紊，全面而立体地从产品营销、渠道营销和品牌营销等几个层次展开，打了一场漂亮的营销战。

一 产品营销：打造史诗巨片

作为名著改编的电视剧，《三国》有天然的优势，也有难以避免的劣势。优势是，在正式营销推广之前，《三国演义》早就家喻户晓，享有很高的知名度，形成了一大批稳定而忠诚的消费者群体，《三国》不愁没有观众；劣势是，观众对于三国故事烂熟于心，每个人对于其中的人物都有自己的理解和想象，套用一句话就是，"一千个读者心中有一千个曹操，一千个刘备"。改编稍有不慎，就可能成为众矢之的。新《三国》既可能因成功而名垂青史，又可能因失败而遗臭万年。最为关键的是，早在20世纪90年代，央视版的《三国演义》就以故事情节忠于原著，人物表演传神到位而成为一座丰碑，确立了自己在电视剧历史上的地位。在现有历史条件下，如何突破央视版《三国演义》的水平，满足当代人审美的需要，成为摆在制片方案头的重要问题。制片方和导演想到了商业电视剧史诗大片的制作模式。

自21世纪以来，好莱坞式的商业电影在中国大行其道。中国的影视制片公司纷纷效仿好莱坞的制片模式，讲究大投资，采用大制作手法，注重视觉效果，以大场面取胜，聘请国内一流导演执导影片，遴选名演员扮演重要角色，力邀名编剧操刀撰写剧本，发行中采取高调宣传方式。但是，这一切都属于电影，电视剧领域鲜有如此手笔。电视剧《三国》打破了这一局面，将商业大片的制作手法引入电视剧，打造了长达95集的视觉盛宴，令人叹为观止。

制片方和发行方在正式播放的前期营销中，一直采取剧照曝光、导演访谈及媒体探班的方式，有限度、有节制地透露信息，强调新版《三国》属于史诗巨片，投资巨大，场景恢宏，拍摄水准高，后期制作精美，其目的在于让电视台明白，舍不得孩子套不着狼，想有理想的收视率及广告收入，必须突破价格的天花板，达到新的高度。同时，对于具体的剧情又采取了秘而不宣的方式，吊足观众的胃口，保持着对于电视剧的神秘之感。

（一）整容而非变性的改编剧情手法

央视版《三国演义》以电视的方式普及了名著，满足了当时观众的社会心理需求。时隔15年，社会发生了巨大的转型，观众心理也发生了天翻地覆的变化，如何满足当下人们面对职场压力的心理需求，同时又不能过度改编激发人们的逆反心理，成为编辑朱苏进和导演高希希面临的重大课题。高希希在访谈中提到，新《三国》的剧情改编是"整容而非变性"，也就是说，使剧情锦上添花，但并不进行伤筋动骨的大幅度改编。从实际剧情来看，编剧朱苏进根据现代职场中人的心理需求，对故事情节和人物形象塑造进行了"与时俱进"的处理。具体来说，一是留。整个故事框架得到了很好的保留，三国起源于汉末，最终归于魏、晋的分立斗争故事整体脉络没有从根本上改变走向，剧情的发展在观众容忍的红线之内。二是改。改编原本剧情，重新塑造人物，以更符合现代人处理职场复杂人际关系的心理需要。如原本《三国演义》中，关羽死于孙权之手，而改编之后则是孙权不愿引火上身，下令对关羽追而不杀，而吕蒙意气用事，不听将令，逼迫关羽自杀，最终导致引火烧身，枉送了自家性命。三是增。为了使故事更加剧情跌宕，新版《三国》中增添了曹操众子争夺世子大位的情节，原本生性鲁钝、患有重疾的曹丕后来者居上，将冰雪聪慧的曹冲、才华横溢的曹植、屡建奇功的曹彰等一一击败。在蜀国内部设置了关张从不服诸葛，荆州部将与川蜀旧将从心存芥蒂到万众一心，刘备与诸葛亮的战略存在分歧等情节。而吴国中则设置了主战与主和存在分歧，老将与少壮派不和，大都督功高震主等副线，不得不让那些身为职场中人的观众扼腕长叹，细心体味个中奥妙。而剧情中大大增添的孙小妹戏份更是让这个原本男性观众占主流的电视剧吸引了大批的女性粉丝。四是删。原本小说情节冗长，人物众多。编剧朱苏进大刀阔斧地进行了删改，让三国之间的斗争和矛盾更加激烈，人物形象更加丰满，与此无关的情节和人物要么被删除，要么被移花接木。小说中极力渲染的桃园三结义被一笔带过，七擒孟获只字未提，司马懿死后，时间跨度超过 30 年，情节叙述超过十几回的小说情节被完全删除。

（二）惟妙传神的名演员表演

央视版的《三国演义》邀请了当时的大批实力派演员，赢得了人们交口称赞。而新《三国》定位为史诗大片，要有所突破，就要充分考虑作为观众的审美需要，按照商业电视剧的制作思路来选演员。尽管新《三国》最终所选演员招致许多观众的非议，但是里面的重要角色大多是当红的明星，其表演算得上是惟妙惟肖，入木三分，更符合人们的消费心理需求。相比鲍国安的霸气十足，陈建斌饰演的曹操更为世俗化，心机重重；相比丁孙彦军的心和气善，于和伟饰演的刘备则不善言语，暗藏城府；相对于张光北的张牙舞爪，何润东饰演的吕布少了几分霸气，多了几分英武之气；相对于挥洒自如的唐国强，陆毅饰演的诸葛亮更是显得英俊而富有智慧。此外，黄维德饰演的周瑜显得功高盖主，而倪大红演起司马懿更是把那种韬光养晦阐释得惟妙惟肖。

（三）一掷千金的资金投入

在前期营销中，制片方和发行方一直津津乐道，并作为中心话题反复提及的是，电视剧《三国》的投资达到了破纪录的 1.5 亿元。虽然这一数字比起美国商业电影乃至国内的商业电影来说，都不足为道，但是，就目前国内电视剧制作而言，绝对是首屈一指的。由于投资巨大，一家公司难以独立支撑，除了北京小马奔腾影视文化公司之外，中国传媒大学电视剧制作中心、安徽电视台、天津电视台、北京东方恒和影视文化公司、北京百盟影视策划公司、吉林省影视制作集团、四川广播电视台、北京林高飞乐影视传播、空军电视艺术中心、北京军区战友电视艺术中心等都进行了联合投资。大笔的投资为聘请名演员、支付高额编剧费、采用先进制作技术、制作精美武器装备、营造宏大战争场面提供了有力的资金保障。

《三国》中的冷兵器冷艳惊人。剧组力邀龙泉剑大师皇甫江担任总顾问，耗费巨资请冷兵器名家打造了一大批神武兵器。曹操的倚天剑、七宝刀，刘备的双股剑，关羽的青龙偃月刀，张飞的丈八蛇矛，吕布的方天画戟都极为昂贵，据说兵器的价值相当于一辆奔驰跑车，也就是说能够达到上百万元之巨。造价惊人的兵器在屏幕上绽放了异样精彩的光芒。制片方和发行方在前期的剧照及后期的访谈节目中对此津津乐道。

为了让电视剧中的大殿具有气势磅礴的效果，摄制组选择了浙江横店影视城的秦王宫。在拍摄完汉王朝的皇宫大殿后，剧组又耗费上百万元，重新改装设计，安装了大量立柱和横梁，新建了玉石后壁和天子龙座，既达到了一景两用的目的，又渲染了气度非凡的效果。

（四）气势恢宏的战争场景

《三国》以魏、蜀、吴之间的较量为主要情节，战争戏自然是导演高希希倾力打造的重点。制片方和发行方在正式放映之前，有节奏、分步骤地向媒体提供了上百幅精彩剧照，极力渲染宏大场景和精美的后期制作水平，这些剧照大半是战争剧照。《三国》中大大小小的战斗有 70 余场，而官渡之战、赤壁之战、夷陵之战更是得到了极致的渲染。据高希希导演介绍，战争戏和特殊效果最烧钱。在战场上，狼牙战车、狼牙滚筒、抛火球车、巨型攻城车等少见的绝杀冷兵器纷纷惊艳登场。金戈铁马，重骑兵旷野对垒，杀气腾腾。战马腾空跃起，武将单挑、奋力拼杀。快马掠阵，勇将杀入敌军，在万军中取上将首级。飞箭如雨，藤甲兵、盾牌兵冒死冲杀。战车冲锋，众长矛手阻拒。短兵相接，骑兵人仰马翻，前仆后继。身陷火海，将军士兵狼狈逃窜。花样繁多、拍摄手法如同电影考究的战争场面在不同的海报中得到了淋漓尽致的表现，营造了新的视觉奇观，勾起了观众观看的欲望和期待。

制片方和发行方对于电视剧的特效同样引以为豪。剧组为了达到高超的水准，不仅在服装和化装上下足了功夫，并且以 600 万元的高价聘请了《大长今》的班底来制作全部音乐。剧组每次动用的加长货车 80 多辆，道具 5 万件，兵器 6000 多件，服装 3 万套，盔甲 2000 多套，常驻工作人员 600 余人，群众演员多时有 3000 余人，战马几百匹，让人咋舌不已。为了拍摄孙坚之死、草船借箭、火烧赤壁等场景，剧组耗费巨资，专门组织人员按照一比一打造战舰模型，还打造了数以百计的微型船模，在做后期特效时将天空、山峰、船阵、军旗等一一分开制作、叠加。为了恢复当时三国的真实风貌，剧组耗资达 3000 万元，邀请国内外著名特效团队精心制作。《三国》中的特技长达 1.2 万秒，三维镜头约有 600 个。在电视剧中，长安、洛阳、许昌等城市的鸟瞰远景，洛阳沦陷时的破败宫殿近景和特写，攻城略地时的宏大战争大场景，井然有序的军营和水军战舰全貌，都得到了淋漓尽致的渲染。

二　渠道营销：逐鹿中原

坦率地说，尽管新版《三国》的产品营销颇有可圈可点之处，但是，这些营销套路皆是从好莱坞的商业大片中学来的，算不上有重大突破。毕竟，前期营销的主角是制片方和发行方，目的是向电视台兜售电视剧产品。而营销目的达到之后，他们便不想再在营销手法上有什么重大突破。而对于耗费巨资购买电视剧的四家卫视台来说，如何能让收看新《三国》的观众锁定自家的频道，提高收视率，进而争夺广告市场，那才是自己要绞尽脑汁考虑的问题。2009 年，各个卫视台为了争夺《我的团长我的团》收视率，掀起了"百团大战"，江苏卫视首创了"零点首播，黄金强档重播"的播出模式；而东方卫视不甘示弱，将前三集剪成两集，以领先一集的速度跑在前面；云南卫视更绝，24 小时滚动播出；北京卫视则是三集连播。疯狂竞争的结果是四败俱伤，谁都没从中得到更高的收视率和广告份额。

天津、重庆、江苏、安徽四家卫视台抢得《三国》首播权之后，达成了"四不"协议：不能零点首播，在第一轮结束之前不能重播，不能擅自剪辑；不能加快播出速度。在这种情况下，谁能深入发掘《三国》内涵，进行别开生面的营销策划，谁就能在竞争中拔得头筹。各卫视台各显其能，花样繁多的营销手法层出不穷，令人啧啧称道。

（一）事件营销手法新意迭出

早在开播前数月，安徽卫视一直宣称，要在播放新《三国》期间，将安徽卫视改为"三国台"。为了播放节目而改变台标，除了奥运期间的"CCTV5"曾改为"CCTV 奥运"之外，其他电视台还没有这么做过。"安徽卫视"要改为"三国台"自然引起了传媒界和普通观众的期待。而随后的事实证明，这只不过是人为制造的"噱头"。在随后的新《三国》电视剧播放时，安徽卫视的台标依然"稳坐钓鱼台"，只是在荧屏的右边多了设计精美的"三国"剧标，这与其他几家卫视的做法几乎如出一辙，并没有什么新颖之处。但是，从事件营销的角度来说，安徽卫视赢得了足够的关注度和收视率。

　　江苏卫视不甘示弱，耗资百万元，采纳了网友的提议，把江苏卫视打造成三国版的"荔枝台"，有机地将三国品牌和江苏卫视渠道品牌结合在一起。"荔枝三国"宣传片采用了京剧人物造型，有关羽、张飞、诸葛亮、赵云、孙尚香等几个版本，看起来十分可爱搞笑。关羽手握青龙偃月刀，腾空劈荔枝，雕刻成江苏卫视台标。江苏卫视还进行交叉营销，将自己的节目《非诚勿扰》《时刻准备着》《幸福晚点名》等与三国结合起来。在《非诚勿扰》篇中，动画片充分利用了社会热点话题，孙尚香成了拜金女，问前来征婚的刘备："你有房产吗？"刘备说："荆州。"孙说："那是借的，你有宝马吗？""我兄弟有，赤兔宝马！""你兄弟来了吗？"台词诙谐幽默，令人捧腹大笑。这些宣传片在网络上迅速传播，引起热议。在正式开播前夕，这种事件营销达到了十分密集的程度。2010 年 4 月 27 日，安徽卫视举行了"万人齐放孔明灯"活动，吸引当地观众关注新《三国》。江苏卫视则邀请《三国》中的吴国一方孙权、周瑜等扮演者与诸葛亮、周瑜的后人同游秦淮河。

　　（二）首映仪式营销气势非凡

　　首映式是打好渠道战的第一炮。只有先发制人，抢得主动权，才能引起观众的注意力，产生收视黏性，形成渠道偏好。以往的首映式往往局限在某一天，而《三国》的首映式则是前后几天形成了首映周。

　　安徽卫视重磅出击，在电视剧开播的前后，各个时段的节目均以"三国"主题贯穿其中。陈鲁豫的《爱传万家——说出你的故事》分别在4月30日、5月3日、5月4日播出了"东吴英豪""西蜀风云""身在曹营"等三期的《三国英雄会》。而李静的《十分静距离》则制作了五期的三国特别节目，与于和伟、高希希、陈建斌、陈好、刘竞、赵柯等主创人员近距离交流。节目从5月2日到5月6日的23：25播出。同时，新闻专题节目《趣说三国》遍访三国时期的历史古迹。在5月1日19：35长达一个半小时的正式首映式中，纪录片、脱口秀、现场访谈、舞蹈表演、歌曲演唱、京剧表演、相声等各种电视节目形式异彩纷呈，名嘴、大腕、电视剧主角等粉墨登场。刘仪伟与安徽卫视的李静等三位当家花旦主持人插科打诨，伶牙俐齿，大秀口技。在首映式中，主演陈好、何润东等数十位主创人员鱼贯出场，大侃台前幕后故事，不断在现场掀起高潮。5月2日，安徽卫视打响战役，进行17个半小时的预热，著名主持人阿忆加盟安徽卫视，主持了长达5小时的《说三国 三国到》开播倒计时活动，开创了零点首播的先河，下午13：42又进行了重播。

　　天津卫视的首播式同样值得称赞。天津卫视打出了"三国争霸北方称雄"的口号，制作了5个版本的宣传片，早在4月1日就推出了第一版，比江苏卫视和重庆卫视提前了两个星期。天津卫视为了引起关注，在黄金时间的电视节目上挂上了倒计时的台标，可谓煞费苦心。在首播前，天津卫视的大型娱乐节目《津夜嘉年华》邀请了主要演员分别制作了单期节目，为《三国》的开播造势。5月1日晚，天津卫视邀请了内地颇具人气的节目主持人李彬、曹颖联袂主持，评书艺术家袁阔成用评书的方式串联全场，主创人员悉数登场，讲述拍戏台前幕后的故事。而且，首映式以三国作为主题，以《孙尚香》《千古美人》《无双论英雄》等歌舞艺术或婉转，或豪迈，或潇洒，或柔情地尽展三国传奇之美。在进行主创演员介绍时，主办方颇有创意地将其分为魏、蜀、吴三派，让他们在舞台上各自为己方辩论。精美的传奇兵器在首映式中揭开了神秘面纱，惊艳全场。

重庆卫视在5月1日的首映式不但气势恢宏，而且富有创意。他们提出了"三国季"的概念，试图让整个的5—8月，变成"三国"季节。江苏卫视独辟蹊径，没有举小隆重的首映式，而是搞了简单的首播媒体见面会，并邀请主创人员游秦淮河。在开播前后星期一到星期五的王牌谈话节目《幸福晚点名》中，邀请小乔的扮演者赵柯、张飞的扮演者康凯、诸葛亮的扮演者陆毅、吕布的扮演者何润东、孙权的扮演者张博担任嘉宾，不断爆料拍戏时的花絮。

（三）专题栏目营销开创历史先河

为了首映式而临时策划创意专题节目，为电视剧开播营造声势，这在观众的意料之中。但是，为了强化传播效果，设置不同形态的专题节目，贯穿于电视剧播放的始终，这在电视剧播放历史上是前所未有的。播放《三国》的卫视台，开创了以专题栏目营销电视剧的先河。安徽卫视在两集《三国》播出后的21∶25推出阿忆、纪连海、梁宏达脱口秀节目《三国三人行》。在将近30期的节目中，纪连海与梁宏达针锋相对，"雷语"不断，制造了不少颇有争议的话题。如在"三顾茅庐的秘密"中猛料迭出。纪连海与梁宏达提出，"是诸葛亮三见刘备，而非刘备三顾茅庐见诸葛亮"，"三分天下是鲁肃所提，而非诸葛亮首创"等观点，这引发了观众激烈的讨论，达到了很好的营销效果。江苏卫视则购买了央视科教频道《百家讲坛》栏目的《易中天品三国》，从4月26日就在每天下午5∶30播出一小时，并在早间节目《万家灯火》中推出纪连海主讲的《东吴风云》。天津卫视专门制作了特别栏目《煮酒论三国》,让袁阔成、易中天与三国主创人员畅谈三国故事。重庆卫视的"三国季"刮起了三国"季风"。5月,重庆卫视的《唱读讲传》把《三国演义》中的著名片段贯穿于其中。整个播放《三国》期间,《渝乐派》推出了电视剧拍摄期间的探班新闻纪录片,展现了拍摄中的酸甜苦辣。与安徽卫视相似的是,在两集电视剧播出后,英达和买红妹主持了《龙门阵现场》特别节目《三国后传》,与主创人员笑谈三国风云。重庆卫视还邀请著名学者钱文忠和沈伯俊等人走进大学校园,与学子们同读《三国》,录制《三国风云坛》。首轮播映之后,还策划了大型情景剧《追寻中国红,寻找信仰的力量》。从5月2日起,每周星期五,郭德纲在天津卫视推出特别节目《今夜有戏之煮酒论三国》,邀请主创人员及著名学者易中天、马未都,评书艺术家袁阔成、单田芳等畅谈三国故事。

此次专题栏目营销有着鲜明的特点。这些专题节目大多请著名主持人及著名嘉宾参与,以娱乐脱口秀为主,横跨多种节目形态,节目持续时间长,获得很高收视率。节目还具有衍生产品的性质,不仅能传播《三国》电视剧,而且还耐看,有著名的企业进行贴片和冠名,达到了一箭双雕的效果。

(四)全媒体营销整合协同作战

卫视台除了"近水楼台先得月",利用自身的电视传媒优势竭尽全力来营造电视剧收视氛围之外,还深知,不同的媒体有不同的传播优势,报纸、杂志、网络、户外平面媒体等均有不同的忠实受众。平面媒体地域性强,具有视觉冲击力。天津卫视就在市区干道公交灯箱平面媒体上以大幅广告宣传《三国》的开播。晚报和都市报影响广泛，传播速度快，方便灵活，可信度高。杂志具有大批的忠实读者，便于保存，印制精美。制片方、发行方与电视台就在不同时期，根据晚报、都市报及娱乐杂志等特点在著名的《三联生活周刊》《新京报》《北京娱乐信报》《北京晚报》《大河报》《南方都市报》等策划了不少封面文章、专访、花絮等文章。网络传媒融合了所有传媒的优点，它不仅信息量大，传播速度快，传播形式多样，而且便于检索和保存。《三国》电视剧营销还充分利用网络媒体的优势进行宣传。新浪成为独家官方网站，搜狐、腾讯、网易等成为战略合作伙伴，百度贴吧、优酷网等提供网络支持，与四家卫视台有关联的安徽网络电视台、天视网（天津）、江苏网络电视台、华龙网（重庆卫视）也紧密配合，进行传播。这些网站纷纷为《三国》设立专门网站或主页，介绍有关剧情及拍摄花絮，发布精美剧照，展示演员造型，转载不同报纸、杂志的文章，还开设博客、微博、贴吧、聊天室等，为主创人员透露剧情，为网友进行麻辣点评提供渠道，网络调查更是能显示电视剧在观众心目中的位置。值得注意的是，电视剧《三国》还开创了网络播出和电视台同步播出的先河，形成了很好的协同效应。据悉，我国的网络视频用户到 2009 年年底就已经达到了 2.4 亿。随着打击盗版力度的增大及网民数量的急速增加，电视剧的网络版权也在一路飙升，原来每集三五千元的价格一直被追到每集 15 万元，每家网站为《三国》都付出了 1400 多万元的天价。电视台与网站交叉营销和传播，达到了较高的收视率。

（五）有奖收视营销"锦上添花"

为了提高观众收视率，各大卫视台充分吸收以往娱乐节目和电视剧营销的优点，通过设置短信投票、网络投票等有奖收视方式来刺激观众的收视热情。重庆卫视搞起了由长安铃木冠名的"看《三国》，发剧评"活动，凡是剧评优秀的，均可以获得蒙牛乳业和张飞牛肉大礼包，能抽中奖的，还可以参加"驾天语，游三国，赏世博"的活动。在"三国英雄榜"中投票，还可以每周投票英雄榜，选出自己心目中的英雄。天津卫视也不甘示弱，设置问题，询问有关《三国》剧情的故事，进行有奖销售。江苏卫视除了有奖销售之外，还让观众重组三国英雄玩偶，玩张飞战关羽，夏侯霸打曹洪之类的游戏。

三　品牌营销：挖掘产业链上不尽的宝藏

产品营销是制片方和发行方向电视台兜售自己的产品，渠道营销是电视台为了获取高收视率而展开的渠道争夺，而《三国》作为品牌，实际上已经成为利益相关方在产业链的上中下游不断进行开掘的丰富宝藏。相关利益主体围绕着电视剧《三国》，充分挖掘其品牌价值，制造各种形态的衍生产品，获得了丰厚的利润。

云南人民出版社趁机出版了编剧朱苏进的影视同期书《三国》。图书出版不久，就迅速登上了各大畅销书排行榜之列，狠狠赚了一大笔。江苏卫视制造了荔枝造型的刘备、张飞、诸葛亮、关羽等玩偶，公开叫卖。三国题材的游戏历来是玩家们热衷的对象，在电视剧热播时，制片方和发行方顺势将电视剧情纳入自己的网络游戏《三国 on-line》及手机游戏中。新三国游戏一问世，就获得了游戏玩家的青睐，被疯狂地下载和登录。以往电视剧在发行时，为了保障正常的收视率，电视大片的 DVD 和 VCD 光盘一般要落后于电视台首轮播出 1 个月左右，而《三国》的影碟发行独辟蹊径，将整部电视剧一分为三，根据电视台播放的速度，分三个阶段提前面市，既保障了电视台收视率，又免遭盗版侵害。

同时，作为中国的历史文化资源，"三国"已经成了资源品牌，不断有人进行发掘和利用。在电视剧《三国》播出之际，各种与三国题材有关的图书和游戏借势营销，浑水摸鱼，同样在"三国"热中分得一杯羹。而这正是电视剧《三国》的制片方和发行方所希望的，因为三国信息的过度呈现反过来又进行了"议程设置"，引发观众新的收视欲望和期待。"三国"已经成为人们绕不过去的热门话题。

电视剧《三国》的制片方、发行方、电视台及各个利益相关者周密策划，产品营销、渠道营销、品牌营销环环相扣，相得益彰，使电视剧《三国》的营销获得了巨大的成功，这必将在中国电视剧营销历史上添上浓重的一笔。

第六节　《让子弹飞》：站着挣钱的秘诀

2010—2011 年的贺岁档，大片云集。名导演、名演员纷纷登场，逐鹿中原。赵本山、小沈阳主演的《大笑江湖》吹响了冲锋号，以区区 4000 万元成本斩获了超过 1.8 亿元的票房，笑傲江湖。葛优、王学圻、范冰冰主演的《赵氏孤儿》紧随其后，与《大笑江湖》贴身肉搏，在名导陈凯歌的呵护下，票房超过 2 亿元；《唐山大地震》之后，冯小刚梅开二度，续写《非诚勿扰2》，4 亿元真金白银收入囊中。在众影片中，《让子弹飞》尤为瞩目，上映数周，在众多影片的围追堵截下，不降反升，直冲票房冠军的宝座，票房早已超过 6.5 亿元，冲击 7 亿元。那么，一贯以拍文艺片见长的姜文是如何华丽转身，"站着把钱挣了"的？

一　定位：很文艺的商业片

定位指特定的产品在消费者心目中的相对于竞争者而言的位置。定位明确的电影，能为特定细分市场的观众提供独特的价值。虽然姜文因主演过《芙蓉镇》《红高粱》《本命年》《天地英雄》等影视剧而红得几近发紫，有着极高的知名度，但是他执导的《阳光灿烂的日子》《鬼子来了》《太阳照常升起》等影片定位具有很大的模糊性，预设的定位和实际的观众存在明显的错位。

《阳光灿烂的日子》明显属于文艺片，先后获得了第51届威尼斯国际电影节及第33届中国台湾电影金马奖等诸多奖项。但却歪打正着，让原本属于小众的电影获得了大众的青睐，在1995年创下票房5000万元的奇迹。这让姜文自我膨胀，产生错觉。《鬼子来了》剑走偏锋，观念前卫，颇具先锋色彩，曾荣获第53届戛纳国际电影节评委会大奖，但是由于表达犀利，触动了敏感的意识形态，结果"出师未捷身先死"，根本无法在国内上映，投资商中博、华谊等血本无归。《太阳照常升起》具有"疯""恋""枪""梦"等诸多商业片元素，姜文企图将其定位为真正的商业电影，但令人遗憾的是，影片风格宛若艺术片，充满了梦幻、迷离、唯美，宛若导演的喃喃自语，被观众讥为"很好看，就是看不懂"的影片。

坎坷的商业之路让姜文一直耿耿于怀，他宣称，要拍一部"看得懂的影片"。他吃一堑、长一智，因此在拍摄《让子弹飞》时没有了抒情至上，没有了鞭辟入里，没有了唯美跳跃，没有了天马行空的想象，而是学会了老老实实讲故事。姜文招募了包括朱苏进、郭俊立、危笑、李不空在内的20多位知名编剧，反复推敲剧本，数易其稿，博采众长，杂糅了喜剧、悲剧、黑色幽默、荒诞、寓言、枪战、黑帮等多种元素。故事跌宕起伏，人物关系设置紧张激烈。影片对话精湛，寥寥数语即能显示各自不同的性格命运。在拍摄过程中，姜文时刻提醒自己和主创人员，"这一段观众是否能看懂了？"他打造的影片场面调度运用自如，充满血腥和暴力，情色意味浓重。葛优、周润发、姜文、刘嘉玲、陈坤等大牌演员斗智斗勇的飙戏更是引发了观众无限的期待。

然而，姜文并没有为了迎合观众而奴颜婢膝，而是发出豪言壮语，既要让观众赏心悦目，又要表达自己的艺术诉求，"我既要站着，又要把这钱挣了。"他历时 3 年，精心打造 1 部电影，使用了将近 80 万尺胶卷，是普通商业片的数倍。单是"鸿门宴"一场 10 分钟的戏，他们就耗费了 11 万尺胶卷，令人咂舌不已。他公开拒绝植入式广告，放弃了唾手可得的白花花银子。他学会了游刃有余、恰如其分地以文艺片元素来装点充满暴力美学的商业影片。影片充满了马拉火车、白银遍地等极度夸张的绚丽场景，充满了隐喻性极强的象征符号，充满了诙谐幽默的经典语录。《让子弹飞》堪称是文艺片和商业片融合得天衣无缝的典范之作。

影片还实行精准定位，针对观众的特殊审美偏好进行准确分析，为观众提供具有独特价值的产品，最大限度地满足观众需求。《让子弹飞》独出心裁，推出了针对全国观众的普通话版及针对川蜀观众的四川话版。结果很多观众观看完普通话版的影片后，又二次消费，进入四川话版的影厅，领略四川话俏皮泼辣的魅力。

二 营销投入：舍不得孩子套不着狼

贺岁大片宣发各显神通，新鲜手段层出不穷。但不管如何，都要以雄厚的资金作为后盾。《赵氏孤儿》与《非诚勿扰 2》的宣传发行各自不超过 2000 万元，而《让子弹飞》则打破了业内宣传发行费用 8% 的惯例，达到了惊人的 30%，超过了 5000 万元。《大笑江湖》云集明星大腕，拍摄纪录片《江湖啊！江湖！》，预告片及主题曲吊足观众胃口，充当贺岁档期先锋，跨界营销，出版独具创意的《江湖快报》，以"偷票房"话题吸引眼球，达到绝佳营销效果。《赵氏孤儿》翻拍，老曲新唱，重新演绎；灵活调整档期，避免正面冲突；制造"编剧维权""海青胸替""范王同居"等劲爆话题；以网络联盟进行推广，与新浪联手抢票，影院终端"赵姓半价"等全媒体方式进行营销，取得不菲业绩。《非诚勿扰 2》借助冯小刚和葛优打下的贺岁片品牌效应，顺水推舟，续写《非诚勿扰》传奇；设置情节悬念，采用饥渴营销方式，欲擒故纵；以冯小刚和王朔冰释前嫌制造话题，让人重温王氏和冯氏幽默；以令人诟病的植入式广告轻松赚钱。

而出品人马珂认为，《让子弹飞》断然不能采取这些方式，因为形势不同。姜文原来定位于文艺片导演，这次大幅度转型为商业影片导演，必须要进行狂轰滥炸式的宣传才能大范围提高电影观众知晓度，引发观众注意，刺激他们走进影院观影。此种大规模广告手法，在商界习以为常，在影视界却鲜见。

在前期宣传中，片方以事件营销为主来吸引人们的关注。2009 年戛纳电影节，姜文宣布《让子弹飞》开机，提前发布令人浮想联翩的海报，赚足了眼球。2010 年 5 月，姜文展开声势浩大的宣传活动，让火烧得更猛烈，花费 500 万元，高调包机到戛纳电影节为本年年底上映的影片营造声势。7 月 7 日，南非世界杯鏖战正酣。姜文借力世界杯，率领主演廖凡、邵兵做客央视世界杯特别节目《豪门盛宴》，大侃足球。片方甚至专门绘制漫画，与西班牙队像煞有介事地进行对比，以求获得球迷们的青睐。中秋节时，片方出手大方，制作了 1216 个

"让子弹飞"月饼，回馈官网微博的粉丝们，结果引发热抢。

距离影片正式上映尚有两个月的时间，片方就在北京、上海和广州等一线城市进行铺天盖地的电视广告、路牌广告和LED广告等硬广告投放。电视广告集音响、音乐、视觉、文字于一体，生动具体，形象兼备，手法灵活，艺术性强，感染力大，覆盖面广。LED广告制作技术先进，色彩鲜明，充满动感，视觉冲击力强，通常位于繁华地带，人群流量大，投放灵活，广告成本低廉。而公交路牌和地铁路牌广告可以向固定地区的消费者进行重复宣传，具有很大的强迫性，形式丰富多样，令人印象深刻，而且能有效避免其他信息的干扰。片方聘用了4A广告公司，进行缜密的市场调查和分析。最后，在北京、上海、广东等地的地方卫视及地面有线频道分别投放了15秒、30秒的两种不同版本的片花广告。在北京四环以内，《让子弹飞》实施片方所谓的"暴风计划"，"陆海空"立体作战，在极短的时间内，"陆军"蔓延到1500块公交站牌，耗费了700万元，"地下军"冲进地铁，花费了200万元，"空军"牢牢地"制空"，进军LED，花费了200万元。而这还不是广告投入的全部。"冰山仅露一角"，就给观众造成了极深的印象，广告催生了观众的极大心理期待。《让子弹飞》来势凶猛，早就锁定12月16日的黄金档期。陈凯歌执导的《赵氏孤儿》被逼无奈，只能仓促提前，以避免与之正面交锋。《让子弹飞》模仿好莱坞，开始零点首映。结果预售票早已销售一空，影院差点儿被挤爆。

片方选择了颇具人气的北京奥体中心举行盛大的全球首映典礼，并耗费巨资，搭建了26米巨幕，音响则是与影院媲美的5.1环绕立体声，放映机则是世界上最为先进的数字放映机。不但导演姜文，主演周润发、葛优、刘嘉玲、姜武、张默、周韵、陈坤、廖凡、邵兵等诸多明星大腕悉数到场，而且韩三平、冯小刚、顾长卫、夏雨等也赶来捧场。试映之后，影片赢得"交口称赞"。不仅韩三平、洪晃等人叫好，而且在博客上也是赞扬声一片，引发了良好的口碑效应。

结果，除了冯小刚的爱情片《非诚勿扰2》在一周后上映之外，在长达1个月的时间内，《让子弹飞》每天的票房收入都在1000万元以上，根本就没有碰到任何旗鼓相当的对手。《让子弹飞》片方野心勃勃，一直与上年最火的影片《阿凡达》相提并论。不但上映日期选择了阿凡达日，而且每每公布票房纪录时，都沾沾自喜地与《阿凡达》票房进行仔细对比，大有赶超之势。铺天盖地的营销使影片在放映三四周以后非但没有出现衰减迹象，反而在诸多新片的包围下逆势而上，夺得当周票房冠军。《让子弹飞》"笑傲江湖"，雄霸天下。

三 微博营销：成就"飞"语体

近年来，中国互联网发展迅速。根据第38次《中国互联网络发展状况报告》（2016年7月）提供的数据，截至2016年6月，中国网民规模达7.1亿人，互联网普及率为51.7%。在互联网应用中，娱乐化程度高，社交类应用增长迅速。互联网已经成为网民获取信息的常规来源及进行休闲娱乐的重要方式。网民结构日趋成熟和优化，网民中的主体人群也是电影消费的主体人群。大多数电影都会在新浪、网易等门户网站及电影网等进行重点推荐，或设立门户网站，或进行专题策划。片方充分利用博客、贴吧、微博等互动性强的网络方式进行宣传。《让子弹飞》高度重视网络营销推广，除了在网易和新浪设立官方网站平台，集纳图片、视频、新闻等之外，片方还充分利用百度贴吧、中文维基百科词条、开心网等社交网及博客、播客等不同方式进行充分的营销。其中微博营销尤为出色，不但《让子弹飞》的演员刘嘉玲、廖凡、陈坤、苗圃、邵兵和因跑龙套而一举成名的制片助理赵铭都在织"围脖儿",而且制片方还在新浪开创了《让子弹飞》的官方微博及《让子弹飞》麻匪帮的官方微博,与影迷进行互动。

微博也就是微型博客,属于能进行信息分享、传播的平台。影迷可以通过 WEB、WAP 及各种客户端组建个人社区。它篇幅短小,仅有 140 字,不用煞费苦心地构思长篇大论,可用极为精练的文字表达深刻见解。它使用方便快捷,可以通过手机即时通信软件、外部 API 接口等发布信息。它可以及时更新,互动性强,具有很大的人际圈影响力,对于品牌推广及明星效应具有重要的传播影响。《让子弹飞》的制片方充分利用了新浪 5000 万人的微博大军的强大传播作用,通过主创人员及主演在官方微博频频亮相,笑谈台前幕后故事,及时发布精美海报和剧照,并通过微博直播了首映礼,让影迷和明星进行互动,引发影迷对艺术和人生的思考。新浪微博中讨论《让子弹飞》的帖子高达 100 万条之巨,令人咋舌。

有博友"拿着放大镜"对影片进行细致分析,辨认出了诸多电影细节,指出制片助理赵铭充当了身材姣好的"被强暴民女",出品人马珂演了傻大个儿子,编剧郭俊立跑龙套拿走了椅子,汤师爷怀中抱的县长夫人是替身等。甚至有人在微博中极为专业地从技术角度分析了盗版影片的来源。

博主"文艺导航"仿照余光中的诗歌《乡愁》,将姜文所有的电影逐一评点:"小时候/姜文是一枚小小的邮票/我在这头/芙蓉镇在那头/长大后/姜文是一张窄窄的船票/夏雨在前头/姜文在后头/后来啊/姜文是一纸红印的公文/鬼子在外头/姜文在里头/而现在/姜文是一部贺岁的电影/你们在下头/姜文在上头。"令人拍案叫绝。

微博具有很强的互动性。针对影片上映之后的诸多谣言,宣传方及时回应,以正视听。有人声称,万达院线发文要求减少场次,万达官方微博则言是"子虚乌有"。有消息说，姜文针对《新闻联播》主播的"发难""以牙还牙"，官方微博辟谣，"姜文导演从未也不会对任何个人评论单独回应"。正规、权威的消息传播起到了"拨云见日"的效果。

很多名人和普通影迷密切联系现实，旁征博引，对《让子弹飞》进行麻辣点评。有一则博文将目前国际政治中的朝韩关系、物价飞涨、股价徘徊、房价猛进、工资难涨等串烧在一起，结果遭到疯狂转帖。"继《让子弹飞》热演之际，朝韩将联合上演本年度重头大戏'让炮弹飞'，续集'让导弹飞'和终极版'让核弹飞'正在筹备之中。而发改委日前已经紧急上映'让油价飞'。证监会何时筹备'让股价飞'尚属未知。中国政府热播长篇史诗巨制'让房价飞'表示毫无压力，唯社科院表示'让工资飞'的拍摄非常困难。"马上有人续貂，"姜文：'让子弹飞'；发改委：'让物价飞'；中石油：'让油价飞'；住建部：'让房价飞'；税务局：'让税赋飞'；粮食局：'让粮油飞'；富士康：'让员工飞'；老百姓：'让眼泪飞'。"一时间"让××飞"飞快走红，成了新语体。其中所蕴含的草根百姓智慧发人深省，令人回味良久，在街头巷尾引发了热议。有网友甚至以戏谑嘲讽的方式解构原作，以拼贴杂糅的方式恶搞出4分多钟的《让炮弹飞》，嬉笑怒骂，将朝韩关系、上海大楼着火事件、360与QQ之争、陈冠希"艳照门"事件、黄健翔足球"解说门"事件、周立波清口相声、"天上人间"事件，甚至《国际歌》等都熔于一炉，令人忍俊不禁。

有博友看破天机，以"让微博飞"为主题，套用剧中姜文和葛优的幽默台词恶搞出三段话，笑侃片方以微博来进行营销推广，吸引影迷眼球的伎俩。"1. 兄弟：大哥，怎么发了微博没人回啊？姜文：不着急，让微博飞一会儿；2. 葛优：给不喜欢发微博的人发微博，是要倒霉的。姜文：她不喜欢发微博已经很痛苦了，我不能让她收不到私信，让她的手机守活寡；3. 葛优：微博，要一条一条发，逐个逐个来，一次发太多，喀！会死机。"更有博友很"给力"，用一则微博将贺岁档前期的四部影片来了个大串烧："对爱情要《非诚勿扰》，矜持。不要随便《让子弹飞》，不然一大堆《赵氏孤儿》，看你怎么《大笑江湖》？"令人叹为观止。精准的微博营销给《让子弹飞》加上了无形的翅膀，引起了影迷关注，粉丝达到了 2 万余人，博文更是超过了80 多万篇，产生了良好的口碑效应。《让子弹飞》的微博营销已经成为 2010 年微博营销的经典案例。

四　病毒营销："麻匪帮"横行天下

病毒营销指的是通过计算机网络，引导信息的接收者主动地、快速地、大面积地向周围有密切联系的群体传播和扩散信息的一种营销方式。据美国学者威尔逊概括，病毒营销有六大特点：提供有价值的产品或服务；提供无须努力的向他人传递信息的方式；信息传递范围很容易从小向很大规模扩散；利用公共的积极性和行为、利用现有的通信网络、利用别人的资源进行信息传播。《让子弹飞》充分利用影迷，在百度贴吧、博客、微博、QQ 等传播方式中进行病毒传播。

百度贴吧中的《让子弹飞》共有近 9000 个主题，7 万余条回帖，加入的影迷多达 3000 余人。单是"最给力台词"的帖子，就引得近10 万名网友的关注，有数以百计的跟帖。精美的海报和杂志封面帖子被四处转发。新浪博客中有关《让子弹飞》的文章已经达到 7 万余篇，跟帖 2 万余条。万达院线的微博官方网站发起了抢票活动，从每 300 次微博转发中抽取 3 名幸运观众，获得两张《让子弹飞》的影票。结果引得数千影迷转发。

当然，在微博中最为引人注目的就是"麻匪帮"的病毒营销。从

2010 年 3 月，片方就有意识地利用影迷在全国 9 大城市展开了"麻匪帮占领中国"的主题策划。"麻匪帮"不但注册了具有独立域名的"麻匪帮"网站，而且还开设了博客和微博。"麻匪帮"炮制了自己的"横扫九大城市"的"大事记"，还煞有介事地讲述了"黄四郎替身救驾""鸿门宴暗藏玄机"等剧情故事，更为出彩的是，他们制作了"麻匪帮九城市九宫格大聚会""地铁挟持事件""小区火并事件""义务献血事件"。这些视频发布在豆瓣网、优酷网等视频网站及人人网、开心网等社交网站，引起了极大关注，有将近 200 家媒体跟踪报道。在九城市聚会的故事中，戴着不同麻将面具的"麻匪"在北京、上海、广州、南京、成都、长沙、西安、长春、无锡等九城市的标志性建筑前，使用蒙太奇手法，互相穿越空间，拔枪互射。这个独具创意的"九宫格"形式一经投放，就在微博上引发了将近 10 万次的疯狂转载量。这些"麻匪"甚至走向了线下，进入影院，与影迷互动，现场合影，赠送新浪微博礼品，掀起了观众新的热潮，甚至"麻匪"面具都在网上畅销一时。

《让子弹飞》之所以能傲视群雄，其秘诀就在于准确定位，不吝钱财，大规模进行广告投入，巧妙使用博客营销和微博营销，制造话题，以"麻匪帮"病毒营销的方式让市场高烧不退，最终成为贺岁档票房冠军。

第七节　《金陵十三钗》：满载期望，难遂其愿

2011 年 12 月 16 日，张艺谋执导的大片《金陵十三钗》掀开神秘的面纱，正式粉墨登场。许多影评人惊呼，"《金陵十三钗》是张艺谋

最好的电影"。更有人大胆断言，"《金陵十三钗》是迄今为止最好的华语电影"。电影评论家们就差用"前无古人，后无来者"来给《金陵十三钗》树碑立传了。《金陵十三钗》的制作人、新画面影视公司的掌门人张伟平更是底气十足，早在影片尚未开机时，就在中国电影票房年均递增 20% 奇迹的鼓舞下立下豪言壮语，发誓拿下 10 亿元票房。张伟平是否能如愿？一年下来，《金陵十三钗》的种种市场迹象表明，张伟平的宏大志愿恐怕要化为泡影。

一 档期：双雄对决，两败俱伤

由于寒冬时期人们假期多，休闲时间多，希望放松心情，所以涌进影院看电影成为重要的娱乐方式之一。在整个电影档期中，两个月的贺岁档期票房收入甚至能达到全年票房的四分之一，因而，贺岁档期历来是众多电影制片商和发行商的兵家必争之地。

2011 年的贺岁档有 20 多部影片逐鹿中原。几部大片把整个 2011 年贺岁档期搅得风生水起，热闹异常，最终，整个贺岁档电影以 30 亿元票房收入而完美收官。制片方和发行方赚了个盆满钵满，皆大欢喜。《让子弹飞》《非诚勿扰 2》《赵氏孤儿》《新少林寺》四大巨头票房收入占据了半壁江山，总计超过 15 亿元。而《让子弹飞》更是独领风骚，独自拿下 7 亿元的票房收入。

欣欣向荣、蓬勃发展的贺岁档期电影让影视界的大佬们似乎看到了光辉灿烂的"钱途"，于是，大大小小的 30 多个"诸侯"杀入 2012 年的贺岁档，奋力拼搏，想抢"一杯羹"。2011 年占据贺岁档市场前三甲的姜文、冯小刚、陈凯歌等大腕儿悉数缺席 2012 年的贺岁档。对于那些希望在贺岁档期间"抛头露面"的制片人来说，这是一个千载难逢的机会。因而，早在 2010 年 12 月，在《金陵十三钗》尚未开机之时，张伟平就迫不及待地将档期锁定在 12 月 16 日，迫使其他影片及早调整自己的档期，避免狭路相逢。但偏偏就有影片不甘生活在《金陵十三钗》的阴影之下，而是主动出击，正面发出挑战。这就是徐克执导，李连杰等主演，博纳影业制作的《龙门飞甲》。

《金陵十三钗》选择 12 月 16 日，并非偶然，而是深谋远虑的结果。电影的票房生命周期曲线与一般商品的生命周期曲线颇为不同。一般商品的生命周期曲线为"帽子型"，一是导入期，销售缓慢；二是成长期，销售额快速增长；三是成熟期，总销售额达到顶峰，增长放缓；最后是衰退期，销售额下降。电影的生命周期曲线则为"下坡型"，电影在上映时就能迅速达到销售顶峰，然后是逐日下降，最终下线，退出市场。一般而言，电影的生命周期只有四周，前三天票房能占整个票房的 20%，前两周的 14 天票房则为整个票房的 80% 左右。要是按照一般的电影规律，《金陵十三钗》在经过两周的拼杀之后就会达到强弩之末。但《金陵十三钗》档期安排的精明之处在于，影片上映后紧接着就是周末，一周之后恰逢圣诞节，两周之后恰逢元旦小长假。电影在周末能掀起一个接一个的小高潮，从而在生命周期曲线中绘制出美丽的"波浪形"。

《金陵十三钗》确定自己的档期之后，其他影片纷纷避让。中国香港导演李仁港执导，黎明、张涵予、黄秋生等诸多巨星主演、星光国际传媒等制作的《鸿门宴传奇》充当先锋，率先在 11 月 29 日揭幕贺岁大战。等到《金陵十三钗》华丽登场时，《鸿门宴传奇》基本已经完成了自己的历史使命，斩获了 1.5 亿元的票房。而《龙门飞甲》原本定在 12 月 18 日星期日上映，如果不及时调整，12 月 16 日上映的《金陵十三钗》将会使其永远处在阴影中，难见光明，甚至会跌至地狱。这时，大幅度向前调整档期能抢占先机，但由于贺岁电影档期密集，加上准备工作仓促，这种可能性变得微乎其微；而避退三舍，猛向后跑，难以从根本上改变被动挨打的局面，更是下下策。被逼无奈，《龙门飞甲》的发行方大胆地做出决定，将影片上映时间提前到12月15日下午2时，抢在《金陵十三钗》之前，密集排片，正面发出挑战。而《金陵十三钗》也没有坐以待毙，而是见机行事，也将上映时间提前到15日下午6时，到第2日，单日排片场次及票房都反超。整个贺岁档期顿时充满了"血腥之气"。战况不出业内人士所料，根据权威机构艺恩咨询的统计，在上映三日之后，《金陵十三钗》略占上风，赚了1.52亿元，《龙门飞甲》则屈居亚军，斩获了1.41亿元。谁也没有将对方彻底击垮。而2011年贺岁档票房冠军《让子弹飞》的首周票房已经达到1.8亿元，最终达到了7亿元的票房。

二 收益：投资过大，风险陡升

电影产业是朝阳产业，同时又是高风险产业。电影产业中按照投资总数的大小，可相对划分为小投资、中投资和大投资。按照目前的投资水平，1亿元以上的属于大投资，3000万元以下的属于小投资，中间的属于中等投资。《金陵十三钗》投资高达6亿元，接近1亿美元，创下国产电影投资新高，属于典型的超大投资电影。然而，超额的投资意味着极高的风险，通常而言，电影产业遵循这样的规律：每年投资的电影中，盈利数量：保本数量：亏损数量 =1：2：7，也就是说，每10部电影中，只有1部赚钱，2部能保本，而剩余的7部是亏损的。中国每年拍摄的400余部电影中，只有大约40部能盈利，80部保本赚吆喝，其余电影血本无归。

《金陵十三钗》之所以投资巨大，主要在于拍摄成本和后期制作成本昂贵。当片方发布消息说《金陵十三钗》投资超过6亿元时，业内质疑声不绝于耳。为此,片方回应称《金陵十三钗》的主要成本体现在演员费用、战争场景和后期制作三个方面。好莱坞巨星克里斯蒂安·贝尔将 1.2 亿元片酬纳入囊中,加上其他演员片酬和工作人员费用,这部分费用总数已经达到 2 亿元;在搭建战争场景时,平地搭建南京城,单是建造教堂,花费就超过 1000 万元;教堂内陈设的家具物品、神父所使用的手表和打火机几乎都是从古董店购买的;爆炸制造烟雾的原料每桶高达 8000 元,士兵所穿的军装每件数万元。可谓花钱如流水。为了使战争戏逼真,张伟平和张艺谋从好莱坞邀请了国际制作团队精雕细刻,花费达到数千万元。那么,大投资是否能够带来大回报呢? 张伟平和张艺谋恐怕会难遂心愿。

好莱坞电影有着完整而成熟的产业链,收益只有不到半数来源于票房,其他收益依赖于国际发行、VCD、DVD、录像带、VOD 点播、付费电视、网络、影视同期书、影视品牌授权、影视玩具、影视游乐园等多种窗口和渠道。中国的电影产业链不成熟,收入来源较为单一,严重依赖于票房,其他渠道和窗口所获得的收益微乎其微。大规模的投资必须依赖于大规模的票房收入。根据目前的电影院线分账模式,在扣除了 5% 的电影发展基金和 3.3% 的营业税之后,制片方分成 43%,发行方和院线分成 57%。《金陵十三钗》的投资总额度为 6 亿元,根据计算,只有整个电影票房达到 15.21 亿元,片方才能盈利;即使按照后来片方所要求的 45% 分成计算,票房也要达到 14.54 亿元,片方方能有利可图。这种票房数字要远远超过张伟平所预计的 10 亿元。

张伟平寄希望于国际市场不菲的业绩来填补这一空白,所以邀请了国际顶尖团队来共同打造这部电影。主创人员 600 余人,来自 24 个国家和地区。主演贝尔曾主演《太阳帝国》和《蝙蝠侠》系列,刚刚获得 2011 年度奥斯卡奖和金球奖最佳男配角奖，成为最炙手可热的国际巨星；中国香港服装设计师张叔平曾为《2046》和《花样年华》中的主演张曼玉设计过旗袍；视觉特效则是 Base FX 公司和特艺（Technicolor）集团，它们的代表作品《太平洋战争》获得过艾美奖的最佳视觉特效奖；烟火爆破团队则来自英国，在《007 系列》《拯救大兵瑞恩》《兄弟连》等影片中大展身手；电影原声音乐的制作者 Joshua Bell 是美国著名小提琴家，曾获得过奥斯卡最佳原声音乐奖；艺术指导则为日本赫赫有名的种田阳平。为了达到国际水准，影片对白甚至有半数是英语。

原来中国电影在国外发行一般采取卖断式，而《金陵十三钗》则邀请欧美著名的发行公司，主攻圣诞热门档期。但我们回顾一下中国电影国际发行历史可知，尽管国家广电总局的海外推广中心不遗余力地进行海外推广，尽管中国电影人在国际著名电影节上斩金夺银，出尽了风头，但除了华人导演李安的《卧虎藏龙》曾在全球拿到 2 亿美元的票房之外，中国电影的国际票房表现基本上乏善可陈。《唐山大地震》在北美地区推广耗费 40 万美元，票房仅有 10 万美元；《让子弹飞》曾在国内创下 7 亿元票房纪录，但在海外找不到任何发行商；张艺谋的 10 余部影片在海外的发行只是百万美元量级的，只有《英雄》以卖断式获得了 1500 万美元的收入，但负责发行的公司几乎是颗粒无收，根本没有收回发行成本。国际化的制作团队也很难保障张艺谋电影的海外票房达到 1 亿美元的水平。

三　饥饿营销：路数老套，把握不当

与 2010 年《让子弹飞》大规模投放硬广告，高调营销的方式不同，制片人张伟平在营销张艺谋的电影《金陵十三钗》时，采取了惯

用的饥饿营销法。

所谓的电影饥饿营销法指的是在电影的发行过程中，故意制造信息的短缺，来刺激电影消费者的消费欲望、刺激电影的消费需求的一种营销方法，其目的是维持高售价和高利润。

当然，要在电影领域实施饥饿营销法，需要具备以下的前提条件：第一，电影公司、导演或主演应该具有极高的知名度、美誉度，电影品牌极为成熟；第二，电影产品类型化明显，产品质量过硬；第三，电影消费者具有高度的观看需求；第四，电影档期竞争威胁度低，替代性电影产品少；第五，上线时，电影能充分地大规模供应。

客观地说，《金陵十三钗》具备实施饥饿营销的基本条件。张艺谋是中国第五代导演的代表人物，是华语电影中最著名的导演之一，曾荣获威尼斯电影节的金狮奖和戛纳电影节的金棕榈奖。尤其是2008年执导北京奥运会开闭幕仪式让他在世界范围内名声如日中天。男主角贝尔刚刚获得奥斯卡奖，炙手可热。战争片、历史片、动作片、爱情片等多种元素在影片中水乳交融，恰到好处。战争场景激烈震撼，达到《拯救大兵瑞恩》等国际最高水准；倪妮等扮演的玉墨等14个秦淮风尘女子风情万种，拿捏得恰到好处；故事情节跌宕起伏，扣人心弦；秦淮女子替代女学生赴死则达到了人性升华的效果，具有救赎的普世价值。奥运会之后，张艺谋喜剧小品式的《三枪拍案惊奇》及索然无味的爱情文艺片《山楂树之恋》让中国的电影观众倍感失望，一直期盼张艺谋的电影能再上新台阶，能有新的表现，所以自2011年1月《金陵十三钗》开机，电影观众就一直被吊着胃口。

但与张伟平以前所采取的饥饿营销手法相比，《金陵十三钗》片方所实施的具体手法显得极为老套，很难引起电影消费者的兴趣，很难满足消费者的胃口，令人颇感失望。

饥饿营销手法的败笔之一就是隐匿主角。除了巩俐外，章子怡、董洁、魏敏芝、李曼、周冬雨等历届谋女郎均有被"雪藏"的经历，《金陵十三钗》的新科谋女郎倪妮也没有例外。直到电影开机后数月，电影制片方都没透露女主角姓甚名谁。最后，在观众们都懒得打听时，片方才尴尬地将倪妮从幕后推到前台。

饥饿营销手法败笔之二是不露剧情。张艺谋成名之后，《幸福之光》《一个都不能少》《英雄》《十面埋伏》《满城尽带黄金甲》等大部分电影剧情都被遮遮掩掩，弄得媒体和观众无可奈何。在《三枪拍案惊奇》和《山楂树之恋》营销时，观众的消费期待被提得极高，结果影片剧情和质量与观众的期待相差甚远，引来恶评如潮，最终导致电影票房惨败。在营销《金陵十三钗》时，张伟平墨守成规，故技重演，一方面隐匿剧情；另一方面，又采取演员泄密集训照的手法来勾起消费者的欲望。在集训照泄密之后，又开除泄密者，结果引发公愤，诸多媒体纷纷指责张艺谋"霸道"。制片方不得不花费很大力气来解释此事，消除负面影响。

饥饿营销不能一味地制造信息短缺，而是讲究有计划、有节奏地释放信息。释放哪些信息，制造哪些话题，制片方和发行方应该周密筹划，才能确保万无一失。而《金陵十三钗》所选择的冲击奥斯卡金像奖和票房分成两个议题可谓是极大的失误。

从《菊豆》（1990 年）开始，到《大红灯笼高高挂》（1991 年）、《摇啊摇，摇到外婆桥》（1995 年）、《英雄》（2002 年）、《满城尽带黄金甲》（2006 年），张艺谋的冲击奥斯卡之路已经走了 20 年，每次都是铩羽而归，观众们对这个话题几近麻木。而张伟平又拿奥斯卡奖说事，在电影上映之前，片方宣布，《金陵十三钗》将代表中国角逐包括最佳影片、最佳导演、最佳男演员、最佳改编编剧、最佳摄影、最佳艺术指导、最佳剪辑、最佳音效等在内的 13 项奥斯卡最佳外语片奖。时过境迁，奥斯卡最佳外语片远没有 20 年前，甚至 10 年前对观众的吸引力大，这样的消息最终很难推动观众走进影院购买影票。

而制片方与院线争夺票房分成比例的议题更是电影饥饿营销中的昏着。原本制片方只能拿 43% 的比例，其余 57% 归发行和影院。而后来片方以电影超长度为由，单方面宣布将电影的最低价提高 5 元，并将分成比例提高 45%，这极大地激怒了影院，几家院线宣布联合抵制霸权行为。他们认为，本来时间长，放映场次就少，提高片方分成比例会大幅度降低影院的利润，提高票价更会分流对价格敏感的观众，这样一来，影院会无利可图。尽管经过谈判协商，事件平息，但给制片方和影片带来的负面影响短时间内难以消除。

尽管《金陵十三钗》影片质量上乘，但是，由于档期安排不妥，投资风险过大，饥饿营销方法老套，《金陵十三钗》的冲击 10 亿元票房纪录的念头难以如愿，最终只拿了 4.6 亿元的票房，不及最初预计的一半。

第八节 《黄金大劫案》：在市场夹缝中艰难地成长

尽管从传统的电影档期规律上来说，4 月份是个淡季，但对于 2012 年的中国电影市场而言，4 月份波云诡谲，险象环生。《黄金大劫案》能逆势而上，取得 1.5 亿元的票房，这与其极为精彩的市场营销策略分不开。《黄金大劫案》的片方多管齐下，采取整合营销策略，充分利用导演品牌和事件营销的良好效果，在极为狭窄的市场空间内艰难地生存，取得了不俗的成绩，可圈可点。但是，由于影片质量欠佳，对形势估计不当，营销运用有不当之处，导致自身的票房成长遭遇到了"天花板"，难以继续上扬。

一 群雄逐鹿，成长空间局促

2012 年 2 月，中美已经就 WTO 中的电影问题达成相关备忘录，从好莱坞引进的电影数量由原来的 20 部大幅度地提高到 34 部，分账比例由 13% 提高到 25%，而且全部是体现好莱坞精湛技术的 3D 或 IMAX，本来已经竞争惨烈的中国电影市场更是雪上加霜。2011 年，好莱坞仅凭 20 部影片就已经占据半壁江山，好莱坞大片数量增加 70%，票房完全有可能会占据七八成。原本就狭窄的中国本土电影生长空间进一步被压缩，中国电影的生存将会变得更为艰难，恐怕只能捡拾别人剩下的残羹冷炙。4 月 23 日上映的《黄金大劫案》所面临的环境就是如此凶险。

4 月 10 日，曾经保持世界电影票房纪录达十年之久的《泰坦尼克号》被重新修复成 3D 版，卷土重来；4 月 18 日，好莱坞另一部《超级战舰》紧跟其后。无论是从票房比重还是排片场次来说，这两艘超级大船已经占据了 4 月国内电影市场的八九成。如果《黄金大劫案》避退三舍，放在 5 月，不但前期的营销努力付之东流，而且还会与《复仇者联盟》狭路相逢。因为种种市场迹象表明，5 月 10 日，好莱坞囊括一切英雄的超级大杂烩影片《复仇者联盟》是巨大的"吸金石"，完全会掀起新的票房狂潮。群雄逐鹿中原，胜者为王败者寇。局势空前严峻。

《黄金大劫案》无奈之下，只能调整营销策略，背水一战，展开殊死搏斗。片方在宣传时，极力强调"抱团迎战好莱坞大片"。因为他们深知，好莱坞大片虽然故事精湛，视觉效果震撼，但是作为引进片，制片方鞭长莫及，无法与中国的发行方紧密结合，共同展开营销，而这正是国产影片所擅长的。所以，《黄金大劫案》的制片方和发行方充分利用自己的优势，调动一切力量，整合各种营销策略，运用各种媒介，与好莱坞展开了殊死的搏斗。大有"风萧萧兮易水寒，壮士一去兮不复还"的悲壮味道。正是这种绝地反击，背水一战的做法，导致《黄金大劫案》越战越勇，一路凯歌，取得了令人意想不到的票房效果。

二　多管齐下，整合营销发威力

在严峻的市场环境下，任何单一的市场营销策略所能发挥的作用都是微乎其微的。只有多管齐下，通盘考虑，充分运用各种媒体，采取整合营销策略，才能产生意想不到的效果。《黄金大劫案》的片方长袖善舞，调动各种力量，打了一场漂亮的"营销战"。《黄金大劫案》的片方将各种营销媒介和方法水乳交融地融合到了一起。

为了更加密切地接触电影观众，片方展开事件营销，携手名人，走进高校，以人员推销的方式在终端精准营销，牢牢地抓住了青年消费者。宁浩作为青年电影导演，以《疯狂的石头》《疯狂的赛车》起家，以高超复杂的叙述方式、诙谐机智的语言、荒诞不经的艺术手法震撼着青年电影观众。他的电影在青年中拥趸者众多。片方与"大学生电影艺术节"组委会密切合作，聘请宁浩担任艺术节"黄金大使"，开展"黄金风暴进校园"活动，进行精准营销，声称在《黄金大劫案》官方活动主页报名人数最多的高校将有机会目睹宁浩的风采。结果引发了强烈的网络病毒式传播，消息在微博和社交网站人人网上被疯狂转发。为了避免自己势单力薄，宁浩选择了与偶像名人携手走进高校。这些偶像名人在青年学子中有着广泛"粉丝"，与自己的目标观众高度重合。在北京，宁浩选择与著名主持人白岩松一起走进中国传媒大学，聊青春与成长；在上海，宁浩携手偶像作家韩寒畅谈复旦大学；在重庆和西安，宁浩与剧组监制张一白先后走进重庆大学和欧亚学院，讲述台前幕后的故事；在广州，宁浩和著名编剧宁财神在华南理工大学分享青春与冒险趣事；在沈阳，宁浩请畅销书《黑道风云二十年》作者孔二狗到辽宁大学，叙谈小人物与大英雄。"走进校园"活动巧妙地搭载了"大学生电影节"，与网络微博、社交网站相结合，与人气极佳的偶像明星共同走进高校，传播效果出乎意料。这种脚踏实地在终端认真耕耘的精神，值得充满浮躁之气的中国电影界同行们认真学习。

善用媒体、跨界传播，也是《黄金大劫案》取得成功的重要因素之一。为了能最大限度地传播电影信息，片方策划了大量活动，引发媒体的关注，发挥各自的优势，在报纸、杂志、门户网站、博客、微博、论坛、视频网站等多种媒介传播不同的影片信息，形成合力，争取达到最大的传播效果。片方按照电影营销生命周期而精心设计的影片首映、故事情节揭秘、鏖战好莱坞大片、"黄金风暴进校园"、各种版本海报、票房纪录等活动都成为媒体热议的话题。在这其中，较有特色的是视频传播。片方委托网易娱乐拍摄了微电影《黄金枪档》，片中主演雷佳音、程媛媛、郭涛、宁浩等人悉数登场，故事以网易公司丢失 8 斤用于观影促销活动的黄金为核心，情节曲折跌宕，风格幽默，"撰写微博影评送黄金"活动植入巧妙，令人拍案叫绝，很多网友在微博上转发，达到了病毒传播的效果。除此之外，片方还制作了《轰炸黄金城》《黄金夫妻档》《金科玉律》《明星加盟》《宁浩进化史》《豪抢黄金》等系列特辑及各种版本的片花、预告片，这些视频短片与长达 108 分钟的电影拍摄纪录片从各个角度揭秘了电影的拍摄制作过程、影片风格、故事情节、人物造型等，有助于增进观众对于电影信息的全面了解。

《黄金大劫案》设置了众多可圈可点的议程，除了"黄金风暴进校园""撰写微博影评送黄金"活动之外，制片方根据国内电影的激烈竞争状况，提出"国产电影抱团力战好莱坞"，引发诸多专业人士和影迷撰写大量文章，深度思考国产电影未来发展之路；针对网络上的爆料，电影结尾"拿船票"故事情节有明显的漏洞，片方及时公布被删减的内容，还原故事的来龙去脉；借助于沸沸扬扬的韩寒与方舟子之争，方舟子质疑王水融化黄金不符合科学常识，片方揭秘电影拍摄细节。片方对这一系列议程，把握有力，火候拿捏恰当，正面传播效果明显，达到了预定的目的。

《黄金大劫案》还发挥了导演的品牌效应。商业电影往往借助于明星品牌和导演品牌创下了商业奇迹。尽管导演和演员名气越大，票房可能越高，导演和演员名气越小，票房收入有可能越低，但是，聘请一流导演和演员往往会导致成本居高不下，从而使投资风险陡然加大。投资方必须要权衡好投资收益和投资成本之比，再来决定聘请有多大知名度的导演和演员加盟影片。李连杰拍摄《投名状》时，个人就拿走了1亿元，占整个电影投资的三成；张艺谋聘请国际巨星贝尔加盟《金陵十三钗》时，耗费了2000万美元，占整个电影投资的两成。《黄金大劫案》投资不过4000万元，属于中等制作影片，在聘请了宁浩做导演之后，显然拿不出更多的费用来聘请国内一流明星。投资方与制片方只能大胆起用新秀雷佳音和程媛媛分别担任男女主角，而让稍有知名度的郭涛、刘桦、黄渤、范伟等人甘当绿叶。在这样的情况下，演员知名度低，无法有效传递电影信息，能够引起观众足够关注度的只有导演宁浩。于是，片方在被逼无奈之下孤注一掷，将宁浩品牌发挥到极致，可以说，几乎所有的关于电影营销的活动都是围绕宁浩设计和展开的。《黄金大劫案》在设计电影海报时抛弃了以往经常采用的主要角色冲击视觉的策略，而是大胆使用概念海报，以6张造型各异的"宁浩进化史"作为主要着力表现的对象，极具视觉震撼性；在走进城市高校的活动中，以往的主创人员悉数到场的招数已经没有了，而是以宁浩为主，选择在青年中具有极高人气的文化名人作为合作对象，起到了意想不到的效果；在片方录制的MTV《黄金小调》中，宁浩献出了自己的处女秀，令人耳目一新；媒体访谈及评论的焦点亦是宁浩电影的转型问题。可以说，宁浩作为导演品牌，得到了最大价值的开发。

三　畸形生长，重营销轻品质

尽管《黄金大劫案》在片方的强势营销之下，能在严酷的市场环境中取得不俗的业绩，但是，由于影片质量本身存在着缺陷，加上有些营销策略不妥当，这导致影片的成长遇到了难以逾越的"天花板"，无法在电影市场中继续成长。

经过30余年的改革开放，在市场经济的风浪中搏击之后，市场运行的规则早就为中国人所熟稔。在中国本土所进行的营销战中，本土公司将跨国公司打得溃不成军的案例比比皆是。中国的电影人在耳濡目染之下，早就将电影市场的运行规则运用得游刃有余。然而，与中国的奶业、保健品业等诸多产业重视营销忽视品质一样，中国的电影人也在重蹈覆辙，走向了危险之地。

在激烈的中国电影市场竞争中，因为忽视影片质量而被观众嗤之以鼻的比比皆是，这些影片在市场角逐中惨败不足为奇。然而，影片质量平平，因为营销得力而取得不俗业绩的影片也不在少数。就在

2011 年,《白蛇传说》《画壁》《武林外传》《失恋 33 天》等 4 部饱受业内人士和观众非议的影片就卷走了近 10 亿元票房。急速膨胀的中国电影市场让中国电影人产生了幻觉,误以为中国的电影观众"钱多人傻",随便拍部电影就能卷走数量可观的真金白银,如宁浩就犯了这样一个致命的错误。

宁浩之所以能在青年电影导演中迅速崛起,与其质量考究的《疯狂的石头》和《疯狂的赛车》等电影有着密切的关系。他的"疯狂"系列电影题材取自当今社会,语言诙谐幽默,故事情节复杂,主题荒诞。对青年来说,看宁浩的电影既能得到轻松的愉悦,又考验自己的智商。然而,《黄金大劫案》未能续写这种疯狂的神话,不但选取的故事背景放在了青年人相对陌生的伪满时期,而且原本机智幽默的语言变成了东北口音的插科打诨,五六条线索交叉的复杂叙事情节也被抛弃殆尽,只剩下干巴巴的两条线索,主题也由涉及人生存在的荒诞变成了"成长"主题。更令人难以容忍的是,故事情节存在着诸多的漏洞。在电影领域,偷盗、抢劫等属于犯罪片、警匪片中常见的情节,有《罗宾汉》《国家宝藏》《古墓丽影》《盗走达·芬奇》《局内人》《猫鼠游戏》《龙凤斗》等诸多叙事缜密的优秀影片可以借鉴,而《黄金大劫案》中的运黄金途中抢劫黄金、王水融化黄金等伎俩水平低下,毫无看点,深受观众指责。影片的故事情节也不合情理。影片中女主角顾茜茜爱上小混混"小东北"的情感缺乏铺垫,让人感觉情感转折仓促、力度苍白。宁浩所谓的小混混"成长"为抗日英雄的"成长"命题令人觉得牵强和费解。这种成长不但不符合个人成长逻辑,而且与当下的青年成长没有丝毫的关系。这种"成长"为何会成为宁浩魂牵梦萦的东西呢?他没有给观众有力的说服力。

尽管《黄金大劫案》的营销可圈可点之处甚多,但并不表明影片的营销尽善尽美，完美无缺，从档期、口碑到议题设置等均存在不少失误之处。从档期安排来说，原本只想"五一"黄金周大赚一笔的《黄金大劫案》对形势判断出现了明显的失误。《黄金大劫案》轻视了复映片的力量，误以为自己上映时，《泰坦尼克号》会成为强弩之末，爆米花电影《超级战舰》会触礁搁浅。而实际的情况是，两艘巨轮势如破竹，毫无衰败之势。《黄金大劫案》只能赶鸭子上架，仓促迎敌。

从议程设置来说，片方曾试图以"国产电影抱团迎战好莱坞大片"为话题，试图以民族主义来博得国人的同情心，把观众骗进影院，结果，观众非但没有言听计从，反而给人落下了"笑柄"。观众们不仅没有看到国产电影如何"齐心协力，共同御敌"，反而看到了《匹夫》《杀生》与《黄金大劫案》你死我活的互掐和指责。这让《黄金大劫案》的片方尴尬不已。

片方试图以"撰写微博影评送黄金"的价值传播方式来掀起观众的观影热潮，但令片方意想不到的是，活动不温不火，效果并不明显，这与极为火爆的《失恋33天》的"失恋物语"活动及《唐山大地震》的"我们的全家福"活动相比，简直是冰火两重天。因为《黄金大劫案》的片方没有搞明白，电影重要的价值是情感价值，"失恋物语"和"我们的全家福"分别扣紧了观众的"爱情"和"亲情"脉搏，而"送黄金"活动从价值上来说，没有任何触及观众心灵之处。

宁浩选择携手名人走进高校获得了极好的市场效果。但在上海，宁浩选择了韩寒，借助于"方舟子与韩寒之争"，调侃了方舟子。但就方舟子对影片王水融化黄金的质疑，宁浩的回答"电影原本就是假的"则显得极为牵强。因为虚构性的电影艺术具有"自我指涉性"，说白了，就是"谎话要说圆"，不能留下故事逻辑漏洞。看来，宁浩对好莱坞电影的严密故事情节逻辑和足以以假乱真的道具制作还相当漠视和冷淡，还未能心领神会并运用自如。而且，选择韩寒、支持韩寒，固然能吸引大批的"韩粉"，但这种"水火不容、势不两立"的态度意味着排斥了方舟子及大批的"方粉"，不能不说是遗憾。

片方极为重视的口碑营销也险些失去了控制，意见领袖的"交口称赞"与普通观众的"口诛笔伐"泾渭分明，令片方始料未及。为了能最大限度地传播电影信息，针对青年人受意见领袖影响较大的情况，片方选择了大量的业内人士、娱乐记者和资深影评人等提前观看影片，通过杂志、都市类报纸、门户网站、博客和微博等各种媒体发表评论，这些评论充满溢美之词，他们极度赞扬"宁浩的转型之作"，甚至有人将宁浩奉为"中国的昆汀·塔伦蒂诺"（昆汀·塔伦蒂诺是好莱坞闻名于世的艺术片导演，个人风格极为突出，属于电影奇才）。如此吹捧，令人汗颜。与之相反的是，影片上映之后，大量影迷发表文章，认为与宁浩以前的"疯狂"系列相比，《黄金大劫案》水准有着明显的下降，甚至有人说宁浩"江郎才尽"。评论反差如此之大，让那些原本犹豫不决的观众延迟了走进影院的脚步，从而让影片的票房在"五一"黄金周之后下降较为明显，让片方冲击2亿元票房的梦想化为泡影。

中国电影要想在未来的电影市场上有着良好的表现，除了要脚踏实地，倾心打磨影片质量之外，还要认真研究电影市场，采取符合影片实际的市场营销战略和策略。不重视塑造完美精致的影片质量，急功近利，贪求各种奇招怪术的营销手段，双腿跑得比身体快，只能撕裂中国电影的灵魂。

后　记

在中国，文化产业的热潮方兴未艾。然而，文化产业究竟应该采取何种发展模式，不同的文化产业部门究竟怎么才能顺应时代的变化而成功转型、迎接新兴技术时代的挑战？这些问题一直困扰着学术界，同样也值得我们深入思考。

2010 年，我申请了山东教育厅的人文社科项目"济南市文化产业商业模式研究"（J10WJ60），2014 年，又申请到了山东省社科规划项目"小微文化企业的创意型人才激励机制研究"（14CWJ33）。自 2008年开始，我指导的研究生所选取的论文题目也大多围绕这个主题展开。到 2016 年，陆陆续续完成了将近 10 篇硕士毕业论文。为了完成相关研究，我带领研究生们到济南市的小微文化企业走访，利用出差机会，到北京等地的文化产业区进行调研。

这本书集纳了我与他们的所思所想。首先，为了尽可能使得全书保持精华，本书在编辑的过程中，删去了学位论文所必需的中英文摘要、关键词、综述、参考书等，内容也有所压缩。其次，文化产业发展迅猛，更新速度快。论文中涉及的数据都是截至论文完成当年的。在保持基本观点不变的前提下，我尽量更新了相关数据。实在不能更新的，就进行了删除。再次，对重复部分进行了调整。因为这些论文选题集中，所以，研究生们在进行写作的过程中，难免有交叉重复的部分。在图书的编辑过程中，凡是重复的部分，我都根据全书的结构，进行了调整或删除。最后，本书的最后一章，补充了一些案例。部分案例为本人撰写，大部分曾在学术刊物上公开发表过。算是与研究生们相和。

本书获得了山东师范大学文艺学省级特色重点学科的资助。在进行调研的过程中，得到了山东济南鸿景文化产业有限公司董事长徐明珍女士的大力协助。本人撰写的案例，曾在《销售与市场》《经济导报》等报刊刊登过，相关编辑付出了很多的劳动。本书在编辑的过程中，得到了杨守森教授、孙书文教授的不少建议。在此，对他们表示感谢。

本书的撰写分工如下：

序　言　王景强

第一章　第一节：李文雅

　　　　第二节、第三节、第四节、结语：吕国良

第二章　李文雅

第三章　秦　叶

第四章　尚光亮

第五章　薛晶晶

第六章　张静静

第七章　张　静

第八章　第一节、第二节：尚光亮

　　　　第三节：秦　叶

　　　　第四节：张　静

　　　　第五节、第六节、第七节、第八节：李　辉

　　本书的撰写人水平不同，表达风格各异。个中错讹之处，还望方家指正。

李　辉

2016 年 12 月 27 日

于济南龙泉山庄·师大新村